现代货币理论译丛

韦森 主编

货币、利息与价格

货币理论与价值理论的融合

Money, Interest, and Prices
An Integration of
Monetary and Value Theory

Second Edition, Abridged

Don Patinkin

〔以色列〕唐·帕廷金 著

陈代云 译

第二版·精编版

商务印书馆
SINCE1887
The Commercial Press

Don Patinkin

Money, Interest, and Prices: An Integration of Monetary

and Value Theory(2nd Edition, Abridged)

Second edition，abridged © 1989 Massachusetts Institute of Technology

根据麻省理工学院出版社1989年版译出

《现代货币理论译丛》总序

　　货币作为市场交易的一种媒介,是人类经济社会运作和延存的一种必要且必需的制度构件。在现代市场经济社会中,人们要进行商品和劳务的交易和交换,政府要支付官员和军队的薪金,雇主要支付雇员工资,纳税人要向政府缴纳各种税金,人们要进行投资,乃至国与国之间进行贸易,都离不开各种形式的货币。在现代社会,人们的衣、食、住、行、娱乐、交往和信息沟通,乃至各种宗教崇拜和党团社区活动,背后往往都要通过各种形式的货币交易来进行,实际上,现代社会中人们须臾不能离开货币。如果把现代市场经济看成是一个活的有机体,那么,货币就是这个有机体的血液;央行、各类银行和金融系统就是这个有机体的血液循环系统。没有货币,经济不能运作,国家不能存在,人们几乎不能生存、生活、交往和沟通。货币和货币系统出了任何问题,都会影响到一国的经济增长、人们的收入和生活水平,也会影响个人财富和福祉的增减。

　　尽管货币和货币制度是现代人类经济社会运作的一种不可或缺的制度构件,但是数千年来,货币的本质是什么,货币是如何产生的,货币在一国经济增长中的作用是什么,货币本身到底是不是一种财富,等等,却是经济学家、哲学家乃至一些社会思想家永远争论不清,且似乎是永无定论的一些问题。目前以新古典综合派为主流的当代经济学教科书中,尽管有市场竞争、价格机制和货币这些名词及其理论解释,但由于经济学家们还隐含地假定所有货币都是中央银行外生地增发出来的,然后在规范的理论形式上讨论企业的生产行为,个人的消费行为,以及一国的就业、通货膨胀和经济增长。实际上,现代经济学的主干理论中并没有真正的货币理论。只是在少数经济学家的论述中,货币理论才成为他们个人一些著作中理论分析的主题。尽管目前世界上大多数国家都进入了电子记账货币时代,但是,通观现有的许多货币经济学教科书,大多数一开始还是把货币定义为具有三大职能或四大职能(交换媒介、价值尺度、支付手段、价值储藏)的一种特殊商品或物品。至于货币到底是如何创生出来的,货币在市场经济中的作用是什么,货币增发渠道和 M_0、M_1 和 M_2 创生机制等等,及其对一国宏观经济的影响,这些还只是少数专业货币经济学家和投行经济学家所研究和思考的问题。在世界各国大学里教授的经济学和政治经济学教科书中,基本上都存在一个"货币理论的缺环"。除了一些教授货币经济学和货币银行学的专业教师或学生外,绝大多数经济学家、经济学教师和经济学专业的学子,实际上对经济学中最重要的"货币理论"大都是一知半解,尽管都学过微观经济学的价格和市场竞争理论,学过宏观经济学或政治经济学,但大多数经济学家和普通人至今还仍然只相信现代社会的所有货币都是由央行发出来的;央行增发基础货币,就会通货膨胀;减少基础货币投放或收回基础货币,就会通货紧缩。这种状况,使得整个理论经济学在某种程度上成为一种脱离现实、脱离各国经济运行的公理化的理论体系,与理解现代各国的实际经济运行尚有很大的距离。

　　现代经济学理论和大学经管专业经济学教育中的这些"缺环",也与货币本身的神秘和难以理解,以及货币理论的深奥难懂有关。19 世纪英国自由主义思想家(曾四度出任英国首相)威廉·E.格莱斯顿(W.E.Gladstone)男爵曾说过:"因专研货币的本质而受愚弄的人,甚至比受爱情所愚弄的人还多。"这实际上道出了一个事实:货币和货币理论,是经济学中最复杂和最难懂的一个部分。然而,只有真正理解了货币理论,才能说真正理解了现代经济学。正是由于在与货币相关的经济学原理的认识和理解上的诸多争论,乃至货币理论的尚无定论,决定了理论经济学的永无穷尽的发展。即使是受过专业训练的经济学教师、学生、专业研究人员乃至一些经济学家,一旦真正进入货币理论的研究领域,就会发现所有的经济学理论都尚无定论。尽管如此,不认真研究和真正理解货币和货币理论,就很难说真正理解了现代社会的市场经济运行。正是基于这一考虑,我们策划了这套"现代货币理论译丛"。希望通过译介一些近代和当代人类社会经济思想史上有关货币理论的一些名著,让更多的经济学和金融学专业的学者和学生更多地关注、研究和思考货币经济学问题,为中国理论经济学的进步和中国经济社会的繁荣与发展,做出中国经济学人的贡献。

韦　森

2017 年 3 月 28 日谨识于复旦大学

目　录

（以下内容未从第二版重印。）

补充注释和文献研究

引言

注释 A. 早期文献中数量理论的机制

注释 B. 瓦尔拉斯试错理论

注释 C. 瓦尔拉斯货币理论

1. 引言。2. 概念框架。3. 效用分析。4. 试错理论。5. 结论。

注释 D. 瓦尔拉斯之后的货币边际效用理论

注释 E. 维克塞尔的货币理论

1. 绝对价格水平的确定。2. 货币需求曲线。3. 相对价格与货币价格的关系。4. "累积过程"。

注释 F. 纽科姆、费雪和数量理论的交易方法

1. 真实余额效应。2. 稳定性分析问题。3. 货币方程和商品方程之间的关系。

注释 G. 马歇尔、庇古和剑桥数量理论的货币余额方法

1. 真实余额效应。2. 稳定性分析的缺失。3. 货币需求的单位弹性。4. 货币理论与价值理论的关系。

注释 H. 卡塞尔方程组的货币因素

注释 I. 定价过程的二分法

1. 第一个有效二分法。2. 第二个有效的二分法。3. 第三个无效二分法。

注释 J. 古典和新古典货币与利息理论

注释 K. 凯恩斯的《通论》

1. 真实余额效应。2. 利息理论。3. 失业理论。

注释 L. 关于萨伊定律

注释 M. 真实余额效应的实证研究

注释 N. 序言说明

1. 第一版。2. 第二版。

第二版精编版导言[1]

本书第二版自出版后历经 1/4 个世纪仍然在宏观经济学研究生课程的阅读清单中占有一席之地，这是一件令人欣慰的事情。由于本书已经绝版，为了方便读者获得本书，我们现在将其重印。原书中的第三部分"补充注释和文献研究"占了全书 1/5 的篇幅，但是没有太多的学生阅读这一部分的内容。为了使得本书更易理解，我们在这一版本中将其精简。然而，我们在目录中保留了这一部分内容，以便那些希望阅读这些内容的学生能够在图书馆中满足他们对这一方面的兴趣。在下面的内容中，我也会相应地提到其中的一些注解和文献。除了关于凯恩斯《通论》的注释 K——本人以前对这一主题著述较多（参见本人 1976 年和 1982 年出版的著作），对于注解中的其他主题我并没有做进一步的研究，因此，时至今日，这些内容几乎没有什么改变或增加。[2]

重印版对原书的正文和数学附录没做任何改变。过去二十多年来，在宏观经济理论领域发生了一些深远的变化，如果试图在对原书进行修订时反映这些变化，无异于编写一本完全不同的新书。而本书自有保持原状的理由，因此在目前的状况下，我并不希望对其做出修订。撰写这个导言反倒是本人在本书的概念性框架下进行修订和补充分析的有限方式之一。我还将讨论与宏观经济非均衡方法，以及与我以货币为参数的效用函数分析货币需求的方法的一些相关问题。

虽然这一导言不是对第二版出版以来宏观经济理论发展的一个综述，但是我不能不表达一下我对宏观经济理论发展的失望，而且毫无疑问的是，许多其他人也持有相同的观点，即当时就存在不同观点的一些宏观经济问题，以及后来产生的一些其他问题，至今没有得到解决。这是我们这个学科的科学条件（la condition scientifique）：总体而言，在太多的情况下不能基于实证研究为理论问题得到一个明确的结论，亦无法直接提高所涉问题的政治影响。

1. 非均衡宏观经济学

我从一些回忆开始讨论前述问题中的第一个。我认为可以很公平地说,本书是同行中最著名的一本,因为本书提出了真实余额效应这一概念,并系统地将这一效应同时整合到微观和宏观经济理论。在第一版(1956)的导言中,我指出存在处理非自愿失业经济中的货币理论的第二条主线,这些内容出现在第13章到第14章。在第二版的导言中,我重申了这一点。在写作本书第一版之前的很长一段时间,我对一个明显的矛盾感到困惑:一方面,我们的直觉感受是,在一个企业的产品(产出)和它的劳动力(投入)之间存在联系,另一方面,传统的劳动力需求曲线并不明确地依赖于企业的产出,并且它的唯一独立变量是工资率。我最后在第一版的第13章中给出了答案(第二版重印了这一章,未做任何变动,因此在本书中也是如此。其中部分归功于早在1949年发表的一篇文章),即传统的曲线(也就是企业对劳动力的需求曲线)是根据充分竞争条件下的利润最大化原则得出的。这反映了一个假设,即以现行的工资率可以购买到任何所需数量的劳动,并且可以按照现行的价格水平卖出所有的产出。因此,由于总需求不足,这一假设并不被满足,因此企业只能销售更少的产出(用随后形成的说法来讲,也就是企业销售的产品面临数量上的限制),同样也会购买比完全竞争条件下的需求曲线所显示的数量更少的劳动力(投入),这是造成失业问题的主要原因(参见第318—323页)。抛开它所带来的分析上的问题(参见第323页,注释9),当时我认为这一命题是本书的一大主要贡献;在第二版(1965年,第670页)中,这一问题仍未得到解决,对此我表示遗憾。

如果用图形表示,这就是(第316页)图13-1中,在企业完全竞争假设下利润最大化的劳动力需求曲线 $N^d = Q(w/p, K_0)$ 和由扭结的曲线 TAN_1（参见第 321—322 页）所表示的有效需求曲线之间的差异所代表的情形。第 13 章第 2 节和第 14 章第 1 节利用了这个图来阐述我在早期一项工作中表达过的一个基本观点：凯恩斯失业理论处理的是动态非均衡而不是静态均衡的情况（参见 Patinkin, 1951）。

我认为这是书中一个重要的贡献和新颖之处，但在随后几年的文献中很少得到响应，因此这是令人失望的根源之一。然而，这一情况在罗伯特·克洛尔《凯恩斯主义反革命：一个理论评价》(Clower, 1965) 和莱荣霍夫德的《论凯恩斯主义经济学和凯恩斯的经济学》(Leijonhuf-vud, 1968) 等相关的出版物出版之后发生了改变。第 13 章中对企业无法按计划销售产品（产出）与随之而来的不愿按计划雇用劳动力（投入）之间的关系的争论成为莱荣霍夫德一书的一条主线（同上，第 2 章）。另一方面，克洛尔的文章（在很大程度上以本书的 1956 年版作为出发点）实际上是致力于正面阐述这一论点：如果工人们不能按照现行工资率"销售"按"名义"供应曲线（这是克洛尔对第 13 章第 2 节图 13-1 中 $N^s = R(w/p)$ 所描绘的完全竞争曲线所给出的术语）所显示出的劳动量，那么他们就没有能力买入"名义"需求曲线所显示的商品量。 xviii

克洛尔也正确地强调，正是这种情况使得凯恩斯《通论》中的消费函数变得合理。在这个消费函数中，收入作为一个独立的变量出现（参见 Lindbeck, 1963, pp.33-34）。在完全竞争情况下，个体的收入也是一个因变量，在给定的真实工资率之下，它由个体所决定提供的最佳数量的劳动量所决定；与此同时，它也将决定购买商品的最佳数量。然而，如果情势不允许个体出售自己最佳数量的劳动，他只有在知晓自己成功出售了多少劳动量之后，也就是，只能在收入水平确定之后，才能确定对商品的需求。这就是所谓的"双重决策假说"(Clower, ibid)。

对此我要补充一点,这种情况也为凯恩斯流动性偏好函数提供了一个理论基础。当然,这一函数也取决于收入。

无论如何,随后巴罗和格罗斯曼(Barro and Grossman,1971,1976)将第13章的劳动市场分析与克洛尔的商品市场分析结合起来,对非均衡经济进行了更严格的分析。贝纳西(Benassy,1975)、格朗蒙和拉罗克(Grandmont and Laroque,1976)以及马林沃(Malinraud,1977)进一步发展了非均衡经济分析。更普遍的是,在这一时期出现了大量关于数量约束条件下的均衡确定,以及一些与固定价格体制下的经济行为相关的文献[例如德雷真(Drazen,1980)和贝纳西(1987)的文献综述],其中大部分文献具有很强的技术性。诚然,非均衡宏观经济学处于一种两难境地:一方面,它符合我们对现实世界的观察,即,高失业率长期远远超出我们所认为合理的(弗里德曼所言的)"自然失业率"水平[参见,例如,墨菲和塔佩尔(Murphy and Topel,1987)];另一方面,它也有一些像第323页(注释9)*所描述的基础的分析性问题,似乎违反了理性经济行为的假设。最后的这一顾虑导致了"新古典宏观经济学"对它的排斥。但是,在过去十年中,各种假设使得看似非理性的情况变得符合经济理性,从而出现了"新凯恩斯主义的复兴"。[3]

xix 因此,基于不完全竞争假设的分析已经说明了总需求水平是如何影响产出从而影响就业的。此外,"效率—工资""内部人—外部人",或试图解释真实工资刚性的其他方法,与一些得出真实工资确实在一个周期中或多或少保持稳定结论的实证研究一起[4],大概可以解释为存在一条在一定的范围内保持水平的劳动力需求曲线,该需求曲线是真实工资的函数。因此(尤其是在不完全竞争的假设之下),这就确定

---

* 文中的页码和序号均为英文原书的页码和序号,以下同此。——译者注

了满足对产出的总需求的真实就业水平。这就与第340—341页所描述的"比凯恩斯更凯恩斯主义"的非自愿失业的解释相符合了。请注意,在这种情况下,货币工资的灵活性并不意味着真实工资的灵活性:也就是说,如果货币工资和价格的下降使得总需求上升,从而就业也随着增加(通过真实货币余额增加对利率所产生作用的效果和/或经由真实余额效应自身),由劳动力需求曲线所确定的真实工资将保持不变。

凯恩斯主义复兴的另一个例子就是库珀和约翰(Cooper and John,1988)应用博弈论的方法严格证明了缺乏协调是怎样导致产生失业问题的。我觉得这特别有趣,因为缺乏协调所产生的问题是凯恩斯20世纪20年代的作品中反复出现的主题(详细情况参见Patinkin,1976,pp.122-123;1987a,p.32)。因此,在其《通论》中,凯恩斯强调,在一个自由市场经济中,期待劳动者协调行动,使得货币工资相对于工资单位降低到使货币变得如此充裕从而使得利率降低到与充分就业相适应,是不现实的。相应地,只有在可以下令进行突然的、巨大且全方位改变的高度集权社会,弹性工资政策才能成功运转(同上书,第267、269页)。[5]因为,凯恩斯感觉到,如果可能实施这种协调并瞬时降低工资,然后马上会使得不同行业工人之间的相对工资发生变化,工人们会抵制这种变化;在还没有形成相反预期的情况下,工资下降就会终止(同上书,第14、265页)。总之,"集权政府"可以不需要借助"卖者喊价"而瞬间使得经济进入充分就业均衡,这对瓦尔拉斯拍卖者是一个改善。

提到这个现在被广泛接受的术语"自然失业率",我想指出它所存在的误导性本质:这一术语的含义是失业率是"自然的",即在自然的过程中,由经济系统的自动运转、没有太多的困难就形成的。但这一含义与人们已经注意到的长期高失业率并不一致。因此,"自然失业率"这一术语回避了在本书第13章和14章中所阐述的、凯恩斯在其《通论》

中所提出的基本政策问题:人们是否可以依靠"经济系统的自我调节机制"来实现充分就业,(因为他的书中第 19 章所解释的原因)凯恩斯对这一问题的回答是否定的。[6]

2. 瓦尔拉斯定律

关于非均衡宏观经济模型我还有另一个需要进一步阐明的观点。在第 333 页的脚注 22,我对应用瓦尔拉斯定律还有些犹豫。在他 1965 年的论文中,克洛尔进一步宣称这一定律不再成立(同上,第 122—123 页)。然而,最近当我回到这一问题时,我意识到我已经没有犹豫的理由:在所有情况下,经恰当表述的瓦尔拉斯定律都是成立的。我的意思是这样的一个表达式,它总括了经济中所有市场中始终受到相同类型数量约束的超额需求方程:也就是说,只要这些数量约束存在,这些超额需求方程全部反映了它们可能产生的影响。如果这样做了,那么无论经济在哪一点——也就是是否处于均衡状态——超额需求之和都为 0,这就是瓦尔拉斯定律。与此相反,将超额需求加总就会出现不一致,因为有些超额需求是名义的,有些超额需求则受到了数量上的限制(示例参见 Patinkin,1987b)。

然而,克洛尔心中的瓦尔拉斯定律很显然不是通常的定义(前段中的定义),而是与第 321 页劳动市场的表述相似。具体来说,我将克洛尔的观点解释为商品市场和劳动市场中的数量限制是有差异的。尽管工人不把这些视为绝对的约束条件,并且确实试图通过降低他们的货币工资来放松这些约束条件(这意味着劳动的名义超额供应对市场产生影响),家庭没有可以采取的直接行动放松对他们收入的约束,从而对商品市场形成扩张的压力(这意味着,与前面形成对照,对商品的名义超额需求不能对市场产生影响）。因此，从动态市场压力的角度看，不存在与有效的劳动超额供应相匹配的有效商品超额需求。对商品市场没有形成导致产出扩张和失业率随之降低的信号（同样参见 Leijonhufvud，1968，pp.81-91）。正是这样一个"信号"的缺失，莱荣霍夫德后来将其称为"有效需求失灵"。凯恩斯主义者所认为，储蓄和投资之间缺乏协调造成了这种失灵。

信号的完全缺失以及因此而形成的这种类型的完全"失灵"当然与完全刚性的工资、价格和利率所形成的后果是相似的。但是，如果劳动的名义超额供给确实是有效的，这意味着它确实可以导致货币工资的下降；并且如果（像第 318 和 324 页所辩）商品的名义超额供给类似地导致价格下降，那就会在商品市场产生间接的扩张信号。特别是，（如《通论》的第 19 章）这些下降将增加货币的真实数量，因此（尤其）会对债券产生真实超额需求，造成利率下降、投资增加以及对商品总需求相应增加。这一信号可能被真实余额效应强化。因此，理论上（如第 13 章第 3 节所示）这些信号可以最终克服最初的"失灵"并将有效需求提升至充分就业的水平。然而，正如凯恩斯在其《通论》第 19 章所指出的，在实践中，这一因果链中存在许多薄弱甚至反常的环节；后面的第 14 章第 1 节指出，即便将真实余额效应因素考虑进来，这种情况也没有改变。

3. 真实余额效应

xxii

我现在谈谈真实余额效应。如果我们假设消费是长期收入的函数，同时我们假设个体基于其财富计算长期收入流所使用的利率是 6%，将长期收入用于消费的边际倾向为 0.7，那么对财富（尤其是真实余额)的边际消费倾向为这两个数字的乘积,或约 0.04(Mayer, 1959)。然而,在耐用消费品的情况下(在非常广的意义上,除了包括家用电器,还包括汽车、住房等),对加速原理的应用暗含着一个额外的短期真实余额效应。本书尚未将其考虑进来。[7]

特别是,假设个体在决定他持有真实财富 W 的最优资产组合构成时,也考虑将这些资产的一部分 q 以耐用消费品 K_d 的形式持有,因此对耐用消费品的这一需求是 $K_d = qW$。现在假设财富的增加完全由真实余额 M/p 增加导致,这既可以是 M 的增加或是 p 的降低。这将使得代表性个体的真实货币余额相对超出他所认为的其他资产的最优水平。其结果是,他将试图将一部分货币转换成其他资产,直到再次得到一个最优的组合。就消费者的耐用消费品而言,这意味着他除了先前对新的耐用消费品的需求之外,有一个

$$C_d = \Delta K_d = q\left[\Delta\left(\frac{M}{p}\right)\right] = q\left[\left(\frac{M}{p}\right)_t - \left(\frac{M}{p}\right)_{t-1}\right]$$

单位的需求,这里 $(M/p)_t$ 代表着 t 时刻的真实余额。在一般情况下,个体会计划将这些额外的需求分散在一些期间。无论如何,一旦实现组合的最优构成,这一额外的效应就会消失,对新的耐用消费品的需求(这在静态状态下完全是一种替换性需求)将重新仅仅依赖于本段开始所描述的普通真实额效应(Patinkin, 1967, pp.156 - 162)。

当然,货币增加所形成的组合调整将造成组合中其他资产各自的收益率降低,因此货币增加的初始财富效应之后就是替代效应。现在,凯恩斯在其《通论》中将分析限制在只包含货币和证券的组合这种情况,因此,货币数量增加只能通过压低利率间接地促进对商品的需求。但是,一旦考虑到个体可以持有更广范围的资产,我们还必须将购买这些其他资产的直接真实额效应考虑进来。

各种实证研究表明,这里所定义的真实余额效应(即,作为财富效应的一部分)是具有统计意义的(Patinkin,1965,Note M; Tanner,1970; Thirwall,1972)。其他研究也证明了这一效应的另一个概念,即货币的超额供给(定义为现有的货币存量超过"适意"或"长期"水平)对商品需求所产生的影响的统计显著性(Jonson,1976; Laidler and Bentley,1983)。然而,在我看来,这样的需求函数是不完整的。因为虽然(如上)货币的超额供给在消费函数中发挥了作用(尤其是耐用消费品),但是在前述需求函数中将真实余额效应和财富效应完全排除意味着在均衡状态下没有真实余额效应——这在形式上与由预算约束下的效用最大化所得到的需求函数相矛盾(参见第 433—438、457—460 页;同样参见 Fischer,1981)。

自这本书出版以后,涉及真实余额效应即财富效应的另外两个问题受到了广泛的关注:首先,这种效应是否也应该考虑内部货币量;其次,是否应考虑政府债务。第 12 章第 5 节中,按照卡莱茨基以及格利和肖的方法,将银行的资产负债表机械地加总,用于回答第一个问题得到了否定的结论。然而,我于 1969 年对佩塞克和瑟伍盈的《货币、财富和经济理论》(Pesek and Saving,1967)的一篇评论文章给出了一个更有经济意义的证明,并得到了相反的答案。在我的《货币经济学》(1972a)中的第 9 章,我接着阐述了我这篇评论文章中的观点。 xxiv

本质上,佩塞克和瑟伍盈的观点是,拥有银行存款的个体完全将其视为资产。另一方面,银行在何种程度上将其视为负债?这一偏好可以通过银行选择持有的准备金数量显示出来。特别是,准备金数量乃由银行根据对净存取款流,以及因失去流动性而付出的成本的期望值确定;因此,佩塞克和瑟伍盈的结论是,活期存款减去准备金就是经济体的净资产。

这一公式具有一个优势，即，它很轻松地证明了佩塞克和瑟伍盈的观点是错误的。也就是，银行维持其存款存量所发生的准备金并不是唯一的负债。实际上，通过重点关注银行的财富净值（这一项目甚至没有出现在第296页私营银行的资产负债表上），我在我的评论文章中证明了：如果在银行系统存在充分竞争，（银行）维持其活期存款的成本的现值将等于这些活期存款的价值，因此后者不能被视为财富净值的组成部分。如果是非充分竞争，但可自由进入，情况同样如此。从另一方面看，如果（因为限制进入）银行享有超额利润，那么出于衡量真实余额效应的考虑，这些利润的现值应当被包括在财富净值当中。

第12章对政府债务的处理也有些死板。巴罗1974年分析了个体并没有将这样的债务当成财富的组成部分的情况，受到这一处于萌芽状态的分析的鼓励，他后来在这一问题上形成了大量文献。很显然，正如本章所指出的（第289页），在一个具有完美预见能力且无限生存的个体所组成的世界里，情况当属如此：为了使得债务能够被还本付息，代表性个体的税负支出的贴现值应等于他的账户所应收到的本金和利息的贴现值。然后巴罗证明，在制订自己的消费计划时，如果具有完美预见能力的代表性个体足够地关注下一代的福利并为其留下遗产，他就像他具有无限的寿命一样采取行动。

更具体地，巴罗的论证如下：假设当前一代的个体通过消费 C_0 就达到了他的最优位置并为其下一代留下了一笔正的遗产 B_0。很显然，这一个体可以将其消费增加到 $C_0 + \Delta C_0$，将遗产减少至 $B_0 - \Delta C_0$，但是他不会倾向于这么做。现在假设这个当代个体获得了一个在下一代可以偿付的政府债券。当代人的（消费，遗产）组合（C_0，B_0）所显示的偏好表明，个体持有付息证券债券并不会使其牺牲下一代的利益增加消费。总之，在这种情况下，政府债务实际上不是财富的组成部分，因此也不具有真实余额效应。[8]巴罗证明的优雅之处在于,它不需要任何关于当代人将下一代人的效用与其自身的效用进行比较的假设:它仅要求当前一代为下一代留有遗产。

不用说,如果没有完美的先见之明,或者个体可能并没有留下遗产(消费的生命周期确实是这么假设的),这意味着在衡量真实余额效应时,政府的付息债务在一定程度上应当被考虑进来,或者,在这一背景之下,(就像第 288—294 页那样)将其标记为"净真实金融资产效应"更为合适。

4. 货币需求的微观经济基础[9]

第 5 章从一个效用函数得出了货币需求函数,真实货币余额是它的参数之一。这一效用函数将真实货币余额包括进来的合理性在于,这种余额代表了一种"流动性服务",它为随机性的支付过程提供了一种"保险",避免了可能发生的"财务尴尬"。如果没有这种余额,一个替代性的选择就是用寻找需要的"双重巧合"所不得不付出的时间和精力——或者一些其他类型的麻烦(参见第 80 页)作为参数。

在讨论围绕这一方法所出现的一些问题之前,我们需要指出两点。xxvi首先,随机支付过程作为持有货币的理由并没有体现在这一"货币作为效用函数的参数"中。于是惠伦(Whalen, 1966)将我那并不准确的"尴尬"替换为个体发生的特定成本。他通过针对 M 最小化成本函数

$$M \cdot r + p \cdot c$$

推导出了货币需求函数,在这里 M 为货币的数量,r 为利率,p 为花光钱的概率,c 为花光钱带来的成本。上式中第一项是 M 的增函数,第

二项是 M 的减函数。因此,这一成本函数与鲍莫尔-托宾的存货模型方法类似。与鲍莫尔和托宾方法以及在这所用的方法一样,它将得到一个平方根形式的货币需求公式(参见 Miller and Orr, 1966; Orr, 1970)。

需要指出的第二点与数学附录 8A 有关。在这一附录中,我将引入彼得·霍伊特和我本人(Howitt and Patinkin, 1980)已经证明的(与在效用函数中引入货币参数的方法相悖)关于在需求函数中消除货币幻觉的充要条件,即这些需求函数可以从一个关于价格和名义货币量的零阶齐次效用函数中推导出来。

我现在转向基本问题。在效用函数中引入货币参数的方法始于瓦尔拉斯的《纯粹政治经济学纲要》,并由萨缪尔森的《经济分析基础》传承(参见补充注释 C 和 D)。尽管有着悠久的历史,但它已成为批评的对象,近年来尤其如此(参见,例如,Hahn, 1982, p.2; Kareken and Wallace, 1980a, pp.4-5)。然而,尽管性质不同(参见本节的结尾),就像任何其他能够提供服务的物品一样,我认可以真实货币余额提供流动性的作用作为将其放进效用函数的理由。无论如何,我感觉这一方法比自本书出版以来日益受到欢迎的世代重叠和货币先行两种方法更好。

我从第一个方法开始说起。[10]我同意詹姆斯·托宾(Tobin, 1980)和其他人(参见,例如,McCallum, 1983)试图将世代重叠模型作为分析货币现象的基本模型的尝试,并且将其当作确实是实现这一目的的"现有的最好模型"(Wallace, 1980, p.50)(卡雷肯和华莱士 1980 年作品中的几篇论文做了很好的诠释)的做法持保留意见。因此,大家熟悉我的基本批评,即这个模型只是将货币作为价值储存处理(在任何一个具有储蓄存款或低风险的付息证券的经济中,这是货币最不重要的功能)而其交换媒介的基本功能没能得到体现。因为这一功能并不是使得技术上不可行的交易变得可能,而是使得交易以更高的效率更方便地得到执行。如果交易不得不诉诸以货易货,那么将在时间和精力上产生更大的成本。除非是无限的,认为在世代重叠模型中也存在这样的成本,则是对这个问题的回避。

其次,在这个模型中,所谓"货币"的许多特性,只是反映了一个事实,即它是唯一可以从一个时期延续到另一个时期的资产。这是尽管它没有提供直接效用,但仍然存在对它的需求的理由,正如传统的费雪两时期时间偏好模型一样,个体对债券有需求(用以实现出借并将购买力转移至第二期的唯一工具)。

与世代重叠模型相类似,我可以轻易地得出这一论点。如果我们在数学附录 6A 中假设:(1)尽管个体只做出 3 个时期的具体计划,但是他相信在此之后这个世界还在继续(参见第 67 页,特别是第 460 页的脚注 7);(2)个体只在第 1 期获得禀赋;(3)不存在债券;(4)唯一能够从一个时期转移到下一个时期的资产就是不产生利息的货币,且货币没有出现在效用函数中,那么效用最大化的条件(6.6)—(6.8)简化为:

$$\frac{1}{p}\frac{\partial w(\ )}{\partial Z_h}-\lambda_h=0 \quad (h=1,\ 2,\ 3), \qquad (6.6a)$$

$$-\lambda_k+\lambda_{k+1}=0 \quad (k=1,\ 2), \qquad (6.8a)$$

其中 p 在所有的时期都保持相同。[11] 这些方程与方程(6.2)—(6.4) xxviii
(其中 $B_0=B_1=B_2=0$)一起构成了关于 8 个未知数 $Z_h(h=1,\ 2,\ 3)$,$M_k/p(k=1,\ 2)$ 和 $\lambda_k(k=1,\ 2,\ 3)$ 的 8 个方程。假设可以对商品 Z_h 的需求函数,以及从第 1 时期向第 2 时期转移的真实货币余额(M_1/p)和第 2 时期向第 3 时期转移的真实货币余额(M_2/p)求解。[12] 于是这一具有世代重叠模型本质特征的模型产生了一个对被称为"货币"的资产的正的需求,其中"货币"只发挥了价值储存的作用而不具备"货币"

作为交换媒介的本质特征。重复一次，在这一模型以及世代重叠模型中，"货币"发挥了费雪的时间偏好模型中债券所发挥的作用，唯一的区别是，这个将购买力从一个时期转移到下一时期的资产（也就是"货币"）并不产生利息并且（由于各自的模型结构）必须为非负。[13]

请注意，在这种情况下，方程(6.8a)可以改写为

$$\lambda_1 = \lambda_2 = \lambda_3,$$

这反映了一个事实，即在没有利息的情况下，效用最大化要求每支出 1 美元的边际效用在每周都是相同的。与之相应的是，方程 6.10 所描述的一个时期与前一个时期商品之间的边际替代率简化为

$$\frac{\partial w(\ )/\partial Z_k}{\partial w(\ )/\partial Z_{k+1}} = 1 \quad (k=1, 2),$$

它与著名的费雪模型的结果的差异仅仅反映了利息的缺失。

第三，与我的前两个保留有关。同样，只有一个持久资产意味着世代重叠模型不能处理货币理论的一个基本问题：也就是，为什么在可以持有更高市场回报率的资产的现实世界里，个体选择持有货币。此外，为了处理这一问题而对模型的任何一般化都不得不采取过去为了实现这一目的而采取过去的老方法，即货币不仅可以储存价值从一个时期转移到另一个时期，也可作为交换媒介提供"流动性服务"（例如，第5—7章）。世代重叠模型的拥趸通常认为该模型是唯一对正的货币需求提供了严格解释的模型。与这一论点恰好相反，问题应该是，该模型在何种程度上增进了我们对货币需求的本质的理解。

最初由克洛尔（Clower，1967）提出的货币先行模型与世代重叠模型一样存在问题。尽管有大量的文献试图解释经济中货币的出现，大多数货币理论的讨论将其视为理所当然，仅仅假设货币存在并充当经

济中独一无二的交换媒介(在本书中我亦如此)。克洛尔同样将其视为理所当然,然后[将本书所使用的方法明确地批评为"瓦尔拉斯基础之上的关于货币和价格的一般理论的例子"(同上,第1页)]宣称由于瓦尔拉斯模型中的预算约束没有区别"货币与任何其他商品在经济中的作用",所以建立在这一约束条件上的理论不能作为一种货币理论,因此,"当前的货币经济理论实际上是对易货经济的一种描述"(同上,第3页)。

然而,这是一个不合逻辑的推论。因为预算约束的目的不是区分它所包含的任何商品的作用(如第13页所定义,同时包括商品和货币)。特别是,这一约束一方面没有区分货币与商品的作用,另一方面,也没有区分一种商品和另一种商品的作用。相反地,商品与预算相关的唯一属性就是它是否产生净支出或净收入。商品的其他属性——区别不同商品的、影响个体的需求决策的品质——一般由消费者行为理论用效用函数来描述。

因此,真实货币余额作为一个反映随机支付过程的单独的参数出现在效用函数中,这正是货币作为交换媒介所扮演的鲜明角色,如第5—6章所述。或者,正是这种独特的作用构成了鲍莫尔-托宾库存理论模型的基础,这也可以解释为(如在第7章)一种将货币放进生产函数的方法(参见 Levhari and Patinkin, 1968, sec.III; Fischer, 1974)。此外,这两种方法都理所当然地认为对货物的最终支付必须使用货币。特别是,在第5—6章中,在一周中耗尽现金的个体将会产生一种"尴尬"成本,但其将在最新的一周结束时成功地完成必要的现金支付。相似地,在鲍莫尔和托宾所使用的方法中,个体在解决所面临的现金流问题时将产生一个额外的"佣金成本"。与这些方法相比,货币在克洛尔模型中所扮演的独特角色是通过添加一个约束条件来实现的,即一个需要购买货物的个体必须从一开始而不是最终就有足够的现金在手。

xxx

随机支付过程及货币作为效用函数的参数方法、库存理论模型、货币先行模型等三个模型的异同可以概括如下。全部三种模型都假设支付必须采用货币。相似地，全部三个模型因为这个或那个原因都假设在货币的收付之间存在不同步：第一个模型和第三个模型很明确地做出这一假设，而第二个则相对隐晦。但是尽管第一种和第二种模型假设个体可以承受一定成本而解决临时性的现金流问题，而货币先行模型（与世代重叠模型相似）则假设个体不能以有限的成本解决这一问题。我还应强调，在一开始个体手中就一无所有的特殊情况下，前面的申明同样成立：在这里，个体同样可以承担成本去进行购买，前提是他在此期间会收到必需的现金。可以将其一般化（正如其在本书中一样）地将信用购买的情形包括进来，但这也不会与这两种方法的基本假设相违背。

因此，我对货币先行模型的异议并不是从逻辑角度考虑，而是因为它根本就没有将这种可能性考虑进来。当今世界，"只有信用卡可以购买商品"远比克洛尔所断言的"只有货币可以购买商品"更能准确地描述现状，因此货币先行模型是一个最不切实际的模型。同样，这一模型最不切实际地隐含着货币的流通速度保持不变的假设。[14]

虽然克洛尔在1967年就提出了他的货币先行模型，但是这一模型获得的关注很少，直到卢卡斯在一系列文章中用到了它。其中颇具影响力的一篇文章出现在卡雷肯-华莱士1980年的作品中。[15]卢卡斯的模型更为严谨，它是建立在对具有多个时期（实际上，无限长时期）的个体的分析之上。该个体在瓦尔拉斯预算约束以及增加的货币先行约束之下追求效用最大化。不用说，除非考虑到未来的需要，个体不会在期末有任何的货币需求。与此同时，卢卡斯的模型也受到前一段落给出的相同批评。

在试图回应对货币先行模型未能考虑到信用卡购买这一情况的批评时,科恩(Kohn,1980,pp.78-81)辩称,虽然货币先行的限制(或者在更一般意义上,他所称的"财务限制")对任何个体不具有效力,但对总体是有效的。特别的,基于货币速度保持一致以及债券具有完全的流动性假设[16],科恩模型中总体形式是

$$E_t \leqslant M_t$$

其中 E_t 表示这一时期总的货币支出,M_t 为期初的货币数量。然而,这一尝试可以说是失败的。理由有两点:首先(使用第12页的术语),如果货币先行约束条件在个体层面不存在,那么科恩的模型就不能实现货币先行模型解释为什么个体持有货币的基本目标。

其次,虽然科恩承认,通过市场力量对价格的影响,他的"总体财务约束"是有效的,但是他没有刻画这一事实的全部含义。为了了解这些含义,我们假设前面提到的这些约束条件是有约束力的,同时,我们也利用数学附录2A的符号将其重新记为

$$\sum_{j=1}^{n-1} p_j Z_j = M_t$$

根据货币中性的假设,一个较小数量的货币的存在并不会对均衡数量xxxii产生任何影响,但只会使得均衡货币价格按比例产生相应的变化。因此科恩的"总体财务约束"是一个具有误导性的术语,因为它只是一个具有恒定速度的货币数量的表述。在这一背景下使用"约束"这一表述是合适的,但所表示的是对价格的约束而不是对数量的约束。简而言之,总体所涉及的是一个市场——一种价格作为因变量的实验。这与个体的情况完全不同:在由货币先行模型所假定的试验中,由于价格是固定的,个体的初始货币量构成了对他所需要的商品数量的约束。

　　当然,货币不需要是中性的。在这种情况下,市场实验将会导致商品均衡数量和价格发生变化。但是这些数量的改变所反映的是第12章所讨论货币非中性的原因,而不是一种"财务约束"。同样,在货币中性的情况下考察非均衡状况下的经济,也就是,在其达到更小数量的货币所对应的均衡之前,将存在许多的约束(例如,在对商品的存在超额需求时实施配给),那么一个可能是因对货币的超额需求而产生的"财务约束"就不是那么特别重要了。[17]

　　也有试图对货币先行模型中隐含货币流通速度不变的批评做出反应的文献。因此,在后来的一篇文章中,卢卡斯(与斯托基一起,1987年)尝试将货币流通速度引入模型。他们的做法是将商品分成截然不同的两类:用现金购买的商品和用信用卡购买的商品,并在效用函数中对每一类商品引入一个单独的参数。然而,正如菲舍尔(Fischer, 1988,p.300)所指出的,这一区分不是内生的,它取决于利率和对通货膨胀率的预期。[18]史文森(Svensson, 1985)做了另一个尝试。通过假设商品只能由现金购买,且现金是唯一的流动性资产,以及个体的未来收入由一个随机过程确定,他的模型产生了一个对可变预防性余额的正需求(因此隐含了一个可变的货币流通速度)(同上,第923页)。同样,也假设个体在无限的经济期限内使其期望效用最大化。因此,史文森的结果可以解释为:个体持有一个预防性的余额使他能够更紧密地维持在一个最优的消费模式上,并使得因随机过程所造成的期望效用的损失最小化。[19]

　　这显然与第5—6章中个体为了避免因随机支付过程使其没有货币用于支付所造成的效用损失("尴尬")而持有预防性余额(他同样没有其他流动性资产,参见第82页)的情况类似。相应地,史文森的假设同样也可以将货币放到效用函数模型中。的确,史文森(Svensson,

1985，p.941)承认这种可能性，但他认为这要求"对效用函数的交叉偏导数做出特定假设"，所以拒绝采用这种方法。作为特定假设的一个例子，史文森引用了勒鲁瓦(LeRoy，1984)的一篇文章。但是勒鲁瓦做出的假设是：商品和货币的效用函数对于这些变量是可加和可分离的——这正是一种标准类型的假设，通常用来描述跨越多个时期的个体在当前及未来时期消费的总效用。史文森也采用了这种假设。更一般地，对我而言，货币先行假设远比在效用函数中引入货币参数更为特别。的确，芬斯特拉(Feenstra，1986)已经证明，在特定条件下，货币先行模型可以被看作在效用函数中引入货币参数的模型的一个特例。这一特定条件就是货币和商品之间的替代弹性为 0。货币先行模型的简约所产生的原始魅力，正是我对货币先行模型的所有的印象。但是当人们试图弥补该模型的一些不现实的因素时，模型变得越来越复杂，不再具有简约之美。与此同时，它揭示了一些研究货币需求的传统方法的特征。例如，史文森(同上，第 920、925—926、941 页)在他的模型中一再强调货币所提供的"流动性服务"功能。因此，以其特定和不切实际的本质，我不明白在货币先行方法的基础上，利用效用和生产函数对传统的货币需求分析进行补充能有什么收获。

　　总之，由于现金在小额日常购买中所具有的便利性，货币先行约束(一般而言，以一种非约束的形式)对于确定个体对货币的需求是适当的。但是对于确定我们主要关注的货币理论中的货币需求，即 M_1 和 M_2，则没有多大的现实意义。在一个具有信用便利的经济中，这至少可以充当一个"预算执行者"，作为个体能够购买商品数量的约束。而这一约束(也就是个体的信贷限额)反过来由代表性的债权人对个体的瓦尔拉斯预算约束估计确定。这一估计需对当前和未来进行适当的贴现，并仔细考察个体的历史支付记录以确定所面临的道德风险程度。

xxxiv

在结束这一节时,我想说,我深知用效用函数中引入货币参数这一方法反映一些深层原因(例如,随机支付过程,或者消除需求的双重巧合)也有它的问题。这种方法的优点是,它更一般化,同时也符合标准的需求理论。特别是,它所生成的货币需求函数是相关的"价格变量"的连续函数。然而,在某些情况下为了获得明确的答案,这种一般性通常被认为是一种劣势。但正如刚才所指出的那样,在我看来,解决这个问题的方法在于对效用函数假设的性质做出具体的假设,即不再比那些关于货币需求的其他方法所做出的假设更为随意。

然而,阿思翠和斯塔尔(Ostroy and Starr, 1988, sec.1.2)提出了一个有效的、具体的批评。他们指出,为了确定这种余额的效用,家庭首先必须对这些余额必须完成的交易量有一个总体概念。而这只有在家庭已经确定了效用最大化过程的结果本身之后才是可知的。因此,举例来说,在家庭的初始禀赋与最优状态相同的情况下,它就不需要计划进行任何的交易,因此持有的货币余额不产生任何效用。然而,这种批评的力量因其偏离了本书关于家庭初始禀赋构成,以及(在现代经济中一般都是正确的)家庭只有一种商品(也就是劳动服务)可供销售并以其获得消费其他商品的资金的假设而大打折扣。或者,更一般地说,效用函数的参数可以用各种商品的净购买(正或负)来代替(同上)。

xxxv

5. 理 性 预 期

凯恩斯写作《通论》时,正处于一个极度萧条、对国际贸易和资本流动实行严厉限制的年代,所以这一著作关注的是一个不再增长,首要问题是实现劳动力充分就业的封闭经济。尽管《通论》对预期赋予了很重要的地位,但是并没有对于预期形成的方式建立起一种正式的理论。

这些假设,概括了直到 20 世纪 50 年代的宏观经济学的特征,同样也概括了本书的第一版和第二版(增长部分除外)的特征。相应地,这些假设各自的逆命题概括了现代宏观经济学的本质,即其所关注的是增长的开放经济,并且它的分析非常依赖于所采用的预期形成理论。

除了最后一个,这些发展也反映了时代的发展。这显然与增长模型有关,这反映了第二次世界大战后的世界所面临的挑战和增长问题。同样,尽管蒙代尔-弗莱明模型已经在 20 世纪 60 年代早期发表,米德(Meade,1951)的工作甚至在此之前,直到 20 世纪 70 年代初布雷顿森林体系瓦解创造了一个灵活汇率的世界,"宏观经济学的开端"也没有真正发生。布雷顿森林体系造成了大量的国际贸易和资本流动问题。相反,关于预期理论的发展,即"理性预期革命",主要是受到学科内在动力推动的结果,这至少部分地受到了 20 世纪 70 年代宏观计量经济模型未能正确地做出预测的鼓励(Lucas and Sargent,1978)。[20]

对于目的有限的导言来说,本节致力于对理性预期假设的一些一般观察的讨论似乎有点像是题外话。下一节将简单介绍第 9 章到第 12 章所讨论的对充分就业经济的宏观经济分析怎样推广到一个开放经济。第 7 节则重点分析货币与增长模型,这是前面所提到的、自从第二版出版之后取得进展的三个领域中我唯一做了些工作的领域。

我认为可以很公平地说,今天学界有一个共识,即,在质疑对适应性预期的机械运用方面,理性预期假设是有益的。与此同时,在这些预期中用那些因长期合同形而成的滞后替换那些被因调整预期的迟滞所产生的滞后具有非常重要的意义(参见 Fischer,1977;Taylor,1980)。对于这一点,我必须补充另一个共识,那就是基于理论和实证的考虑(参见 Patinkin,1987c 中所引用的文献,pp.640-641),拒绝对理性预期原本过度热情和教条主义的应用,导致了一些与短期内垂直的菲利

xxxvi

普斯曲线和被预测到的货币政策绝对中性等相关的争论。

卡甘(Cagan，1956)对恶性通货膨胀的经典研究文献引入了适应性预期。这些研究所产生的重大影响是，卡甘的大多数研究中涉及稳定过程，即要不是因为货币供给的持续扩张，通货膨胀会走向终结(Cagan，1956，pp.310-312)。与此相反，理性预期的一个重要含义就是具有此类性质的预期将会产生"泡沫"：即使在恒定的货币供应情况下，这是一种将产生一个无限继续且指数化增长的通货膨胀过程，并最终导致货币非货币化的自我印证的预期。然而，与这一理论上的可能性相反，弗拉德和加伯(Flood and Garber，1980)的论文使用了理性预期方法对战后德国的恶性通货膨胀进行了实证分析，并得出了分析结果不能拒绝卡甘发现的结论——这是一篇很有意思的论文。

政府不是一个政策行动出其不意的解围者，理性预期假设使我们更多地对这一事实加以考虑，这是它的另一个重要贡献。与此相反，理性的个体将预期到这些政策并反过来影响这些政策行动的功效。在这方面，政府政策声明的可信度非常重要。然而，假设政府是一个单一的、铁板一块的决策单位，并将对政策可信度的分析建立在此基础之上，我感觉其效果将大打折扣。民主政府通常是各种力量和利益的联盟，有时是正式的(如大多数西欧国家和以色列)，有时是非正式的(如美国，主要政党实际上就是不同利益的联合体，这是很稀松平常的事)。因此，从技术角度看，不应在一个2个体博弈的概念性框架之下分析可信度的问题，而是应当放在一个 n 人博弈的框架之下分析，在这里，政府内部也存在博弈。因此，举例来说，通货膨胀可以视为以下情形的一种结果：财政部长出于联盟的考虑，没能对其他部长们的名义预算做出限制，不情愿地同意了名义预算——这会形成通货膨胀并降低部长们各自的名义预算的真实价值，实际上相当于对其征税(出于这一例子的考虑,部分来源于现实生活,我们必须假设其他的部长们暂时受到货币幻觉的影响!)。事实上,因为这等于全线下降,这可能是他阻力最小的路径(Patinkin,1981b,p.33)。

在这一点上,我想指出,人们对政府政策可信度兴趣的增加也是时代的产物。20 世纪 70 年代早期有管理的浮动取代了固定汇率体制,这增加了政策声明的范围("美元的汇率将维持在……",等等)。在有管理的浮动体制下,这些政策声明短期所在的频段与实际情况相悖。与此同时,越来越多的经济学家超越西方国家,将那些长期高通货膨胀的国家(如,拉丁美洲国家)纳入其视野。这些国家的财政部长或中央银行行长走马灯一样更替,每人上任时都会隆重地宣布一项对预算和货币实行限制以实现终结通货膨胀的"新经济政策"——这些政策效果昙花一现,甚至尚未实施限制性政策就以失败告终,造成通货膨胀卷土重来。总之,不管是因为政府的可信度不如过去,还是经济学家的视野 xxxviii
更广,政策可信度已经成为宏观经济理论中一个重要的问题。

我最后谈谈理性预期假设的不足之处。这是一个在文献中早被讨论的主题(参见,例如,Brown and Maital,1981;Lovell,1986;Jonung and Laidler,1988;和由霍加斯和瑞德编辑的 1986 年书中的多篇文章)。我想从不同的角度来讨论这个问题,我不客气地认为,我们这个行业应该集体反思。为此,我不从理性预期的技术定义开始讨论。对于理性预期假设,有一个常识性理由,即个体"考虑到所有可获得的信息"并"不犯系统性错误",我将从这开始讨论。在第 8 章第 3 节——文档在注释 I 第 3 节给出——我指出了在至少 20 多年中杰出的经济学家们一度认识到真实余额效应的存在,同时却信奉"同质性假设"和一个与此相悖的二分法。当然,这证明了"系统性错误"这一术语的正当性。

关于菲利普斯曲线的简史提供了一个更好的例子。它出版于 1958

年,并催生了一个真正的产业,在这个产业中,经济学家们通过发表论文证明名义工资的改变和失业之间的反向关系赌上了他们的专业声誉(学术地位和薪水的上升速度)。这同样是我们中间的大多数(包括我自己)讲授给学生的内容。归根结底,如果这不是我们自己作为学生从闲暇与消费(商品)之间的选择的无差异曲线分析所学到的基本原则之一,就是十年之后弗里德曼的批评所建立的基础:个体的决策不是建立在名义工资之上,而是真实工资之上。也就是,使用本书的基本概念之一(本人随后在讲授菲利普斯曲线时也会忽略这一点),个体是没有货币幻觉的。因此,这肯定是一个"利用所有可获得信息"的失败;显然这是一个"系统性错误"所产生的恶行。

我们经济学家为什么要假设这些人类经济行为如此不同?

6. 开放经济宏观经济学

在过去的几年里,开放经济宏观经济学已经成为凭借自身条件发展的领域。本节的目的是对蒙代尔-弗莱明模型(原本是为一个存在失业的经济构造)进行一些修改,使之适应一个处于充分就业水平 Y_0 的经济,并把它推广到第9—12章中对一个小型开放经济中货币数量的变化是中性的分析。不用说,这只是这一领域浩如烟海的文献中很小的一个方面。

我们将第 300 页的方程组(19)—(21)修改如下:

$$F\left(Y_0,\ r,\ \frac{M_0''}{p},\ \frac{ep_F}{p}\right)=Y_0, \qquad (19')$$

$$B\left(Y_0,\ r,\ r_F,\ \frac{M_0''}{p},\ \frac{ep_F}{p}\right)+h\,\frac{M_0''}{p}=0, \qquad (20')$$

$$L\left(Y_0,\ r,\ \frac{M_0''}{p}\right)=v\frac{M_0''}{p},\qquad\qquad(21')$$

在这里 e 表示名义汇率，p_F 为外国价格水平（假设为固定），r_F 为国际利率（同样假定为固定），(20)和(21)中的 h 和 v 分别为 M''（基础货币）的常数系数，所有其他的变量都与原模型相同。（正如本导言最后一节所将指出的，v 就是现在通常所说的货币乘数。）因此，ep_F/p 代表真实汇率 R。与通常一样，R 的增长会导致净出口的增加，从而对商品的总需求 $F(\ )$ 增加。相似地，由于这使得本国债券对于外国投资者而言更便宜，将导致对债券的净需求 $B(\ )$ 增加。最后，本国利率 r 超过国际利率 r_F 越多，外国对本国债券的需求就越大，也就是说，更大的资本流入。反过来同样正确（也就是说，r_F 超过 r 越多，本国对外国债券的需求越大，资本外流）。

除了上述三个超额需求方程，还有第四个关于外汇的方程，根据瓦尔拉斯定律，这一方程可以忽略不计。在浮动汇率的情况下，e 是一个内生变量，M'' 是一个外生固定变量；在固定汇率的情况下，这两个变量的作用是相反的。因此，在这两种情况下，我们的方程组由具有三个变量的三个独立方程组成（参见注释 12）。

现在考察一个具有灵活汇率机制的经济，这个方程组在此是均衡的初始位置。现在假设基础货币翻倍，因此货币的数量也翻倍。人们只需要检查方程组，将会发现在价格水平 p、名义汇率 e 翻倍的水平上实现均衡，而利率 r 保持不变。总而言之，在这个开放经济中，货币同样是中性的。

这种说法可以通过图 0-1 不那么机械地表达出来，该图摘自第 243 页的图 10-4。假定名义汇率是 e_0，经济处于由曲线 CC 和 BB 相交的初始均衡点 g（未画出）。假设货币的数量翻番，并且在第一个示例中

xl

名义汇率保持为 e_0。尽管真实余额效应将造成曲线 CC 和 BB 两条曲线向右移动，但它们不会立即移动到 C_1C_1 和 B_1B_1 的位置——这是每一利率均为原来曲线的 2 倍的情况。临时假设名义汇率保持不变意味着处于 m 点的真实汇率小于 g 点的真实汇率，因此净出口和商品的总需求同样更少；对于债券的真实需求也有相似的结论。因此，CC 和 BB 两条曲线将向右移动少许——比方说分别移到 CC' 和 BB' 的位置，形成一个比原来更低的利率。

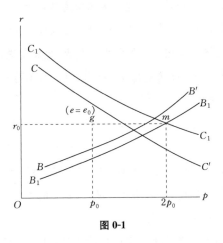

图 0-1

在这一点，两个力量对汇率形成向上的压力。首先，净出口下降降低了外汇的供给；其次，利率的降低导致资本外流，从而形成对外汇的需求。其结果是，名义汇率开始上升，因此再次刺激出口。这一过程将一直持续到汇率达到 $2e_0$，均衡曲线也将向右移动直到分别到达 C_1C_1 和 B_1B_1 的位置。货币中性的性质体现在交点 m 的所有数量的真实值，即利率，真实汇率，真实货币数量，实际国民产出的各个组成部分（消费、投资和净出口），都与 g 点位置的数值相同。

注意,如果资本以利率 r_0 在国际上自由流动,那么在这一利率水平上,BB 曲线将是一条水平线。在这种情况下,名义汇率从 e_0 增加至 $2e_0$,净出口的下降所导致的对外汇的超额需求将相应地形成点 g 到点 m 的运动。

现在假设货币数量增加的情况发生在一个固定汇率的经济体中,相应地,该经济体的基础货币包括了部分外汇。随之,图 0-1 中均衡曲线向 CC' 和 BB' 的移动将再次引发资本外流和净出口下降。但是在这种情况下,因为汇率固定,所以其结果是外汇储备的下降导致了基础货币的降低。这将导致 CC' 和 BB' 曲线回移,这一过程将持续到它们回到原来的位置并在 g 点相交。这是对一个已经提到过的事实的表述, xlii 即在一个固定汇率的世界里,任何给定经济体中的货币数量都是一个内生变量。(在金本位世界,这是"铸币流动机制"所形成的结果。)这同样也是本书关于开放经济的唯一陈述,即第 309 页关于在一个金本位经济体中,固定黄金的价格(从而汇率也是固定)提供了一个"锚",这关系到所有名义数量,尤其是价格的均衡水平,参见第 309 页的陈述。

我们再次考察一个固定汇率经济体,并假设它实施了一次贬值。我们同样假定在其基础货币中,外汇保持了恒定的比例。在当前这种情况下,中央银行承受了消化因贬值而增加的货币供应的压力,比方说,根据贬值程度同等比例地在公开市场购买政府债券。对前述方程的检查再次表明当所有的名义变量与贬值幅度同等比例增加时,均衡会重新建立。确实,除了因果链条相反之外,这一情况与本节所考察的第一种情况相同:不是货币数量增加导致汇率等比例变化,而是汇率的变化导致了货币数量发生同等比例变化。当前这种情况也是中立性的一种表述:众所周知的贬值的中立性或者无效性——贬值将导致本国价格按比例上升,因此真实汇率保持不变。(关于本节所讨论的这一问题更一般更严谨的处理请参见：Allen and Kenen，1980，Part Ⅱ；Branson and Henderson，1985。)

7. 货 币 与 增 长

正如已经指出的,20 世纪 50 年代末到 60 年代所形成的巨大兴趣使我在第二版中展示了一个关于货币与增长的模型(第 14 章第 5 节)。但这是一个具有误导性的模型,大家最好忽略它。几年之后,我试图通过展示一个符合本书的一般框架,并指出了这一问题的本质特征的简单模型来弥补这一缺陷(Patinkin，1972a，ch.10)。其中,最重要的是超中性的问题。所谓超中性就是经济体中的所有真实数量(只有货币的真实数量除外)的稳态值对于名义货币数量变化率的变化保持不变。这就是我将简单描述的模型。

xliii

按照索洛(Solow，1956)的经典文献,假设经济体具有线性齐次生产函数 $Y=F(K，L)$,在这里 Y 是产出,K 是资本,L 是劳动且假设劳动力以外生的增长率 n 增长。令人均产出和资本分别由 y 和 k 表示。因此,生产函数的强化形式则为 $y=f(k)$,相应地,它的导数 $f'(k)>0$ 是资本的边际生产率,因此均衡真实利率是 $r=f'(k)$。最后,令 M 代表经济体中货币的名义数量,p 为价格水平,且

$$m=\frac{M/p}{L} \qquad (1)$$

为人均真实货币量。

将这个经济体的稳态定义为人均资本 k 和人均真实货币余额 m,两者均为常数。那么从生产函数可以看出,在稳态下,K 和 Y 均以增长率 n 增长。相似地,从(1)可以知道,在稳态之下,总的真实货币余额

M/p 同样以 n 的增速增长。令 μ 代表总名义货币余额 M 的即时变化率(假定为外生),π 为价格的即时变化率,这一条件可以写成

$$\mu - \pi - n = 0 \qquad\qquad (2)$$

因此在稳态之下,价格的变动率等于名义货币供应的变动率减去产出的增长率。注意,这是稳态所下定义的一部分,而不是一个关于数量理论的表述。相应地,数量理论在这一模型中是否长期成立,取决于它是否收敛于稳态。在本讨论中,假设这一收敛确实发生。相应地,我们只关注 μ 的改变对 k 和 m 的稳态值的影响,而不是其动态调整过程。xliv

根据蒙代尔(Mundell, 1963a, 1965),这个模型的关键假设是,尽管投资和储蓄(从而包括了消费)取决于真实利率 $r = i - \pi$,而持有真实货币余额的数量却取决于名义利率 i。持有货币而不是债券的替代成本正是这一利率。如果我们要衡量持有实物资本的替代成本,这同样是正确的:这一资本的总的收益率等于其边际产出(在均衡状态下等于真实利率)加上因价格变动而产生的资本利得(π),即 $r + \pi = i$。换一种方式,如果我们衡量的是真实收益,则货币余额的收益为 n,实物资本的收益率是 r;因此,持有货币的替代成本是两者之差,或者是 $r - (-\pi) = i$。

这种成本是名义利率而不是真实利率,乍一看,这似乎是违反直觉。在某种程度上,这种感觉源于一种有点误导性的术语:与"名义收入","名义"或"货币"不同,利率不具有货币的量纲;事实上,它的量纲与真实利率和通货膨胀率相同,即 1/时间。另一方面,在一段时间内持有货币余额的总成本是一个真实成本——即 $i \cdot (M/p)$——其量纲很明显是商品/时间。相似地,铸币税的真实价值是 $\pi \cdot (M/p)$。

现在考察商品市场。令 E 代表对消费和投资商品相结合的总的真实需求。为简单起见,假设这一需求是总的真实收入 Y 的一定比例 α。

进一步假设这一比例与真实利率成反比,直接取决于真实货币余额 M/p 与实物资本 K 的比率。第二种依赖关系是一种真实余额效应,反映了个体的组合中真实货币余额与实物资本的比率越大,(在任何给定的收入水平上)他们越容易倾向于将货币转化为商品这一假设。因此,商品市场的均衡条件可以用

$$\alpha\left(i-\pi,\frac{M/p}{K}\right)\cdot Y=Y \tag{3}$$

描述。由假设,$\alpha_1(\ )$ 为负,$\alpha_2(\ )$ 为正,其中 $\alpha_1(\alpha_2)$ 是函数 $\alpha(\ )$ 对第 1(2)个变量的偏导数。

考察现在的货币市场。继托宾(Tobin,1965,p.679)之后,假设市场的需求取决于实物资本的体量与名义利率。更具体地说,假设对货币的需求为实物资本的一定比例 λ。因此,(在其他都相等的情况下)K 越大,全部个体的总投资组合越大,从而对货币的需求越大。这可以被认定为投资组合的规模或财富效应。进一步假设比例 λ 与名义利率成反比。也就是说,名义利率越高,个体在其组合中所愿意持有的货币相对于实体资本的比例越小。这可以被认定为组成或替代效应。货币市场的均衡条件因此是

$$\lambda(i)\cdot K=\frac{M}{p} \tag{4}$$

在这里,假设导数 $\lambda'(\ )$ 为负。

将方程(3)和方程(4)分别除以 Y 和 K 并将其转换为人均形式,我们因此得到方程

$$\alpha\left(i-\pi,\frac{m}{k}\right)=1\ 和 \tag{5}$$

$$\lambda(i) = \frac{m}{k} \qquad (6)$$

从方程(2)我们知道在稳态有 $\mu = \pi + n$。由于 μ 和 n 都被假定为外生地确定,因此对 π 的稳态值也可以认为如此确定。因此,在稳态之下,方程(5)和方程(6)可以当成一个关于两个内生变量 i 和 m/k 和一个外生变量 π 的方程组。假定这些方程有解,利用附加的均衡条件,即资本的边际生产率等于真实利率,或

$$f'(k) = i - \pi \qquad (7)$$

k(从而 m)的取值因此可以确定。根据通常的边际生产率下降的假设,我们同样有

$$f''(k) < 0 \qquad (8) \quad \text{xlvi}$$

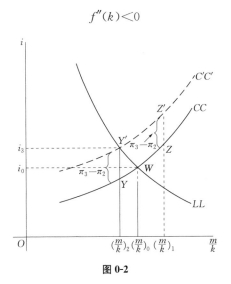

图 0-2

方程组(5)—(6)的解可以用图 0-2 表示。给定 π 的取值的情况下,曲线 CC 为商品市场的均衡点的轨迹。它的正的斜率反映了关于真实利

率$(i-\pi)$和真实余额效应(由m/k表示)各自对α的影响的假设。具体而言,i的增加会导致真实利率的增加,从而导致α的下降。因此比率m/k必须增大以使得α增大,从而恢复商品市场的均衡。另一方面,LL——货币市场的均衡点的轨迹必须是负斜率的。货币供给的增加使得m/k增加,这必须相应地由对货币的需求增加来抵消,这意味着i必须下降。因此,两条曲线在W的交点决定了经济体的稳态位置。

xlvii　　为简单起见,假设CC和LL所对应的π值为$\pi=\pi_2>0$,与货币扩张率μ_2相对应。现在假设这一扩张率外生地增长至$\mu=\mu_3$,因此[由方程(2)]π的稳态值相应地增加到了$\pi_3=\mu_3-n>\pi_2$。由于π并没有出现在方程(6)中,很显然这一变化对LL没有影响。从另一方面看,曲线CC将向上平移$\pi_3-\pi_2$的距离。例如,在如此构造的曲线$C'C'$上的Z'点,货币/资本比率m/k和真实利率$i-\pi$的取值与其在原来曲线CC上的Z点的取值是相同的。因此,Z'同样必须是商品市场上的一个均衡位置。

　　因此,我们可以从图0-2中推断出,货币扩张率的增加(因此通货膨胀率也增加)将经济体的稳态位置从W点转移到Y'。此外,由$C'C'$的构造可知,Y'点的真实利率是$r_3=i_3-\pi_3$,这小于W点的真实利率$r_0=i_0-\pi_2$。因此,造成通货膨胀率上升的政策降低了稳态真实利率r。资本的边际生产率下降,意味着稳态资本/劳动比率k上升。因此这一系统不是超中性的。

　　从另一方面看,这一系统是中性的。这可以马上从M没有出现其中看出来。(比方说)一次性地瞬即将M增加10%,然后货币供应仍然按照相同的速度增加,这不会对系统先前给定μ值(从而包括π值)所确定的m、k和i的稳态值产生影响。唯一的不同在于,在这一稳态下的任何点,价格将比没有一次性的货币增加的情况下的价格高出10%。[21]

值得注意的是,在商品和货币市场缺乏凯恩斯主义的相互依赖性的情况下,这一系统同样也将是超中性的。在对商品的需求仅仅依赖于真实利率而不是依赖于 m/k(也就是说,如果不存在真实余额效应);或者,对货币的需求只依赖于 k 而不是名义利率的情况下(这一假设非常不切实际,尤其是在通货膨胀情况下,这将导致名义利率大幅增加),就是这种情况。

所有第一种情况与下面所讨论到的静态宏观经济学模型的两分法情况类似(第 242 页,第 251 页注释 19,以及第 297—298 页)。它由图 xlviii 0-2 中的与横轴水平的 CC 曲线所表示。相应地,通货膨胀将导致 CC 曲线向上移位与不变的 LL 曲线相交于比原来利率高出 $\pi_3-\pi_2$ 的新利率,因此真实利率(从而 k 的取值)未发生变化;然而,m 值将明确下降。第二种情况可由垂直的 LL 曲线表示。因此,通货膨胀所导致的 CC 曲线向上平移将再次使得相交点移动到一个代表真实利率保持不变的位置。在这种情况下(这是一种不切实际的情况),m 的取值同样保持不变。

不用说,上述货币一般不是超中性以及通货膨胀的增加将使得资本/劳动比率提高的结论,是所使用的模型得出的一个结果。托宾(Tobin,1965)在他的开创性文章中得出了相同结论。然而,莱福哈瑞和帕廷金(Levhari and Patinkin,1968)证明了,对托宾的储蓄函数进行合理的改变将对这一比例产生不确定的效果——对于在此形成的模型也是如此。斯德劳斯基模型(Sidrauski,1967)与上述所有模型不同,它从效用最大化函数中推导出储蓄函数,而不是对其做出规定。相似地,这一模型意味着货币是超中性的,但是布洛克(Brock,1974)已经证明了这一结果同样是不强健的。[22]

在结束这一节时,我想表达一个一般观点:将货币赋予长期中性的性质具有坚实的理论基础（参见 Gale，1982，pp.7-58；Grandmont，1983，pp.38-45，91-95），对于长期超中性却没有这样的基础。对于名义货币供应量增长率的变化，因此也包括通货膨胀率的变化，通常会导致真实余额的稳态水平发生变化。如果这些余额与系统中的其他真实变量（商品、实物资本以及闲暇）之间存在足够多的途径进行替代，那么这些变量的稳态水平将同样受到影响。如果货币可以获得一个与通货膨胀率一一对应的利率，那么我们可以得到这个一般化过程中的一个例外，因此持有货币的其他成本将不受通货膨胀率的影响。尽管在一般情况下，发生重大长期通货膨胀的经济体中的内部货币（例如，银行存款）的利息将最终得到偿付，但是对于作为任何货币体系的一个必要组成部分的外部货币而言，情况并不是这样。

　　对这一点的讨论是将经济体的产出视为单一的同质量。对产出进行更详细的部门构成分析得出了另一个关于货币缺乏超中性的结论。特别是，通货膨胀率越高，为了以更小的真实货币余额从事经济活动而奔跑于银行和其他金融机构之间的所谓的"皮鞋成本"越高。就家庭而言，相应的闲暇损失被称为"通货膨胀的福利成本"，这由消费者剩余的损失衡量，即通过对真实余额需求曲线下的三角区域的减少进行测量（参见 Bailey，1956）。对于企业而言，通货膨胀的成本以管理层必须花费额外的时间来管理现金流这一形式直接表现出来。现在必须强调的是，与家庭和企业所付出的额外努力相对的是，经济体中的金融部门将导入额外的资源以满足对其服务的需求增加。因此，通货膨胀率越高，经济体中的金融部门相对于"实体"部门所雇用的劳动力越多，从而经济体的"真实"产出越低。这一现象已经在一些保持两位数、三位数的通货膨胀率的经济体中被观察到（参见 Kleiman，1984；Marom，1988 对以色列的研究）。以这种方式看待这一现象意味着没有将金融部门的服务视为最终产品(这是国民生产净值的一部分)而是作为"中介"服务,其功能是"消除生产系统中的摩擦",因此,不是"最终消费的净贡献者"(Kuznets,1951,p.162;又见 Kuznets,1941,pp.34 - 45)。

8. 结束语——"货币的面纱"

不用说,本书还有其他的遗漏和错误,有些比较微小,有些比较重大。因此,在某些特定的情况下,真实余额效应可能并不能强大到足以稳定系统(Grandmont,1983,pp.21 - 27)。第 233 页的相图(早期的数学术语,现在经济文献中也同样称呼)以及第 233 页和后面相应的一些图都应该呈现一条垂直穿过 CC 曲线(反映了在交点处商品市场既不存在超额供给,也不存在超额需求的事实),水平穿过 BB 曲线(反映了债券市场的相同情况)的动态调整路径。[23]第 10 章第 3 节对货币数量增加的影响的分析忽视了铸币税的问题(Bohanon and Van Cott,1987)。我意识到太晚以至于没有注意到尽管推导方式不同,第 300 页中等式(21)中的系数 M''_0/p 是弗里德曼和施瓦兹(Friedman and Schwartz,1963,p.784)的货币乘数的一个变体(详情见 Steindl,1982);现在我将(如上面的第 6 节)M'' 称为基础货币。因为辅以在货币数量是一个内生变量的情况下,对利率保持不变的货币政策的讨论,第 309—310 页的讨论卓有成效。因此,(比方说)一个价格水平上升的机会将导致真实货币数量的下降,从而导致真实利率的上升,为了恢复利率的目标值,名义货币当以与价格水平最初上升成比例的数量增加。偏离任何给定水平的机会将不会产生强迫其回到其原有水平的市场力量,反过来,它将在名义货币数量上形成包容性的改变,在这个意义上,价格水平是不确定的。

毫无疑问,读者可以找到其他错误的例子。我用一个侦探故事结束。奥托·史泰格和我(Steiger and Patinkin,1989)着手去探秘的是"货币中性"(在本书中扮演着如此重要的角色)这一术语及其同性质的"货币的面纱"的起源。"中性"的概念,虽然不是这一术语,可以追溯到数量理论的早期观点,如大卫·休谟1752年关于"货币""利息"和"贸易平衡"的一些论文。有人可能会想到一个(根据休谟的精神)做出了著名的"商品彼此之间的关系不因货币而改变",并且"简而言之,在经济社会中没有比货币更无足轻重的事物"的论断的作者(Mill,1871,p.488)用到了这两个术语中的一个或全部。然而,我们并没有成功地在穆勒的任何著述中找到它们。事实上,这一术语在本世纪的前1/3才开始被使用。

li 特别地,当代意义的"货币中性"首先出现在第一次世界大战后10年的德国和荷兰的经济学家的著作中。它由哈耶克1931年在伦敦经济学院的那场讲座中引入英语国家。他曾错误地将这一术语归功于维克塞尔(Wicksell,1898)。就"货币面纱"而言,显然是在罗伯特·利夫曼的著作中(Liefmann,1917,p.73)(以德语同义词,Geldschleier 或 Schleierdes Geldes 的形式)第一次出现。在他那个时代,他是一个相当知名的德国经济学家。它在英国文献中第一次露面是在丹尼斯·罗伯森的剑桥经济手册《货币》(1922)第1页中。我们没有证据表明罗伯森是否受到了德语文献的影响。

但是,我们带着缺憾结束了我们"对神圣面纱的追求"。利夫曼(Liefmann,1919,p.100)也提到了无数的政治经济学家使用了这一术语。在一本确实以《货币的面纱》为题的书(1949)中,庇古称其在第一次世界大战以前就已经被"经济学家"普遍使用(同上,第18页)。但是我们没有发现这种早期使用的例子。[24]

注释

〔1〕本书导言完成于本人在洛杉矶加利福尼亚大学做访问学者期间。在此期间，本人从与米歇尔·波德林、塞巴斯蒂安·爱德华兹、罗杰·法默、加里·汉森、阿克塞尔·莱荣霍夫德、戴维·莱文、成欢·欧、约瑟夫·阿思翠、陀思腾·佩尔森以及基多·塔贝里尼等富有启发的互动中，以及他们所提供的建议和批评中获益匪浅。我还要感谢威廉·鲍莫尔、约拉姆·本波拉斯、艾伦·布林德、米迦勒·布鲁诺、斯坦利·菲舍尔、埃尔赫南·赫尔普曼、彼得·霍伊特、伊法莲·克莱曼、戴维·莱德勒和一个匿名推荐人所提出的宝贵意见和建议。

通常而言，本人对本书中的观点负责，任何了解上述人士著述的人士都很清楚，他们中间一些人对本书中的一些观点基本不赞同。

我还想对苏米特·查达所提供的技术协助表达我的感激，她为本书表现了极大的关心和责任，还要感谢洛林·格拉姆斯耐心地为本引言完成了好几个版本的打字工作。

我还要感谢麻省理工学院出版社经济编辑特瑞·沃恩耐心的合作和不断的鼓励。

最后，我要向耶路撒冷希伯来大学金融支持中心的研究基金表示我的感谢。

〔2〕但是，弗里德曼（Friedman，1956）的《现代数量理论》相对于传统的数量理论而言，它实际上更接近于凯恩斯主义的流动性偏好理论。这个理论是名不副实的，我现在将增加一个单独的注释来说明。更多的细节，参见帕廷金（Patinkin，1969a；1972b）。

〔3〕参见菲舍尔关于这一文献的启发性综述（Fischer，1988，pp.315 - 325）。术语"新凯恩斯主义的复兴"就是他提出的。同样可参见霍伊特（Howitt，1986）关于"凯恩斯主义的复苏"。实际上，在"看似非理性"的标题之下是关于在面对失业时，货币工资黏性的假设，"新古典宏观经济学"坚持了他的理论解释。这种坚持催生了前面所提到的"复兴"中许多卓有成效的研究。

〔4〕例如，可以参见吉尔和凯南（Geary and Kennan，1982）以及他们所引用的参考文献。然而，在劳动力市场的实证研究中，这依然是一个充满争议的问题。需要注意的是，通过隐式或显式地假设价格是对生产成本固定比例的加成，将原始的菲利普斯曲线（Phillips，1958，pp.285 - 289）中表示工

资变化率的纵轴替换为价格的变化率,同样意味着真实工资并不随着就业水平的变化而改变。

〔5〕鉴于东欧国家在过去 20 年间的经验,我们现在可以看到,甚至"高度集权社会"都能做是一个多么天真的观点。但是这与我目前的观点无关。

〔6〕引用自《通论》第 19 章第 1 段,也可参见本书 339 页。

为了避免任何可能的误导,我希望在此强调我的观点与动态调整的稳定性有关,而与自身可能发生改变的"自然失业率"无关。

〔7〕以下段落取自我 1967 年的维克塞尔讲座。最近关于真实余额效应的财富效应的详细讨论,请参阅斯威尼(Sweeney, 1988)的专著。

〔8〕多年前我从同事尼桑·利维坦那里听到了关于巴罗的分析的直观解释。同样可参阅弗希特曼和皮尔基(Fershtman and Pirchi, forthcoming)对这一分析所提供的优雅的几何解释。

〔9〕本节的这些内容从与彼得·哈威特、戴维·莱文、成欢·阿、约瑟夫·奥斯崔等人详细的讨论,甚至有时是争论中获益良多——一些早期的错误被消除。我很感激他们。在一些情况下,讨论解决了问题;而在另一些情况下,问题仍然存在。

〔10〕下面对世代重叠模型的讨论利用到了我对 1983 年萨缪尔森《纪念文集》的贡献。在这篇文章中,我也指出,无论是在他的开创性的 1958 年论文中,还是后来,萨缪尔森也不曾争辩他的模型构成了货币理论的微观经济学基础。相反地,他把它看作对资本理论的一大贡献。我认为我们应该给这个"显示偏好"更大的权重!

lv　　〔11〕这应当是在数学附录 6A 一开始就应该明确的一个假设。那里的分析实际上都是基于这一假设。价格等比例变化只是为了使得将所有的商品视为一个单一的复合商品来处理显得合理化,这具有误导性。

〔12〕正如第 37 页所指出的,"未知数的个数与独立方程的个数相等既不是有解的必要条件也不是有解的充分条件"。但是,对于我们这些不向往数理经济学家的严谨的人来说,这是一个让人安心的必要但不充分条件。

〔13〕注意,上述假设中的第一个解决了卡斯和舍尔(Cass and Shell, 1980, p.252)所指的"烫手山芋"问题:这是指,由于个体假定在第三期之后还有未来,他同样假定自己在这一时期将能够用货币换取商品,因此能够理性地计划在第二期末持有货币到第三期。

这个脚注取代了我在萨缪尔森纪念文集(Patinkin, 1983, p.161)的论文中关于"烫手山芋"问题的错误讨论。

［14］请注意，如果测量流通速度的时期与个体做计划的时期一致，那么恒定的速度将等于单位值。然而，这个具体值是我们任意选择时间单位的结果。

［15］因此，巴罗和菲舍尔（Barro and Fischer，1976）"货币理论的最新发展"的文献综述即使在专门的"货币需求理论"一节中也几乎没有提及克劳尔1967年的文章。

［16］这一假设本身与货币理论不一致。它使得卡恩的模型同样受到希克斯（Hicks，1933）对瓦尔拉斯模型的著名而且基本的批评。这一批评是：除非人们能够持有完全流动的生息债券，否则没有任何持有货币的理由。

［17］对本段与前段的批评对科恩（Kohn，1980）在他的论文第185页方程16中所给出的"总融资限制"同样成立。这同样是简单的数量理论方程。它与以前不同的是，它有大于1的流通速度而不是单位流通速度——在这两种情况下的速度是恒定的。

［18］格朗蒙和尤尼斯（Grandmont and Younes，1972，p.357）试图通过假设个体销售给定商品的收入中的某一固定比例（这一比例因商品和个体不同而异）为现金，个体在同一时期用其进行购买支付，在货币先行限制中引入"黏性"。这一批评对此同样成立。再次，这一比例实际上决定了个体向他商品的购买者提供的信用额度，它不是货币先行方法所要求的一个外生的常数，而是一个依赖于利率和所预见的通货膨胀率的内生变量。

［19］最早由赫尔普曼和拉金（Helpman and Razin，1982）开发的货币先行及预防性需求模型，做相应修改，可以给出相同的解释。在他们所考察的情况下，个体在面对未来本国和外国的价格水平差异的不确定性时，必须做出持有本币和外汇的决定。

［20］关于科学发展过程中内部和外部刺激的区别，参见劳丹（Laudan，1977，chapter 7）。

［21］关于突出这种情况与货币供应变化率的改变这一情形之间的差异的图表，参见帕廷金（Patinkin，1972a，pp.202‐204）。这同样也显示了它们各自从一个稳态到另一个稳态的动态调整路径的差异。

［22］更多细节，参见帕廷金（Patinkin，1987c，pp.643‐644）。

［23］详见帕廷金（Patinkin，1974）。

［24］故事的另一个有趣的方面是，利夫曼（Liefmann，1919，p.100）把

隐喻"货币面纱"与"玛雅的面纱"联系起来了(德语原文"dem'Schleier der Maja'"),后者是叔本华(Schopenhauer,1818,pp.253、352)用于表达他的基本哲学观点的一个术语,即真实的世界其实是一种幻觉。而"玛雅"又可追溯到公元前 2 世纪中期的印度哲学! 详情见帕廷金和史泰格(Patinkin and Steiger,1989)的附录。

lvii **参考文献**

重印或翻译作品在文中引用时,使用其最初出版年份;此类引用的页码,可能是重印或翻译版本中的页码。

Allen, Polly Reynolds, and Peter B. Kenen(1980). *Asset Markets*, *Exchange Rates*, *and Economic Integration*: *A Synthesis*. Cambridge: Cambridge University Press.

Bailey, M. J. (1956). "The Welfare Cost of Inflationary Finance." *Journal of Political Economy* 64(April):93-110.

Barro, R. J. (1974). "Are Government Bonds Net Wealth?" *Journal of Political Economy* 82(November-December):1095-1117.

Barro, Robert J., and Stanley Fischer(1976). "Recent Developments in Monetary Theory." *Journal of Monetary Economics* 2(April):133-167.

Barro, Robert J., and Herschel I. Grossman(1971). "A General Disequilibrium Model of Income and Employment." *American Economic Review* 61(March):82-93.

Barro, Robert J., and Herschel I. Grossman(1976). *Money*, *Employment and Inflation*. Cambridge: Cambridge University Press.

Benassy, Jean-Pascal (1975). "Neo-Keynesian Disequilibrium Theory in a Monetary Economy." *Review of Economic Studies* 42(October):503-523.

Benassy, Jean-Pascal (1987). "Disequilibrium Analysis." In *The New Palgrave*: *A Dictionary of Economics*, edited by John Eatwell, Murray Milgate, and Peter Newman. Vol.1. London: Macmillan, pp.858-863.

lviii Bohanon, Cecil E., and T. Norman Van Cott(1987). "Patinkin on a Money-Financed Increase in Government Expenditures: What Happened to Seigniorage?" *Public Finance Quarterly* 42(2):332-335.

Branson, William H., and Dale W. Henderson(1985). "The Specification and Influence of Asset Markets." In *Handbook of International Economics*, vol. II, edited by R. W. Jones, and P. B. Kenen (Amsterdam: Elsevier Science Publishers B. V.): 749-805.

Brock, W. A. (1974). "Money and Growth: The Case of Long Run Perfect Foresight." *International Economic Review* 15 (October): 750-777.

Brown, Bryan W., and Shlomo Maital (1981). "What Do Economists Know? An Empirical Study of Experts' Expectations." *Econometrica* 49 (March): 491-504.

Cagan, Phillip (1956). "The Monetary Dynamics of Hyperinflation." In *Studies in the Quantity Theory of Money*, edited by Milton Friedman. Chicago: University of Chicago Press, pp. 25-117.

Cass, David, and Karl Shell (1980). "In Defense of a Basic Approach." In Kareken and Wallace (1980b), pp. 251-260.

Clower, R. (1965). "The Keynesian Counterrevolution: A Theoretical Appraisal." In *The Theory of Interest Rates*, edited by F. H. Hahn and F. P. R. Brechling. London: Macmillan, pp. 103-125.

Clower, R. (1967). "A Reconsideration of the Microfoundations of Monetary Theory." *Western Economic Journal* 5 (December): 1-8.

Cooper, Russell, and Andrew John (1988). "Coordinating Coordination Failures in Keynesian Models." *Quarterly Journal of Economics* 103 (August): 441-463.

Drazen, A. (1980). "Recent Developments in Macroeconomic Disequilibrium Theory." *Econometrica* 48 (March): 283-306.

Feenstra, Robert C. (1986). "Functional Equivalence Between Liquidity Costs and the Utility of Money." *Journal of Monetary Economics* 17 (March): 271-291.

Fershtman, Chaim, and Anat Pirchi (1989). "Perceived Wealth and Government Bonds: A Diagrammatic Exposition." *American Economist* 33 (Spring): 83-86.

Fischer, Stanley (1974). "Money and the Production Function." *Economic Inquiry* 12 (December): 517-533.

Fischer, Stanley (1977). "Long-Term Contracts, Rational Expectations,

41

and the Optimal Money Supply Rule." *Journal of Political Economy* 85 (February):191-206.

lix   Fischer, Stanley(1981). "Is there a real balance effect in Equilibrium?" *Journal of Monetary Economics* 8(July):25-39.

Fischer, Stanley (1988). "Recent Developments in Macroeconomics." *Economic Journal* 98(June):294-339.

Fleming, J. M. (1962). "Domestic Financial Policies Under Fixed and Under Floating Exchange Rates." International Monetary Fund: Staff Papers 9(November):369-379.

Flood, Robert P., and Peter M. Garber(1980). "Market Fundamentals Versus Price-Level Bubbles: The First Tests." *Journal of Political Economy* 88(August):745-770.

Friedman, Milton(1956). "The Quantity Theory of Money-A Restatement." In *Studies in the Quantity Theory of Money*, edited by Milton Friedman. Chicago: University of Chicago Press, pp.3-21.

Friedman, Milton (1968). "The Role of Monetary Policy." *American Economic Review* 58(March):1-17.

Friedman, Milton, and Anna Jacobson Schwartz(1963). *A Monetary History of the United States 1867-1960*. Princeton, NJ: Princeton University Press for the National Bureau of Economic Research.

Gale, Douglas(1982). *Money: In Equilibrium*. Cambridge: Cambridge University Press.

Geary, Patrick T., and John Kennan (1982). "The Employment-Real Wage Relationship: An International Study." *Journal of Political Economy* 90(August):854-871.

Grandmont, Jean-Michel(1983). *Money and Value: A Reconsideration of Classical and Neoclassical Monetary Theories*. Cambridge: Cambridge University Press.

Grandmont, Jean-Michel, and Guy Laroque (1976). "On Temporary Keynesian Equilibria." *Review of Economic Studies* 43(February):53-67.

Grandmont, Jean-Michel, and Yves Younes (1972). "On the Role of Money and the Existence of a Monetary Equilibrium." *Review of Economic*

Studies 39(July):355-372.

Hahn, Frank(1982). *Money and Inflation*. Oxford: Blackwell.

Hayek, F. A. (1931). *Prices and Production*. London: George Routledge.

Helpman, Elhanan, and Assaf Razin (1982). "A Comparison of Exchange Rate Regimes in the Presence of Imperfect Capital Markets." *International Economic Review* 23(June):365-388.

Hicks, J. R. (1933). "Gleichgewicht und Konjunctur." Zeitschrift for National Okonomie 4(4):441-455. (See Hicks(1980) for an English translation.)

Hicks, J. R. (1980). "Equilibrium and the Trade Cycle." *Economic Inquiry* 18(October):523-534. (English Translation of Hicks 1933.)

Hogarth, Robin M., and Melvin W. Reder, editors(1986). *Rational Choice: The Contrast Between Economics and Psychology*. Chicago: University of Chicago Press. (First published as a Supplement to the October 1986 issue of the Journal of Business 59:S181-S505.)

Howitt, Peter, (1986). "The Keynesian Recovery." *Canadian Journal of Economics* 19(November):627-641.

Howitt, Peter, and Don Patinkin(1980). "Utility Function Transformations and Money Illusion: Comment." *American Economic Review* 69(September):819-822, 826-828.

Hume, D. (1752). "Of Money; Of Interest; and Of the Balance of Trade." As reprinted in D. Hume, *Writings on Economics*, edited by E. Rotwein. Wisconsin: University of Wisconsin Press, 1970, pp.33-77.

Jonson, P. D. (1976). "Money and Economic Activity in the Open Economy: the United Kingdom, 1880-1970." *Journal of Political Economy* 84(October):979-1012.

Jonung, Lars, and David Laidler(1988). "Are Perceptions of Inflation Rational? Some Evidence For Sweden." *American Economic Review* 78(December):1080-1087.

Kareken, John H., and Neil Wallace (1980a). "Introduction." In Kareken and Wallace(1980b), pp.1-9.

Kareken, John H., and Neil Wallace, editors(1980b). *Models of Mone-*

lx

tary Economics. Minneapolis: Federal Reserve Bank of Minneapolis.

Keynes, J. M. (1936). *The General Theory of Employment, Interest and Money*. London: Macmillan.

Kleiman, E. (1984). "Alut ha-inflatzya" (The Costs of Inflation). Rivon Le-Kalkalah(*Economic Quarterly*) 30(January):859-864. (Hebrew). English translation issued in May 1989 as Working Paper No. 211. (Jerusalem: Department of Economics, Hebrew University of Jerusalem.)

Kohn, Meir(1981). "In Defense of the Finance Constraint." *Economic Inquiry* 19(April):177-195.

Kuznets, S. (1941). *National Income and Its Composition*, 1919-1938. New York: National Bureau of Economic Research.

Kuznets, S. (1951). "National Income and Industrial Structure." Proceedings of the International Statistical Conferences 1947(5), 205-239. As reprinted in S. Kuznets, *Economic Change*, London: William Heinemann, 1954, 145-191.

Laidler, D., and B. Bentley(1983). "A Small Macro-Model of the Post-War United States." *Manchester School* 51(December):317-340.

Laudan, Larry(1977). *Progress and Its Problems*. Berkeley: University of California Press.

Leijonhufvud, Axel(1968). *On Keynesian Economics and the Economics of Keynes*. New York: Oxford University Press.

Leijonhufvud, Axel(1981). *Information and Coordination: Essays in Macroeconomic Theory*. Oxford: Oxford University Press.

LeRoy, Stephen F. (1984). "Nominal Prices and Interest Rates in General Equilibrium: Money Shocks." *Journal of Business* 57(April):177-195.

Levhari, David, and Don Patinkin(1968). "The Role of Money in a Simple Growth Model." *American Economic Review* 58(September):713-753. As reprinted in Patinkin(1972a), pp.205-242.

Liefmann, R. (1917). *Grundsiitze der Volkswirthschaftslehre*. Vol. I: Grundlagen der Wirtschaft. Stuttgart and Berlin: Deutsche Verlags-Anstalt.

Liefmann, R. (1919). *Grundsatze der Volkswirthschaftslehre*. Vol. II: Grundlagen des Tauschverkehrs. Stuttgart and Berin: Deutsche Verlags-Anstalt.

Lindbeck, Assar(1963). *A Study in Monetary Analysis*. Stockholm: Almqvist and Wiksell.

Lovell, Michael C. (1986). "Tests of the Rational Expectations Hypothesis." *American Economic Review* 76(March): 110-124.

Lucas, Robert E. (1980). "Equilibrium in a Pure Currency Economy." In Kareken and Wallace(1980b), pp.131-145. (Published also in 1980 *Economic Inquiry* 18[April]: 203-220.)

Lucas, Robert E., and Thomas J. Sargent (1978). "After Keynesian Macro-economics." In After the Phillips Curve: Persistence of High Inflation and High Unemployment, Conference Series no.19. Boston, Mass.: *Federal Reserve Bank of Boston*, pp.49-72. As reprinted in *Rational Expectations and Econometric Practice*, edited by R. E. Lucas and T.J. Sargent. Minneapolis: University of Minnesota Press, 1981, pp.295-319.

Lucas, Robert E., and Nancy L. Stokey(1987). "Money and Interest in a Cash-in-Advance Economy." *Econometrica* 55(May): 491-513.

Malinvaud, Edmond(1977). *The Theory of Unemployment Reconsidered*. Oxford: Blackwell.

Mayer, T. (1959). "The Empirical Significance of the Real Balance Effect." *Quarterly Journal of Economics* 73(May): 275-291.

McCallum, Bennett T. (1983). "The Role of Overlapping-Generations Models in Monetary Economics." In *Money, Monetary Policy and Financial Institutions*, edited by Karl Brunner and Allan H. Meltzer. Carnegie-Rochester Conference Series on Public Policy. Vol.18, 1983; North Holland-Amsterdam: Elsevier Science Publishers, pp.9-44.

Marom, Arie(1988). "Inflation and Israel's Banking Industry." *Bank of Israel Economic Review* No.62(December): 30-41.

Meade, J. E. (1951). *The Theory of International Economic Policy*, Vol.1: The Balance of Payments. London: Oxford University Press.

Mill, J. S. (1871). *Principles of Political Economy*. 7th edition, edited by W. J. Ashley(1909). London: Longmans and Green.

Miller, Merton H., and Daniel Orr(1966). "A Model of the Demand for Money by Firms." *Quarterly Journal of Economics* 80(August): 413-435.

lxii

Mundell, R. A. (1963a). "Inflation and Real Interest." *Journal of Political Economy* 71(June):280-283.

Mundell, R. A. (1963b). "Capital Mobility and Stabilization Policy Under Fixed and Flexible Exchange Rates." *Canadian Journal of Economics and Political Science* 29(November):475-485.

Mundell, R. A. (1965). "A Fallacy in the Interpretation of Macroeconomic Equilibrium." *Journal of Political Economy* 13(February):61-66.

Murphy, K. M., and R. H. Topel(1987). "The Evolution of Unemployment in the United States: 1968-1985." In NBER: *Macroeconomics Annual*, edited by S. Fischer(Cambridge, Mass.: MIT Press):11-58.

Orr, Daniel(1970). Cash Management and the Demand for Money. New York.

Praeger Ostroy, Joseph M., and Ross M. Starr(1988). "The Transactions Role of Money." Working Paper No.505. Los Angeles: Department of Economics, University of California.

Patinkin, Don(1948). "Price Flexibility and Full Employment." *American Economic Review* 38(September):543-564.

Patinkin, Don(1949). "Involuntary Unemployment and the Keynesian Supply Function." *Economic Journal* 59(September):360-383. As reprinted with an Appendix in Patinkin(1981a), pp.155-179.

Patinkin, Don (1951). "Price Flexibility and Full Employment." In *Readings in Monetary Theory*, selected by a committee of the American Economic Association. Philadelphia: Blakiston, for the American Economic Association, pp.252-283. (Revised version of Patinkin [1948].) As reprinted in Patinkin(1972a), pp.8-30.

Patinkin, Don (1956). *Money, Interest, and Prices*. Evanston, II: Row, Peterson.

Patinkin, Don(1965). *Money, Interest, and Prices*. 2nd edition. New York: Harper and Row.

lxiii   Patinkin, Don (1967). *On the Nature of the Monetary Mechanism*. Almqvist and Wiksell: Stockholm. As reprinted in Patinkin (1972a), pp.143-167.

Patinkin, Don(1969a). "The Chicago Tradition, the Quantity Theory, and Friedman." *Journal of Money*, Credit and Banking 1(February):46-70. As reprinted in Patinkin(1981a), pp.241-264.

Patinkin, Don (1969b). "Money and Wealth: A Review Article." *Journal of Economic Literature* 7(December):1140-1160.

Patinkin, Don(1972a). *Studies in Monetary Economics*. New York: Harper and Row.

Patinkin, Don (1972b). "Friedman on the Quantity Theory and Keynesian Economics." *Journal of Political Economy* 80(September-October):883-905.

Patinkin, Don(1974). "A Note on the Stability of the Metzler Phase Diagram." *Journal of Political Economy* 82(May/June):641-644.

Patinkin, Don(1976). *Keynes' Monetary Thought: A Study of Its Development*. Durham, N.C.: Duke University Press.

Patinkin, Don(1981a). *Essays On and In the Chicago Tradition*. Durham, N.C.: Duke University Press.

Patinkin, Don (1981b). "Some Observations on the Inflationary Process." In *Development in an Inflationary World*, edited by J. Flanders and A. Razin. Boston: Academic Press, pp.31-34.

Patinkin, Don(1982). *Anticipations of the General Theory? And Other Essays on Keynes*. Chicago: University of Chicago Press.

Patinkin, Don (1983). "Paul Samuelson's Contribution to Monetary Economics." In *Paul Samuelson and Modern Economic Theory*, edited by E. Cary Brown and Robert M. Solow. New York: McGraw-Hill, 157-168.

Patinkin, Don (1987a). "John Maynard Keynes." In *The New Palgrave: A Dictionary of Economics*, edited by John Eatwell, Murray Milgate, and Peter Newman. Vol.3. London: Macmillan, 19-41.

Patinkin, Don(1987b). "Walras's Law." In *The New Palgrave: A Dictionary of Economics*, edited by John Eatwell, Murray Milgate, and Peter Newman. Vol.4. London: Macmillan, 863-868.

Patinkin, Don(1987c). "Neutrality of Money". In *The New Palgrave: A Dictionary of Economics*, edited by John Eatwell, Murray Milgate, and

Peter Newman. Vol.3. London: Macmillan, pp.639-644.

Patinkin, Don, and Otto Steiger(1989). "In Search of the 'veil of Money' and the 'Neutrality of Money': A Note on the Origin of Terms." *Scandinavian Journal of Economics* 91(1):131-146.

Pesek, B. P., and T. R. Saving(1967). *Money, Wealth and Economic Theory*. New York: Macmillan.

Phillips, A. W. (1958). "The Relation Between Unemployment and the Rate of Change of Money Wage Rates in the United Kingdom, 1861-1957." *Economica* 25(Nov.):283-299.

Pigou, A. C. (1949). *The Veil of Money*. London: Macmillan.

Robertson, D. H. (1922). *Money*. Cambridge: Cambridge University Press.

Samuelson, Paul A. (1947). *Foundations of Economic Analysis*. Cambridge, Mass: Harvard University Press.

Samuelson, Paul A. (1958). "An Exact Consumption-Loan Model of Interest with or without the Social Contrivance of Money." *Journal of Political Economy* 66(December):467-482.

Schopenhauer, A. (1818). Die Welt als Wille und Vorstellung I. 3rd edition, 1859. In *Schopenhauers samtliche Werke*. Vol. 11, edited by M. Friscbeisen-Kohler. Berlin: A. Weichert, pp.1-460, ea. 1912. Translated by E. F. J. Payne under the title The World As Will and Representation(2 volumes). New York: Dover, 1969.

Sidrauski, M. (1967). "Rational Choice and Patterns of Growth in a Monetary Economy." *American Economic Review* 57(May):534-544.

Solow, Robert M. (1956). "A Contribution to the Theory of Economic Growth." *Quarterly Journal of Economics* 70(February):65-94.

Steiger, O. See Patinkin and Steiger(1989).

Steindl, Frank G. (1982). "The Contemporary Money-Supply Paradigm: Friedman and Patinkin." *Journal of Macroeconomics* 4(Fall): 477-482.

Svensson, Lars E. O. (1985). "Money and Asset Prices in a Cash-in-Advance Economy." *Journal of Political Economy* 93(October):919-944.

Sweeney, Richard J. (1988). *Wealth Effects and Monetary Theory.* New York: Blackwell.

Tanner, J. E. (1970). "Empirical Evidence on the Short-Run Real Balance Effect in Canada." *Journal of Money*, Credit and Banking 2 (November):473-485.

Taylor, John B. (1980). "Aggregate Dynamics and Staggered Contracts." *Journal of Political Economy* 88(February):1-23.

Tobin, James(1965). "Money and Economic Growth." *Econometrica* 33 (October):671-684.

Tobin, James(1980). "Discussion [of Wallace(1980)]." In Kareken and Wallace(1980b), pp.83-90.

Thirlwall, A. P. (1972). "An Empirical Estimate for Britain of the Impact of the Real Balance Effect on Income and Interest." *Southern Economic Journal* 39(October):213-227.

Wallace, Neil (1980). "The Overlapping Generations Model of Fiat Money." In Kareken and Wallace(1980b), pp.49-82.

Walras, L. (1926). *Elements d'Economie Politique Pure.* Definitive edition. Paris: F. Pichon(for our purposes, identical with 4th, 1900 edition). Translated by W. Jaffe under the title Elements of Pure Economics. London: George Allen and Unwin, 1954.

Whalen, Edward L. (1966). "A Rationalization of the Precautionary Demand for Cash." *Quarterly Journal of Economics* 80(May):314-324.

Wicksell, K. (1898). *Geldzins und Guterpreise.* Jena: Gustav-Fischer. Translated by R. F. Kahn under the title Interest and Prices. London: Macmillan, 1936.

lxv

第二版序

虽然本书的基本方法和分析框架仍然是相同的,但是这一新版本反映了一些重大的变化和无数细微的改变。做出这些改变的动力一方面来自本书第一版之后文献的发展,另一方面还有读者对第一版所提出的具体批评,最后,我自己对本书好几个方面都不满意。

这种不满的一部分在本书第一版出版后,以文章的形式发表(参见参考文献),并在下面适当的部分被引用。然而,大部分这种性质的变化是第一次在这里呈奉。

就前述批评而言,在许多情况下我已经接受它们,我已经指出了这一事实,并明确提到了有关的批评。但是,我并不总是很明确地表达我的异议。在这种情况下,我的主要目标是澄清实质性问题而不是驳斥它们。然而,我不能假装我从没有跨越两者之间模糊的界线。

尽管,或者也许是因为上述内容变化的广泛性,如果我今天是第一次开始写,这本书肯定大为不同。虽然我花了相当大的精力努力更一致地处理这些变化,但是在一本像本书这样交织繁杂的著作中,不可避免地会留下各种未被发现的段落仍然反映着那些已经被废除的思考方式。但是,我更愿意为读者呈上一本具有这种瑕疵的新书,也不愿留下一本更完整和过时的未做任何改变的原著。

第二版与第一版的主要区别在于第5—7章关于货币的微观经济学理论。其中第5章对第一版的处理进行了重写和扩张,而后两章(基于鲍莫尔、马科维茨和托宾等人的作品)则是全新的内容。这几章的共同特征是都是根据费雪的多时期模型发展而来。第6章也对第一版中直观提出的内容进行了论证,即无须基本的修改,本书中所使用的需求函数既对于那些持有货币是出于预防、投机目的模型成立,同时也对出于交易动机的模型成立。

对这几章的修订,以及对本书其他重要的改变或增加的内容的细节感兴趣的读者可以参考注释 N 第 2 节。这些变化中的两个分别是，我在第 3 章中增加了一节讨论阿奇博尔德-利普西对长期均衡的分析和对第 12 章的观点和内容较为激进的修订。这一章的最后四节被完全重写，在其他的事情上，我现在利用格利和肖的工作来探讨内部货币和外部货币之间的区别，并解释了对银行(以及其他金融中介)的功能的分析是如何整合到一个宏观经济模型当中的。

其他三个增加的主要内容包括对真实余额效用的分析(这增加在数学附录 2B 关于财富效应的讨论中)，数学附录 11 中关于存量和流量的长期问题，以及注释 M 对真实余额效用的实证意义。第二版对该领域实证研究相关理论分析的关注度上升，这反映在最后一项中。在过去的十年中，这项工作进展得特别好。

lxix　　在准备这个修订版的漫长过程中，我得益于许多人的帮助。有人指出第一版中出现的错误，也有人提供了激励性和颇有帮助的建议。还有一些人已经阅读了新材料的不同章节。在这列出所有人的名字是不切实际的(对他们中的一些人的具体的致谢已经反映在书中相关观点中)，但我想至少要对我身边和远方的同事肯尼斯·阿罗、优素福·阿提耶、约拉姆·巴泽尔、威廉·鲍莫尔、罗伯特·克洛尔、罗伯特·艾斯纳、雷迪格斯·费尔斯、米尔顿·弗里德曼、兹维·格里利谢斯、约翰·格利、尼桑·利维坦、米迦勒·米凯利、阿莫茨·莫拉格和茨维·奥菲尔等表示我的感谢。怀着悲痛，我铭记着已故耶胡达·格林菲尔德的情谊。

这个修订版的许多工作是在加利福尼亚大学伯克利分校作为福特基金会的访问研究教授期间完成的，这是最为愉快、刺激的一年(1961—1962)。我非常感谢伯克利经济学系提供了这个机会并慷慨地提供了所有的设施。我还要感谢戴尔·乔根森、罗宾·马休斯和托马斯·迈耶等的恩惠，他们参加了伯克利一个非正式的讨论组，并对第

5—7章的早期版本进行了挑刺并提出了无情的批评。

第5章第3—7节的材料在很大程度上以论文的形式出现在1961年12月的纽约计量经济学会上。我从这次会议的讨论中受益很多。我也很感激"国际经济协会"1962年3月在法国罗亚曼举行的关于利率理论会议的参与者们对一篇论文所做出的评论,实际上这篇论文是第6章第1—2节和第7章的早期初稿。上述材料也是我1960年秋和1961年冬参加美国几所不同大学的研讨会的基础,我从这些研讨会中得到了许多有益的建议。

再次,我很高兴向过去几年在希伯来大学参加货币理论研习的学生们所提供的最宝贵的评论和建议表示感谢。本书的新材料中,尤其是第5—7章,很少有内容没经过我与他们一起反复锤炼。我尤其要感谢米迦勒·布鲁诺、乔拉·哈诺、戴维勒·哈日、拿弗他利·利维、约瑟夫·麦、亚瑟·斯兰恩和伊坦·舍辛基。我也感谢后者和香河·布朗(加利福尼亚大学)所提供的认真负责的技术援助。苏珊·弗为注释M的所有统计工作提供了不可估量的帮助。lxx

耶路撒冷的内奥米·罗森布拉特夫人和伯克利的简·塞伯特对各种类型的稿件进行了细致、高效的输入。海思达·李赞夫人和摩西·佛博在所有阶段,特别是在整理构成修订版的各种材料上提供了宝贵的支持。苏珊·弗在证明检查上提供了很大的帮助,我非常感激她的效率和细心。

最后,我希望向希伯来大学的以利谢卡普兰经济学和社会科学学院以及加利福尼亚大学伯克利分校经济学系致谢,是它们提供的研究补助使得所有这些协助变得可能。

1965年1月于耶路撒冷

唐·帕廷金

第一版序

　　1947 年向芝加哥大学提交的博士论文中首次提出了一些思想,本书就是这些思想的副产物。这些思想随后在 1948 年到 1954 年间发表在各种杂志和文集中的一系列文章中得到进一步发展。对这些文章感兴趣的读者可以在本书末的文献列表中找到它们。但是,本书却很少明确地引用它们。相应地,本书几乎没有尝试证明本书的论点与这些早期文章之间有何具体的联系。必须强调的是,除了少数几页,这本书的实际论述是全新的。它代表了在一个与以前相比更系统更全面的框架下对这些文章的基本思想所进行的全面改造、阐述和细化。

　　此外,最令人欣慰的是,本书的正文已经可以省掉那些文章中令人发怵的数学注释,改由现代经济学分析中比较熟悉的文字和图形技术来表达观点。本书有一个内容广泛的数学附录,我希望这对倾向于数学的读者有帮助并激发起他们的兴趣。但是,这个附录不是理解本书正文的必要条件,事实正好相反,正文对于读者充分理解附录是必要的。

　　对于补充注释和文献研究可以有类似的观点。这些内容对于正文来说不是必需的,但是正文对于这些内容来说是必要的。特别地,只有在阅读了第 8 章和第 15 章之后才能完全理解它们的全部意义。只要读者愿意接受它们的学说史解释,而不坚持索要这些文献的详细文档就可以理解这些章节而无须这些注释的帮助。

　　这本书的观点的本质上决定了本书有必要使用大量的内部交叉引用。这些引用有两种类型。第一类是对那些数学附录和补充注释的引用。它们的目的是向读者表明,如果他们有兴趣,可以在这些地方找到附加的信息。第二类是对正文自身的交叉引用。它们的主要目的是提醒读者,如果需要的话,可以重新回忆一下早期的有关结论,这些结论是进一步论证的基础。对于那些不需要这些提醒且只对正文本身感兴趣的读者,可以忽略所有的交叉引用,并继续不受干扰地阅读。另一方面,对于任何愿意跟踪这些引用的人都会发现,因为本书的每一页都有适当的章节号(正文部分)、附录号(数学附录)或注节号(附加注释),跟踪引用变得很简单。

在构思本书思想的过程中,我特别幸运有机会与许多个人以口头或书面、出版或未发表的方式进行了令人兴奋的讨论。我很抱歉不能lxxii在这里把他们的名字一一列出。但是我必须明确表达对肯尼斯·阿罗,里奥尼德·赫维茨,尤其是特里夫·哈维默等人的感激,我在考尔斯经济研究委员会作为社会科学研究委员会博士预读生期间(1946—1947)与他们每一个人都进行了富有启发意义的讨论。

在后来的一个阶段,上述文章在一些期刊上引发了许多争论,我从中受益匪浅。除一个或两个小小的例外,我并没有看到在本书中回应早期争论的必要。但是感兴趣的读者会发现,补充注释 N 第 1 节列出了这些相关的批评文章以及我对他们的回应。不用说,准备这些回应对于不断地修订和改善论证及其阐述是一种非常宝贵的激励。在这方面我特别感谢赫伯特·斯坦澄清了公开市场操作的本质;布洛克·希克曼指出了在早期一篇文章中对"函数依赖"概念的错误使用;弗兰克·哈恩证明了单期静态模型的论证在其最初形成过程中的局限性。

如果不冒昧,我同样希望对某些经济学理论的基础著作表示感谢——因其自身的性质,这些纯粹的脚注无法为其提供足够的表达。希克斯在他的《价值与资本》中提出的分析工具显然是第一部分的基础。相应地,第二部分明显依赖于凯恩斯《通论》的宏观经济学概念和技术以及后来的一些凯恩斯主义文献。萨缪尔森在其《经济分析基础》中提出的动态稳定性分析的若干方面也得到了重要的应用。玛吉特的《价格理论》对一些补充注释和文献研究的影响同样也是显而易见的。

读者从正文中也会看到我的思想在多大程度上受到了维克塞尔的经典著作《利息与价格》的影响。

马丁·布朗芬布伦纳教授、纳达夫·海勒维先生，威廉·加菲教授，为本书的早期草稿提供了的宝贵的批评；我的同事阿耶·德沃茨基为本书第 5 章撰写了非常有趣的数学附录；还有许多海外朋友为我寄送了很多我从其他途径无法获得的资料——他们对我有更直接的恩义。

向耶路撒冷希伯来大学连续三个研究生班的学生表达我的感谢和亏欠同样也是一种特别的快乐。无论身处课堂内外，与他们令人兴奋的接触都是获得批评和建议的最宝贵来源。他们愿意充当本书早期草稿的"天竺鼠"，不断地指出本书需要进一步澄清的歧义和困难点。再次，我感到遗憾的是，我不能在此对他们表达更明确的致谢。但我不能不提及我对尼桑·利维坦先生、茨维·奥菲尔先生和戈德伯格先生的特殊的感激。尼桑·利维坦先生的宝贵批评已经在第 8 章提到，而茨维·奥菲尔先生卓有成效的建议和精辟的言论在本书的不同部分得到了体现。我也受益于欧菲先生的细致和对各种技术事务所提供的协助。同样，我同样要感谢阿兹列尔·列维先生，他为本书检查了数学附录中的计算。

我希望最后向仔细检查了各个版本草稿的打印版的阿里扎·阿果夫夫人、埃丝特·科帕曼夫人和朱迪思·施尔夫人，忠实地提供技术协助的吉拉·阿布拉莫维茨小姐表示感谢；并向希伯来大学以利谢卡普兰经济学和社会科学学院（它们提供的研究补助使我能够获得这些技术上和打字方面的协助）等表示我的感谢。

lxxiii

1955 年 4 月于耶路撒冷

唐·帕廷金

在此向允许本书引用某些作品的许可表示感谢:

George Allen and Unwin Ltd. and Richard D. Irwin, Inc., for

L.Walras, *Elements of Pure Economics*, trans. and ed. W. Jaffe (London: George Allen and Unwin Ltd., 1954; Homewood, Illinois: Richard D. Irwin, Inc., 1954).

Ernest Benn Ltd. and Harcourt, Brace and Co., for

G. Cassel, *Fundamental Thoughts in Economics* (London: T. Fisher Unwin Ltd., 1925; New York: Harcourt, Brace and Co., 1925) and G. Cassel, The Theory of Social Economy, trans. S. L. Barron(new revised ed.; London: Ernest Benn Ltd., 1932; New York: Harcourt, Brace and Co., 1932).

The Brookings Institution, for

John G. Gurley and Edward S. Shaw, *Money in a Theory of Finance* (Washington, D.C.: The Brookings Institution, 1960).

Mr. Irving N. Fisher, for

I. Fisher, *The Purchasing Power of Money* (New York: The Macmillan Company, 1911).

Harcourt, Brace and Co. and Macmillan & Co. Ltd., for

J. M.Keynes, *General Theory of Employment, Interest and Money* (New York: Harcourt, Brace and Co., 1936; London: Macmillan &

Co. Ltd., 1936).

Longmans, Green & Co. Ltd., for

J. S. Mill, *Principles of Political Economy*, ed. W. J. Ashley (London: Longmans, Green & Co. Ltd., 1909)

Macmillan & Co. Ltd., for

A. Marshall, *Money Credit and Commerce* (London: Macmillan & Co. Ltd., 1923).

Routledge & Kegan Paul Ltd. and The Macmillan Company, for

K. Wicksell, *Lectures on Political Economy*, trans. E. Classen (2 vols.; London: George Routledge and Sons Ltd., 1935; New York: The Macmillan Company, 1935).

The Royal Economic Society, for

D. Patinkin, "Wicksell's 'Cumulative Process'," *Economic Journal*, LXII(1952).

K. Wicksell, *Interest and Prices*, trans. R. F. Kahn(Macmillan & Co. Ltd., 1936), and Works and Correspondence of David Ricardo, ed. P. Sraffa(Cambridge: Cambridge University Press, 1951).

导　言

货币可以购买商品，但商品不能购买货币。因此，商品市场是研究货币力量运转的天然场所。这将是我们的中心主题。

不能认为这个主题有多么的新颖。它甚至以原始的方式出现在货币数量理论的交易方法中。具体而言，由熟悉的 $MV = PT$，我们可以根据代表对商品的总需求的力量 MV 和另一代表总供给的 T 来确定均衡价格水平 P。但是这一公式并没有充分发掘这一主线的潜力：至少从表面上看，它将货币理论局限于一个独立于利率、直接与货币的数量成比例的商品总需求函数。这不仅不现实而且还具有误导性，因为它给人留下了分析这一等式所得到的结果必然依赖于这些极端假设的虚假印象。

但是，交易方法已经有一段时间不流行了。它在很大程度上被另一些货币理论所取代，这些理论的重心从商品市场转向了货币市场。无论是新古典主义或凯恩斯主义的变种，这些理论最基本的分析工具是货币的需求函数。相应地，理论的主要关注点是描述这一函数并将其应用在货币理论问题当中。

这种方法在逻辑上并没有错误。为什么我们不享受语义上的自由，宣称商品购买货币并相应地刻画一个货币需求函数？我们没有理由不这么做。如果我们正确地描述了这个函数，它只能是对商品的总需求函数的正面反映。正如我们经常努力证明的，对交易中一方的分析不能影响所得到的结论。相反，我们对这些当代货币理论的批评是务实的,即它们没能提供这个正面形象。确实,在形成新古典主义的货币余额方程的过程中,已经特别地考虑到了支出货币的替代方式,并且凯恩斯主义的流动性偏好方程也相应地关注到了债券市场。但是,在这两种情况下,没有任何一种情况尝试去分析这些市场对各自的货币方程的全部影响。

本书所提出的另一种方法始于对商品和债券的需求函数的描述,并对相对被忽视的货币余额的影响进行了特别的强调。因此,这些函数被用于对货币理论的中心问题——货币数量变化、关于利率的流动性偏好、价格和就业等——进行静态或动态的分析。这样,我们实现了货币理论和价值理论的融合:两种理论的命题都是通过对相同市场的相同需求函数应用相同的分析技术而得到。这样的整合是可取的,这并不仅仅是因为这两种理论是一般价格理论的特殊情况,而且还使得我们可以以一种简单直接的处理方式处理一些使用其他方式处理会更为复杂的问题。

必然地,我们的观点就是一般均衡分析的观点。由于假定货币的变化影响经济体中的所有市场,只有通过同时研究所有这些市场才能完全理解它们的影响。事实上,人们将看到在大多数情况下,我们得出的结论与普遍接受的结论之间存在差异,这是考虑到商品市场的价格水平变动和债券市场利率变化之间的动态相互作用的直接结果。市场之间的这种相互依存性是一个基本的、经常性的变量元素。

为方便起见,根据所用的分析方法将论证分为两个部分。第一部分使用的技术是广义上的微观经济学技术。就是说,这部分的市场需求函数继续反映着构成市场需求函数的个体需求函数的异质性。第二部分采用的是宏观经济学技术。在这里,个体的异质性消失,假设市场需求函数采用了与凯恩斯模型相似的总体形式。

但是,从内容的角度比从技术的角度对观点进行概述更有帮助。具体而言,本书从第一部分到第二部分有一条处理充分就业经济体的货币政策主线。这条主线形成于第1—4章和第9—12章,并独立于中间插入的章节。在第一部分,我们所考察的货币类型只是那些建立在外生于经济系统中的权威机关的债务基础之上的货币("外部货币");在第二部分,分析延伸到基于系统内生单位(即,银行)债务的货币("内部货币")。书中还有一条处理存在非自愿性失业的经济体的货币政策主线。这条主线形成于第 13—14 章。因此,书中还有一些副主题,对于这些内容,读者可以根据自身兴趣进行取舍。特别地,第 5 章和第 6 章形成了关于货币和资产的边际效用理论。因此,本书根据效用最大化的原则得出了前述各章的结论。第 7 章则相反,首先假设货币应当被视为一个生产者的商品(与产生效用的消费者的商品形成对比),并像描述一个企业对作为生产要素的存货需求函数一样描述个体对货币的需求函数。最后,第 8 章和第 15 章以本书的分析结果为背景,形成了对新古典主义和凯恩斯主义货币理论的详细批判。

我们讨论的更一般的结论可以概括如下:货币数量理论的命题在比其倡导者(更不必说其批评家)所认为的必要条件更宽松的条件下成立。相反,凯恩斯主义货币理论的命题远远不如《通论》那样一般化,后面的论述会让我们相信这一点。但这丝毫没有削弱凯恩斯失业理论在制定一个可行的充分就业政策时的现实意义。

第一部分　微观经济学

第1章　实物交换经济理论

1. 交换经济的性质。超额需求曲线。2. 超额需求函数。3. 均衡价格的确定。4. 个体实验和市场实验。

1. 交换经济的性质。超额需求曲线

本书这一部分将专门对一个交换经济中货币政策理论的形成进行严格的论述。通过首先限制在这样一个简单的经济体中，我们才可以专注于分析的一些本质特征而尽可能不受到一些复杂问题的干扰。第二部分的论证将为我们所采取的这种做法提供最终的理由。这表明，在这里形成的货币理论的基本结论在更加复杂、更现实的经济体中同样有效。

本部分需要用到价值理论的一些分析技术。为了回顾这些技术，我们从一个相似的实物交换经济开始进行热身。这是帕累托-斯拉茨基-希克斯的行为理论所覆盖的领域。因此，本节和随后的两节专门总结了希克斯对这一理论的发展。[1]

交换经济的明显标志是没有生产活动。也就是说，在这个经济中所能取得的物品都是外部力量按固定数量生产出来且任意地、无偿地分配给经济体中的个体。相应地，在一个交换经济中，唯一的经济问题

[1]　希克斯（J.R.Hicks）：《价值与资本》，牛津，1939，第1、2、5、9章。

就是在不同的个体之间实现最优的再分配。这不像最初听上去的那么具有限制性；这些物品包括了个体自身所提供的服务，按获得闲暇的可能性不同，个体提供这些服务的数量各异。

为简单起见，假定在这个经济体中时间被分割成离散的、间隔均匀的"周"。每一个个体在任何一周的星期一早上都会得到一个初始物品集合，就像以色列小孩的吗哪（manna）一样，在一周开始的前一夜从"天堂"降临到他身上。到星期一下午，他就有机会用自己所拥有的初始物品换取他所喜欢的不同数量的其他物品。这些交易发生的市场只在星期一下午开放，在一周中的任何其他时间都不能发生任何交易。假设这是个完全竞争的市场。

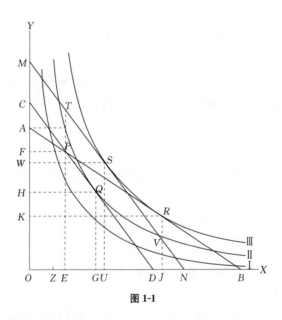

图 1-1

我们可以通过无差异曲线图对个体在这个市场中的行为进行分析。在图 1-1 中，无差异曲线 I、II 和 III 分别对应逐步提高的效用水平。读者将会回想起，这些曲线的斜率具有特别的经济意义。例如，假设个体消费的集合 Q 中包含了 OG 单位的 X 和 OH 单位的 Y。现在

假设我们将他对 X 的消费减少 EG 单位,并希望知道我们需要用多少单位的 Y 去补偿他才能使得他与在点 Q 时的情况一样好。也就是说,我们需要知道他要增加多少量的 Y 的消费才能保持其效用处于无差异曲线 II 所代表的固定水平不变。从图 1-1 我们可以看出,Y 的这一"补偿性变化"等于 HA。HA/EG 是对个体被拿走的每单位的 X 所做出补偿的 Y 的数量。如果我们从 OG 中拿走的 X 的数量越来越小,HA/EG 的极限趋近于无差异曲线 II 在 Q 点的切线的斜率 HF/EG。这一些斜率度量了在 Q 点位置"Y 对 X 的边际替代率"。这一数量是个体损失一小单位 X 所必须获得的 Y 的补偿数量。[2]

　　这一斜率同样有边际效用的含义。令前面所提到 X 的"微小单位"为"边际单位"。那么根据定义,对 X 的消费减少这样的一个单位将造成个体总效用下降的幅度等于 X 的边际效用的数值。与此同时,如果他对 Y 的消费增加 HF/EG 单位,那么这将会产生一个抵消性的效用增加,这一增加等于 Y 的边际效用乘以 HF/EG 单位。根据定义,这一补偿性变化的净效果就是使得个体的效用水平保持不变。也就是说,在点 Q 必须有以下关系:

$$X \text{ 的边际效用} = \frac{HF}{EG} \times Y \text{ 的边际效用。}$$

　　由此可以得到:

$$\frac{X \text{ 的边际效用}}{Y \text{ 的边际效用}} = \frac{HF}{EG}$$

$$= X \text{ 对 } Y \text{ 的边际替代率。}$$

边际效用的比率等于边际替代率,这一关系在第 5 章将非常有用。

　　我们现在从个体的主观计算转向他在市场中必须遵守的客观条件。假设他的初始物品组合包含 OE 单位的 X 和 OF 单位的 Y。我们

---

　　[2]　希克斯:《价值与资本》,牛津,1939,第 14、20 页。

可以将其称为个体的"初始禀赋"。进一步假设,对个体而言,X 用 Y 表示的价格与线段 CD 的斜率对应。那么线段 CD 就是他的预算线,或者说,预算约束。它描述了个体将其初始组合 P 以给定的市场价格,通过用实物 X 换取 Y 所能得到的所有可能的物品组合。

在图 1-1 的条件下,个体显然会通过将其初始禀赋中 HF 单位的 Y 换取额外 EG 单位的 X 来实现效用最大化。这将使其得到组合 Q,因为在这里 X 对 Y 的边际替代率等于 X 以 Y 计价的价格。因此,点 Q 表示了在给定条件下他的"最优集合"或"最优头寸"。它描述了个体选择消费 X 和 Y 的数量。相应地,OG 和 OH 分别表示了在给定条件下对 X 和 Y 的"需求量"。它们将与"超额需求"进行对比。"超额需求"是各种物品的需求量与其最初持有量之间的差。正的"超额需求"意味着个体以买家身份进入市场;而负的超额需求则意味着他在市场中是一个卖家。在这一特定情况下,X 和 Y 的超额需求分别为 EG 和负的 HF。对于负的超额需求,可以很方便地用"正的超额供给"来描述。因此,在我们的这种情况下,Y 存在 HF 单位的超额供给。[3]

很明显,最优组合、需求量以及超额需求量三者都取决于市场中所给定的价格比率。因此,如果个体的初始禀赋保持在 P,但是现在所面对的 X 的价格更低,他的预算线变成 AB。对应的最优集合变成 R,对 X 和 Y 的需求量分别变成了 OJ 和 OK,对它们的超额需求分别变成了 EJ 和负 KF。因为 X 变得便宜,个体将愿意用更多的 Y 换取所对应的更大数量的 X。替代效应和增强的正的收入效应的联合效应可以由图 1-1 表示。再次通过改变 X 的相对价格,我们获得另一条通过 P 点的预算线及其所对应的另一个最优集合。事实上,对于一个无差异

---

[3] 为了避免可能的混淆,应该强调的是,我们使用术语"所需金额"并不符合其通常的含义,即个体希望以给定价格在市场上购买的金额。相反,它是这个数额加上他希望保留的初始禀赋数量。换句话说,我们的要求是普通需求加威克斯蒂德的保留需求。

图和初始禀赋 P 给定的个体,我们可以将其视为一个"效用计算机"——我们向其输入一系列的市场价格,我们就能得到一系列由具体的最优头寸构成的相应的解。通过这种方式,我们就可以生成个体的,比方说,对 X 的超额需求曲线,这条曲线显示了在不同价格水平之下对 X 的超额需求。我们这位初始禀赋为 P 的个体的超额需求曲线如图 1-2。

这一个图的原点用 E 表示,这样做的理由很快就会显现出来。它的右面是正数,左面是负数。水平轴上的距离所代表的数量与图 1-1 中相同。曲线 edh 显示,任何低于 En 的价格都会使得超额需求为正。例如,如果我们假设价格 Em 由图 1-1 中的 CD 的斜率表示,那么两张图都会产生相同的信息(它们必须

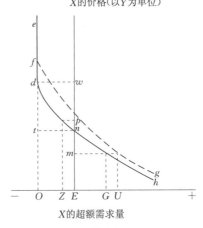

X的价格(以Y为单位)

X的超额需求量

图 1-2

这样):个体将在市场上买进数量 EG。另一方面,如果在价格 En 上个体的初始集合和最优集合相同,那么他根本就无须进入市场。最后,价格在 En 之上足够吸引他出售部分初始持有的物品。因此,在价格 Ep 上,他的超额需求为负,或者说他的超额供给为正的 ZE。实际上,如果价格上升到 Ew 或以上,个体会认为将其 X 的全部初始量 OE 在市场上换成 Y 是值得的。

我们现在注意到,通过将垂直轴移动到点 O,我们就可以把超额需求曲线转换为成一条需求曲线。这种关系反映了一个事实,根据定义,对 X 的需求等于超额需求数量加上初始持有的 X 的量。因此,需求曲线告诉了我们个体对 X 的需求量——它不对需求中借助于市场得到满足的部分和由初始持有的数量满足的部分进行区别。后面将被证明图 1-2 所具有的这种双重性质是有用的。

8

9

2. 超额需求函数

除了所面对的市场价格，个体的最优集合很明显也依赖于他的初始禀赋。用更熟悉的术语说，这取决于他的收入。例如，我们假设由于一些不明原因，个体的初始量 Y 增加，因此现在他在图 1-1 中的初始位置是 T 而不是 P。如果市场价格不变，个人的预算线则为与 CD 平行的 MN。他在图中的最佳位置因此也相应地从 Q 变成 S。因此，个体只用了所增加的 Y 的禀赋的一部分用于增加对 Y 本身的需求（HW，少于 PT），另一部分用于增加对 X 的需求（增加 GU）。

再次，我们可以从概念上使个体面对不同的市场价格序列；相应地通过 T 旋转他的预算线，并确定其相应的最佳位置序列。这样我们就生成了与初始禀赋 T 相连的超额需求曲线。这就是图 1-2 中的 efg。显然，因为 X 不是一个劣等品，这一曲线必须在 edh 的右方。特别地，正如我们从图 1-1 中所看到的一样，我们可以从这一图中看到，在价格 Em 上超额需求已经从 EG 增加到了 EU。由于个体初始的 X 数量不变，曲线 efg 在点 O 也变成垂直线。然而，考虑到个体现在收入更高的事实，他在比 edh 更高的价格上变成垂直线。

即使 X 不是一个劣等品，我们也不能得出初始禀赋增加总是使得超额需求曲线右移的结论。这是正确的，就像我们刚刚看到的 X 的数量保持不变，另一种物品的初始数量增加的情况一样。在 X 自身的初始数量也发生改变的情况下，这就不一定正确。因此，我们假设初始禀赋从 P 增加到 V，而不是从 P 到 T。在价格比率由 MN 的斜率度量的情况下，V 和 T 显然具有相同值。同样很清楚的是，最优组合依旧是 S，因此对 X 的需求依然为 OU。但是现在超额需求已经从正的 EU 变成了负的 UJ。因此在图 1-2 中的 Em 价格水平上与初始禀赋 V 相对应的超额需求曲线位于竖轴的左边。

到目前为止，我们将经济限制为只有两种物品的情况。如果有更多的物品,对 X 的超额需求同样受到所给定的用 X 换取其他物品的价格的影响。因此,个体应该面临着这些物品之一价格上涨的情况,图 1-2 将会移动,对于替代品,向右移;对于互补品,向左移。

我们可以将讨论总结为一点,即个体对于一个给定物品的超额需求量由所面对的市场中所有物品的以货易货比率、他的初始禀赋的真实价值以及所讨论物品的初始数量所决定。我们把他的初始物品禀赋的真实价值作为他的真实收入。那么我们可以有另一种说法,即对于一个给定物品的超额需求函数取决于所有物品的相对价格、他的真实收入以及所考虑的物品的初始数量。图 1-2 中的超额需求曲线很显然是这个函数除 X 之外的其他物品的价格固定、收入水平固定以及 X 的初始数量固定的截面。[4]

对于单个个体的超额需求曲线的讨论就到此为止。将经济中的全部个体的超额需求汇总,我们就可以得到这个市场作为整体的超额需求函数。为简单起见,假定图 1-2 中的 edh 现在代表的就是后一种曲线。因此 OE 现在代表的是所有个体的 X 的初始禀赋。从曲线中我们同样可以看到,在价格 Em,一些个体愿意买入 X,而另一些个体愿意卖出,但是作为经济体汇总,个体整体希望将 X 的初始禀赋净增加 EG。相似地,在价格 Ep,他们愿意在平衡的基础上出售数量 ZE,而在价格 Ew,没有任何人能消费得起 X 这一物品。[5]

3. 均衡价格的确定   11

通过继续将 edh 作为市场曲线考察,我们同样可以利用图 1-2 来

---

[4] 根据斯拉茨基(Slutzky),我们当然可以用所选择的一揽子物品严格地定义"真实收入";参见数学附录 2B,特别是脚注 5。

[5] 读者很容易可以验证:相同的市场超额需求曲线 edh 同样也是普通意义上的需求与供给之差,也就是,在给定价格全部个体所希望购买量和出售量之差。参见第 7 页脚注 3。一个简单的数值例子可以参考斯蒂格勒(Stigler):《价格理论》(修订版;纽约,1952),第 151—153 页。

解释 X 的市场均衡价格的确定。在任何低于 En 的价格上,市场上存在正的超额需求,这将驱动价格上升。在任何高于 En 的价格水平上,市场将会形成负的超额需求,或者正的超额供给,这将使得价格下降。只有在价格 En,市场的超额需求为 0,也就是人们愿意购买的数量等于其他人愿意出售的数量,即市场实现均衡。

将图 1-2 中的原点移到 O 点,这样确定的均衡价格可以用我们更为熟悉的供求关系所表示。E 点的垂直线因此变成供给曲线,反映了经济体中 X 的供给总量绝对固定的事实,于是,edh 成为需求曲线。得到均衡价格的方式与通常一样,这两条曲线相交于数量 OE 和价格 Ot。假设在星期一下午的开市期间达成这个均衡价格。关于这一过程的细节将在第 3 章进行分析。此时,我们可以有充足的理由假定其中存在一个重新订约的安排。也就是说,个体进入市场可以在给定价格上接受买卖不同数量的 X。如果市场不能出清,这些作价没有约束力。相反,由于存在超额需求的压力,相应地形成了新的作价。当最终实现均衡价格时,市场交易时间结束,所有的买卖合约都敲定,卖出方做出在随后的一周中将物品交付给买家的安排。

4. 个体实验和市场实验

本节的分析框架与之前的那些分析框架之间存在一个根本的区别。在本章的前两节,我们所考察的经济单位为个体或个体的汇总。我们希望解释的是"分析的因变量",即每一个体的超额需求数量。我们将"分析的独立变量"视为给定且不需要解释,这些变量是个体的偏好和初始禀赋、所面对的价格和将初始禀赋转变为最佳集合的欲求。这一层次分析的目的是对个人或一群个体进行概念性实验。在实验中,我们任意改变一个或多个独立变量,并观察这些变化对因变量的影响。这种"个体实验"的结果,正如我们所说的,可以由图 1-2 中的超额需求曲线描述。这一结果可以理解为关于一个个体或全体个体的汇总结果。这一曲线显示了超额需求量在其他独立变量保持不变的情况下,如何随 X 的价格变化而改变。

在前一节中,我们所考察的对象不同,从而分析的因变量和独立变量也不同。具体而言,我们所考察的对象是在完全竞争条件下运作的有组织的市场。我们现在希望解释的是使得市场实现均衡的价格。而被我们视为给定的是这一市场的结构、偏好、禀赋和在这个市场出现的个体最大化其效用的欲求。在这一框架内,探究价格任意变动所产生的影响是毫无意义的,这是因为,根据假设,发生这样的变化只是独立变量先前的一个变化带来的结果而已。事实上,这一层次分析的目的在于进行一些概念性的"市场实验",调查这些独立变量的改变对市场均衡价格变化的影响。

这种区别的力量,以及我们为什么对这一可能是众所周知的内容进行详细阐述的原因,将在以后的讨论中变得明显。[6]

---

　[6]　对于这一区别的精确描述,参见数学附录 1A。在"货币一般均衡理论的重新思考"中[《经济研究评论》,第 18 期(1950—1951),第 55 页],我将个体实验称为"在其他条件不变下的实验",将市场实验称为"比照实验"。这些术语在本书中已经被替换,因为即使在市场实验中,也有一些一般因子保持不变。如数学附录 1C 中的方程(1.36)—(1.39)。

第2章 货币经济的超额需求函数

1. 引言。货币的作用。2. 货币的种类和价格。3. 个体对商品的超额需求函数：财富效应和真实余额效应。4. "货币幻觉"的概念。5. 个体对货币的超额需求函数。6. 市场超额需求函数。

1. 引言。货币的作用

我们现在将分析扩展到一个存在货币的交换经济。在前面的章节我们没有使用这一方法。我们首先描述经济中的超额需求函数，这是在本章将要重点完成的任务。然后，我们将使用这些函数解释市场中的均衡价格是如何决定的，以及货币数量的变化如何影响这些价格，这是下一章的任务。

现在假设个体在星期一早上将初始禀赋分成互斥而穷尽的两类：商品和货币。[1]前者（商品）以第一章所描述的神奇方式降临他，后者（货币）则从前一周结转至本周。当前我们将假设个体不对本周之外的任何一周做出消费计划。这使得我们可以推迟考虑借贷及其利率问题。假设个体唯一关心的是在下一个星期一开始时有足够的货币（对是否足够的判断是建立在他对下一周的价格保持不变的期望值上）。

---

[1] "物品""商品"和"货币"的术语的含义从此如其字面所示。这给予了"物品"与其在导言中的含义不同的意思。

这一愿望必然影响个体在星期一下午市场交易期间的行动,因为这将决定下周一他所持有的初始货币余额。有了这个例外,我们专门处理一个单周时间跨度世界里只有单周寿命的人的情况。我们可以放松这些极不现实,事实上,还有些不兼容的假设,但这只能在第 4 章将分析情况扩展到多周经济之后进行。

一个基本的问题立即出现:为什么经济中的个体计划持有货币余额?关于这个问题的严谨回答必须等待第 5—7 章的讨论给出。当前,我们只是假设个体认为将货币作为储备比较便利——我们完全认识到,我们尚未提供一个严谨的分析框架证明这一假设是合理的。特别是,我们任意地假设在星期一下午的开市阶段形成最终合同时,合同的支付并不同时发生,而是在随后一周时间中的一个随机时点完成。于是,个体在什么时点收到他所出售的商品的货款,以及在什么时点被要求为其所购买的商品支付价款都是不确定的。换句话说,他几乎可以确定这些支付在本周内不会完全同步,因此,每小时的资金流入和流出之间会产生差异。因此,为了有一定的手段来满足这些差异,从而对耗尽货币所带来的不便和/或惩罚成本有一定的保护,个体将有兴趣在每星期开始时储备一定数量的、与其所需要支付的款项具有一定关系的货币资金余额。显然,这些储备越大,他在随后的一周内出现耗尽货币的可能性就越低。因此,我们的经济中需要货币的这个解释,使人们不由得想起了熟悉的交易和货币数量理论中货币余额预防动机。[2]另一方面,尽管我们在这里对投机动机一片茫然,但是后文(第 6 章第 1 节和第 11 章第 3 节)将证明,即便将这一动机考虑进来,我们分析的一般结论仍然成立。

---

[2]　参见维克塞尔(Wicksell):《利息与价格》(伦敦,1936),第 39 页;马歇尔(Marshall):《货币信贷和商业》(伦敦,1923),第 43—45 页;庇古(Pigou):"货币的价值",《经济学季刊》,第 32 期(1917—1918),转载在《货币理论读物》,主编鲁茨和明茨(Lutz and Mints)(费城,1951),第 164—165 页。为进一步参考,参见后文的第 8 章第 1 节。

15

2. 货币的种类和价格

虽然我们在讲到"货币"时用到的是单数,但是我们将正式假定在我们的经济中存在两种不同货币。第一种是一个抽象的记账单位,仅用于计算和保存记录。这个单位没有物理存在,也就是说,它与经济中存在的任何物品都不符合。这样的货币在各种社会都有众所周知的例子。[3]也许最熟悉的例子就是当今英国的几尼(旧时英国金币,1 几尼合 21 先令)。

其次,还存在一种法定的纸币,这是实际充当交换和价值储藏的媒介。这被假定为一种"外部货币"[4],也就是说,这种货币是由经济系统自身之外的一些机构发行的。这种货币就是前一节所提到的货币。人们只能持有这种货币的余额。我们将不做修改,继续将其冠以"货币"之名。而另一方面,第一种货币将被明确地称为"账户的抽象单位"。

与这两种类型的货币相对应,存在两种类型的价格。以账户的抽象单位计价的价格将被称为"会计价格"。以交换媒介的货币计价的价格被称为"货币价格"或者"绝对价格",或者,简单地说,"价格"。此外,也有"真实价格",或"相对价格"。这些价格表示商品(区别于货币)用另一种商品代表的价格。通过相应的方式,我们可以区别一个商品集合的会计价值、货币价值和真实价值。当然这些商品的总价值是分别以其会计、货币和真实价格计算。再次,我们将"价值"未经修改地用于表示货币价值。

一个给定物品的会计价格因其对市场没有操作意义而显得独特。

---

[3] 关于这些"鬼钱"的性质和起源的令人着迷的解释可见卡洛·奇波拉(Carlo M. Lipolla):《地中海世界的货币、价格与文明:第五到十七世纪》(普林斯顿,1956),第 4 章。

[4] 这一术语出现在约翰·格利和爱德华·肖(John G. Gurley and Edward S. Shaw)的《金融理论中的货币》(华盛顿特区,1960),第 72—73 页。对其对立面——"内部货币",将延后到后文的第 12 章第 5 节进行讨论。

"物品 X 的货币价格是 2"的意思是指用两张纸币可以换取一个单位的 X。相似地,"以 Y 计价的 X 的真实价格是 3"是指我们能用这一比例以货易货把 Y 换成 X,或者出售一个单位的 X 所得到的货币可以买到 3 单位的 Y。但是,在没有额外信息的情况下,比如关于至少一种其他商品的会计价格,"X 的会计价格是 4"这句话让我们对如何获得 1 单位的 X 摸不着头脑。换句话说,单凭经验观察并不能检测到所有商品的会计价格加倍的事实。在市场上,我们只能观察到货币,从而包括真实价格。

应该强调的是,像任何其他的物品一样,纸币也有一个会计价格。因此,例如,英镑纸币的会计价格是 20/21 几尼。纸币也有一个货币价格,但是,与其会计价格不同,根据它的定义这一价格总是一致的。因此,人们可以感受到所有物品的会计价格的变化。人们还可以理解所有商品的货币价格的变化。但这在感受所有物品的货币价格的变化上是一个矛盾。相似地,它在人们感受所有商品的相对价格变化上也是一个矛盾。[5]

在这一点上,读者可能会觉得受到这种人为区分毫无必要的妨碍。 17
而从分析的角度来看,如果我们去掉作为交易媒介的货币与作为记账

---

[5]　以下符号可以帮助读者在头脑中理解这些区别:考察一个具有 n 种物品的经济,第 n 种物品就是纸币。令这些物品各自以抽象单位计价的价格由

$$p_1, \cdots, p_{n-1}, p_n$$

表示。那么这些物品各自的货币价格是

$$\frac{p_1}{p_n}, \cdots, \frac{p_{n-1}}{p_n}, 1。$$

最后,$n-1$ 种物品相对于第 1 种物品的相对价格为

$$1, \frac{p_2}{p_1}, \cdots, \frac{p_{n-1}}{p_1}。$$

如果我们愿意,也可以给出货币的相对价格 p_n/p_1,这表示为了获得 1 单位的货币所必须放弃的第 1 种物品的单位数。

单位的货币存在区别的假设,我们并没有失去什么,相反,分析还会更简单。尽管如此,我们将不得不在后面的论证中坚持这种区别,因为只有这样我们才能理解某些货币理论文献中根深蒂固的混乱的本质。[6]

<h3>3. 个体对商品的超额需求函数:
财富效应和真实余额效应</h3>

我们现在考察超额需求函数。我们将从效用函数严格推导这些函数的工作留待第5—7章完成。此时我们只是类比认定,在货币经济中与实物交换经济中一样,个体对给定商品的超额需求取决于他在市场上面对的相对价格和他的初始集合的真实价值。[7]然而,现在这个集合不仅包括了商品,而且还有货币。此时,我们还是用"真实收入"来表示商品的真实价值。相应地,我们用"真实余额"来表示最初持有货币的真实价值,即所持有的这些货币对商品的购买力。通过这种方式,我们得到了以下表述:个体对任何给定商品的超额需求函数取决于所有商品的相对价格、他的真实收入以及他的真实余额。[8]

以下的分析依赖于真实余额。尽管在关于消费者需求的标准理论中一直被忽视[9],它只不过是上面所描述的对货币的相似需求的反映。对于一个个体调整其货币余额使得他的货币余额和他所计划在商品上的开支保持一个理想的关系,这等同于调整对商品的开支而在商品开支和货币余额之间保持理想的关系。这一关系的确切本质取决于

---

[6] 这将在第8章第3节讨论。

[7] 参见第1章第2节。在那提到的第三个因素,即给定商品的初始数量,在当前的整个讨论中被假定保持不变;因此,这一因素在此处和下文都被忽略。对货币的超额需求在下一节讨论。

[8] 参见数学附录2A。

[9] 为了更明确并对后面的讨论做出预测——虽然在对债券的需求分析中通常都(隐晦地)承认对真实余额的依赖,但是在对商品的需求分析中却并不如此。这一败笔将在第8章第3节得到分析。

两个客观因素——随机支付过程的精确特征和(或)第 1 节中所提到的惩罚成本,以及个体对于货币短缺所带来的不便和(或)风险的评估等主观因素。支出和收入之间越缺乏同步,这种成本或不便就越大,个体对于一个给定支出额所储备的货币数量也就越大。[10]或者,等价地说,对于给定水平的货币余额,他所愿意支出的金额越小。或者,将我们的论点放在一个熟悉的框架之下,就是说他持有的货币余额的流通速度更小。[11]

因此,如果因为某种原因个体的初始余额处于他所认为必要的水平之上,他将寻求通过增加他对各种商品的需求量,从而增加计划支出、降低货币余额作为一种弥补。反过来,如果货币余额处于他所认为的必要水平之下,他将寻求通过减少对商品的需求数量,从而降低自己的计划开支、增加自己的货币余额。[12]

很显然,在判断货币余额的充足性,亦即确定货币余额对他的商品需求的影响时,个体只能参考它们的真实价值。这些货币储备所能覆盖的差异很显然取决于必须为商品支付的价格;因此,这些储备的有效性仅能通过价格水平确定。用货币余额论者的语言讲,个体所关注的是他的流动性对实际资源的掌控程度。

上述解释代表了货币真实数量变化影响商品需求的传统解释——

19

---

[10] 即,根据剑桥的现金余额模型,他的 K 越大;参见庇古:"货币的价值",同前引,第 166—170 页。

[11] 读者会意识到,本段刻意模仿了对 V 或 K 的决定性因素的传统讨论。但是,这些讨论比这里的讨论更一般化,因为它们所依据的隐式模型的复杂程度远超一般模型。然而,我们所指的"客观因素"是费雪对影响 V 的原因的分类的一个特殊情况,这一分类讨论包括在标题"社区的支付系统"之下;而我们所指的"主观因素"是他所提出的"个体的习惯"的一个特例(《货币购买力》(纽约,1911),第 79 页;同样也可参见前一脚注中庇古的文献)。

[12] 本段是对维克塞尔的《利息与价格》第 39—40 页的释义。这一节文章被注释 E 第 1 节完整引用。类似的对新古典主义者的数量理论的其他参考可见第 8 章第 1 节。

或者自此之后，我们将其称为"真实余额效应"。[13]（根据最近的讨论[14]）通过首先规定需求函数还取决于个体的总财富，我们将斯拉茨基-希克斯的消费者行为理论相应地延伸到一个货币经济，这一解释可以更严谨。然后我们需注意到，在我们处理的这个单期模型中，财富是用初始持有的货币和各周收入的总和来衡量的。[15]于是，在其他因素保持不变的情况下，货币数量增加对商品需求的影响就像其他财富增加的方式一样：如果商品是正常的商品（这是我们上面所做的心照不宣的假设），对其需求量会增加；如果商品是劣等品，则对它的需求会下降。即使在正常商品的情况下，也不能指定一个先验量来衡量超额需求量的变化程度。特别的，如果个体的初始货币余额增加，价格保持不变，没有任何理由期望任何商品的超额需求增加与货币数量的增加保持相同比例。

刚才明确的需求函数同样可用于分析任何商品价格变动对于个体需求函数的影响。因此，我们考察所有价格都等比例改变的情况——这是在货币理论中我们主要关注的一种价格改变类型。这并没有影响

[13]　"真实余额效应"与我第一次在"价格弹性和充分就业"[《美国经济评论》，第 38 期（1948），第 556 页]中所称的"庇古效应"相同。这显然是选择了一个糟糕的术语。

[14]　关于弗里德曼、莫迪利亚尼、托宾的相关著作的文献综述，可参见罗伯特·费伯（Robert Ferber）："家庭行为研究"，《美国经济评论》，第 52 期（1962），第 25—29、37—38 页。同时，也可参见阿克莱、鲍尔和德雷克，克罗克特和斯皮罗等列入参考文献中的论文。也可以在第 659—660 页的注释 M 中参考汉堡格、阿里纳以及安多和莫迪利亚尼等人关于财富和消费关系的有关实证研究。

[15]　这个定义与通常定义的不同之处在于它考虑到了一个事实，即个体的财富存量也包括他的货币余额。因此，约翰逊（H.G. Johnson）最近关于这个定义违反适当的存量——流动关系的暗示没有逻辑基础，这一点是直观而清晰的["货币理论与政策"，《美国经济评论》，第 52 期（1962），第 339 页]。

从更严格的角度来看，应该强调的是，一周的总收入（与该时期的平均收入率不同）是一个没有时间量纲的数量，即无论是把它称为一周，或 7 天，或 1/52 年，它们都保持不变。与之相对应的是，与上述定义一样，将这些收入加入初始货币余额之中也不存在不恰当的存量—流动关系。更多的细节参见数学附录 11，特别是第 519 页。

相对价格,因此并不会产生任何的替代效应;但是,这确实会对所持有的初始货币的真实价值产生相反的影响,从而产生一种财富效应。相应地,我们认为这种价格改变只产生财富效应,它通过真实余额效应这种形式表现出来。从另一方面看,如果只有单一价格发生变化,那么除了财富效应之外还有替代效应——在这里,财富效应由"非货币财富效应"(反映价格变化对个体的非货币资产的真实价值的影响)和真实余额效应构成。但是,因为那些在数学附录 2B 中所解释的原因,真实余额效应在所有商品的货币价格发生等比例改变的情况下并不是一个具有经济意义的分析对象,因为在这它等同于总财富效应[16]。

显而易见,在本书的分析中,商品市场中的真实余额效应发挥着非常核心的作用。因此,在一开始就值得强调的是,这种分析所发挥的作用(与政策作用相区别),并不取决于这种影响的强度,而是它存在与否。而这种存在,特别是战后因流动性资产的积累而产生的通胀压力随物价水平上升而消失的经验,似乎是相当有说服力的证据。[17]

还必须强调的是,对于我们现在处理的简单交换经济而言,假设在商品市场中存在真实余额效应是货币理论的必要条件。正如我们将在下面看到的(第 176 页),在没有真实余额效应的情况下,在这样的一个经济中绝对货币价格水平是不确定的:没有一种市场力量能使得价格稳定在特定水平。因此,尽管在确定相对价格的理论中忽略真实余额效应可能是有用的——因为这个效应的影响很小——但是这种"近似"在绝对价格水平的决定理论中忽略了一个基本的分析因素。因此,在价值理论中无论以什么理由忽视真实余额效应,在货币理论中却没有

[16]　如果有必要,做一个说明:本段使用"替代效应"和"财富效应"等术语,参见数学附录 2B,尤其是脚注 5 和脚注 6。对单一价格发生改变情况下的斯拉茨基-希克斯财富效应的精确描述见第 408 页的等式(2.14)。"非货币财富效应"与第 1 版中被误导性地称为"收入效应"的情况是一码事。

[17]　参见布朗(A.J. Brown):《1939—1951 年的大通货膨胀》(伦敦,1955),第 10 章,特别是第 236—237 页。关于真实余额效应的其他实证研究资料,参见后文的注释 M。

理由忽视它。[18]

4. "货币幻觉"的概念

我们现在给出的"货币幻觉"是一个对于后续的论证非常重要的概念。一个个体将遭受货币幻觉造成的痛苦,如果他对商品的超额需求函数并不具备前一节所指出的那些特征,即它们并不完全取决于相对价格和真实财富(包括初始的真实余额)。相反,如果个体的超额需求函数确实具有这些属性,那么我们说该个体"免受货币幻觉的影响"。因此,如果一个不受货币幻觉影响的个体面对所有的会计价格(包括纸币的会计价格)发生等比例的变化,他对任何商品的需求量都不受影响;因为这种变化既不会影响他所面对的相对价格,也不会影响他的财富水平。回到前一节的例子,假设所有的几尼价格翻倍,这不会降低他手中持有的英镑的购买力,因为这些英镑的几尼价值将同样翻倍。

相似地,如果一个没有货币幻觉的个体的初始纸币禀赋突然增加,

---

[18] 为了避免后面可能造成的误解,以及解释我们用到的"在商品市场中"和"对于一个简单的交换经济"等模棱两可的词语,再一次值得我们去预见未来的讨论并指出在一个纯粹的外部货币经济(与纯粹的内部经济相对——参见第12章第5节)中货币价格的确定取决于在经济中的某处存在真实余额效应;但是当我们将分析扩展到一个有债券的经济时,这个"某处"可能是债券市场,而不必然是商品市场。但是,我可以看到,将分析建立真实余额效应只在债券市场是自证成立这一片面的观点之上,既缺乏理论也缺乏实证的理由。从另一方面看,应该强调,本书的所有结论都能被证明即便在这种极端的假设之下都是成立的。所以,尽管商品市场中的"真实余额效应"在本书中有重要作用,但是一旦在分析中引入债券,这一作用对于论证的有效性并不是逻辑上必需的。

我还要强调一下在前面关于商品市场中存在真实余额效应的脚注中引用的经验证据。正如已经指出的,真实余额效应在债券市场中的存在性通常都被(隐晦地)认为是理所当然的,尤其是凯恩斯主义的利息理论。实际上,它有时被称为"凯恩斯效应"——这是一个不幸的名称,因为我们将在后文(第239—240页)看到这一效应同样也是新古典理论不可分割的一部分。

所有这些观点将在第180、241—242页以及第297—298页得到进一步的讨论。同样可参见第635页的脚注5。

他同时也得面对市场中所有的货币价格以相同的比例增加，因此他将再次没有理由改变对任何商品的需求量。事实上，这一情况与前一种情况仅仅在保持初始货币持有数量的真实价值，使其在面对商品的会计价格等比例变化时保持不变的方法上有些不同：我们不是同样通过改变货币的会计价格，保持它的初始数量不变，而是按比例改变货币数量，保持其会计价格不变。

通过对比，我们考察只是所有货币价格按比例增加的情况对个体的商品需求量的影响。相对价格再次没有发生变化，因此没有替代效应产生。出于同样的理由，这也不存在非货币财富效应。但是，这里有一个因其固定的初始货币余额相对价值下降而产生的财富效应。这种负的真实余额效应使得个体降低了他对各种商品的需求量。因此，一个没有货币幻觉的个体肯定会对这种变化做出反应。

我们可以这样总结上面的讨论：尽管没有货币幻觉的个体的经济行为只取决于会计价格的比率，但它并不是只取决于货币价格的比率。也就是说，这样的个体确实对只影响这些货币价格的绝对水平的变化做出反应。另一方面，一个遭受货币幻觉折磨的个体同样也对只对会计价格的绝对水平产生影响的变化做出反应。那就是，他的经济行为并不完全取决于这些价格的比率。[19][20]

或者，我们可以利用人们熟悉的弹性概念以以下方式阐述这些结果：货币幻觉缺失的显著特征为个体的商品超额需求函数对所有货币价格和初始持有货币等比例的变化的弹性均为 0。仅有所有的货币价格发生等比例的变化，则不存在这样的零弹性。一般而言，这种弹性是负的，尽管在某些情况下可以为正。这等同于说，仅有初始持有货币量

23

[19]　读者会记得会计价格的比率为货币价格，而货币价格的比率为相对价格；参见第 16 页脚注 5。

[20]　本段明确说明，我们对"货币幻觉"的定义与公认的定义存在根本不同：后者将"货币幻觉"定义为个体对货币价格的绝对水平的变化的敏感性。这将在第 8 章第 3 节进行详细的讨论。

变化时,并不存在这种零弹性。一般而言,这一弹性是正的,尽管它也可能为负。即便在弹性为正时,它并没有特殊的理由等于 1。[21]

5. 个体对货币的超额需求函数

正如有对商品的超额需求函数一样,我们对在经济中充当交换媒介的货币也有超额需求函数。本章的开篇部分对这一需求的一般性质做了一些观察。我们现在必须对其属性提供一个准确的描述。

我们用"货币需求量"来表示个体计划在星期一下午开市期间完成他所计划在本周进行的交易的收付款之后在下周一上午持有的货币量。用"货币的超额需求"表示这一需求量与他在星期一上午所持有的初始货币量之差。货币的超额需求函数描述了个体在面临各种不同情况之下这一差值的变化。如上所述,我们假设个体预期下周的价格与本周相同。

其实,对于货币的超额需求函数没有什么可说的。在前一节的讨论中,它已经不再遮遮掩掩。这是个体必须在其预算的约束框架内制定自己在市场上购销商品的决策的一个直接结果。简单来说,这一约束条件规定了个体既不能乞讨也不能偷窃;相反,个体对商品的每一笔开支的资金,要么是来自个体出售部分初始禀赋,要么是来自个体降低其初始货币禀赋。因此,在给定相对价格体系、真实收入和真实余额的情况下,个体对货币的超额需求量必然等于相同的价格体系、真实收入和真实余额条件下他所能超额提供的商品价值。[22]

---

[21] 然而,货币幻觉的缺失意味着马歇尔需求价格相对于初始持有货币的变化的弹性为1。参见数学附录2A。根据第2节所说内容,应该明确的是,最后三段所出现的"所有货币价格"是"所有能改变的货币价格"的简称,亦即"所有商品的价格"。

[22] 对这种关系的认识可以在文献中追溯。例如,参见穆勒(J.S. Mill):《政治经济学原理》,艾希礼主编(ed. Ashley)(伦敦,1909),第3卷,第3章第2节,第490—491页。关于"超额供给"的意思,参见前文第7页。

举一些例子将有助于澄清这种基本关系。考虑到他面临的条件，我们考察一个简单的例子：个体计划保留除一种商品之外的所有其他商品的初始数量。也就是说，除一种商品之外，他对每种商品的超额需求为0。假设这一超额需求量为正。显然，购买这个额外数量的唯一方式是通过将其初始货币余额降低到相当于该商品的超额需求的货币价值的幅度。因此，当个体为该商品制订前一个市场计划时，他同时也在制订一个降低他最初持有的货币量的计划。除此之外不涉及其他独立的决策。

更一般地，在给定一组相对价格和真实财富的情况下，假设个体计划增加一些商品的持有量并降低另一些商品的持有量。如果增加量的总价值等于降低量的总价值，那么个体在实施其方案时对其初始货币余额无须做出任何改变。但是，并没有理由要求存在这种均等。相反，如果增加量的总价值超过了降低量的总价值，个体必须从其初始货币余额中抽取资金。或者，换言之，对货币余额的超额需求必须为负且恰好与对商品的超额供给的总价值为负的程度相同。反过来，如果对商品的超额供给量的价值为正（即，降低量的总价值超过了增加量的总价值），个体必须计划一个等量的货币余额超额需求。

我们并不能从这个讨论中得出货币的超额需求函数仅仅是个体对发端于其他地方的事情做出决策的被动经济行为的结论。全体个体的决策都是同时做出的。因此，我们也可以说对货币的超额需求为正的决策意味着一个对商品的超额供给的总价值为相等的正值的决策，或者对于任何商品的超额需求的价值等于所有其他商品的超额供给量的总价值加上货币的超额供给量。我们也可以采用一个完全中性的说法，即，个体对全部商品的超额需求量的货币总价值必须等于0。所有这些都是个体的计划必须与其受到的预算约束保持一致的一个等价表达方式。

在继续讨论之前，为了避免可能出现的混淆，我们将强调一点。上面所解释的相等是指对货币的超额需求与对商品的超额供给在价值上相等。另一方面,认为个体的超额货币需求与其所能提供的商品量在货币价值上相等,这是不对的。换言之,很显然个体计划在一周结束时持有货币的需求并不必然等于他所计划通过销售商品所收到的货币金额。相似地,在个体的初始货币持有量意义上的货币供给和个体计划在这一周购买商品所需要的货币金额这个意义上的货币供给并不必然相等。另一方面,很显然,在后一意义上对货币的超额需求,即这一周计划收到的货币净额,必然等于如上所述的对货币的超额需求。这仅仅是前一段中所阐述的关系的另一种表达方式。但是,这种另类的表述具有突出一个基本事实的优势,即,在一周中发生的净收入是影响该周结束时货币持有水平的唯一方式。相应地,一个个体在一周结束时对其所计划持有的货币水平满意,当且仅当他对在这一周所计划的净收入感到满意。[23]

现在我们研究货币超额需求函数的一些性质。在一个特定的相对价格水平以及给定的真实收入和真实余额条件下,考察一个不存在货币幻觉且具有一定超额货币需求的个体。假设这一个体面临着所有货币价格及其初始货币禀赋发生等比例变化的情况。根据最后一节的假设,这一变化对各种商品的超额供给不会产生影响。但是用以评估这些超额供给量价值的价格会全部发生同等程度的变化。因此,商品超额供给量的货币价值,从而对货币的超额需求量,也按相同程度发生改变。

对前述结果的另一种说法是,在所有的货币价格和初始金额发生同等比例变化的情况下,不会对货币超额需求量的真实价值产生影响。随之而来的是,对真实货币余额的超额需求函数只依赖于相对价格和真实财富,包括初始的真实货币余额。因此,假定在对商品的超额需求

---

[23] 可以从上面的脚注 15 推断,这些净收入是存量而不是流量。另一方面,在最后这一句中"货币净收入"一词可以被"(平均)货币的净流入率"代替,后者确实是一个流量概念。对于这些问题的进一步讨论参见数学附录 11,特别是第 519—520 页。

函数中不存在货币幻觉的影响,意味着与之相对的对真实货币余额的超额需求函数也不存在货币幻觉的影响。对货币的超额需求对初始货币持有量的依赖不应引起循环论证的担心。货币的初始禀赋与任何其他物品的初始禀赋一样,都是问题的已知数。在这没有比第 1 章第 2 节更绕的表述,即,对 X 的超额需求取决于 X 的初始数量。再一次,与第 1 章第 2 节类似,初始货币量的增加可以部分用于增加对货币自身的需求(个体利用增加的财富来改善他的流动性处境),部分用于增加对商品的需求。这些增加是财富效应(以真实余额效应形式)分别在货币和商品市场的表现。

如果我们采用的是对货币的需求而不是超额需求,我们可以用一些较为熟悉的术语来表述上述的观点。根据定义,对货币的需求量等于初始持有的货币量加上对货币的超额需求量。从前面的分析可知道,一个面对货币价格和初始货币持有量按比例发生变化的个体将以相同比例改变他的货币需求。再次,这一结果的另一种说法是,对真实货币持有量的需求函数仅取决于相对价格和真实财富水平。

我们可以用图形的方式来呈现这些结论。由于目前的讨论仅限于价格等比例发生变化,全部商品都可以被视为一个单一的复合商品,价格水平为 p,此后这一价格被标为"绝对价格水平"。[24] 很显然,p 同样可以被视为真实货币这一商品的价格水平。如果一个单位的一般商品的价格是 p 美元,那么对一般商品的一个单位的流动性价格必须同样是 p 美元。相应地,我们可以在图 2-1a 绘制一条作为 p 的函数的真实余额需求曲线。这一垂直的需求曲线代表了一个事实,即在没有货币幻觉的情况下,对真实余额的需求与对其他物品的需求一样(本书,第 23 页),对于所有货币价格和初始货币持有量的等比例变化都是零弹性的。

28

---

[24] 更严谨的介绍请见下文第 406 页和第 411—415 页。

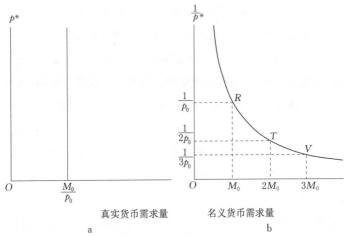

真实货币需求量   名义货币需求量

a   b

注：$*p$ 的改变伴随着初始货币余额按比例地改变。

图 2-1

另一方面，（正如前文脚注 5 所隐含的），价格水平的倒数 $1/p$ 可以被视为持有的"名义货币"物品的"真实价格"或"相对价格"。相应地，我们可以构思一条描述这些持有的货币余额作为相对价格函数的需求曲线。这条曲线如图 2-1b 所示。这是一条直角双曲线——也就是说，它具有一致的单位弹性——这与图 2-1a 中的零弹性曲线相对应。对货币的名义需求量是其价格水平与真实需求量的乘积。因此，由于所有的价格和初始货币余额都翻倍，而对真实余额的需求不变，因此，这必然导致对名义货币余额的需求翻倍。反过来，在图 2-1b 的需求曲线上的任何一点，所需求的货币量由对向矩形的面积所表示的真实价值是常数 M_0/p_0。

一旦价格增加没有伴随着名义货币持有量等比例地增加，所有的一切都会改变。由于价格的上升形成真实余额效应，该效应对真实余额的需求产生影响，从而对名义货币需求也产生影响。特别地，由于真实余额是一种正常（以示与劣等之区别）物品[25]，它在图 2-2a 中的需

---

[25] 这一点上的经验证据是明确的。参见约翰逊（Johnson）："货币理论与政策"，同前引，第 354—356 页；亦可参见约翰·斯普劳斯（John Spraos）："货币的恩格尔型曲线"，《曼彻斯特经济与社会研究》，第 25 卷（1957），第 183—189 页。

求曲线现在将是一条斜率为负的曲线而不是一条垂直线。价格上升所
导致的负的真实余额效应导致对真实余额的需求量下降。相应地，名
义余额需求量增加的比例将低于价格增加的比例。这可以从图 2-2b
中的需求曲线中看出。一般而言，这一曲线在每一点的弹性都不同。
只有在对真实余额的需求恒定的特殊情况下，才独立于财富（因此还有
真实余额）效应，图 2-2a 中的需求曲线将仍旧保持与图 2-1a 中的垂直
形式，图 2-2b 中的名义货币余额需求曲线才均为单位弹性。总之，图
2-2b 中货币需求曲线不是一条直角双曲线这一事实仅仅是对假定这
一需求取决于财富（包括最初的金融资产）的一种反映。

30

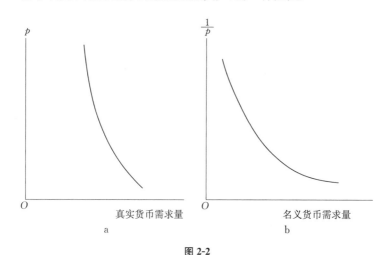

图 2-2

可以预料，图 2-2 中的两条曲线的弹性之间存在一定的关系。事
实上，它可以很容易地给出，对于任何给定的价格水平，

$$\eta_N = 1 - \eta_R,$$

其中，η_N 和 η_R（对一个负斜率的曲线规定为正）分别为名义货币余额
和真实货币余额的弹性[26]。因此，真实余额的正常性意味着 η_R 为

---

[26] 这个结果与一个产品的弹性是弹性之和这一命题相似。更详细的推导在
数学附录 2D 给出。

正,对名义余额的需求弹性将小于 1。同样需注意,如果 η_R 大于 1,那么 η_N 将会为负——这意味着名义余额需求曲线的斜率为正。但是,在此对名义需求曲线的这些性质将不再深究。因为在没有货币幻觉的情况下,只有真实需求曲线对系统的运作是有意义的。接下来,我们将假设这一曲线具有如图 2-2a 中所示的负的斜率。[27]

现在我们应该注意的是,对真实余额的需求曲线更恰当的描述是,它是真实余额的恩格尔曲线。因为,正如我们已经看到的,图 2-2a 中曲线的负斜率不是传统的替代效应,而是因价格变化而产生的财富效应(在这种情况下,与真实余额效应一致)的一种体现。图 2-3 的恩格尔曲线描述了这一现象的本质,它的正斜率与图 2-2a 中的需求曲线的负斜率形成逻辑上的对应。[28]在对真实余额的需求不受财富变化影响这一特殊且不现实的情况下,图 2-3 应该是一条水平线。很显然,这一水平线对应的是图 2-2a 中的垂直线和图 2-2b 中的直角双曲线。

同样也可以注意到,通过图 2-3 中原点的 45°直线也提供了与其他恩格尔曲线图相同类型的比较规范。这条直线与恩格尔曲线的交点 T 代表着,在这一点,个体在周末所持有的货币金额与周初的持有金额完全相同。另一方面,在点 R,他愿意降低 RS 数量的货币持有金额,而在点 Q 他将愿意增加 PQ 数量的货币持有金额。注意,在我们当前的假设之下,个体这一周的收入构成了他对初始货币持有金额的最大增

---

[27] 我要感谢哈弗福德学院菲利普·贝尔(Philip W. Bell)指出了最初发表的关于名义需求曲线的讨论中一个错误。这里提出的修订版就是建立在与贝尔教授富有启发意义的通信中所提出的要点之上。

[28] 如果考察个体愿意将其财富(在这一情况下为 $\bar{G}+\bar{Z}_n/p$,分别代表商品的初始禀赋和真实余额)的固定比例(k)持有为真实余额(Z_n/p)的这种简单情况,图 2-3 曲线的含义可以表达得更为清楚。这条曲线是一条由方程

$$\frac{Z_n}{p}=k\bar{G}+k\frac{\bar{Z}_n}{p}$$

描述的直线,在这 $k\bar{G}$ 为在 Y 轴上的截距。

加量。因此，如果图 2-3 中的 OA 代表了这一收入，那么恩格尔曲线的上界就是 45°线 AB。[29]

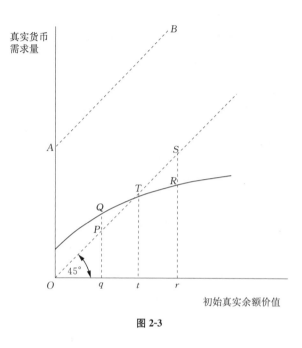

图 2-3

6. 市场超额需求函数

到目前为止，我们已经考察了单一个体的超额需求函数。现在我们把分析扩展到经济整体的超额需求函数。

因此，我们考察经济中的全部个体，每一个体都没有货币幻觉，每一个体都有给定的真实收入和真实货币余额，并且每一个体都面对相同的相对价格体系。这些数据使我们能够确定每一个体对每种商品的

32

---

[29] 图 2-3 在动态情况下的使用及其对长期均衡的含义见后文的第 3 章第 7 节。关于本节的论点，参见数学附录 2D。这也涉及了约翰逊最近所提出的一些批评（参见第 423 页脚注 16）。

超额需求量。将所有这些个体汇总起来,就有可能确定整个市场的超额需求函数。通过改变给定的价格,我们就可以从概念上为每一个商品形成一个市场需求函数。显然,这些函数中的每一个都取决于相对价格和经济中全部个体的真实财富(包括初始真实余额)的数组。我们同样可以定义市场的货币超额需求函数。对于任意给定的一组价格,将会产生对货币的超额需求金额等于商品的市场超额供给金额。这一基本关系无论是对于市场整体还是对于每一个体都是成立的。

然而,个体和市场的超额需求函数明显缺乏相似性。具体而言,后者在一般情况下不依赖于相对价格和经济中总的真实财富。这种形式的依赖只是在财富的分配不影响市场的超额需求这一非常不切实际的假设之下才是有效的。相比之下,前一段明确地规定,只有在首先确定总财富的增加如何在经济中各成员之间分配的情况下,才能确定总财富的增加对商品的超额需求产生的影响。

随之而来的是,我们不能宣称经济中所有的货币价格以及总的初始货币量按比例改变不会对商品的市场超额需求量和真实货币余额产生影响。相反,我们对更为限制性的表述更为满意,即经济中的每一个体的初始货币量与价格发生同比例的变动时,这种不变性才存在。相应地,只有在所有的货币价格以及每一个体所持有的初始货币量发生等比例的变化时,货币的市场需求函数才具有统一的单位弹性。[30]

---

[30] 参见数学附录 2E。

本章的分析限于短期。延伸到长期的说明参见第 3 章第 7 节。

第3章 货币与价格

1. 定义问题。瓦尔拉斯定律。2. 方程数等于变量数。3. 逐步逼近方法：相对价格和货币价格的确定性，会计价格的非确定性。4. 商品市场中货币数量增加的影响分析。5. 货币市场中货币数量增加的影响分析。6. 需求曲线和市场均衡曲线。7. 长期均衡和短期均衡。

1. 定义问题。瓦尔拉斯定律

我们现在使用第 2 章所形成的超额需求函数来解释市场均衡价格的确定。价格不再是给定的分析数据，而是一个可以发生任意变动的因变量。因变量在任意一个独立变量发生变化之前，它不能变化。这些独立变量包括了个体的初始禀赋、他们的偏好以及市场的结构。[1] 我们将首先对我们的问题（均衡位置的本质）进行静态分析，然后再进行动态分析（使得经济从最初的非均衡位置回归到均衡位置的市场力量的本质），最后进行比较静态分析（对一个或多个独立变量发生具体变化前后的均衡位置进行比较）。

我们已经（在第 1 章第 3 节）定义了一个只有单一商品的市场的均衡。我们把与此相对应的整体市场的均衡，或者简单地说，市场的均

---

[1] 本段做出了与第 1 章第 4 节相同的区分。

衡,定义为市场中的每一种商品都处于均衡状态的存在性。我们把一组使市场作为一个整体处于均衡状态的价格称为均衡集。

一般而言,某一组初始禀赋的均衡价格集不会是另一组初始禀赋的均衡集。假设我们开始处于特定价格集对应的市场均衡。现在假设初始禀赋发生了随意的变化(无论是它们在经济中的各个体之间的分配发生了变化和/或一种或多种商品的初始禀赋的总和发生了变化)。从我们对市场超额需求函数的讨论可以知道,在这些情况之下,超额需求量将发生变化。因此,在原来的价格集之下,至少会在某些市场存在或正或负的超额需求。因此,原来的价格集不再是一个均衡集。因此,"均衡价格"这一术语必须明示或默认地加上短语"在给定的初始禀赋数组"。比照这一做法,对于所分析的其他独立变量,必须有同样的明示或默认的限定。

我们必须一开始就指出我们经济中均衡价格的一个基本的性质。假设在某一组价格之下,每一个商品市场都处于均衡状态。也就是说,货币市场也必须处于均衡状态。对货币的超额需求量等于商品超额供给的总价值。根据定义,在均衡状态下每一种商品的超额供给量为0。因此,对货币的超额需求同样必须为0。因此,要确定特定的一组价格是否为我们经济的均衡集,我们并不需要考察货币市场;相反,它足以表明这一组价格在每一单个的商品市场建立起均衡。这一关系是瓦尔拉斯定律的一个特殊形式,是后续分析的基础。[2]

36　　应该强调的是,这里并没有在任何意义上暗示在货币市场中实现均衡的过程不如在其他市场重要。我们也可以随意选择任何一个市场,并指出在所有其他市场实现均衡意味着在我们所选择的市场也实现了均衡。这是根据我们经济中的预算约束的一般形式得出瓦尔拉斯

[2]　参见瓦尔拉斯:《纯粹政治经济学纲要》,贾菲翻译和编辑(伦敦,1954),第162、241、281—282页。本定律由兰格["萨伊定律:重述与批判",《数学经济学与计量经济学研究》,兰格等人主编(芝加哥,1942),第50页]命名。

定律的一般形式。[3]如果我们已经选择这一定律在前一段落中给出的特殊形式,这只是出于对称性和简单性的考虑。

还应当强调的是,虽然在我们的经济中它们在逻辑上是连接在一起的,但是瓦尔拉斯定律和预算约束在概念上存在不同的关系。先于下一段所使用的术语,前者处理超额需求方程,后者处理超额需求函数。事实上,我们可以构想一个存在预算约束却并不意味着存在瓦尔拉斯定律的经济。这一特殊情况同样表明,将瓦尔拉斯定律作为一种总是真实的"特性"是不合适的。[4]

2. 方程数等于变量数

我们现在考察均衡价格集的静态意义。我们首先定义一个给定物品的市场超额需求方程。这是对价格的一个限制,即该价格使得市场的超额需求(也就是方程中商品的市场超额需求函数的价值)为 0。根据定义,当且仅当该物品的市场处于均衡状态时等式才满足。

假设经济中有 n 种物品:$n-1$ 种商品和纸币。我们将想到,这一货币充当着交换的媒介和价值储藏的角色,但不是账户单位。分别与这 n 种物品相对应,有 n 个市场超额需求方程。但是,实际上这些方程中(最多)只有 $n-1$ 个是独立的。也就是说,这些方程中只有 $n-1$ 个对未知的均衡价格独立施加限制。任何满足 $n-1$ 个市场超额需求方程的价格集必然同样满足第 n 个方程。当然,这是瓦尔拉斯定律的另一种表述。

因此,货币价格的均衡集可以被视为 $n-1$ 个独立的、包含 $n-1$ 个未知价格的方程组的解。现在,未知数的个数与独立方程的个数相等,既不是一个解存在的必要条件也不是其充分条件。如果解存在,它也

[3]　参见本书第 25 页。
[4]　这一情况在注释 H 中得到说明,参见第 614—615 页。

不能保证解的个数是有限的。但是,对于我们的目的而言,这些高度复杂的问题可以被忽略。相反,我们应该接受这一相等性作为这一假设合理的理由,同一组货币价格可以同时使每一个市场实现均衡。我们同时假定只存在一个这样的集合。[5]

我们相当谨慎地省略了对将被"消除"的非独立方程的所有讨论。以这种形式提出问题可能会导致误解。这可能意味着,我们对被"消除"的市场的经济行为了解得比其他市场少,或者,被"消除"的市场在一定意义上不太重要。这可能被认为这里有一个实质性的选择,"消除"不同的方程将产生不同的结果。事实上,这些陈述中没有一个是正确的。正如我们可以很容易从预算约束的一般形式推导出[6],被"消除"的超额需求函数的性质完全由其他的 $n-1$ 个方程的性质确定。瓦尔拉斯定律的一般形式相应地指出了"消除"过程的完全中立性。应该表明的是,无论什么方程被消除,从剩余的方程得到的均衡价格集的解总是相同的。

为了避免这种可能的误解,最好不要明显地"消除"任何方程。相反,我们最好考察有 n 个方程的方程组,方程数等于经济中 n 个商品的数量。但是货币超额需求函数的形式应当写成预算约束的形式。这使得瓦尔拉斯定律所描述的方程依赖关系的本质更为明确。

我们的讨论到现在还是关注那 $n-1$ 个货币价格。当然,这些价格的唯一解意味着 $n-2$ 个唯一的相对价格。另一方面,这并不意味着存在唯一的会计价格解。如果一组会计价格(在除以货币的会计价格后)产生一组给定的货币价格,该组价格的任何倍数都将同样产生这一给定的集合。因此,存在无限多组会计价格与同一组货币价格相对应。

[5] 这一段的讨论显然仅限于实数系统中的解。第二句话,参见我的"绝对价格不确定性"中的例子,绝版,同前引,第4页。对于在何种条件下确保存在唯一正的实数解的讨论,参见沃尔德、施莱辛格、冯·诺依曼、阿罗的论文以及其他在本书第538页注释B所引用的资料。

[6] 参见本书第25页。

我们也可以通过注意到存在 n 个这样的价格和只有 $n-1$ 个独立的超额需求函数来解释均衡会计价格的不确定性。我们在下面将马上对这种不确定性做出经济学解释。[7]

3. 逐步逼近方法：相对价格和货币价格的确定性，会计价格的非确定性

谁求解方程？

独立超额需求方程的个数等于货币价格的未知数的个数，并且方程组可以正式地求解，这一事实可能有一天会令一个中央计划局产生兴趣。他们正式配备电子计算机，并负责通过法令制定均衡价格。但是，这一情况与一个完全竞争的自由市场的作用有什么关系呢？

对这个问题的关注促成瓦尔拉斯构造了他著名的试错理论（theory of tatonnement）。这是他经济视野中的一个关键因素，这一因素反映了一组联立方程组的运作。用最简单的术语来讲，这一理论认为自由市场本身就像一个巨大的计算机。一般来说，开始于任意的价格集——瓦尔拉斯的"价格随机地尖叫"不是一个均衡价格集。也就是说，按照这个价格集，一些市场存在正的超额需求，另一些市场存在负的超额需求。前一些市场的价格将上升，后一些市场的价格将下降，并形成新的价格集。一般而言，这一新价格集也不是一个均衡价格集。价格将再次根据各个市场的超额需求情况发生变化，并因此而得到第三个价格集，这个过程将继续下去。正是通过这种不断地摸索试错，经济最终会到达均衡位置。

市场据以生成这些连续逼近的原则被公认为是原始的。实际上计算机根据更高效的原则进行计算。但是，我们想象中的计算机在原则上所缺乏的优雅在尺寸上得到了弥补。实际上，处理方程组所需要的

39

---

[7]　参见数学附录 3A。注意，这并没有诉诸纯粹的数方程数和未知数个数就证明了会计价格的不确定性。

计算量远远超越了现有计算机的实际能力。因此,不仅不需要有意识的头脑来解超额需求方程组,而且我们对于可以依赖任何人或电子计算机来寻找方程组的解心存疑惑。

到目前为止,我们已经与瓦尔拉斯一样,未能充分处理一个基本问题。这一件事说的是,试错过程防止了市场维持在一个非均衡价格集,它甚至往均衡方向施加了某种压力。另一个说法是,这个过程必须最终使市场自身实现均衡价格集。换句话说,瓦尔拉斯试错理论取决于对现代动态经济理论最终且严格的验证。反过来,在瓦尔拉斯提供的框架内能最好地理解这一理论的意义。从这个角度来看,一个稳定的系统就是试错过程能成功建立均衡价格的系统;一个不稳定的系统是一个不能建立均衡价格集的系统。[8]

40　　假定这一连续逼近的整个过程发生在开市期间,即星期一下午。为了给它一个具体的体现,我们可能会想到一个中央登记处,市场中所有的购买和出售的价格都由其记录下来。该登记处由一位主席主持,其职能是提高登记处显示的任何买家过多的商品的价格和降低登记处显示的任何卖家过多的商品的价格。如上所示,除非所宣布的价格集被证明是一个均衡价格集,这些报价没有一个是有约束力的。如果这个价格集不是均衡价格集,那么个体可以自由地根据主席所宣布的新价格集重新签订合约。这个埃奇沃思假设[9]排除了可能会影响最终

----

　　[8]　当然,这里暗含了对萨缪尔森第一次提出,随后得到了阿罗、布洛克、赫维茨和其他人进一步发展的动态理论的引用。参见数学附录 3B。

　　关于瓦尔拉斯《纯粹政治经济学纲要》中试错理论作用的讨论以及它在后来的文献中遭受的冷落,参见注释 B。

　　在上面内容写作一段时间后,我发现古德温(Goodwin)["迭代、自动计算机和经济动力学",《都市经济》,第 3 期(1951),第 1—2 页]提出了相同的动态分析概念。但是古德温曲解了瓦尔拉斯,没有看到这正是瓦尔拉斯赋予它的角色。详细讨论参见下文注释 B。

　　[9]　由于对埃奇沃思的具体引用,以及因为这个原因,我没有遵循最近的趋势,把这个假设也与瓦尔拉斯联系起来,参见注释 B。同时,可参考卡尔多(Kaldor):"均衡决定性的分类注解",《经济研究评论》,第 1 期(1933—1934),第 126—129 页。

均衡位置本身的任何先前的购买。换言之,这个假设保证,不管一个收敛的近似序列采取有限的开放路径中的任何一条,它必须始终达到相同的均衡价格集。

我们现在利用重新订约的假设来说明对应的试错过程可以用于解释第 2 节所得到的两个结果:均衡货币价格的确定和均衡会计价格的不确定性。[10]

考察市场交易期间的一个经济。首先假设试错过程所处的是一个当前显示价格的绝对水平与最终均衡位置的水平相同,但是这些公布的货币价格之间的比率与对应的均衡比率不同的阶段。因此,对那些相对价格比各自对应的均衡价格更低的商品存在超额需求,对那些相对价格比各自对应的均衡价格更高的商品存在超额供给。相应地,在下一轮逼近过程中,前一类商品的价格将提高,后一类商品的价格将降低。总之,在公布的相对价格与均衡价格之间存在的任何差异都将自动产生使得最初的差异被消除的市场力量。显然,一旦达到均衡,任何对均衡价值的偶然偏离都会导致纠正力量的自动介入。

现在假设这个过程处于相对价格与最终的均衡位置相同但是绝对货币价格水平更低的阶段。这意味着货币余额的真实价值比均衡位置更高。相应地,在不同的市场存在的超额需求对价格施加了纠正压力。在这种情况下,并不需要对动态过程的稳定性做出假设,通过图形分析就很容易地得出。由于假定相对价格在试错过程中不变,全部商品可以被视为一个价格为 p 的单一综合商品。假设这一商品不是一个劣等品(这是合理的)。于是,因为 p 下降而形成的正的真实余额效应导致需求增加。这由图 3-1a 中负斜率的需求曲线 d 表示。另一方面,在我们的交换经济中,商品供给是固定的,因此这由一条垂直线代表。从

41

---

[10] 下文 3 段的方法修改自维克塞尔:《利息与价格》,第 23—24、39—40 页;更后面的段落在注释 E 第 1 节中被完整引用。不可否认,这里的讨论忽略了很多困难。读者可以在数学附录 3B 中看到更严谨的表述。

图 3-1a 中可以清楚地看到,在任何低于(高于)p_0 的点,存在一个超额需求(供给)使得价格重新上升(下降)。因此,不论初始价格 p 的水平如何,市场的自动作用将使其回到均衡水平 p_0。在上述假设之下,无论全局还是局部,系统都是稳定的。

由瓦尔拉斯定律,这一结论也可以用名义货币持有量的需求(D)和供给(S)(等价地)说明。这在图 3-1b 中完成。图中的需求曲线是从图 2-2b 中复制过来。我们在第 2 章第 5 节看到,需求曲线的斜率一般是负的。此外,它表明,即便在某些区域需求曲线的斜率确实为正的特殊情况下,这些区域必须(如果商品不是劣等品的话)处于 M_0 的左边。因此,我们从图 3-1b 可以看出,在任何高于(低于)$1/p_0$ 的点,存在一个对货币的超额供给(需求),驱动绝对价格水平的倒数再次下降(上升)。[11]

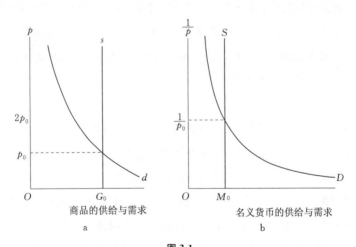

商品的供给与需求　　　　名义货币的供给与需求

a　　　　　　　　　　b

图 3-1

---

[11] 注意,价格等比例的变化有效地降低了简单的商品经济中的稳定性问题。参见阿罗、布洛克和赫维茨等人前面已经被引用的书。

同样请注意,即便我们放弃交换经济的假设,并假设供给只取决于相对价格,图 3-1a 中的供应曲线将保持为一条垂直线。如果我们假设供给同时也取决于真实余额,在其为真实余额的减函数的前提下,图 3-1a 的需求曲线的斜率为正,这一命题同样不受影响。

现在回到我们的试错过程，并假设它已经达到均衡，但是主席继续无意"喊出价格"。尤其是，我们假设他宣布了一组新的会计价格，每一价格都超过对应的均衡价格一个固定的百分比。正如我们在第2章第4节所看到的，这一增加并不改变相对价格、真实收入以及初始货币余额的真实价值。因此，没有商品的超额需求受到影响。因此，商品市场在这次毫无必要的试错之前就处于均衡状态，所以在此之后必须同样保持均衡状态。根据瓦尔拉斯定律，货币市场的均衡因此也不受影响。因此，会计价格意外地偏离最初的均衡位置并不会对任何商品导致超额需求，因此也不会在经济的任何地方产生市场力量，这可能促使价格回到它们的最初水平。因此，如果一组会计价格是一个均衡集，那么关于这一均衡集的每一个乘积同样是一个均衡集。会计价格是不确定的。

事实上，这种不确定性的存在几乎是不言而喻的。正如第2章第2节所指出的，会计价格甚至是不可观察的市场现象。因此，市场力量不能确定它们的均衡值，肯定不会令人觉得意外。相反，这些力量必须辅以一个外部决定，即在经济中随意确定一个且仅确定一个商品的会计价格。如果均衡货币价格已经确定，这足以确定所有其他商品的均衡会计价格。因此，例如，如果我们商品的英镑价格，并且被告知纸质英镑的会计价格被随意地设定在 20/21 几尼，我们马上通过将所有其他商品的英镑价格乘以 20/21 就可以确定全部商品所对应的几尼价格。同样，如果英镑的会计价格被随意地翻了一番而设置在 40/21 几尼的水平，这会立即修复所有其他商品的几尼价格水平，使其几尼价格为先前价格的两倍。显然，这两种情况下的货币价格和相对价格分别是相同的。同样地，在没有这个随意设定的价格条件下，不可能确定均衡的几尼价格。

因此，均衡货币价格和均衡会计价格分别由两个不同的过程决定：前者由内部市场的力量确定，后者则需要一个随意确定的外部救星（*deus ex machina*）。在货币价格和相对价格之间不存在这样的差别。

这两者都是同时由市场力量决定。我们只能在概念上将这些力量分解成两种，一种是通过真实余额效应发挥作用，确定货币价格的绝对水平；另一种是通过替代效应来确定这些价格之间的比率。[12]

4. 商品市场中货币数量增加的影响分析

现在让我们考察一个处于均衡的经济，并研究向其注入额外数量货币的效果。我们继续假设对于每一组给定的条件，存在且只存在一个均衡位置，以及第 3 节所描述的连续逼近过程总能成功到达这个位置。

假设我们处于星期一开市时间的结束时点，并已经形成了一套均衡价格。假设现在有一股外部力量突然使得经济中的每一个体的初始货币持有量增加一倍。货币量增加使得市场必须重新打开，重新开始新的试错过程。因为在货币增加之前所实现的均衡在货币增加之后已经被破坏。特别是，在这些价格水平上，真实余额比最初在均衡位置时的真实余额要高，而相对价格和非货币财富则是相同的。因此，在这些价格水平上，一种普遍的超额需求状态现在将取代原来的均衡状态。

按照我们所接受的动态原则，这些超额需求的压力引发了一系列的连续逼近，推高货币价格。为简单起见，首先假设这些价格在试错过程中等比例地上涨。于是，可以通过将图 3-1a 中曲线 d 在每一个数量上上移为原来高度的 2 倍来表示货币数量翻倍对商品需求的影响。另一方面，货币的增加不影响供给曲线 s。因此，重新开始的试错过程将把价格带到新的交点 $2p_0$ 处。

即使我们在试错过程中舍弃对价格变动性质的假设，也可以很容易看出与货币数量翻倍相对应的均衡价格集是其中每一个价格都是原来价格的 2 倍。因为这一新的价格集相对应的价格和真实财富（包括

初始持有的货币）与原来均衡位置的价格集相同，因此市场对每一种商

---

[12] 参见下文的第 181—182 页。

品和货币的超额需求同样与该位置相同,也就是说,为 0。因此,如果系统是稳定的,如果每一组条件对应一个唯一的均衡,经济必须达到刚刚所描述的新的均衡位置。[13]

　　这一结论的有效性,显然取决于个人的初始货币持有量都按同一比例增加的假设。我们考察经济中的货币增加不是以这种方式实现的情况。在这种情况下,经济并不一定以全部价格翻倍的方式恢复均衡。每一个体所增加的货币持有量的真实价值(从而包括他的真实财富)与最初的均衡位置不同,市场的超额需求量同样也不相同。一般而言,在这种情况下的均衡位置上,那些持有的货币量翻倍的个体所喜爱的商品的相对价格将变得更高,而那些持有的货币量不足翻倍的个体所喜爱的商品的相对价格将变得更低。货币数量理论的古典和新古典鼓吹者充分强调了这一事实。[14]

　　在另一方面,前面的论点并不对商品的超额需求对真实财富(包括真实余额)的依存关系的本质预设任何的限制(参见第 19 页)。作为一个推论,它也不对经济中的个体必须对其财富变化做出相同的反应做出假定。由于两个均衡位置处的真实余额相同,那么诸如若这些余额发生变化将对超额需求产生何种影响的问题与比较静态分析并不相干。但这与动态分析非常相关,因为动态调整期间经济所跟随的路径显然取决于个体对临时增加的真实余额所做出的反应。即使我们假设一些商品是劣等品,这些观察结论依然是成立的。正如刚才所解释的,这对新的均衡位置本身的性质没有影响,但是对它确实能够影响实现均衡的动态过程,在某些情况下,甚至可能会阻止其达到均衡位置。

46

---

　　[13]　请注意,假设存在一个初始的均衡价格集意味着也存在一个新的均衡价格集;不要求任何独立存在的假设。同样请注意,即使我们允许有几个解,其中之一必定是最初均衡集的乘积。但是,在这种情况下,货币数量的增加并不一定使得价格等比例的增加;因为价格可能会变成一个不是最初均衡集的乘积的新的均衡集。关于这些的说明和一般介绍,参见数学附录 3C。

　　[14]　关于本段的分析背景,参见第 2 章第 6 节。支持最后一句论断的参考资料,参见第 8 章第 1 节,第 164 页脚注 11。

还有一点需要注意。人们经常说,货币数量的变化相当于货币单位的变化。这一声明确实有很多事实依据,但它也受制于两个基本的保留因素。首先,在货币单位发生变化的情况下,每人都清楚对于每一个体的货币数量发生了等比例的变化。因此,将他们自己的行为一般化,并期望每个人的需求价格都等比例地变化。[15]其次,当货币当局宣布这样的变化时,也有效地宣布了一组与其对应的均衡价格,有效地告知公众报价中的小数点移动了多少位。因此,这确实有人"在解方程组"。因为这两个原因,在这种情况下,没有必要通过上面所描述的动态市场力量来确定新的均衡价格。

5. 货币市场中货币数量增加的影响分析

我们现在从货币市场的角度来解决这个问题。显然,我们必须得出与前面从商品市场角度出发的分析相同的结论。然而,有意思的是,这明确表明了两种方法之间存在对应关系。

为简单起见,再次假设试错过程中价格的变化是等比例的。因此,与总的初始货币禀赋 M_0(在经济中按给定的方式分布)对应的、对名义货币持有量的需求和供给分别由图 3-1b 中的曲线 D 和 S 代表,并被复制到图 3-2 中。回顾第 30 页的讨论可知,这一需求曲线的弹性一般小于 1。

现在假设初始货币禀赋都翻一番,这使经济中的货币数量上升到 $2M_0$。这显然导致图 3-2 中的供给曲线 S' 右移。现在考察需求曲线。我们将回顾到这一点[16],即并不是全部增加的禀赋都是花在商品市场。也就是说,在货币市场也存在真实余额效应。这反映在图形上就是 D 向右移动到 D':在相同的绝对价格水平上,个体因为财富增加而感觉到他们自己能够享受更高程度的流动性。

[15] 参见前文第 23 页,脚注 21 第 1 段。
[16] 参见第 27 页。

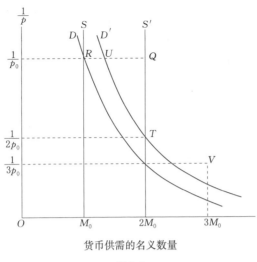

货币供需的名义数量

图 3-2

我们现在注意到,D 的形状与不存在货币幻觉的假设完全能够确定 D' 的形状。因为,根据曲线 D,在给定的价格水平需要一定数量的货币的话,那么在两倍于这一水平以及两倍于初始货币禀赋的情况之下,曲线 D' 将显示需要两倍的货币量(参见第 2 章第 5 节)。特别地,由于图 3-2 中的点 R 位于曲线 D 上,点 T 也必须在 D' 上。但是点 T 显然也位于 S' 上。因此 D' 的形状必然使得在 T 点与 S' 相交,对应着 $2p_0$ 的价格水平。相似地,如果初始货币禀赋增加到 $3M_0$,新的需求曲线(没有在图 3-2 中画出)必须与新的供给曲线相交于点 V,对应于 $3p_0$ 的价格水平。

继续描述市场从 R 移动到 T 的动态过程。在这里我们可以看到前面一节的方法相对于本节方法的优势。图 3-2 既没有直接地也没有实质性地揭示激活这一过程的市场力量的本质。相反,我们必须借助于这幅图所反映的商品市场需求状况。因此需要考察价格水平 p_0。在货币数量翻番之后,在这个价格上存在 UQ 的超额供给。但是货币的超额供给意味着对商品超额需求。因此,在这一价格水平,商品市场

存在使 p 上升,使 $1/p$ 下降的压力。图 3-2 因此只能间接解释最终到达 T 的这一试错过程。尽管如此,我们最终还是以这种方式重申了前一部分的结论:货币数量的增加会导致均衡货币价格相应地上升。

6. 需求曲线和市场均衡曲线

我们现在考察图 3-2 中的点 R、T 和 V 以及通过改变货币数量而可能形成的其他均衡点。图 3-3 给出了这些点的轨迹。很显然,出现在这个图中的曲线是一条直角双曲线。同样显而易见的是,它也不是一条需求曲线。事实上,从构造上看,它是需求曲线与其对应的供给曲线交点的轨迹。

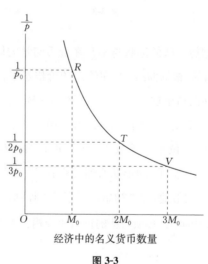

图 3-3

更精确地说[17],图 3-3 背后有一个概念性的市场实验。我们选取了一个处于均衡状态的经济,并在该经济中引入一个初始货币持有量等比例变化的扰动。这一扰动自身会以各种形式对经济产生影响,

49

---

[17] 对现在所使用的概念的解释参见第 1 章第 4 节。

直到经济重新回到均衡位置。这个实验的结果向我们提供了图 3-3 中的一个点。经济中的货币量通过这一个点与其对应的货币价格均衡水平联系在一起。通过以这种方式改变货币量，我们生成了其他的点。按照货币量与均衡价格水平之间已经表现出的直接比例关系，这些点的轨迹必定是一条直角双曲线。

按这种方式从市场实验中生成的曲线在今后将被称为"市场均衡曲线"。从概念上看，它明显区别于通过个体实验所产生的需求曲线。特别是，强调图 3-3 中的市场均衡曲线不管图 3-2 中的需求曲线的形状如何都具有直角双曲线的形状一点也不为过。从前一节的图形论证中可以很容易地看到这一点。注意到这些需求曲线描述的个体试验结果与我们所考察的市场实验结果无关，我们可以用当前的术语为这一独立性做出解释。这是因为，在市场实验结束时，个体发现他自身面临着价格和初始货币持有量发生等比例变化的情况；而图 3-2 给定的任何需求曲线描述的是个体实验的结果，在个体实验中，价格发生了变化，但是个体的初始货币持有量保持不变。

50

当我们考察一个市场实验和一个相关的个体实验时，这种独立性明显地消失了。因此，图 3-3 中的市场均衡曲线意味着在一个个体实验中，当个体面临着价格和初始货币持有量发生等比例的变化时，他对货币的需求量也按比例增加。无论是由图 3-2 中一条需求曲线上的 R 点移动到另一条需求曲线上的 T 点，还是由图 2-1b 中一条本身就是直角双曲线的需求曲线上的 R 点移动到 T 点，这个信息都得到了明确和一致的表述。这些都是对相同个体实验的不同描述。[18]

7. 长期均衡和短期均衡

讨论到现在都是默认限制在对短期均衡的分析：我们已经考察了促使经济回归与初始货币禀赋相对应的均衡位置的力量。但是，这种

---

[18]　参见数学附录 3D。

均衡位置一般不是一个(其他情况不变)会一周又一周地保持下去长期意义上的均衡。我们现在就转向这一问题。[19]

图 3-4 建立在图 2-3 之上。它最便利地说明了这个问题的本质。为简单起见,假设经济中只有两个具有完全相同的真实余额恩格尔曲线的个体 A 和 B。进一步假设在第 1 周末所确定的均衡价格为 p_1,且根据这一价格水平评估的 A 和 B 的真实余额分别为 Oq 和 Or。因此,A 的现金余额在这一周的增加量为 $PQ=QV$,而 B 的现金余额则下降 $SR=RX$(参见上面对图 2-3 的讨论)。根据 p_1 为均衡价格的假设,$PQ=SR$;也就是说 A 对货币的超额需求等于 B 对货币的超额供给。

我们现在假设全部个体带着第 1 周结束时的货币余额和一个恰好等于前一个星期一收到的商品禀赋的新增量开始第 2 周。现在发生两件相关的事情:首先,虽然根据假设,个体在第 2 周的真实收入与第 1 周相同,但是他们(根据 p_1 估值)的真实余额却不同。因此,他们在第 2 周所需要的商品和真实余额是不同的。特别地,现在 A 的初始余额是 Ou 而不是 Oq;相应地,他所愿意持有的余额是 uU 而不是 qQ。相似地,B 的初始余额是 Ow 而不是 Or,他的需求量是 wW 而不是 rR。

---

[19] 关于长期与短期的区别,参见布肖和克洛尔(Bushaw and Clower):《数理经济学导论》(霍姆伍德,Ⅲ,1957),第 170—171 页。

但是将这种区别描述成"流量均衡"和"存量均衡"之间的区别是不合适的:正如下文第 521 页脚注 11 所说明的,在目前这个上下文中,短期和长期分析两者的变量都是指库存。

我可能需要在此指出,这里所说的短期均衡和长期均衡的区别与希克斯所提出的"暂时均衡"和"长期均衡"有关(《价值与资本》,第 132 页)。而后者被希克斯主义定义为价格的恒定性(仿效布肖和克洛尔),我们将同样对数量的恒定性感兴趣。

本书第一版中缺少长期分析,这一点受到了阿奇博尔德和利普西(Archibald and Lipsey)的批评[阿奇博尔德和利普西:"货币与价值理论:对兰格和帕廷金的批评",《经济研究评论》,第 26 期(1958),第 2—9 页]。但是与他们的结论相反,填补这一空隙并不需要对上面所形成的分析框架做基础性的改变。

以下是基于阿奇博尔德和利普西的工作处理的。但是我们用恩格尔曲线来阐述这一争论,而他们已经用本书第一版第 5 章第 4 节的无差异曲线分析完成了同样的工作。恩格尔曲线这一方法更简单且更易于讨论长期均衡位置的确定及其稳定性。

就图 3-1 而言,需求曲线已经发生了移动。

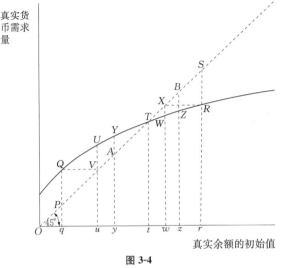

图 3-4

其次,价格水平 p_1 一般不再是一个均衡价格水平。[20]很清楚,从图 3-4 可以看出,A 的超额需求(UV)超过了 B 的超额供给(WX)。因此,商品市场存在超额供给的压力,促使商品价格下降。随着价格水平下降,A 和 B 的初始余额的价值上升。这一过程将继续下去,直到 A 的超额需求再次等于 B 的超额供给。这就是图 3-4 中所描述的,当 A 和 B 的初始余额分别为 Oy 和 Oz 时所发生的情况。

很显然,这一过程将不会在这一点停止。在第 3 周,个体将再次以不同于第 2 周的初始余额开始,一般而言,这反过来会造成第 3 周的均衡价格水平不同于第 2 周的均衡价格水平。让我们假设这一过程持续下去:也就是,每一个星期,各个体都以完全相同的商品禀赋,以及上一周结束时结余的货币余额开始新的一周。我们也假设经济以这种方式

53

[20] 原则上,均衡水平有可能保持在相同水平。正如图 3-4,这是恩格尔曲线为线性情形的结果。参见阿奇博尔德和利普西:"货币与价值理论:对兰格和帕廷金的批评",《经济研究评论》,第 26 期(1958),第 6 页脚注 1。

收敛于点 T。经济将在这一点实现长期均衡：对于初始货币余额为 Ot 的个体而言，在一周内，货币余额既没有增加，也没有减少。因此，他将在每一周开始都拥有与上一周相同的货币余额；因此他的需求也保持不变；因此，均衡价格水平也保持不变。[21]

注意，实现长期均衡这一过程的特点不仅是价格水平发生变化，同时（甚至更重要的是）也在 A 和 B 之间实现了货币余额的再分配。更一般地，通过向长期均衡移动，经济中的个体之间形成了一个独特的初始余额分配。[22]换言之，处于长期均衡位置的个体的初始余额不在分析给定的条件当中（短期均衡所对应的初始余额则是），而是作为分析本身所要确定的因变量。

我们现在后退一步，在长期均衡框架之下构造一条需求曲线。我们会说，如果一个个体在他所面对的给定禀赋和价格水平的条件下，既没有增加也没有抽减其初始货币余额，那么该个体处于长期均衡状态。也就是说，这一个体处于图 3-5 中的点 T。我们现在选取这一个体，并进行以下的个体实验：我们降低价格水平，等待他再次回到一个长期均衡位置，然后对其所处新位置所需要的货币与其原来所需要的货币进行比较。

这个实验的结果可以从图 3-5 看出。个体所面对的价格下降的结果是他的初始真实余额的真实价值从 Ot 增加到了 Oa。在这一点，个体消耗真实余额 $AM=AN$，因此在下一周开始时，真实余额变成 Ob。在这里，个体继续消耗其真实余额，这次为 $BN=BP$。这一过程将持续到它再次回到与其出发点相同的水平 Ot。因此，我们从图 3-5 看到对真实货币余额的长期需求独立于价格水平，是保持不变的。[23]

54

55

---

[21] 很明显，系统并不一定收敛于 T。确定在何种条件下发生收敛（即，在这些条件下系统是稳定的）涉及非线性差分方程组的求解——我们不会在此进行尝试。关于收敛问题的一些一般性评论，请参见数学附录 3E。

[22] 阿奇博尔德和利普西："货币与价值理论：对兰格和帕廷金的批评"，《经济研究评论》，第 26 期(1958)，第 6 页。

[23] 同上，第 9 页。另见莱塞，第 434 页的脚注 17。虽然我已经将当前的个体实验描述为生成一条"长期需求曲线"——并将在图 3-6 中使用相同的描述——使用这一术语并不是完全合适。详情参见第 435 页及后文。

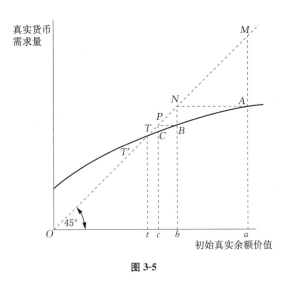

图 3-5

对于这一结果有一个简单的解释。图 3-5 告诉我们的是，最初价格水平的下降意味着个体得到了一笔使其财富增加的意外收入——在我们这个简单的模型中，个体将计划在随后的一周将这笔收入完全用于购买额外的商品。这意味着当个体进入"最后"一周（即个体重新建立起长期均衡状态的这一周），他会这样做以使得初始货币余额等于原来处于长期均衡状态的那周的真实货币余额。也就是，（与最初的均衡位置相比）个体在"最后"一周的初始名义余额与价格水平同比例地被削减。刚才所描述的概念实验必须以这种方式产生与前面图 2-1 所描述的个体面对价格和初始货币持有量发生等比例变化的情况相同的结果。这两种情况造成真实余额需求的真实余额效应缺失，这意味着在价格水平发生变化的情况下，这一需求保持不变——这反过来意味着对名义余额的需求具有直角双曲线的形状。[24]

---

[24] 同时，也要注意与短期个体实验的一致性（在前文第 30 页作为特例描述），在这个实验中个体只需面对价格水平的变化——但是在这个实验中所造成的真实余额效应在短期内完全用于增加对商品的需求。本段中"最后"上面的引号反映了一个事实，即个体只需要经过有限周的时间就可以收敛于他的新的长期均衡位置，这一点可以从图 3-5 看出。对于上述过程收敛的性质，再次参见数学附录 3E。

我们现在进行另一个长期的概念性个体实验。考察一个对名义货币余额的长期均衡曲线由图 3-6 中的直角双曲线（暂时忽略 M_0 和 $2M_0$ 处的垂直线）所代表的个体。假设该个体处于这条曲线上的点 A，并且我们在保持价格水平不变的情况下，一劳永逸地增加了他的初始货币持有量。从刚才提出的论点可知，个体会选择在随后一周用完这笔意外之财购买商品，这是很明确的。因此，从长期来看，他将回归到名义货币持有量 M_0。这意味着货币数量的增加并不会造成图 3-6 所描述的长期需求曲线的任何移动。如果曲线 D 是代表经济整体的长期需求曲线的话，这显然也是对的。

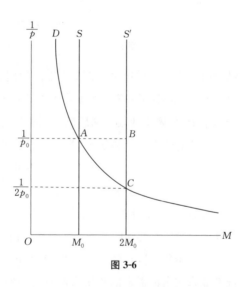

图 3-6

现在让我们从个体实验转向市场实验。我们考察一个经济，该经济对货币的需求与供给分别由图 3-6 中的 D 和 S 表示。现在假设经济处于由点 A 所代表的初始长期均衡位置。正如我们已经看到的，令经济中的货币数量翻番不会造成需求曲线 D 的任何移动。另一方面，它造成需求曲线从 S 移动到 S'——因此而形成等于 AB 的超额货币供给。与我们在短期均衡的分析中一样（前文，图 3-2），这意味着正的真实余额效应产生了对商品的超额需求并推动价格上涨。这一过程将持续到经济到达价格水平为原来 2 倍的新的长期均衡位置 C。因此，无论是长期还是短期[25]，仅仅对两个均衡位置的比较无法揭示任何真实余额效应。[26]另一方面，长期和短期均衡位置的稳定性实际上取决于价格偏离均衡价格水平所产生的真实余额效应。因此，当我们评估经济理论中真实余额效应的重要性时，我们必须做出的真正重要的区别不是短期与长期的区别，而是是否关注一个在市场经济自动运转[27]可能达到的均衡位置的稳定性。[28]

　　然而，在长期和短期分析中有一个值得注意的差异，即图 3-6 中的价格水平倍增与新增货币注入经济的途径是独立的。[29]用技术术语解释就是，因为每一个体的长期曲线在货币数量增加的情况下保持不变，无论在经济中的个体之间如何分配这些增加的货币，这些曲线的总

---

　　[25]　参见前文第 45 页；也可参见后文第 175—176、192 页脚注 62。

　　[26]　但是由此推断"比较静态与实际余额效应无关"[阿奇博尔德和利普西："货币与价值理论：对兰格和帕廷金的批评"，《经济研究评论》，第 26 期(1958)，第 9 页]等同于在国际贸易中成本增加情况下从均衡边际转换率相等推断比较优势定律与比较静态分析无关。也可以参见哈恩(Hahn)："帕廷金的争议"，《经济研究评论》，第 28 期(1960)，第 40—41、42 页脚注 2。

　　至少在某种程度上，这里的问题因语义问题而变得复杂化；参见数学附录 3E，尤其是第 435—438 页。

　　[27]　参见前文第 3 章第 3 节，尤其是第 38 页；同样可参见下文第 230 页。

　　[28]　正如鲍莫尔已经指出的，阿奇博尔德和利普西对真实余额效应的讨论(同前引)具有误导性，因为讨论未能看到这一效应发挥的作用的动态稳定性背景[鲍莫尔："货币与价值理论：评论"，《经济研究评论》，第 28 期(1960)，第 30 页]。

　　[29]　阿奇博尔德和利普西，同前引，第 8—9 页。关于短期分析，参见前文第 45 页。

　　图 3-2 中的短期分析与图 3-6 的长期分析的另一个区别就是后者的两个均衡位置(A 和 C)对应着两个不同的周，而前者的两个均衡位置(R 和 T)对应着同一周的两个不同位置，一个对应着初始货币量 M_0，一个对应着 $2M_0$(同前引，第 8 页)。这与下一段的讨论相关。

　　但是，在说明货币数量的改变使得价格水平不同于其本来的水平这一意义上，图 3-2 有可能被认为更接近于传统数量理论的真正意义。关于李嘉图著作中的这个解释，参见瓦伊纳(Viner)：《国际贸易理论研究》(纽约，1937)，第 126—127、176—177 页。

和必须同样保持不变。

虽然这是所有上述情况固有的，但是还需注意，即当经济不处于长期均衡状态时，如果货币数量倍增，随后的长期均衡位置的价格水平将不会是货币注入时价格水平的两倍。因为，正如本节开始时所说明的，即便在货币数量没有发生变化的情况下，原来的短期均衡价格水平也将随着时间的推移而发生变化。因此，衡量货币数量倍增的影响只能通过将长期均衡位置的真实价格水平和货币数量保持不变时盛行的价格水平进行比较而测量。更一般地，两个时期价格水平的任何变动必须分解成两个部分，一个部分由发生在实现长期均衡过程中的任何事情所导致，另一部分由一个或多个外生变量的改变造成。

在结束对长期均衡的分析（尤其是图 3-6 的直角双曲线的讨论）时，为了不留下一个误导性的印象，我们必须通过提醒读者，这实际上是局限于一个非常特别甚至在某种程度上不合理的情况[30]。虽然试图解决长期问题，这一分析一直是建立在一个个体的真实收入（和财富）在一个一周的时间跨度内保持不变以及他们只能以无收益的资产（货币）的形式持有消费之后的剩余（储蓄）的模型之上。然而，一旦我们把论证扩展到可以以生息资产（比方说，债券）的形式持有储蓄的标准情况时，一般而言，我们再也无法得出前面的结论。特别地，可以证明，在对消费者的行为做出非常合理假设的情况之下，对于本节开始所定义的个体而言，不存在一个稳定的长期均衡。相反地，个体将利用他从储蓄上获得的利息收入来产生持续的财富、收入和消费的增长。相应地，他一般不会将所有由真实余额效应所代表的意外之财全部消费掉[31]，而是将一部分用于增加其储蓄，从而使其持有的财富（包括货

---

[30] 参见前文第 14 页。

鲍尔和博德金（Ball and Bodkin）["真实余额效应和正统的需求理论：对阿奇博尔德和利普西的批评"，《经济研究评论》，第 28 期（1960），第 46—47 页]和哈恩（同前引，第 38 页）已经表达了与下文相似的观点。

[31] 前文第 55 页的讨论与此相反。

币形式)的规划增长路径产生永久性的上移。[32]因此,这种情况下对货币的需求将不独立于价格水平。[33]

以类似的方式,长期均衡的概念在一个具有投资活动的生产经济中,甚至在简单的凯恩斯主义模型中失去了它的意义。[34]相反,系统的均衡扩展路径变得相关。这一路径的性质(尤其是它所概括的价格水平的形成过程)一般将受到真实余额效应的影响。相似地,所增加货币的分配效应不再必定是中性的,而有可能影响资本的积累速度,从而影响到增长速度。这就是某些经济发展理论的重要组成部分——"强制储蓄"过程。[35]

---

[32] 参见尼桑·利维坦(Nissan Liviatan)即将发表的论文["论消费与实际平衡的长期理论",《牛津经济论文》,第 17 期(1965)]。这也说明了克洛尔和伯斯坦(Clower and Burstein)["论现金和其他资产需求的不变性",《经济研究评论》,第 28 期(1960),第 32—36 页]的相反含义是其特殊假设的结果。

[33] 满足这一规范的对货币的实证需求函数——凭借依赖于真实金融资产(无论是自身还是作为财富的组成部分)——参见布朗芬布伦纳和迈耶的研究,特别是梅尔泽第 652 页后文。当然,这种依赖性在实证消费函数中对应着真实余额效应,关于这一切,参见后文的注释 M。

[34] 鲍尔和博德金强调了这一点,同前引,第 48 页。

[35] 参见约瑟夫·熊彼特(Joseph A. Schumpeter):"货币与社会产品",载于《货币与社会政策》(1917/18),作为译本发表在《国际经济论文》第 6 期(伦敦,1956),第 191—192、204—206 页;《理论经济发展》(剑桥,1934),第 3 章。

关于"强制储蓄"的进一步的讨论,参见后文第 12 章第 3 节。

第4章 货币与利息

1. 引言。时间偏好的含义。债券的目的和性质。2. 对商品、债券和货币的超额需求函数。3. 对商品、债券和货币的超额需求函数（续）。4. 货币数量增加的影响。5. 将论证扩展到生产型经济。

1. 引言。时间偏好的含义。债券的目的和性质。

前述分析是基于简化的假设，即个体对未来的唯一关注就是用足够的资金储备去满足它的需要。本章进一步接近现实，允许个体的经济期限跨度延长到一段时间，比方说一个"月"（这包括了几个星期）。因此，在当前星期一的市场交易时间，个体所选择的最优商品组合中不仅包括了当前一周的消费量，而且也包括了未来几周的消费量。这反过来意味着个体现在需要在这个月的市场交易时间里对每一种商品买卖多少制订计划。但是，随着市场交易时间的到来，个体一般将不会按照现在所制订的计划行动。因为，届时个体可以获得新的信息，这些信息将促使他修改这些计划。因此，举例来说，他将拥有一个星期或几个星期的信息，而这些信息现在超出了他的经济期限。总之，我们假设个体在每个星期一都会重新考察他在随后一个月所面临的整个形势，并相应制订或修正他的计划。[1]

---

[1] 读者在此将认出希克斯在《价值与资本》第9—10章（尤其是第124页）中所采用的相似技术。但是，尽管希克斯设计这一技术的主要目的是为了分析计划和实际行为之间的差异的起源和意义，我们（除前一章的最后一节）忽略了这一问题。我们在本章利用这一技术只是为了使持有货币合理化，并为涉及利率的交易留出空间。参见下文。

延长经济期限的最直接含义就是,个人在本周末持有的货币余额是为了满足下一周的交易和预防性需求,这些需求已经是明确计划好的。因此,与前面章节在逻辑上将其经济期限限制为一周相比,在我们当前这个经济中货币需求更有意义。

根据第 1 章和第 2 章的方法类推,这些计划被假定由个体的偏好、他的商品禀赋、初始货币持有量以及他所面对的价格所确定。但是,现在"偏好"是指未来和当下的消费;"商品禀赋"不仅包括这个星期六所得到的商品,而且还包括下一个星期六晚上结转给他的商品;"价格"是指他当前和在未来市场交易时期所面对的价格。为了简单起见,假设这些未来的价格预计将与现在的价格完全相同。但是,我们通常假设未来的禀赋肯定与当前的禀赋不同。

如果我们记得任何一周的商品禀赋等同于该周的收入的话,可以用更熟悉的术语表述最后一个假设。[2]我们因此可以说,每一个个体都将其预期收入流的时间形状视为给定且不可改变;一般而言,这一形状是非均匀的。我们用图 4-1 说明这一情形。X 轴上的数字代表了一个月经济期限的周数。假定在

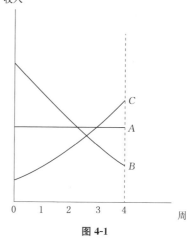

图 4-1

当前经济期限之前的四个星期由数字 0 表示。曲线 A,B 和 C 描述了各种可能的收入流情形。均匀收入流 A 代表了一个个体预期在未来每一周都收到完全相同的商品禀赋的特殊情况。另一方面,收入流 B

---

［2］ 本段和下一段建立在费雪的《利率论》[(纽约,1907),第 6—7 章]或者他后来的《利息理论》[(纽约,1930),第 4—5 章]的基础之上。然而需要注意的是,根据我们当前的目的,我们对"收入"的用法不同于费雪的用法。

亦可参见弗里德曼(Friedman):《消费函数理论》(普林斯顿,1957),第 7—14 页。

表示一个个体预期在未来四周中,周收入稳步下降,而收入流 C 代表了一个与他具有相反预期的个体的收入流情况。很显然,我们同样可以设想更复杂的情况,例如,收入流在这个月的某些时间上升,而在另一些时间则下降。正如已经强调的那样,所有这些情况下的期望都是确定的。

虽然个体的收入流是固定的,但他可以将购买力从一周结转到另一周,如,改变周与周之间积攒的货币数量或者对我们将要引入的一种新商品(债券)进行适当的交易。这种债券是发行人在发行后一个星期即从持有人手中以 1 美元的固定价格赎回的一个票据。一个试图在任何特定周消费大于其收入(负储蓄)的个体可以在该周星期一的市场交易时间出售这种债券,这也就是说,他可以借钱。而一个想少消费(储蓄)的个体可以买入该债券,也就是说,他可以出借。是"可以"而不是"必须";因为,正如已经指出的,储蓄和负储蓄同样可以通过持有货币量的变化来体现。我们进一步假设债券没有违约风险,因此,借款人的身份对于出借人而言是无关紧要的。因此,所有的债券在经济意义上是不可区分的。

因此,这一债券仅仅是在这个市场上被买入和卖出的另一种商品。它的价格与任何其他商品的价格相似,未来的价格完全与当前的价格一致。这一价格,用 q 表示,显然与利率 $100r\%$ 相关。具体而言,

$$r = \frac{1-q}{q} \text{ 或 } q = \frac{1}{1+r}。$$

这一关系表明,债券的价格越高,利率越低,反之,则反是。注意,债券的价格为 1,则利率为 0;如果债券的价格大于 1,则利率为负。

从前面可以看出,因为有从未来收入借款的可能性,个体一般不会选择在任何一周的消费等于该周任意给定的收入。因此,具有收入流 C 的个体将在这个月的前面部分选择负储蓄,而在后面进行储蓄以做出补偿,而具有收入流 B 的个体则相反。更准确地讲,这也就是个体任何一周的消费决策都与其整个预期收入流的贴现值有关,而不仅仅

与当周的收入有关。[3]

上述现象可以被称为利息的"时间偏好"理论。如果我们直到现在还避免这样做,那是因为在文献中对这一术语还有诸多的模糊性。在费雪首先使用它时,它只是一则关于个体以最优的方式在时间上重新分配其消费的表述;而不是解释一种使得个体感觉到这样分配是可取的力量。[4]对于这种解释,费雪主要依赖于收入流的时间形状(我们遵循了他的这一做法)。一个次要的解释是,他带来了一种可能性,即由于个体缺乏远见和自控能力,他们可能会系统性地偏好当前的消费胜过等量的未来消费。[5]他们或许意识到,或者没有意识到,这背离了费雪的本意,后来经济学家们似乎用"时间偏好"这个术语专指这种可能性。[6]显然,这一意义上的"时间偏好"在前面对个体借贷行为的分析中没有被假定存在。但是,这种"时间偏好"在一个交换经济中,可能对于在逻辑上解释为什么会形成大于 0 的均衡利率是必要的。我们将再次回到这一问题。[7]

2. 对商品、债券和货币的超额需求函数

个体经济期限延长超过一周以及伴随着债券的引入,我们显然需要对前面章节的需求理论进行修改。首先,现在有一个需要对其超额

---

[3] 参见前面脚注的参考资料。

这一切都将在第 5—7 章严格地展开,将证明存在某些使得个体的需求由其收入流的时间形状确定而不仅仅是由其贴现值决定的情况(参见第 113—114 页和第 132 页)。

[4] 费雪:《利息理论》,第 66—67 页。

[5] 同上,第 80 页及后 1 页。

[6] 参见,例如,博尔丁:《经济分析》(修订本;纽约,1948),第 751—752 页;肖:《货币、收入和货币政策》(芝加哥,1950),第 322—323 页。

[7] 第 4 节。

对"时间偏好"的两种含义的更进一步的讨论,参见第 112 页脚注 43。

需求函数进行描述且迄今尚未定义的商品。其次,对那些已经被定义过的商品而言,此时的超额需求函数与过去不再相同。因为这些函数现在必须反映两种新的影响——一种代表过去,一种代表未来。[8]

我们现在开始讨论第二组修改。我们考察一个处于星期一市场交易开始时的个体。现在他从上一周结转过来资产包括到期的债券和货币。不同于任何其他商品的初始集合,这些债券的数量可以为负数。这就是任何在上个星期一出售债券的人的情况,也就是说,在当前的市场交易期间,他们是债务人。相反,任何在当前市场交易期间开始时是债权人的个体,他的债券持有量为正。

初始债券持有量显然会影响个体的净财富,从而影响其对商品的超额需求函数。在其他条件不变的情况下,债务人倾向于降低他的超额需求,以满足他赎回在上个星期一所出售的债券,包括利息的需要。反过来,债权人因为上周所买入的债券获得偿付,他倾向于增加其需求。很显然,对商品需求的增加或降低的程度仅仅取决于这些初始持有的已经到期的债券的真实价值,这很合理。

对过去的影响就说这么多。现在考察未来的影响。这首先反映在当前的超额需求函数依赖于未来收入流的时间路径。这已在前面的章节中充分讨论过了。我们在这里只需要补充一点,收入流的真实价值对于商品需求非常重要。

其次,未来的影响反映在利率上。利率的增加代表着商品未来价格相对于现在的价格更便宜。更具体地说,它降低了维持购买固定数量商品的购买力所必须持有的债券的成本。然而,众所周知,我们不可能确定这一变化对当前商品需求量的先验影响。例如,如果未来商品的需求只有微弱的利率弹性,那么为了维持对商品的购买力,个体所需要获取的债券数量也只会稍微增加。鉴于每单位债券的价格降低,个体在债券上的总支出将下降。因此,这将释放增加当前商品的额外开

---

[8] 接下来的内容的严格展开现在推迟到第 5—7 章。

支的资金。然而,如果对未来商品的需求有足够的利率弹性,债券的总开支会增加,从而导致当前商品需求量减少。我们将假设后一种可能性成立。换言之,我们将假设储蓄与利率正相关。[9]

对下面的分析最重要的是,利率与相对价格类似。正如我们将在第 5 章第 7 节所看到的相对价格衡量本周消费的两种不同商品之间的边际替代率一样,(在某些情况下)$1+r$ 衡量的是本周商品与下周相同商品之间的边际替代率。相似地,前一节的公式表明,r 等于一个分母是 q(债券发行时的货币价格),分子为 $1-q$(这一价格与债券到期时的价格($=1$)之差)的分数。因此,利率与相对价格相同,是两个量纲为货币价格的数量的商。相应地,我们认为,前面关于需求理论的章节中,无论"相对价格"这一术语出现在何处,我们现在必须将其写成"相对价格和利率"。

总结如下:一个偏好给定(包括他可能拥有的任何对当前和相等的未来消费之间的偏好)的个体对于当前商品的超额需求函数现在被假定为依赖于相对价格、利率、当前和未来的真实收入、初始债券持有的真实价值和初始持有货币的真实价值。或者,可以说这些函数依赖于相对价格、利率以及真实财富,在这真实财富包括了初始金融资产。然而,由于已经被注意到的原因,我们在本章不会采用这种替代表述。[10]

3. 对商品、债券和货币的超额需求函数(续)

现在考察本章中引入的新商品。首先,有一些只会在未来几周出现的商品。即使它们的物理形态与现有的商品相同,我们将其视为一

---

[9] 为简单起见,本段是对从利息改变对货币需求所产生的额外影响的概括。在第 9 章有更详细的讨论。

[10] 参见前文的脚注 3。为了简单起见,我们在谈论的问题中继续忽略对商品初始禀赋的依赖。参见第 17 页脚注 7。

关于这一节的论点,参见数学附录 4A。

种分析上的差异更为方便。[11]相应地，这些商品的每一种都有一个单独的超额需求函数。这一函数描述的是个体在本周一或者在他的经济期限内在未来的周一决定购买或出售该商品的数量。现在，根据假设，未来各周的价格和利率都预计肯定与当前的价格和利率相同。因此，对未来商品的超额需求恰好依赖于相同的相对价格、利率和真实收入流，以及初始持有的货币和债券的真实价值，正如当前对当前商品的超额需求一样。

然而，应该强调的是，对一个未来商品的超额需求量与对当前商品的超额需求量的不同之处在于，未来的需求量没有在本周一的市场登记。也就是说，没有期货市场为这些计划提供具体的体现。这种对未来的"灯火管制"使得我们对于个体总是预期价格和利率将保持不变的假设增加了可信度。同时，我们必须记住，当个体最终到达所讨论的周一时，他将面对的价格一般不会像他当前所设想的那样。但是我们将不得不对这些差异所形成的复杂情况抽丝剥茧。[12]

剩下的新商品是债券。为了避免任何可能的混乱，我们应该强调的是，我们现在所指的债券是指当前在市场上发行和出售（或贴现）的债券，而不是指上一周发行的现在必须以面值赎回的债券。从本周个体的市场行为看，后者是一个已知数。它们是初始持有的到期债券，其影响在前文已经得到讨论。只有对当前发行的债券，才能根据给定的市场条件，做出不同的决策；因此，我们说只有对这些债券才存在需求函数是合适的。

根据定义，当前发行的债券的初始持有量为 0。因此，在对债券的

---

[11] 参见希克斯：《价值与资本》，第 193—194 页。

[12] 应该明确的是，我们在这里所不待见的、视为"并发症"的东西构成了希克斯的动态分析的基础，同上，第 9—10 章和第 4 部分。相反，追随瓦尔拉斯和萨缪尔森，我们已经并且将继续在"动态分析"的标题之下表述的内容在希克斯看来或多或少是理所当然的。参考附加在《价值与资本》第 2 版的新增注释 C。同样参见后文的注释 B，尤其是第 539 页。

需求和超额需求之间不存在任何差异。这一需求量可以为正也可以为负——这取决于个体决定在当前这周是出借还是借入。在后一种情况下，我们可以说债券的供给为正。

在描述这个需求函数的性质之前，我们必须首先增加一个有限需求的限制条件。在没有这种限制条件的情况下，每一个个体都想选择在每一周都借入无限大的金额，并在下一周借入更大的金额来支付本金和利息。这样，无论这债务的规模有多大，他可以继续没完没了地偿还他的债务。反过来，这将使得他在每周都能有无限大的商品需求。

通过假设资本市场有一种"不完善"，这将妨碍个体以现行的利率借入他所想借入的资金，通常的分析会阻断这种可能性。但这无疑是一个现实的假设。然而，为了使分析尽可能简单，我们在此并不采纳它。相反地，通过假设个体必须在一个月的最后一个星期一计划持有的债券必须为 0 的额外限制条件下制订他当前和未来的市场计划，我们也能得到相同的结果。显然，星期一的这种推算随着时间的推移在未来会不断地回落。但是，只要个体根据假设采取行动，他必须在他的经济期限结束时最终偿付他的全部债务，所以他将相应地缩短他的借款计划。[13]

像其他商品一样，假定债券的需求函数依赖于相对价格、利率、当前和未来的收入、初始持有债券的价值，以及初始持有的货币的价值。但是，与其他商品的情况不同，财富这个变量在这里不能替换最后三个变量。这是因为对债券的需求反映了消费的最优时间模式和给定的收入模式之间的差异，后者的形状（而不仅仅是贴现价值）才是明显相关的。这是另一个在本章不方便使用前一节结束时所描述的替代表述的理由。

初始货币持有量的增加提高了对债券的需求；当然，这是隐含在凯恩斯主义利率理论中的基本假设。[14]相似地，初始债券持有量增加同

[13]　参见后文第 97 页。
[14]　参见注释 K 第 1 节；这将在第 11 章第 1 节进一步讨论。

样提高了对新债券的需求。特别是，个体作为债权人的初始立场越明显，他将更倾向于买入新的债券补充他的投资组合；个体的债务人立场越鲜明，他更需要出售新的债券用以恢复先前所获得的信用。

现在考察利率的影响。我们在前一节已经假设利率降低将会导致对债券的需求降低。很明显，如果将货币从这一周储存到下一周而不发生任何成本，那么在任何的负利率情况下对债券的需求一定为0或者为负，因为没人会在其计划持有的货币余额中增加1美元就可以在下周保持相同的1美元购买力的情况下去支付超过1美元的价款购买下周的1美元的购买力。事实上，这一推理方式意味着在特定的正利率之下，人们对债券的需求将降到0，该利率衡量了个体从流动性中获得的满足程度。在这一利率之下，个体通常选择具有流动性的货币而不是流动性欠佳的债券来维持下周的购买力。这仅仅是将凯恩斯的相似说法翻译成合适的债券市场语言。[15]

债券需求函数的一个特性对于下面的分析至关重要。假定个体面临所有的货币价格（预计是永久性的）、初始债券持有量和初始货币持有量翻倍而利率保持不变的情况。根据前面对商品的超额需求函数形式的假设，当前和未来对商品的需求量没有发生改变。因此，个体在本周与下周原本计划分配的消费限度没有改变。同样，个体在本周末所计划保持的真实购买力的总量也没有发生变化。最后，鉴于利率的恒定性，个体愿意持有的债券和货币形式的购买力之间的相对数量没有任何变化。因此，前面的变化不会影响个体按照其计划持有债券对下周商品进行支配。但是，这些未来商品的预期货币价格已经翻倍。因此，为了保持其原本计划的未来真实购买力水平，个体必须将计划名义持有的债券也翻倍。这也即是，无论他原本计划出借或借入多少，他现在必须出借或借入两倍的数量。

---

[15] 《通论》（纽约，1936），第207页。这一论点将在第9章第4节更准确地展示。一般而言，推迟到那儿才详细讨论债券市场是明智的。

　　仍然需要考察货币的超额需求函数。正如第 2 章第 5 节中一样，这个函数的形式完全由预算约束规定。特别是，我们可以写成

对当前货币持有量的超额需求

＝初始持有的债券的价值（面值）

＋当前商品超额供应量的总价值

－对当前债券持有需求的（贴现）价值

由前面所讲的商品和债券的需求函数的性质，我们马上可以从这一公式看出，前面刚刚讨论过的变化将同样使得所需求的货币翻倍。

　　更一般地讲，在利率保持不变，货币价格、初始债券持有量以及初始货币持有量发生等比例变化的情况下，将会导致对债券和货币的需求量也等比例变化。因此，对真实债券和真实货币的持有，如同对商品的持有一样，只取决于相对价格、利率、当前和未来的真实收入以及初始货币持有的真实价值。[16]

71

　　到目前为止，我们已经讨论了个体的超额需求函数。相应的市场超额需求函数是由个体的超额需求函数如第 2 章第 6 节那样加总而得到。再次，这里存在不对称性，即市场函数依赖经济中的全部个体的初始真实债券和真实货币持有量的数组，而不像通常那样依赖他们各自的总量。另一种不对称性体现在市场对货币的超额需求函数中。由于经济被假定为封闭经济，每一笔债权债务都必须发生在其成员之间。因此，经济中的初始债券持有量的合计必然为 0；因为每一个"正"的债权人，对应着一个"负"的债务人。另一方面，下一节将强调，对新债券的总需求，情况一般并不如此。因此，我们有

市场对当前货币持有量的超额需求

＝市场当前商品超额供应量的总价值

－市场当前债券持有需求量的（贴现）价值

---

[16]　严格的论证见第 5 章 3—6 节。

上述讨论的一个直接含义是,第2章第4节中提出的货币幻觉的定义不再合适。考察一个面对货币价格和初始货币持有量都等比例增加的个体。如果他是一个债务人,这样的变化降低了他的初始债务的真实负担,因此他倾向于增加对物品的需求;而如果这是一个债权人,这一变化降低了他的初始债券资产的真实价值,因此他倾向于降低他的需求。从自利的角度来看,个体对于他的真实财富的这些变化的反应没有比债务人支持通货膨胀政策而债权人反对这样的政策更不理性。换句话说,虽然这些具体的变化没有形成真实余额效应(第20页)形式的财富效应,但是确实形成了我们所称的"真实负债效应"。只有在过去的债务条款调整到新的价格水平,或者,等价地说,只有当初始的债券持有量与价格和初始的货币持有量发生相同比例的变化的情况下,这种真实负债效应才会消失。

相应地,我们必须以如下的方式拓宽对货币幻觉的定义:在任何不影响相对价格、利率、真实收入流以及初始持有的债券和货币的真实价值的变化之下,如果个体对于任何真实商品(商品、真实债券持有量和真实货币持有量)的需求保持不变,那么该个体没有货币幻觉。这一定义显然将前一种情况视为一个特殊情况。[17]

4. 货币数量增加的影响

按照我们通常的程序,现在让我们从市场超额需求函数转移到超额需求方程组以及均衡位置的性质。

由于这是新的分析内容,最好首先特别注意债券市场。很明显,从前面一节可知,债券的需求和超额需求方程是相同的。我们因此说,在

---

[17] 再次,对于商品和货币,虽然不包括债券,根据我们当前的假设,最后三个变量可以被一个单一的变量真实财富所替换。

关于这一节的论证,参见数学附录4A。

价格和利率的均衡集之下,这一市场的总需求为 0,也就是说,在这个经济中,总的借入金额等于总的出借金额。在任何其他设定之下,它既可以为正,表示具有愿意出借的人超过了愿意借款的人;也可以为负,表示相反的情况。

从前一节可以清楚地了解到,均衡利率不可以为负,因为在这个利率水平,始终存在借款人超过出借人的情况。从另一方面看,也没有任何利率必须为正的保证。如果人们出借或借入的唯一原因是因为他们未来收入流的时间形状,以及这些收入流随时间增加或降低的可能性相等的话,那么有可能是需要补偿出借人的流动性损失的最低利率而没人愿意借入资金。因此,债券市场可能会处于一种真空均衡状态,即没有借贷关系发生。[18]

为了排除这种可能性,有必要加强债券市场的供给方即借款的欲望。例如,通过规定收入流具有系统性的增长偏差,这是可以做到的。在这样一个增长型的经济中,人们对未来收入的预期占主导地位是可以理解的。或者,我们假设系统性地存在一个喜欢当前的消费甚于等量未来消费的偏好,也可以实现相同的结果。[19]其实,由于本章最后一节中所给出的明显原因,我们不需要过多地关心这个问题。

我们现在转向市场的整体均衡位置。正如前一节开始时所强调的,这个市场只涉及当前的商品。与之相对应的是,它的均衡价格和利率集必定使得市场对当前商品的超额需求为 0。如果相同的集合同样能使得对未来商品的总超额需求为 0,这将纯粹是个意外。反过来,这些潜在的未来不均衡不会对当前市场的发展投下阴影。它们只是在时间过程中随着未来变成当前而显化自己。

于是,与第 3 章第 2 节的分析没有什么本质的不同。再次,这里有

---

[18] 要不是因为流动性因素,我们可以将其替换为更简单、更熟悉的表述,即在零利率水平上,不存在借款人超过出借人的情况。

[19] 参见前文第 1 节的结尾。

$n-1$个未知均衡值,其中$n-2$个为当前商品的货币价格,还有一个是当前债券的利率。同时,存在n个超额需求方程,其中$n-2$个属于当前商品,1个为当前债券持有量,1个为货币持有量。还有,这些方程中只有$n-1$个是独立的。正如从前面一节中关于货币的超额需求函数的形式中可以看出,任何使得商品和债券市场实现均衡的价格和利率集必须同样使得货币市场实现均衡;也就是,瓦尔拉斯定律仍然有效。总之,在我们的简化假设之下,将经济期限扩展到未来几周并不需要将对未来商品的超额需求方程考虑进来。在我们当前的分析框架之下,这些方程并不存在:它们对于均衡价格和利率集并没有形成额外的限制。

我们假设当前系统处于稳定状态,并研究其比较静态特征。令经济在某组货币价格和利率之下处于均衡状态。现在假设每一个体初始持有的货币量增加一倍。很显然,这一货币数量增加所对应的均衡位置一般不是价格翻倍利率保持不变时的那个均衡位置。这是因为,价格翻倍产生了真实债务效应,这使得债务人的需求上升,而债权人的需求下降。只有在偶然的机会之下,两者在每一个市场都恰好抵消。这种特殊情况被描述成价格变化具有"中性分配效应"。

因此,货币数量增加一倍,一般可以预期会对相对价格和利率两者的均衡产生影响。具体而言,那些受债务人青睐的商品的相对价格将上升,而那些受债权人青睐的商品的相对价格将下降。相似地,利率的升降取决于因债权人的真实地位恶化而造成的对债券需求的下降或因债务人真实地位的改善而造成的债券供给的下降这两种对抗力量中哪一种更强。[20]

现在让我们假设,经济的均衡位置受到了每一个个体的初始货币和债券持有量增加一倍的扰动。在这种情况下,很显然均衡是在货币价格翻倍、利率未变的情况下重新建立的。因为相对价格、利率、真实收入、初始债券持有量以及初始真实货币持有量完全与最初的均衡位

---

[20] 注意本讨论和第 45 页讨论之间的相似性。

置相同。因此,对商品的超额需求量,真实债权持有量必定同样与那一位置保持相同,即两者皆必须为 0。

因此,我们得出结论:如果没有货币幻觉且未清偿债务得到重估(或者,存在中性分配效应),那么货币量均匀地增加将导致商品的均衡价格水平同比例的上升而使得均衡利率保持不变。[21]

这一结论可以用我们熟悉的"中性货币"概念有效地重申。严格来讲,如果易货经济货币经济的单纯转换并没影响到均衡相对价格和利率,这种中性特征就会得到众人承认。[22]现在,由于两种经济的超额需求方程组存在根本性的差异(在易货经济中,很显然既不存在对货币的超额需求方程,也不存在商品超额需求函数对真实余额的依赖),即便可能按一般的方式做此类比较,那也是非常困难的。然而,如果我们将一个易货经济设想为一个名义货币量越来越小的货币经济的极限位置,我们将可以消除这一困难。因为我们可以保留在一个货币经济的超额需求方程组中,并且注意随着货币量趋近于 0 这一极限时相对价格和利率的均衡值发生了什么变化。在前一段所规定的条件下,我们看到可以用这种方式如我们所愿地"接近"一个易货经济而影响这些变量的均衡值。从这一意义上说,为了保证货币中性,上述条件都是必需的。

然而,这种解释有一个严重的缺点:随着名义货币数量接近于 0,价格水平也以相同的速度接近于 0。因此,真实货币量不受影响。因此,我们所定义的处于极限位置的易货经济具有与一个货币经济相同的真实货币量! 尽管有这个缺点,我们似乎还没有有意义地比较易货经济和货币经济的任何其他方法。[23]

---

[21] 参见数学附录 4B—4C。

[22] 参见哈耶克(Hayek):《价格与生产》(第 2 版;伦敦,1935),第 129—130 页。

[23] 关于这两段,参见数学附录 4C。

我在旺纳科特(Wonnacott)["帕廷金货币、利息和价格中的中性货币",《经济研究评论》,第 26 期(1958),第 70—71 页]评论的刺激下,写下了最后一段且并没有同意他的主要论点。

76

5. 将论证扩展到生产型经济

到目前为止,我们还只是阐述了利息理论的一个概略。我们还没有充分描述债券和货币市场,我们尚未讨论经济达到均衡的动态过程,也没有真正解释在货币数量变化的情况下均衡利率不变的全部含义。此外,理论本身也只考虑了一个简单交换经济的情况。因此,我们必须将其扩展到生产型经济的情形。与此同时,我们必须填补前面列出的空白。这些都是第二部分所要处理的任务。仅仅只对这些方面感兴趣的读者可以直接从第 9 章开始。

即使没有后面这些细节,我们也可以直观地看到交换经济的假设怎么都没有它最初所看上去的那么具有限制性。说得有点松散,前文所得到的结论,即在货币数量改变之下,相对价格和利率的不变性是从不存在货币幻觉这一假设得出的。因此,任何不触动这一假设的分析框架变化都会得出与此相同的结论。

我们特别考察生产型经济这种情况。它的不同点是,所供应的任何商品都是可变的而不像在交换经济中那样保持固定不变。这也就是说,在经济中存在生产的可能性。这意味着企业可以将不同要素的投入转变为各种商品产出。但是,根据边际生产率理论,本质点是一旦生产技术条件是明确的,一家企业对这些投入和产出的决策完全取决于相对价格。企业对任何两种要素之间的最优数量关系的决策取决于这些要素的相对价格与其边际技术替代比率的比较;企业对一种要素和一种商品之间的最优数量关系的决策取决于前者与后者的相对价格与前者相对于后者的边际生产率的比较;最后,企业对两种商品之间的最优数量关系的决策取决于它们之间的相对价格与两者之间的边际技术替代率的比较。[24]此外,如果我们承认投资的可能性,这些决策将同

---

77

[24] 参见希克斯:《价值与资本》,第 6 章,尤其是第 86 页。

样取决于利率和资本的边际生产率两者之间的关系。最后,如果我们遵循企业理论的一些最新发展,假设企业关注其资产负债表和损益表,那么企业在做出决策时,它将把资产和负债的真实价值考虑进来。

总之,不只是个体,企业也可以被假设为没有货币幻觉。这也就是说,在一个给定生产技术的经济中,企业带着自己对商品的供给函数和对要素的需求函数进入市场,每一个函数都依赖于相对价格、利率和资产的真实价值。从本章的前面章节可知,家庭带着依赖于相同变量的商品需求函数和要素供给函数从另一侧进入市场。因此,生产型经济的超额需求方程组与我们简单交换经济的超额需求方程组具有完全相同的属性,并完全反映了不存在货币幻觉的相同特征:它们仅仅依赖相对价格、利率、当前与未来的真实收入以及金融资产的初始真实价值。由此可以得出结论,在货币数量发生变化的情况下,相对价格和利率的不变性在两种类型的经济中成立并具有同等的有效性。

这一论点的一般化消除了前面利率理论中的一个基本困难。一旦我们考虑到在生产型经济中进行有利可图的投资的可能性,我们会为借款的欲求自动提供额外的刺激。前文显示的这种借款的欲求对于确保一个正的均衡利率是必需的。事实上,我们可以假设经济中几乎所有的借贷都源于需要资金进行投资的企业家。他们愿意支付与其边际生产力保持一致的利率。与之相对应的是,债券市场的供给方是由这些企业家主导的。与此相反,迄今为止,我们限制本章所分析的消费贷款仅对这一市场发挥非常微弱的影响。

78

第5章 货币、资产和储蓄的效用理论

1. 货币效用的性质。2. 随机支付过程。3. 效用最大化的条件。4. 论证图释:预算约束。5. 论证图释:无差异曲线图。最优位置的性质。6. 需求函数的属性。利息的流动性不充分理论。7. 与费雪时间偏好理论的关系。8. 与马歇尔"货币的边际效用理论"的关系。驳斥"循环论证"指责。

1. 货币效用的性质

与从效用理论推导出超额需求函数的属性相反,仅仅通过类比而为其设定了这些属性,上一章的论证在这方面背离了第1章为其设立的模式。实际上,在方法论上将效用函数(而不是超额需求函数)作为需求理论的出发点是否更可取,这一点尚不明确。此外,正如下面所指出的,在没有货币幻觉情况下,考察一个具有选择一致性的个体所显示的偏好就可以推导出这些基本属性,不需要依靠效用分析。不过,鉴于
在货币理论中正式地应用边际效用分析的尝试与"主观价值革命"本身一样的古老,很值得向读者介绍怎样实现这些应用的详细描述。

在着手介绍之前,我们也许会注意到,在一般意义上,前述尝试实际上从未获得大家的接受。实际上,多年以来,它们的有效性是边际效用学派的大陆追随者们热烈争论的话题。当中有些人甚至用数学工具证明货币不能具有任何"效用"。另一些人干脆声称货币没有任何"直

接效用"。在这两种情况下,这些争论的意义都没有交代明确。更糟糕的是,即便是这些争论中的反对者也很少将其分析建立在对货币效用的合理定义之上。其结果是,他们被拖入一场旷日持久的、混乱的和无法明确的虚假"循环"问题的争论之中。这一问题根本就不应该出现。[1]

因此,在当前讨论中一开始就明确将要用到的"货币的效用"显得至关重要。很显然,这并不代表马歇尔对于这一术语的用法。[2]这也不是为了表示货币作为商品的效用;实际上,为了避免产生这方面的任何歧义,我们继续假定货币为法定的纸币。最后,这也不是为了表示"货币可交换的商品的边际效用"。相反,我们关注的是持有货币的效用,而不是支出货币所产生的效用。这是所有货币数量理论的货币余额模型所隐含的概念。在这我们将明确这一点。[3]

更具体地说,假定商品交易上的收支在一周内按照第2章第1节所提到的随机过程随机地发生。另一方面,债券赎回的期日被安排在一个固定的时点,即一周的结束时刻。同时假设,如果个体在一周内就用完现金,他可以采用两种方式中的一种来应对这一情形。其一,可以对需要他做出的支付违约,当然这一行动会使他产生一点尴尬;或者,其二,他可以通过周内(以到期价值)赎回他所持有的债券来补足其货币余额,而这一行动也会给他带来一些额外的麻烦。[4]货币余额所能提供的、对抗这两种不便利的安全性也是投资它们的效用。这再明显不过了,货币余额提供这种安全性的功效取决于它们的真实价值而不是名义价值。与之相对应,在计算个体的效用时,只有货币余额的真实价值才是重要的。

请注意,上述情形意味着抛弃了所有的市场活动都发生在一周中的一天的假设。相反,我们现在对商品(交易被限制在星期一的市场交

---

[1]　参见第8节后文。

[2]　这也将在第8节得到讨论。

[3]　本段的引用来自米塞斯(Mises):《货币与信用理论》,巴特森译(纽约,1935),第109页。关于本段和前述段落,参见后文注释D的文献。

[4]　参见希克斯:《价值与资本》,第164—166页。

易期间)和资产(可以在一周中的任何时点处理)做出区别。这一区别表达了文献中的一个经常性主题,即个体对资产存量(尤其是金融资产)的构成的调整远远快于对其商品消费流的调整。与此同时,有必要强调的是,我们所做出的周内的债券交易对利率不产生影响的假设是非常不切实际的。

在这进一步给出三个意见。首先,我们在这一章关注的是,即便对未来的价格和利息存在完全的确定性这种情形之下,仍然存在的对货币的需求。在分析中,不确定性确实发挥作用,但是这只是关于支付的不确定性。因此,后面的论证证明了动态的或不确定的价格和(或)利息的期望不是货币需求为正的必要条件,这是这个论证的副产品。[5]

其二,如果我们的目的纯粹是为正需求寻找一条理由,那么就不需要假设时间上的不确定性。这就足以说,只要支付在一周中的某个固定时间必须完成,就无法影响这一周的任何其他交易(包括债券交易)。但随后,基于没有个体会故意选择在该周违约的假设,他对货币的需求应该恒等于该周所产生的累计收支差的最大值。他将不会考虑更多或更低的需求,其他替代方式根本不会被考虑。[6]

另一方面,经由随机支付过程引入不确定性,很容易使我们能够通过传统的效用计算方式来分析持有货币的问题。相应地,它使得我们能够生成一条货币需求曲线,与任何其他需求曲线一样,相对于价格具有光滑和负的斜率。与此同时,在我们同样假设为了赚取更多的利息,

---

[5] 对这种证明的需要可以很容易从吉尔伯特(Gilbert):"货币的需求:一个经济概念的发展",《政治经济学杂志》,第 61 期(1953),第 144—159 页的文献综述中看到。

一个具有"静态期望"的个体对未来几周的价格和利息的期望与当前的价格和利息保持相同;而一个具有"动态期望"的个体会预期到它们是不同的。这些预期既可以使确定的也可以是不确定的。

[6] 参见后文第 549、576 页对瓦尔拉斯和施莱辛格的讨论。

不可能影响交易是玛吉特在第 548—549 页所提到的债券市场的"不足"之处的一个极端例子。

他可能在确切地知道付款日期的情况下,忍受尴尬,在一周内的不同时期可能会计划故意违约。必须承认,即便在这个假设之下,我们也能得到这一结果。[7]

我们注意到,直到现在我们评论所强调的都是针对货币这一单一资产。接下来的论证则是用凯恩斯主义的精神(货币作为一个最佳选择的多资产组合的一个组成部分)分析对它的需求。[8]

2. 随机支付过程

82

鉴于我们对随机支付过程的重复引用,它值得我们不厌其烦地详细探讨其性质。然而,对这些技术性内容不感兴趣的读者可以直接进入下一节的效用分析。

假设在星期一市场交易时间结束时,所有商品的最终合同都被放进一个共同的池子中。然后我们从这个池子以每组 10 个抽取合同。最先抽取的 10 个合同在星期二早上 8 点支付,第二组 10 个合同在上午 9 点支付,等等,对本周的每一个营业时间都进行这样的操作。这种随机抽取一直进行,直至池子中的合同被抽取完毕,且每一个商品合同

---

[7] 这是阿罗在《数学评论》1957 年第 18 期第 706—707 页中的观点。

[8] 《通论》,第 166—170、222—229 页。在某些方面,凯恩斯的《货币论》(伦敦,1930)第 1 卷第 140—146 页中从这个组合讨论货币政策更加清晰。同样可参见希克斯的基础性论文"简化货币理论的建议"[《经济学刊》,第 2 期(1935),第 13—32 页]。

马尔沙克、马科沃、莫迪利亚尼、卡恩、罗宾逊、沙克尔和托宾等对这一方法的展开,见本书末的参考文献。虽然被错帖标签,更近期的贡献来自米尔顿·弗里德曼发表在《货币数量理论的研究》(米尔顿·弗里德曼主编;芝加哥,1956)第 3—21 页的"货币的数量理论——一个重述"。尽管其标题为重述,这实际上更接近于凯恩斯主义的理论而不是数量理论或者说弗里德曼所宣称的对传统芝加哥理论的重述。凯恩斯主义理论强调资产存货之间的最优关系(这是弗里德曼的初衷),而新古典主义(以及传统的芝加哥)理论强调货币存货与计划支出流之间的最优关系,在这"存货"和"流"的含义与第 521 页下文所描述的一致。与之相对应的是,如果有后者的话,对与资产持有的形式相关的偏好发生改变对利率可能产生的冲击很少关注。

都与本周某一个具体的支付时间联系起来。正如我们已经注意到的，对债券的支付不是随机分布的，而是固定在这一周的最后一个小时。

个体在一个特定的时间内既有支出又有收入是可能的。在一定程度上，如果发生这种情况，他可以用其中一个抵消另外一个。但是，很显然，各种合同的支付乃由随机过程确定，这使得个体要依赖他的收付在时间上完全同步是不合理的。因此，正如在前一节所注意到的，个体从一开始就持有货币储备无疑可以避免在这一周中的一个或多个支付时间出现不便。

这个随机过程模型不仅能解释对货币的需求，而且也使与之相关的传统动机理想化。因此，交易动机由收付之间的不同步代表，而预防动机则由这些支付发生时间的不确定性所代表。预防动机的其他方面（例如，希望保持一定的流动性储备应对突发的紧急情况）同样也可以叠加在这一模型。因此，我们可以假设存在第二个在不同的支付时间内随机抽取个体的名字的过程。我们对那些用尽储备的个体进行罚款，并将罚金作为奖励分发给那些拥有正的流动性储备的个体。然而，为了尽可能使得论证变得简单，我们不会在这里进一步探讨这种可能性。

应该清楚的是，现在所讨论的货币需求是下一周的货币需求。那一周的支付时间是随机的，个体的这一预知使其能够在当前的市场交易阶段调整他所要承担的义务，并准备因此而需要的货币储备。如果他的一些买家临时无力偿付债务（如果他们决定不进行债券换货币的周内转换）确实会使得他们和他之间的购买协议之下的支付发生延迟。但是，由于没有人能够承担超出预算约束的责任，因此我们这个个体可以确信，这最多是一个周内的延误。因此，他的货币余额在这一周结束时——或者等价的，在下一周开始时——必定正好处于他在当前市场上的最终决定的交易所隐含的水平。

与此相对应的是，这些决策不能影响个体满足其当前一周的流动性需求的货币余额绝对水平，因为这些货币余额反过来由前一个决策所确定。另一方面，当前决策能够非常清楚地影响这些余额的相对充足度。这是真实余额效应的表面情况。总之,在任何给定的价格之下,个体总可以调整其超额需求,使其所给定的初始货币余额能够在随后的一周提供安全保障,从而能够应对无力偿付债务这一情况。事实上,在限制性情况下,个体将他所购买的价值限制在所给定的余额水平,对于随机过程可能确定的任何时间模式,他都能够确保这些支付具有完全的保障。[9]

通过(在简单的假设之下)推导模型所隐含的概率分布,我们可以将模型的影响锐化。因此,我们考察一个接受给定的市场价格、确信市场价格将继续维持不变的个体。他当前计划在下周一的市场交易时间买卖一定数量的商品和债券。让我们考察一种情况:是否应该根本就不持有初始货币余额进入下一周,以及同时应该选择不进行周内债券交易? 这种情况摆在个体面前。

令任何给定小时的"超额到期支付"是这一小时内随机选定的到期支出与收入之差。除了这些支付,同样假定在这一小时个体对于先前因为无力偿付而违约的任何支付负有偿付义务。为了考虑这一因素,我们将个体在任何一小时内的"净到期支付"定义为该小时的超额到期支付加上所有先前各个小时段的超额到期支付之和。当然,任何给定小时的超额到期支付和净到期支付两者都可以为负。收入超过支出就是为负的情况。我们还注意到,在一周将要结束的最后一小时,个体的净到期支付为其该周所有计划支出之和减去所有计划收入之和。由预算约束可知,这必须等于个体在该周所计划减少的货币余额。

显然,在任何给定小时代表净到期支付的数字是一个随机数字,这是因为它由一个支出和收入的时间序列所决定,而后两者本身是一个随机过程的结果。只有在该周最后一个小时代表净到期支付的数字是一个例外,正如前面所注意到的,它只由个体的决策决定。现在考察所有这些数字的最大值,很显然,这也必定是一个随机数字。我们将其用

84

[9] 最后这两段应该以第 17—19 页和第 24 页为背景进行阅读。

w 表示,并看看它的概率分布有些什么特点。[10]

为简单起见,假设个体计划在该周结束时同该周开始时一样保持货币余额为 0。在这一周计划保持货币余额不变意味着无论随机过程的结果是什么,该周最后一个小时的净到期支付必须为 0。因此,在这一假设之下,w 的最小值同样为 0。如果存在一个每小时都完美同步的收入和支出,或者该周早前的一些小时形成了显著的负的超额支付——这将累积起一个足以应对后面一些小时的正的超额支付,这两种情况下都能得到这个最小值(0)。很显然,在这两种情况下,每一小时到期的净额支付要么为负,要么为 0。

在另一个极端,w 的最大值等于全部个体对商品的正超额需求的汇总值。如果有机会规定个体在收到他的任何出售货款之前必须首先完成对他购买的全部商品的支付。令所有这些购买的总额由 A 表示。于是图 5-1 中的概率分布 I 反映了 w 的最小值和最大值都不太可能出现的事实。

对这一概率分布的经济解释是直接的。考察点 C。假设概率曲线 I 之下从这一点到 A 点的总面积是总的单位面积的 1/10。这意味着在这一周每小时的净到期支付不超过 C 美元的概率为 90%。但是,这反过来意味着,如果个体在这一周开始时只准备了 C 美元,那么他们足以覆盖随机支付过程所造成的时间差异的概率为 90%。如果这些

---

[10] 一些读者会从这些定义的数学表述中获得帮助。假定该周有 m 个支付小时。令 y_i,$(i=1, \cdots, m)$ 为第 i 个支付小时的到期超额支付。相似地,令 w_i 为这一小时到期的净支付。因此,

$$w_1 = y_1,$$
$$w_2 = y_1 + y_2 = w_1 + y_2,$$
$$w_3 = y_1 + y_2 + y_3 = w_2 + y_3,$$
$$\cdots\cdots\cdots\cdots\cdots\cdots\cdots\cdots\cdots,$$
$$w_m = y_1 + y_2 + \cdots + y_m = w_{m-1} + y_m,$$

随机变量 w 为 w_i 的最大值。

余额增加至 D 美元,这个概率将相应增加到,比方说,95%。凡此种种,不一而足。

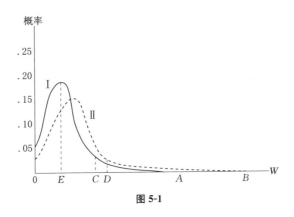

图 5-1

前一概率曲线右边衰减的长尾是其最重要的属性。我们将"交易量"定义为个体计划购买的总价值,在当前这种情况下,由 A 表示。于是,这一长尾告诉我们,一个相对于交易量较低的货币储备比率足以为个体应对可能出现的不能偿付问题提供较高的安全性。这一属性可以很直观地从这一事实看出,即只有在很长的连续几个小时的初始序列中个体的支出大于收入才能获得 w 的高取值。与此同时,预算限制意味着任何这样的序列越长,下一个小时中同样面对正的超额支付的概率越小。以整个一周考虑,支出和收入必须相等。换句话说,平均数定律在这里比在独立事件的情形下能更快、更有效地降低累积超额支付超过收入达到任何高值的概率。

概率曲线 I 揭示的另一个有趣的属性是,在 E 点之后,货币余额的等额增加在消除违约概率方面的效果是下降的。这是个体考虑投入额外的资源增加货币余额的边际效应时应当考察的一个重要方面。然而,必须注意的是,在一个效用可测量的世界,货币余额增加的边际效应到达 E 点并不意味着货币余额的边际效用增加至这一点。这是因为,增加的边际效应有可能被个体的边际满意度下降所抵消;这种满意度来自抵抗无力偿付债务所带来的不便的安全感。

现在让我们来探讨交易量变化可能带来的影响。假设由于某种原因,个体改变了他的超额需求从而使得他的计划交易增加到了 B。令图 5-1 中的曲线 II 代表对应的新的概率分布。我们首先注意到,先前完全应对紧急情况的货币储备水平 A,现在已经不能保障安全了。相反,如果个体原本计划的交易量为 B,而持有的货币储备为 A,则他可以将计划交易量削减到 A 而实现全面保障。这说明了一个已经被强调的事实(第 83 页),也就是即使个体不能影响货币储备的绝对充足水平,他也能够影响它的相对充足水平。

假设个体交易量增加是因为所交易的合约数量增加,而不是因为每一个交易合约的平均价值增加。因此,维持特定水平的财务安全所需要增加的货币储备低于所增加的交易量。关于这些货币储备相对较大的"大规模经济"的直观基础与先前所介绍的概率分布中的右边长尾部分相似。实际上,我们可以证明[11],如果 N 代表一周内所进行的收支的 1 美元的数目,那么为了维持给定安全水平的货币量按 $\sqrt{N}$ 的比率增加。这些规模经济的存在性由图 5-1 中代表 90% 的安全水平的概率曲线 I 上的 C 与曲线 II 上的 D 的比率大于 A 与 B 的比率所表示。[12]

考察因全部价格以及初始债券和货币持有量翻倍而造成的计划交易量增加的情况时,我们才能体会到前一段段首所附加的条件的重要

---

[11] 参见阿耶·德沃茨基的数学附录 5,特别是第 456 页的表格。

[12] 与这一结论相似的银行准备金比率有着悠久的历史。

参见鲍莫尔非常具有促进作用的论文"现金的交易需求:一种库存理论方法"[《经济学季刊》,第 16 期(1952),第 556 页]对埃奇沃思和维克塞尔的《利息与价格》第 66—68 页的参考。鲍莫尔同时指出费雪在个体的现金余额中应用了埃奇沃思的理论(《货币购买力》,第 167 页)。

然而,这些作者的推理与此后的推理存在区别。特别是,他们的推理建立在从无限多的总体中抽样生成一个正态分布的随机模型之上。他们也未能指出后面两段所强调的差异。参见后一脚注对施莱辛格的参考。

性。从第 4 章我们知道,个体的超额需求量没有因此而受到影响。因
此,他继续交易相同数量的商品和真实债券合约。因此,抽取任何特定
合约序列的概率也与先前相同。唯一的区别就是,这里所要求的收付
都是原来的两倍。随之,所要求的该序列最大净支付为 $2C$ 时的概率,
恰好是原来净支付为 C 时的概率。因此,新的概率分布再次为图 5-1
中的实线,只不过是 $2C$、$2D$、$2A$ 分别取代了 C、D、A。

　　总之,个体情况发生改变后,只需改变原来概率分布的 X 轴的度
量单位即可得到与之相对应的概率分布。因此,个体如果仍然希望维
持应对无力偿债的相同水平的安全性,他应当持有原来计划数量两倍
的货币。因此,通过另一条路径,我们得出了一个已经熟悉的结论,即,
价格以及初始债券和货币的翻倍使得所需求的货币也翻倍。但是,现
在这一结论有一个额外的内涵,即导致个体交易量翻倍并不会使其在
货币余额的相对规模上出现节约。[13][14]

3. 效用最大化的条件

　　我们现在确定一个具有几周经济期限的个体的效用最大化条件。

---

　　[13]　这两段也解释了为什么活期存款规模的膨胀不会为银行创造可能降低其
准备金率的"规模经济"机会;参见前一脚注。

　　在本节写作完成之后,我发现卡尔·施莱辛格(Karl Schlesinger)在一个名为《国际货
币与信贷理论》(*Theories der Geld-und Kreditwirtschaft*)(慕尼黑,1914)的鲜为人知的单
行本中利用了与其对货币的需求分析(同前引,尤其是第 88 页脚注 1)相似的概率概念。

　　但是,施莱辛格没有对其模型的影响进行充分发掘,尤其是没有尝试描述任何概
率分布曲线。另一方面,他一再强调,由于"大数定律",支付金额的增加造成对货币需
求的增加要少于自身的增加。但是,与作者在前一脚注所提及的形成对比,他同样强
调这只有在文中所指出的差别之下成立。施莱辛格也提出了一个有趣的关于货币效
用的分析。更多的细节参见后面的注释 D。

　　[14]　我非常感谢我的同事阿耶·德沃茨基为我严格地推导了概率分布。他的
推导过程参见后面的数学附录 5。

　　肯尼斯·阿罗最近注意到瑞典作者在保险理论中得出了这一分布。参见阿罗、卡林
和斯卡夫(Arrow, Karlin and Scarf):《库存和生产的数学理论研究》(斯坦福,1958),第 8 页。

该个体的效用不仅取决于这几周中每一周他将消费的商品,同时也取决于他在这几周开始时所持货币的真实价值。[15]为了将注意力集中在我们现在所关注的最优跨期配置问题,我们从今以后将假设:个体预期相对商品价格在其计划期内保持不变。这使得我们可以将所有第 t 周消费的商品当作一个单一的复合商品处理,比方说,将其用 Z_t 表示。[16]就当前而言,我们将进一步假设绝对商品价格在其经济期限内也保持不变。因此,每一周复合商品的价格可以用相同的符号 p 表示。

为了使个体处于其预算约束之下的最优位置,个体不能通过现在计划在任意一周降低 1 美元商品支出,从而增加在这一周末的货币余额,并在下一周使用这 1 美元用于增加其商品支出,这个规定是必要的。也就是,效用最大化的一个条件是:

$$1 \text{ 美元价值的 } Z_t \text{ 的 m.u.} = 1 \text{ 美元价值的 } \frac{M_t}{p} \text{ 的 m.u.}$$
$$+ 1 \text{ 美元价值的 } Z_{t+1} \text{ 的 m.u.}, \tag{1}$$

其中,m.u.表示边际效用,M_t 和 M_t/p 分别表示个体计划在第 t 周末持有至第 $t+1$ 周开始时的名义和真实货币余额。

个体同样可以通过买卖债券这种方式将其消费重新分配,现在我们将这一事实考虑进来。应该指出,存在一些在这一周发行而在下一周到期的票据,这些票据固定的到期价值为 1 美元。影响这些交易的可能性意味着一个具有最优商品组合的个体必须处于这样的一种位置,即他不能通过现在计划在任何一周降低 1 美元商品支出,用这储蓄买入债券,并用下一周从这些债券收回的本金和利息买入商品。也就

90

---

[15] 一些读者可能更喜欢首先理解第 4—5 节中用图形表示的两时期的情况。

[16] 显然,处于最优位置的个体将在任何一周按照使得在每一商品上花费的 1 美元的边际效用相等的这一方式在各种商品上分配开支。这实际上是复合商品定理的基本假设,我们现在利用了这一简化结果。参见数学附录 2C。

是，对任何连续的两周，下面这一相似的关系必须成立：

1 美元价值的 Z_t 的 m.u.$=(1+r)$ 美元价值的 Z_{t+1} 的 m.u.。 （2）

个体的最优位置完全由前面的边际条件和预算约束确定。[17]很显然，这些边际条件意味着其他跨期关系也将同样被满足。因此，举个例子，重复应用(1)将得到

$$
\begin{aligned}
1 \text{ 美元价值的 } Z_t \text{ 的 m.u.} = {} & 1 \text{ 美元价值的 } \frac{M_t}{p} \text{ 的 m.u.} \\
& + 1 \text{ 美元价值的 } \frac{M_{t+1}}{p} \text{ 的 m.u.} \\
& + \cdots + \\
& + 1 \text{ 美元价值的 } \frac{M_{t+m}}{p} \text{ 的 m.u.} \\
& + 1 \text{ 美元价值的 } Z_{t+m+1} \text{ 的 m.u.,}
\end{aligned} \tag{3}
$$

也就是，在第 t 周消费 1 美元或持有它至 m 周后再消费对于处于最优位置的个体是无差异的。[18]我们可以为持有一个债券 m 周，或任何持有货币和债券的时间序列，做一个对应的表述。

前面的边际条件隐含的另一个跨期关系是

$$
1 \text{ 美元价值的 } \frac{M_t}{p} \text{ 的 m.u.} = r \text{ 美元价值的 } Z_{t+1} \text{ 的 m.u.。} \tag{4}
$$

这一等式乃由(1)减去(2)得到。换言之，将 1 美元的购买力以货币余额而不是以债券的形式从一周转移至下一周的主观机会成本是下一周

91

---

[17] 在"角点解"的情况下，等式(1)和等式(2)由不等式替代；例如，参见后文第103—104、121 页。

[18] 注意，如果个体具有无限的经济时长。这一等式可以重新记为

1 美元价值的 Z_1 的 m.u.$=$ 在实际货币余额中永久持有 1 美元的 m.u.。

在这里，等式右边是等式(3)的右边各项边际效用之和，只是等式(3)中的最后一项被合适的无限级数所替换。

从债券上获得的利息所能购买的商品所产生的效用。因此,对于一个最优集合而言,1 美元价值的货币余额所产生的边际效用(这些余额的边际"便利性收益")必须等于这一边际主观成本。

在离开这个效用可以度量的世界之前,提请注意的是,在 p 假定保持不变的情况下,在任何一周 1 美元价值的商品或真实余额都由 $1/p$ 表示(第 28 页)。将这代入等式(1)和等式(2),这使得我们可以将这些边际条件写成我们更熟悉的形式:

$$Z_t \text{ 的 m.u.} = \frac{M_t}{p} \text{ 的 m.u.} + Z_{t+1} \text{ 的 m.u.}, \qquad (5)$$

$$Z_t \text{ 的 m.u.} = (1+r)Z_{t+1} \text{ 的 m.u.} 。 \qquad (6)$$

现在让我们将最后两个边际条件转换成序数术语。首先考虑个体的预算约束,这将使得转换的结果更有意义。到目前为止,预算约束都被置于我们分析的背景之中。在个体的经济期限中,每一周都存在这一约束。个体在该周对商品需求的真实价值加上他对在该周末对持有货币和债券的需求之和必须等于该周的收入加上他从上周结束时结转下来的债券和货币的真实价值之和。[19]由假设,个体的周收入(他的初始商品禀赋)外生地给定。因此,预算约束告诉我们,在任何一周中,相关的五个需求决策中只有四个可以被独立做出。或者,在一周中对商品的消费、债券持有量的改变以及货币持有量的改变等三个决策中,只有两个决策可以被独立做出。

不失一般性[20],我们现在能够采用简化的假设,即,在 $t+1$ 周末债券和货币的持有量决策是独立做出的,因此,相关的预算约束意味着个体在第 $t+1$ 周的商品、第 t 周末持有的债券和第 t 周末持有的货币

---

[19] 参见前文第 70 页。

[20] 如果用技术术语表述就是,处于最优位置的个体在预算约束下不能通过任何需求决策的改变来增加其效用。因此,在推导我们最优位置的必要条件时,我们可以规定这样的改变。参见数学附录 6A,尤其是第 459 页。

等三种物品中只能做两个独立决策。然后,很明显,个体对在第 $t+1$ 周购买商品的边际数量的决策带来了为这一购买提供资金而做出的、在第 t 周末持有债券和货币的边际数量的决策。换言之,任何一周对商品的边际需求实际上是对这些用于从上一周结转边际购买力的商品和资产的一个联合需求。

相应地,可以认为个体在每一周都独立做出对这两种商品的需求决策,这两种商品分别被我们概念化为"通过债券获得的商品"和"通过货币获得的商品"。上商品的这些数量可以用从上一周结转下来的有关资产的真实价值表示。这些商品的边际效用等于讨论之中的商品所提供的流动性产生的边际效用(在为债券的情况下为 0)加上同等价值的商品的边际效用。最后,这些商品彼此间的边际替代率(m.r.s)通常等于所讨论的商品的边际效用的比率。即个体在不改变总的效用的情况下,用一种商品替换另一种商品的比率。

对等式(5)和等式(6)应用这些概念,我们分别得到个体的最优条件,

$$Z_t \text{ 经由货币对 } Z_{t+1} \text{ 的 m.r.s} = \frac{Z_t \text{ 的 m.u.}}{M_t/p \text{ 的 m.u.} + Z_{t+1} \text{ 的 m.u.}} = 1, \quad (7)$$

和

$$Z_t \text{ 经由债券对 } Z_{t+1} \text{ 的 m.r.s} = \frac{Z_t \text{ 的 m.u.}}{Z_{t+1} \text{ 的 m.u.}} = 1+r \text{。} \quad (8)$$

注意,等式(7)除数中的 Z_{t+1} 的 m.u. 必然等于等式(8)中的对应项:两者均指在第 $t+1$ 周的最优商品数量的边际效用。

或者,用等式(8)去除等式(7),我们可以得到

$$Z_{t+1} \text{ 经由债券对 } Z_{t+1} \text{ 经由货币的 m.r.s.}$$

$$= \frac{Z_{t+1} \text{ 的 m.u.}}{M_t/p \text{ 的 m.u.} + Z_{t+1} \text{ 的 m.u.}} \quad (9)$$

$$= \frac{1}{1+r} \text{。}$$

最后一项可以表示债券对货币的边际替代率。[21]

94 　　记住,商品和持有真实货币的价格都是 p,我们看到前面的等式仅仅反映了一个相似的必要条件,即任何两种商品之间的最优边际替代率等于它们的价格之比。实际上,这一条件在等式(7)中具有不同寻常的形式的唯一原因是需求决策之间的额外的相互依赖性,这是个体受到多个(如通常的 n 种物品的情形)而不是仅仅一个预算约束所造成的。[22]

　　上述论述对于我们增强对利率作用的理解具有非常大的帮助。从等式(8)和等式(9)明显可以看出第 4 章第 2 节中已经用到过的利率与相对价格的相似性。从这些等式我们还可以看到,个体当前消费和未来消费的边际选择(即储蓄决策),以及持有货币和持有债券的边际选择(即流动性决策中),两者同时受到利率的影响。如果将我们的理论从交换型经济推广到生产型经济,这种两重的边际决策将会变成一个三重边际决策;因为利率同时也对边际投资决策产生影响。利率这三

---

[21]　上文建立在债券不具流动性的假设的基础之上,因此,

$$经由债券的 Z_{t+1} 的 m.u. = Z_{t+1} 的 m.u.。 \qquad (a)$$

但是,如果假设债券具有一定程度上的流动性,因此它提供与货币余额相似的直接效用,那么我们将得到

经由债券的 Z_{t+1} 的 m.u. = 第 t 周末持有的实际债券的 m.u. + Z_{t+1} 的 m.u.。 (b)

分析可以通过在等式(2)、等式(6)、等式(8)和等式(9)中将(b)式的右边替换(a)式的右边一般化到这一情形。

本文没有沿用这个假设,因为在我们当前的模型中为其提供经济解释存在难度。因此,举例来说,由于个体发行的债券与其所购买的债券相同,他不需要因为流动性目的而持有债券;相反,当他在这周用尽现金时,他可以发行债券。但是,正如我们将在第 6 章第 2 节所看到的,在效用函数中有直接代表持有债券的变量的假设可以在其他情况下具有经济学意义。在任何情况下,对当前情况下关于这一假设的详细分析将被转移到数学附录 6C 和 6D。

[22]　对这一差异的几何解释,参见数学附录 6A(尤其是脚注 6)和 6D(尤其是脚注 23)。

重作用得到了新古典货币理论家的完全认可。[23]

在任何情况下，我们从等式(7)、等式(8)和预算约束可以看到，个体在其经济期限中的真实商品组合取决于利率、随着时间变化的预期真实收入流以及其初始持有的债券和货币的真实价值。这样，我们已经从效用最大化的原则推导出了第4章的超额需求函数。[24]相似地，后面3节内容中的图形分析将表明，这些函数的一些属性归因于它们。

暂时回到关于效用可测量的假设，我们可能注意到，上述没有货币幻觉的需求函数的推导和随之而来的对货币数量理论的微观经济学验证这两者并不需要在真实货币余额和它们的效用之间做出任何特殊的假设。特别是，它不依赖于名义余额翻番、价格固定以及这些余额中每1美元的边际效用减半的假设。[25]数量理论的有效性的全部要求就是边际效用(像任何其他一样)递减。因此，从边际条件(5)可知，为了回到一个最优位置，个体将把前面提到的增加的余额的一部分用于增加商品购买；也就是，真实余额效应将显现。但是，我们无须对货币边际效用递减的程度做出任何的规定，正如无须对真实余额效应的大小做出规定一样(前文，第45页)。

从另一方面看，所需求的名义余额和价格翻倍确实会伴随着货币余额中持有的美元的边际效用减半。但是，这仅仅表述了一个事实，即价格水平翻倍使得货币余额中增加1美元所获得的真实流动购买力减半。[26]

95

------

[23]　为强调这个事实，参见罗伯森(Robertson)：《货币理论论文集》(伦敦，1940)，第16—17页；当然，"三重边际"也是他创造的术语。然而，新古典经济学家为这一事情上的一些小混乱感到内疚；参见注释D，特别是第519页。

[24]　参见数学附录6A。

[25]　在此强调这一点是因为米塞斯宣称数量理论的有效性取决于这一假设，参见后面的注释D，第515页。

[26]　也就是，正如从上文所注意到的(第91页)，

$$1 美元价值的 \frac{M_t}{p} 的 \mathrm{m.u.} = \frac{1}{p} \times \frac{M_t}{p} 的 \mathrm{m.u.},$$

因此，当 M_t/p 不变，从而 M_t/p 的 m.u. 也不变时，文中刚刚描述的变化将是 $1/p$。

换言之,这仅仅是个体没有货币幻觉的反映。

已经展示了效用分析的所有用具,我们现在必须确保那是无关紧要的。我们仅仅通过从显示偏好的角度考察个体的预算约束就可以推导并得到超额需求函数的基本货币幻觉属性。任何影响个体初始的和未来的商品组合的真实价值的变化,或他用其交换其他商品的条件的改变,都将影响这些约束以及最优组合的性质。然而,在利率保持不变的情况下,价格、初始债券和货币持有量的等比例变化,使得个体能够自由选择的真实商品组合不受影响,这一点再清楚不过。因此,如果他是前后一致的,个体将选择相同的真实商品组合。个体具有这种简单的一致性是因为没有产生货币幻觉。[27]

4. 论证图释:预算约束

利用费雪经济期限为两时期(分别用"当前"和"未来"表示)的个体,前面的分析可以变得更具体。[28]但是,我们将从两个方面脱离费雪的分析框架:首先,假设个体通过持有包括货币和债券在内的一个组合将购买力从一个时期转移到另一个时期;其次,在描述个体的预算约束时,不是将其描述成一个与他的整个经济期限相关的单一财富约束,而是两周期限的约束。这两个假设对于费雪分析的含义将在后面的第7节仔细研究。

个体的预算约束的形式如下:

---

[27] 参见数学附录 6B。萨缪尔森在其"从过度消费而非无差异比较的角度看消费定理"[《经济学刊》,第 20 期(1953),第 1—9 页]一文中对显示偏好方法提供了一个清晰的解释。本论点的有效性很显然取决于个体只关心他的货币余额的真实价值这一假设(前文,第 80 页)。与之相对应的是,结论(不存在货币幻觉)和假设之间的距离确实是适中的。

[28] 如果假设"未来"比"现在"长,那么这种假设的不现实性就会减弱。事实上,正如列昂惕夫所表明的,费雪的分析可以扩展到未来是无限长的情况;参见他的《关于时间偏好、资本生产率、停滞和经济增长的理论注解》,同前引,第 104—105 页。更严格的处理方法,参见利维坦(Liviatan):"多期未来消费总量",《美国经济评论》,第 56 期(1966)。

$$Z_1 + \frac{1}{1+r}\frac{B_1}{p} + \frac{M_1}{p} = \bar{Z}_1 + \frac{B_0}{p} + \frac{M_0}{p} = R_1, \qquad (10)$$

$$Z_2 = \bar{Z}_2 + \frac{B_1}{p} + \frac{M_1}{p}, \qquad (11)$$

在这里,Z_1 和 Z_2 分别代表当前和未来的商品需求;$\bar{Z}_1$ 和 $\bar{Z}_2$ 分别表示当前和未来这些商品给定的禀赋;B_0 和 M_0 分别表示债券和货币给定的初始禀赋;R_1 为总的初始禀赋的真实价值(为了方便起见,我们也利用到 $R_2 = \bar{Z}_2$ 的符号);B_1 表示个体计划从第一周带到第二周的 1 美元债券的数量,M_1 为对应的货币数量。

等式(11)中预算约束的形式反映了个体计划在其经济期限结束时所持有的债券和货币量为 0 的假设。这意味着他必须在那时偿付发生在第一周的任何债务。更一般地,在第二周,为了能够有资金购买商品,他将对其整个组合($B_1 + M_1$)清盘。为了发挥这些资产的这个功能,我们将前面的预算约束重新记为

$$Z_1 + \frac{1}{1+r}Z_{2B} + Z_{2M} = R_1, \qquad (12)$$

$$Z_2 = R_2 + Z_{2B} + Z_{2M}。 \qquad (13)$$

在这里 $Z_{2B} = B_1/p$ 和 $Z_{2M} = M_1/p$ 分别代表经由债券和货币所能取得的未来商品(参见第 92 页)。

等式(12)和等式(13)描述了个体四个决策变量 Z_1、Z_{2B}、Z_{2M} 和 Z_2 之间的内部预算关系。我们的第一个目标就是为了在一个 2 维图中表示全部四个变量,我们利用这些等式所描述的相对简单的变形。在图 5-2 中,这一目的实现了。

由于债券被假设为可正可负的价值(个体可以借入或出借债券),图 5-2 中的水平轴延伸到了负的第二象限。另一方面,依据定义,货币只能取正值,垂直轴只能取正的部分;出于后文将要讲明的原因,负的部分还是(以虚线表示)画出来了。

图 5-2 中的每一个点都代表着一个特定的由债券和货币构成的组合。在右手边的象限,两种资产的数量都为正;在左手边的象限,债券

取负值而货币取正值。也就是,个体在这里至少使用了部分借款来为持有货币余额提供资金。

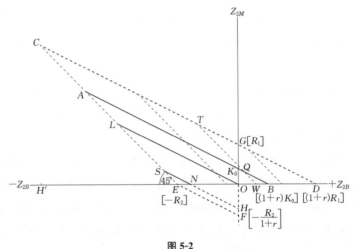

图 5-2

现在必须强调的是,图 5-2 中的每一点同样也代表了一个特定的当前和未来的消费组合。因此,我们考察点 Q。通过这一点的直线 AB 具有斜率 $-1/(1+r)$。[29] 令 Y 轴与这条直线的交点为 K_0。很显然,这条直线的等式乃由预算约束式(12)给出,其中令 Z_1 由 $Z_1^0 = R_1 - K_0$ 给出。因此,如果 Y 轴上的 G 点代表 R_1,很容易就可以看到图 5-2 中的距离 GK_0 表示与组合 Q 对应的当前消费水平。很显然,这一相同水平对应于直线 AB 上的所有组合;因为他们全部代表一个对金融资产的净真实当前开支 K_0。

因此,改写的等式(12)也显示 Z_1 越低,前面的预算线就越高。实际上,根据其定义,消费不能为负,这条线上面的边界为直线 CD,对应于 $Z_1 = 0$。从另一方面看,任何处于 OL 之下的预算线对应着当前消费水平超过当前收入(R_1)的情形。因此,SN 对应着超过 R_1 的消费,即为该直线与 Y 轴的截距 OH。相似地,点 E 对应于当前 $R_1 + R_2/(1+r)$

---

[29] 为了使图释清晰,我们选择 r 等于 0.5。

的消费，出于稍后即将明朗的原因，这是所能达到的最高消费水平。

　　尽管 AB 上的所有的点代表着具有相同当前价值 K_0 的组合，它们的到期值却明显不同。特别是，AB 所描述的组合中债券的构成越大，它们各自的到期值也越大，因此所能购买的未来的商品也就越多。用图形表述是，AB 上越往右边的点所代表的 Z_2 也越大。实际上，我们可以从等式(13)中看到，固定水平的 Z_2 在图 5-2 中被表示为斜率是 -1 的虚直线。Z_2 越低，这些直线越往左，直到到达代表 $Z_2=0$ 的极限 CE。通过这种方式，我们同样看到，对应虚线 TW 以及预算线 AB 上的点 Q 的固定值 Z_2 可以从图 5-2 中读出为 EW。相似地，ED 代表了 Z_2 所能取得的最大值，即 $(1+r)R_1+R_2$。

　　因此，个体所能选择的相关组合受到钝角三角形 CDE 的限制。注意，在这个三角形之上的每一个点都耗尽了他的全部资源；因此，这个三角形作为整体对应着普通消费者选择理论中的预算线。正如我们已经看到的，这个三角形的顶点 E 和 D 分别代表了个体将其所有资源用于购买当前和未来商品的情况。反过来，在顶点 C，个体将其所有资源用于持有货币，而当前和未来购买的商品均为 0。这些货币结余将在第二期用于债务偿还。这样，我们可以理解为什么顶点 C 也代表了个体所能承受的最大债务：因为，我们可以从等式(11)看出，在三角形 CDE 上的任何其他点，个体总可以通过降低 Z_2，或降低 Z_1 并相应地增加 M_1 去增加他未来偿付债务的手段。[30]

100

----

　　[30] 数学意义上，如果我们令等式(12)和等式(13)$Z_1=Z_2=0$ 并求解，我们可以得到顶点 C 的坐标为

$$-\hat{Z}_{2B}=R_2+\frac{(1+r)W_0}{r},$$

$$\hat{Z}_{2M}=\frac{(1+r)W_0}{r},$$

这里 $W_0=R_1+R_2/(1+r)$ 为个体的财富。Z_{2M} 因此代表个体在下周开始时所能获得的用于支付货币余额流动性服务（当然，估算的价格为 r）的全部资源[这些资源将会增长到 $(1+r)W_0$]。相应地，$-\hat{Z}_{2B}$ 表示用于债务偿还的这些货币余额以及下一周的收入。

　　同样值得注意的是，在几何上，$OH'=OE+EH'=OE+CH'$。

由此可见,这些结果和我们熟悉的费雪结论的对比是很明显的。费雪的结论是,个体能借到的最大金额是他未来收入的折现价值,这源于我们模型中存在的第二项资产——货币,个体可以将其带到未来并用来偿付债务的资产。但是,通过用个体整个组合的净到期值来重新表述后者的界限,从当前的讨论就可以得到费雪的结论。从等式(13)可以明显看出,这不可能超过未来收入。

101 我们现在的问题就是在三角形 CDE 中确定个体的最佳点的位置。在这种情况下,实际上我们首先提出的问题是,为什么这个点并不必然的处于 X 轴上的线段 ED 上?根据当前的假设,每一直线都代表了一个固定水平的 Z_2,从而也是固定水平的效用(给定 Z_1 的水平),从这个意义上看,45°的虚线构成了一个无差异曲线图。因此,任何与 CD 平行(也就是说任何给定的 Z_1 水平)的预算线对应的最优位置都处于 X 轴上的角落,即预算线与 45°线最高可以达到的交点(也就是说最高能达到的 Z_2 的水平)。那么,究竟是货币和债券的何种性质使得它们不是完美的替代品,从而使得个体可能选择三角形 CDE 的内点?用比较熟悉的术语表述就是,为什么在能够持有生息债券的情况下个体持有货币?前面第 1 节用一个设想的、将债券转换为货币的麻烦回答了这个基本的方法论问题。我们还需用图形对这一假设做出表述。

5. 论证图释:无差异曲线图。最优位置的性质

我们的图释分成两个阶段进行。首先,我们将假设 Z_1 的水平是固定的,然后分析选择 Z_{2B} 和 Z_{2M} 的最优组合问题;然后我们将考察个体同样可以自由地选择最优 Z_1 的问题。

我们假设将货币转换为债券所造成的不便的几何含义是 Z_{2B} 和 Z_{2M} 的无差异曲线(给定 Z_1 水平的情况下)不再由一组 45°的直线构成。例如,我们考察图 5-3 中从点 M 沿着这一条线往东南方向移动的情况。现在很清楚,这会使个体的位置恶化:因为尽管这并不影响他所

能购买的 Z_2,通过用等额的债券替换货币将使得他在这一周内耗尽货币储备,使得不得不采取债券转换的概率增加。总之,尽管不影响他未来的商品消费,但是这一个运动将降低其组合的流动性。因此,为了使得个体的情况与以前一样好,我们必须增加其组合中的一种或两种组成成分。相应地,无差异曲线的斜率的绝对值必须小于1。

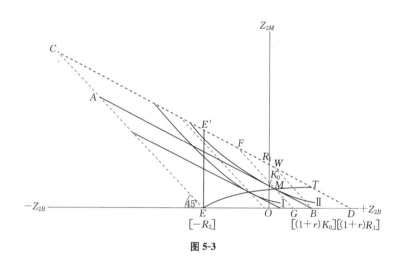

图 5-3

然而应该清楚的是,这一说法在图 5-3 中的三角形 $EE'C$ 中的任何一点都不成立。因为,任何这样一点都代表了一个货币 Z_{2M} 超过计划开支 Z_2 的组合。因此,在这一"货币魔足"区域用债券交换货币将使得个体的"储备比率"超过 100%,因此,并不能有效改变他的情况。相应地,图 5-3 中的无差异曲线Ⅰ和Ⅱ在这一区域被画成单位斜率。[31]

从上述内容中可以明确的是,这些曲线上的点所代表的任何组合的效用都考虑到了组合的净流动性以及它所能购买的未来商品

103

----

[31] 注意垂直线 EE' 是那些货币成分恰好等于未来支出(即 $Z_{2M}=Z_2$)的组合所在。这相应地可以被称为"餍足线"。

这里的"餍足区"和"餍足线"与本人"货币、资产和储蓄理论的间接效用方法"(同前引,第 63 页)一文中的定义不同。

的影响。[32]这些无差异曲线图的其他特殊性质可以简要说明如下:首先,它显然必须处于三角形 CDE 的内部。其次,就像预算线一样,它延伸到图 5-3 中的负象限。与此同时,我们应当记得,这里的相关区域代表着数量为正的当前和未来的商品,当然,也包括货币。最后,无差异曲线的斜率反映了债券流动性的不足程度——即在该周将债券转换为货币的不便程度。不便程度越小,斜率的绝对值就越接近于 1。在不便程度完全消失的限制性情况下,债券具有完全的流动性,货币和债券将是完美的替代品,因此,无差异曲线将回归到 45°线,这回到了讨论的出发点(第 101 页)。

在画出前面无差异曲线的基础之上,假设 Z_1 的固定水平为 R_1-K_0,因此,根据预算约束线(12),图 5-3 中的相关的预算线为 AB,斜率为 $1/(1+r)$。相应的最优位置为 M 点,该点的相切条件为:

$$Z_{2B} \text{对} Z_{2m} \text{的 m.r.s} = \frac{1}{1+r} \text{ [33]} \tag{14}$$

当然,这是前面(第 93 页)等式(9)的一个特别情形。如果 r 为正,预算线的斜率的绝对值以及最优的边际替代率则都小于 1,这一个切点必须处于餍足区 $EE'C$ 之外。在利率为 0 的特殊情况下,预算线斜率的

---

[32] 这也可很容易地从这些曲线的分析推导中看出。令个体的效用函数为

$$U = f\left(Z_1, \frac{M_1}{p}, Z_2; \frac{M_0}{p}\right), \tag{a}$$

其中,根据假设,M_0/p 为常数。设 $Z_1=Z_1^0$ 并从等式(11)代入,经过采用与等式(12)和等式(13)一致的符号,并因其固定而忽略 M_0/p,得到

$$U = g(Z_1^0, Z_{2M}, R_2, +Z_{2B}+Z_{2M}) \tag{b}$$

图 5-3 中的这一无差异曲线将这种个函数表示为具有不同水平的效用 U。考虑到餍足区货币余额的边际效用为 0 以及在其右边大于 0 这些因素,这个图上的任何曲线的斜率都由上面(第 93 页)的等式(9)中的第一个等式表示。

[33] 注意,这个结果可以在预算约束(12)的约束下,设 Z_1 等于 $Z_1^0=R_1-K_0$,从最大化前一脚注中的等式(b)中的 U 而分析推导出来。当然,在这个脚注中,将(a)变换为(b)的方式也是预算线(13)所考虑的。

绝对值变成 1，最优位置应该处于餍足线 EE' 自身之上（尽管它也可以在餍足区中的预算线上的任何其他点）。在这一假设之下，个体为了持有货币而举债的能力不受预算限制的情况在图中表现为三角形 CDE 退化为一个无限的平行四边形。

　　最优组合的其他方面可以通过在保持无差异曲线不变的假设之下，考察利息和收入流保持不变，改变当前的消费水平 Z_1 的情况下所生产的路径来说明。预算线 AB 平行移动所形成的切点的运动轨迹在图 5-3 中由曲线 ET 表示。这一曲线的正斜率反映了计划的未来开支水平越高，对现金余额的需求也越高的假设。反过来，尽管有着收入增加同样也增加了个体避免耗尽现金所带来的不便的欲求的假设，（第 87 页）描述货币持有量的规模经济被认为是造成这一需求低于同比例增加的原因。曲线 ET 的凸性和趋于平缓反映了这些假设的蕴意本身。

　　我们现在丢掉 Z_1 取任意固定值的假设，并将分析延伸到解释确定这个变量的最优值的问题。第一步是定义复合商品 [34]

$$P=\frac{1}{1+r}Z_{2B}+Z_{2M}。 \tag{15}$$

因此，P 是个体的组合在第一周的真实价值：也就是说，持有的债券经过时下的利率贴现。很显然，P 的取值越高，图 5-3 中所对应的预算线越高。相应地，P 的最大值对应 CD，最小值对应经过 E 点且与 CD 平行的预算线：对于任何更高或更低的预算线，将完全处于三角形 CDE 所界定的可到达的点集之外。由于预算线 CD 对应着 $Z_1=0$，可以由等式 (12) 看出它所确定的 P 的最大值为 R_1。相似地，由于点 E 对应着 $Z_1=R_1+R_2/(1+r)$，由等式 (12) 确定的 P 的最小值为 $-R_2/(1+r)$。还需注意的是，与 P 取 0 值相对应的预算线为图 5-2 中的 OL。

　　正如已经指出的，在更广泛的意义上，这些结果与通常的费雪分析

------

　　[34]　接下来的论证应当以数学附录 2C 中的复合商品定理的图释为背景进行理解。

的结果形成呼应。它们都反映了一个直观的观察:个体放弃全部当前
消费,并将所有的当前收入投入他所持有的资产,并以这种方式最大程
度地增加其组合价值。当个体计划放弃所有的未来消费,包括对流动
性服务的消费时,他产生了最大的负债——根据未来必需的偿付,这个
负债不得高于未来收入的贴现值。再次提醒注意,这里还存在第二种
资产即货币,这使得最大负债所处的位置不同于最大借入所处的位置。
实际上正如我们(在第 100 页)所看到的,后者的位置由图 5-3 中的点
C 表示——这代表着个体将他所有的财富投入未来的消费中(即流动
性服务);因此,这对应于 P 的最大值。

106　　图 5-4 中的 X 轴和两条垂直的虚线画出了 P 和 Z_1 所对应的无差
异曲线和预算线所必处的极限范围。从等式(12)可知预算线的形式为

$$Z_1 + P = R_1。 \tag{16}$$

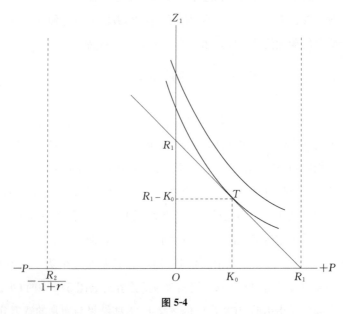

图 5-4

因此,在最优点 T 我们必须有

$$Z_1 \text{ 对 } P \text{ 的 m.r.s.} = \frac{Z_1 \text{ 的 m.u.}}{p \text{ 的 m.u.}} = 1。 \tag{17}$$

但是根据定义,复合商品的边际效用为

$$P \text{ 的 m.u.} = \frac{Z_{2B} \text{ 的 m.u.}}{1/(1+r)} = Z_{2M} \text{ 的 m.u.} \, 。 \tag{18}$$

将这些代入等式(17),我们就得到前面(第 93 页)中形如等式(7)和等式(8)所示的边际条件。

现在,分析方法已经很清楚了。由图 5-4 我们可以确定 Z_1 和 P 的最优数量。这固定了图 5-3 中的预算线和无差异曲线,使得我们能够确定 Z_{2M} 和 Z_{2B} 的最优数量,因此也知道了 Z_2 的最优数量。然而,在没有对图 5-3 进行事先分析的情况下,这个描述不应当使得我们忽略复合商品 P 不能被定义,从而不能构造图 5-4 的事实。[35]

6. 需求函数的属性。利息的流动性不充分理论

我们现在用前述图形得出第 4 章超额需求函数的一些性质。根据 p、B_0 和 M_0 的等比例变化并没有移动图 5-3 和图 5-4 中的预算线,因此也没有影响个体的最优位置这一事实,可以得出不存在货币幻觉的结论。从另一方面看,仅仅 M_0 或 B_0 增加,或者只有 p 下降,将造成两个图中的预算线向右移动,(情况变得糟糕的可能性降低)因此而增加对商品、债券和货币的需求数量。[36]因此,这是真实余额效应的微观理论基础。我们实际上可以从一个假定保持决策一致性的个体的显示偏好中直接得出这些结论,而不需要任何效用支持,这也是显而易见的。[37]

107

––––––––––––––––––––

[35] 再次参见数学附录 2C。

[36] 但是,这里有点混乱。由于效用函数依赖于 M_0/p(第 103 页,脚注 32),p 的变化一般会导致图 5-3 和图 5-4 中的无差异曲线发生移动。为了确定 p 变化所造成的影响,我们必须相应地明确这种移动的性质。但是,有可能通过假设脚注 32 中的效用函数是可分离的(即,求和式中的函数都是独自的参数)而解决这个问题,因此,Z_1,Z_{2B} 和 Z_{2M} 之间的边际替代率(以及前面提到的无差异曲线图)不受 M_0/p 变化的影响。

[37] 参见上面的第 3 节末。

108   现在考察利率下降的影响。这显然使得图 5-3 中的相关预算线变得更陡峭。与此同时,凭借其对 Z_1 最优数量的影响,它也改变了这条预算线与 Y 轴的截距。利率的降低改变了复合商品 P 中各个成分的相对价格,因而改变了图 5-4 中无差异曲线及其与不变的预算线 R_1R_1 的切点,后一种移动就是这一事实的结果。同时也需注意,除非 Z_{2B} 对 Z_{2M} 的边际替代率独立于 Z_1,后者的变化也会导致图 5-3 中相关无差异曲线图移动。

因此,这很清楚,在没有额外假设的情况下,我们不能就利率变化对个体的需求函数,更不用说经济整体的需求函数的影响做出明确的表述了。相应地,我们假设,不存在分配效应且 Z_{2B} 和 Z_{2M} 不是希克斯互补品。[38] 后一个假设意味着,从债券转移到货币本身就证明了利息下降所产生的替代效应。前者意味着,根据定义,既然在我们这个封闭的交换经济中总的净负债为 0,那么利率下降在总体意义上没有产生任何净的收入效应。[39] 总之,在这一方面,债务人的反应(他们的状况因此而获得改善)被债权人的相反反应所抵消。因此,这两个假设规定了货币和债券的需求函数分别对其相关价格(即货币的价格 r 和债券的价格 $1/(1+r)$)的斜率为负。

我们现在在分析债券流动性不足程度下降的影响,在当前模型中,这意味着将其转换为货币的麻烦降低了。再一次,在不做出额外假设的
109   情况下,我们不能做出债券的流动性不足程度下降造成图 5-3 中的无差异曲线的移动,从而也造成图 5-4 中的无差异曲线、图 5-3 中的预算线移动的明确判断。但是,最后一项移动与图 5-3 中无差异曲线的移

---

[38] 互补性产生的可能性源自存在三种商品:Z_1,Z_{2B} 和 Z_{2M}。参见希克斯:《价值与资本》,第 3 章;同样也可参见下面的数学附录 2C 的结尾部分。

[39] 注意这一论点在有投资活动的生产型经济中并不成立,这是因为当前消费与当前生产(收入)不同时意味着即便在总体上也存在一个收入效应。但是,我们将假设这一效应为正。参见贝尔(Bear):"储蓄与利率、实际收入和预期未来价格的关系",《经济学与统计学评论》,第 63 期(1961),第 27—35 页。

动相比,在幅度上是二阶的,并且,如果假设这个无差异曲线图独立于 Z_1 的水平,那么使得债券流动性不足程度下降的结果是对债券的需求增加和对货币的需求下降。这一结论的得出是因为图 5-3 中原均衡点 M 处债券对货币的边际替代率增加。用图形表示是,经过 M 点的新无差异曲线将与原预算线从上面相交。因此,在通常的凸型假设之下,新预算线上的新切点将在原 M 点的东南不远处。但是,需要注意的是,即便预算线发生了很大的移动,我们有理由假设,与货币需求相比,对债券的需求至少会出现相对增长。

应该强调的是,我们在这里只处理个体实验;我们必须在相关的市场框架下分析债券的流动性不足程度下降对利率和价格均衡水平的影响。这一分析将被推迟到第 10 章第 4 节进行。在那里我们将看到,在前一段的假设之下,债券流动性不足程度的下降使得均衡利率水平下降;但是即便在债券完全货币化的情况下,没有理由说明为什么这一利率水平必须下降至 0。宽泛地说,债券流动性增加的主要表现不是利率降低,而是货币作为交换媒介使用的减少。相应地,债券具有完全流动性的最终结果不是消灭利率,而是消除对货币的使用。[40]在这种限制性情况下,交换媒介就只有债券,其利率将继续体现节俭和资本生产率等传统力量。

上述讨论就足以证明,任何试图从债券不完美的流动性角度解释利率理论都是站不住脚的。特别是,它证明了希克斯对凯恩斯主义理论发展的一个基本命题,即在没有这种缺陷的情况下,利率将会消失是一个不合理的推论。[41]不完全流动性是利率理论的一个重要因素,对解释利率差异而言尤其如此;但它不是这一理论的必要条件。相应地,

110

---

[40] 参见上面第 103—104 页。

[41] 希克斯:《价值与资本》,第 165 页。这个不合理的推论已经在莫迪利亚尼的"流动性偏好与利息与货币理论"[《计量经济学杂志》,第 22 期(1944)]一文(该文被重印在《货币理论阅读》,第 233—235 页)以及萨缪尔森的《经济分析基础》(剑桥,马萨诸塞州,1947)第 123 页中被注意到。

他们所相信的利息存在性问题不是凯恩斯和希克斯解决的逻辑问题。这个逻辑问题是货币与附息债券和平相处的问题。

7. 与费雪时间偏好理论的关系

此时自然产生的问题是与费雪的"时间偏好"理论之间的关系问题,这在某种程度上已经被暗示。众所周知[42],这以其简化的形式分析了一个两时期的个体在其当前消费(E_1)和未来消费(E_2)之间分配他的预期收入流的方式(R_1,R_2)。如果个体选择将其全部消费集中在当前,他将基于未来收入借入全部可能的资金使其能够在当期消费他的全部财富,

$$W_0 = R_1 + \frac{1}{1+r}R_2。$$

这由图 5-5 中的 F 点表示。或者,如果他能将所有的消费集中在未来,他将使用他所有的当前收入去买入附息债券,并在未来能够消费 $(1+r)W_0$。直线 FH,其方程为

$$E_1 + \frac{1}{1+r}E_2 = W_0,\tag{19}$$

因此代表这个体在其经济期限上的预算约束。注意,它必须经过 S 点:因为个体总可以选择与其收入的时间模式相匹配的消费时间模式。同样需要注意的是,从其构造上看,这一预算线上的不同点代表不同的借入或出借金额——其大小与该点到 S 点的距离成正比。因此,除了明确出现在坐标轴上的商品之外,图 5-5 同样暗含了个体所持有的债券数量。

111

---

[42] 参见费雪:《利息理论》,特别是第 5 章和第 10 章。也可参见博尔丁:《经济分析》,第 746—753 页。

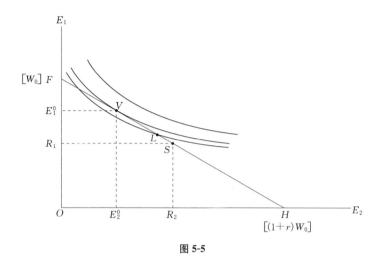

图 5-5

图 5-5 中的每一条无差异曲线代表具有相等满足程度的当前和未来消费的组合。与往常一样,最优组合由无差异曲线和预算线的切点(V)决定,我们可以用大家熟悉的边际条件给出解析式

$$E_1 \text{ 对 } E_2 \text{ 的 m.r.s.} = \frac{E_1 \text{ 的 m.u.}}{E_2 \text{ 的 m.u.}} \text{。} \qquad (20)$$

同时在这个最优的商品组合中,图 5-5 同样确定了最优债券持有量,该持有量为残数。这些既可以用贴现的$(R_1 - E_0^1)$,也可以用到期值$(E_2^0 - R_2)$来衡量。[43]

112

——————————————

[43]　我们现在可以更准确地区分第 4 章第 1 节中所提到的两种意义上的"时间偏好":在费雪看来,这是一种对当前和未来商品的超额需求函数的一个属性,纯粹是为了表达一事实,即,消费的最佳时间模式不同于给定的收入时间模式。然而从后来文献的角度看,这是效用函数的一个属性:如果这一函数的取值受到个体计划消费给定组合的商品的时间序列变化的影响,这一意义上的时间偏好是存在的。因此,这两种意义对应着两个明显不同层次的语境。

就手头的情况而言,等式

$$U(E_1, E_2) \equiv U(E_2, E_1)$$

本身就表明了不存在第二种意义上的时间偏好,在这里 $U(\ )$ 为效用函数。从图形上看,这意味着无差异曲线是关于从原点出发的 45° 线对称的。

现在可以很容易证明我们可以对费雪分析进行拓展并得到与前面几节相同的结果。首先，当前消费 E_1 被规定为等于 Z_1。从另一方面看，未来的消费被规定包括了由货币余额的流动性服务所产生的价值。也就是[44]，

$$E_2 = Z_2 + r\left(\frac{M_1}{p}\right)。\tag{21}$$

因此 E_2 被定义成一个复合商品，代表对 Z_2 和 M_1/p 的最优组合的真实开支；也就是说，该组合满足边际条件

$$Z_2 \text{ 的 m.u.} = \frac{M_1/p \text{ 的 m.u.}}{r}，\tag{22}$$

这反过来被定义为 E_2 的边际效用。从这一复合商品的构造上看，很113 显然 M_1/p 的 m.u. 仅指持有货币的边际效用；与"Z_{2M} 的 m.u."形成对照，它不包含未来商品的边际效用。[45]

利用这一事实，以及 Z_{2B} 的 m.u.$=Z_2$ 的 m.u.的假设，我们可以将等式（14）简化为等式（22）。相似地，将等式（22）代入等式（17），并注意到等式（18），于是可以得到费雪边际条件等式（20）。最后将周预算

---

[44] 这也可能被认为 E_1 的定义应该与 E_2 类似，以便将归于 M_0/p 的流动性服务包括进来。但是，任何此类归将是建立在武断评估的基础之上：由于初始余额是给定的且不是最优选择，利率没有在边际上衡量它们的价值。此外，即便我们给这些流动性服务一个随意的赋值 E_1 也不会影响分析：因为我们也必须将其加到 R_1，所以财富约束（19）将保持不变。

如果我们假设个体将货币从一周结转到下一周而只将其按利率 r 出借，那么前述 E_1 和 E_2 的不对称性将会消失。注意在这种情况下不存在初始货币余额从而也不存在真实余额效应。但是，如果债券的义务的性质继续如前规定（第 90 页），这仍然将存在真实债务效应。

[45] 从图形上看，E_2 乃从 Z_1 取固定值的情况下所画出 Z_2 与 M_1/p 的无差异曲线中构造。这意味着，为了不违背预算约束（10），在这一无差异曲线中的任何一条曲线上货币余额没增加一个单位必须假定伴随着补偿性增加一个单位的贴现值的发行在外的债券。这相当于假设货币余额是以补偿性增加的负债所必须支付的利息为代价租借来的。相对应地，这个无差异曲线图的相关预算线由等式（21）给出。

约束等式(11)乘以 $1/(1+r)$ 并将其加到等式(10),代入等式(21)之后,可以得到总的财富约束等式(19)。

因此,两个分析的唯一区别是一个强调。尽管费雪分析强调对当前和未来消费的选择(因此对储蓄理论特别合适),第4—6节的分析强调了当前消费和未来资产组合以及对这一组合的构成部分的选择(因此对持有资产的理论尤其合适)。[46]

然而,我们注意到,如果假定债券也可以具有一定程度的流动性从而自身也能提供效用,那么我们就不可再次得出这样的等价关系。[47]的确,如果可以做出这种假设,费雪的分析及其主要结论(即个体的行为仅取决于其收入流的贴现值而不取决于其具体的时间形状)不再有效。理解这一点的最简单的方法是注意到,不存在回报率可用以测量个体当前和未来商品的边际替代率以及贴现其未来消费和收入的任何资产。因为任何资产的收益率将同样反映当其被用于影响购买力转移时所提供的流动性。与之相对应的是,对于个体的整体经济期限而言,没有一种方法能衍生出单一的、相关的财富约束。相反,我们的分析必须把每周的预算约束因素考虑进来,这反过来又意味着,R_1 和 R_2 的改变,甚至那些使得其贴现价值不变的改变,一般都将影响到需求。然而,因为已经指出的原因,对这一情况的进一步讨论已被放在数学附录中。[48]但是,我们可能注意到一种产生相似问题的情形,这将在下面第6章第1—2节中进行详细讨论。

114

---

[46] 还需要注意的是,就像前一节的分析(第106—109页),二维费雪分析在用于研究利息变化的影响时会遇到困难。因为这改变了复合商品 E_2 中的各个组成成分的相对价格,从而影响到了图5-5中的无差异曲线图。对于正文中论点的分析性陈述,参见数学附录6C—6D。

[47] 技术上讲,如果第93页脚注21的等式(b)成立,则不能进行上面两段所描述的转换。

[48] 参见第93页脚注21以及数学附录6C—6D。

8. 与马歇尔"货币的边际效用理论"的关系。
驳斥"循环论证"指责

有了对第 1—5 节的分析作为我们的背景,我们现在可以方便地讨论在本章开头提到的文献中的两点。

首先考察马歇尔的"货币的边际效用"。其实,"货币收入的边际效用"应该是更恰当的表述,而更好的表述是"货币财富的边际效用"。通过考察这两个指标背后的两个概念实验可以很容易得出它与已经在这里被使用的"货币余额的边际效用"之间的差异。因此,马歇尔的概念衡量以下实验结果:我们取一个在给定价格、利率以及财富(包括初始债券和货币持有量)水平下为拥有最优商品组合的个体,使其财富增加1美元并允许其以最优的方式使用。最后,我们考察他从新的最优组合和原有组合中获得效用的差异。考察第 89—90 页的等式(1)和等式(2),证明用这一方式测量得到的财富边际效用必须等于当周在商品上开支 1 美元价值的边际效用。

在本周末持有货币余额的边际效用则用一个完全不同的实验测量:我们取一个拥有给定商品组合(在一般情况下,不是最优组合)的个体,并在本周结束时将其货币余额增加 1 美元而保持其组合中的其他组成部分和价格水平不变。[49]我们随之注意到他效用的增加是由流动性增加所致。很显然,这一效用增加并不需要等于财富的边际效用。

从另一方面看,如果最后的实验碰巧是针对一组已经是最优组合的商品进行的,那么很显然在这两个概念之间存在一种关系。因此,我们可以从等式(5)和等式(6)看到,如果在第一周末尾只有货币余额增加,

---

[49] 注意,这意味着这额外的美元随后被销毁,所以它不能在以后的各周增加消费或货币余额。

那么因此而产生的额外效用将等于财富边际效用的$r/(1+r)$。[50][51]

现在我们来看看对"循环论证"的指责。根据这一指责,不能认为货币的价值(也就是价格水平)由其边际效用确定。因为给定名义数量货币的效用取决于它的真实价值,但是除非价格水平首先被确定,否则我们不可能知道它的真实价值。因此,在谈及货币的边际效用时,我们将已经隐含地假设了我们所要解释的内容。[52]

前一节的讨论已经说得很清楚,这一指责源自对价格确定理论的一个基本误解。当然,货币在没有首先明确价格的情况下无法确定其边际效用,这一点与其他商品(通常"势利货"及其相似品除外)不同。但是,就手头的问题而言,这是一个完全不相干的差异。我们在此感兴趣的不是诸如此类的主观效用计算,而是其对需求函数的性质的影响。出于这一目的,不需要将货币商品与其他商品做出更多的规定。

因此,我们考察第4—5节的无差异曲线分析。很显然,在没有相关预算线的情况下,我们既不能确定商品,也不能确定货币余额的最优数量。但是,反过来,这些预算线的位置是无法确定的,除非我们首先把价格确定下来。[53]

116

---

　[50]　然而,请注意,如果在最优位置发生一次货币余额的永久性的增加,于是,对于一个具有无限时长的个体而言,增加的效用将等于财富的边际效用;参见第 90 页,脚注 18。

　[51]　关于上面的所有的情况,参见数学附录 6E。

　关于马歇尔,参见他的《经济学原理》(第八版,伦敦,1920)第 95—96 页和第 838—839 页。马歇尔的讨论在这里局限于一个时期的个体;但是这可以很容易地推广到正文中的多时期个体的情形。

　前面的讨论也与希克斯所使用的术语"货币的边际效用"有关,这继承了马歇尔的叫法。参见《价值与资本》第 33、38 页及以下诸页。

　[52]　这总结了赫尔菲里希(K. Helfferich)[《货币》(翻译版,伦敦,1927)第526—527 页]的论点。有关文献的进一步引用,请参见后面的注释 D。

　[53]　实际上,出于第 107 页脚注 36 所提到的原因,这对无差异曲线图的位置而言一般也是准确的。然而,正如那一脚注所解释的,这一困难可以通过假设条件规避掉;因此,这与循环论证问题并不真的相关。

总之,这还是对实验类型的一个混淆。[54]在市场实验中,货币价格是一个必须确定取值的变量。因此,假设价格已经确定确实是一种循环论证。但是,在个体实验中,超额需求量是一个有待确定的变量,货币价格为独立变量,为了进行试验,其取值必须给定。很明显,在表述从这样的个体实验中衍生出来的市场超额需求方程用于确定市场实验的均衡价格时,不存在这样的循环问题。

更熟悉的说法是,在这我们对"需求"和"需求量"有一个混淆。货币的需求量以及对其他商品的需求量确实取决于价格。但是,均衡价格取决于需求函数同样正确。对"循环论证"的指责只是对这一基础差别的否认。[55]

---

[54] 参见第 1 章第 4 节和第 3 章第 6 节。

[55] 参见玛吉特:《价格理论》(纽约,1938),第 1 卷,第 445 页脚注 86。

第6章 货币、资产和储蓄的效用理论(续)

1. 预防动机和投机动机。2. 预防动机和投机动机对于费雪分析的意义。3. 商品资产。4. 价格预期对真实余额效应和货币需求的影响。

1. 预防动机和投机动机

本章将前一章的分析往两个不同的方向深化。在本节和下一节,我们将用预防动机为货币和债券之间不完美的替代性提供另一个解释。另一方面,第3节和第4节说明了怎样对第5章第3节的最优位置做出修改和补充,以便我们可以像对待债券和货币一样,将持有商品这一可能性考虑进来。在这两种情况下,我们对费雪分析的论证做了详细的研究。

与前一章一样,在本节我们继续假设货币具有应对不确定性的紧急储备的效用。但是我们现在关心的不确定性与收入和支出时间无关而与债券未来价值有关。相应地,现在将要分析的货币需求不是交易类型的需求,而是个体为了降低仅以债券形式持有财富所产生的不确定性或负效用,放弃利息而持有货币余额的预防性需求。[1][2]

---

[1] 本节和下一节或多或少复制了我的论文"货币、资产和储蓄理论的间接效用方法"中的相应的讨论,这篇论文提交给国际经济协会"利率理论会议"(1962),并以缩写的形式发表在《利率理论》(哈恩和布莱克林编;伦敦,1965)第52—79页。

(转下页)

　　这一方法的直接结果就是流动性概念发生改变。流动性不再代表免于不便，而是表示对一项资产的未来真实价值不存在不确定性。因此，我们现在用个体主观判断的风险程度来定义资产流动性。在未来价格水平不存在不确定性、但未来的利率存在不确定性的世界里，货币是完全流动的资产，而债券不是。

　　由于持有的债券价值不确定，因此个体对他的组合所能为其提供的消费水平同样不确定。随之而来的是，个体不再能够以确定的方式，而是必须（在预算约束限制下）选择可能消费水平的最优分布。为了简单起见，我们将假设个体只关注这一分布的中心趋势（用期望值衡量）和分散程度（用标准差衡量），个体在计算效用时会涉及这些因素。这既可以基于这些参数本身足以在整体上描述概率分布的假设，也可以基于个体根据二次效用函数最大化期望效用的假设，使其合理化。[3] 很显然，这些不是互斥的解释。

119

　　为了使得论证更精确，我们再次考察第 5 章第 4 节中那个具有两时期的个体。我们现在假设他对自己所购买债券的未来"到期价值"不确定。特别地，我们假设除利息收益之外，这些债券还受到随机的资本

<hr />

（接上页）本节是对前一篇发表的论文第 4 节的修订，同前引，第 69 页脚注 1）。在写作这一修订稿时，我从与我的同事尼桑·利维坦的启发性讨论中获益良多。

　　[2]　读者将会清楚，下面的讨论受益于托宾["作为风险行为的流动性偏好"，《经济研究综述》，第 25 期（1958），第 65—86 页]。同样参见马科维茨（H. Markowitz）："投资组合选择"，《金融期刊》，第 7 期（1952），第 77—91 页。

　　托宾（同前引书第 70、85 页）已经解释了将下面的需求识别为凯恩斯投机性需求的不当之处。约翰逊在"25 年后的一般理论"[《美国经济评论》，第 51 期（1961），第 8 页]一文中更强烈地强调了这一点。也可参见第 125—126 页。

　　[3]　参见托宾："作为风险行为的流动性偏好"，同前引，第 74—77 页。

　　关于期望效用假说，参见弗里德曼和萨维奇（Fried man and Savage）的著名论文，"涉及风险的选择的效用分析"，《政治经济学杂志》，第 56 期（1948），该文在《价格理论读本》[施蒂格勒和博尔丁（Stigler and Boulding）编；芝加哥，1952]中重印，参见第 57—96 页。也可参见马科维茨：《投资组合选择》（纽约，1959），第 10 章。

损益的影响,我们用 ε 表示它[4]。相应地,前一章(第 96 页)的预算约束(10)和(11)分别被

$$Z_1+\frac{1}{1+r}\frac{B_1}{p}+\frac{M_1}{p}=\bar{Z}_1+\frac{B_0(1+\varepsilon_1)}{p}+\frac{M_0}{p}=R_1+\frac{B_0\varepsilon_1}{p} \qquad (1)$$

和

$$Z_2=\bar{Z}_2+\frac{B_1(1+\varepsilon_2)}{p}+\frac{M_1}{p} \qquad (2)$$

取代,在这里 ε_1 和 ε_2(假设独立分布)分别表示 ε 在第 1 周和第 2 周的取值。[5] ε 的均值和方差分别被假定为 0 和 σ。为了让分析更贴近现实,我们同样假设 ε 可取的最小值为 -1,即,债券到期价值的最大下跌就是使其变得一文不值。

在我们上述两段描述的假设之下,个体对一个取决于 $E[Z_1]$、$E[Z_2]$、$\sigma(Z_1)$ 和 $\sigma(Z_2)$ 四个变量的效用函数采取最大化行动,其中 $E[\ ]$ 和 $\sigma[\ ]$ 分别代表问题变量的期望值和标准差。[6]同样假定,消费水平越高,所获得的效用越大。另一方面,标准差越高,也就是消费的不确定程度越高,效用的水平越低。换言之,我们假设个体具有风险厌恶特征。

120

很显然,个体所持有债券到期价值的随机变化将迫使他为了平衡预算而对其他开支进行调整。为简单起见,我们做出一个看似不太协调的假设,即个体只针对商品,而不针对所持有的债券和货币做出这种周内调整。这意味着 B_1/p 和 M_1/p 为固定变量,并不受到随机波动

---

[4] 假设个体具有 n 周的经济期限并且假设发行的债券将在第 n 周到期或者是永续债券,这个分析可以更切实际。因此债券在第二周的"到期价值"在分析中可以被替换为这些债券在时兴利率之下的价值。这一修改不会改变论证的主要结果。

[5] 我需要感谢埃蒙德·马兰沃帮我修改了最初这些等式中的一个不准确之处。

[6] 在符合上述假设的一般情况下,效用函数也将取决于 Z_1 和 Z_2 的协方差。然而就手头的情况而言,根据下一段的假设以及 ε_1 和 ε_2 分别服从独立分布的假设,这一协方差为 0。

的影响。[7]相应地,

$$E\left[\frac{B_1}{p}\right]=\frac{B_1}{p},\ E\left[\frac{B_1(1+\varepsilon_2)}{p}\right]=\frac{B_1}{p}+\frac{B_1}{p}E[\varepsilon_2]=\frac{B_1}{p},\ \text{和}\ \sigma\left(\frac{B_1}{p}\right)=0\text{。}$$

比照于此,可为 M_1/p 得出相似的关系。因此,考虑到 $\bar{Z}_1$, $\bar{Z}_2$, B_0 和 M_0 全为常数,从等式(1)和等式(2)可以得出决定个体效用的变量可以记为

$$E[Z_1]=R_1-\frac{1}{1+r}\frac{B_1}{p}-\frac{M_1}{p}, \tag{3}$$

$$E[Z_2]=R_2+\frac{B_1}{p}+\frac{M_1}{p}, \tag{4}$$

$$\sigma(Z_1)=\left|\frac{B_0}{p}\right|\sigma, \tag{5}$$

121 和

$$\sigma(Z_2)=\left|\frac{B_1}{p}\right|\sigma\text{。} \tag{6}$$

我们现在注意到,四个变量中有三个受制于个体的选择:由于给定了初始真实债券持有价值 B_0/p,由等式(5)可知当前消费的标准差与真实债券持有价值成正比,因此也是给定的。因此,我们的任务是分析个体对三个决策变量 $E[Z_1],E[Z_2]$ 和 $\sigma(Z_2)$ 的最优结合。

使用与第5章第5节类似的方法,我们首先假设 $E[Z_1]$ 的水平固定在 $E[Z_1]^0=R_1-k_0$ 这一水平,因此,由等式(3)可知图6-1中的相关预算线再次由 AB 表示。接下来考察相关的无差异曲线。由等式(4),我们首先注意到图6-1中的虚线表示常数水平的 $E[Z_2]$,它的取值同前面一样(第99页)。另一方面,等式(6)意味着图6-1中的竖直线表示固定水平的 $\sigma(Z_2)$,它们的取值与其与 Y 轴的绝对距离成正比。因此,点 Q 所代表的均值和标准差分别为 EW 和 $|Oa|\sigma$。点 M 对应的值分别是 EU 和 $|Ob|\sigma$。

---

[7] 同时应该明确的是,这些变量的最优值取决于 ε 的概率分布特征;参见下文第123页和第127页。

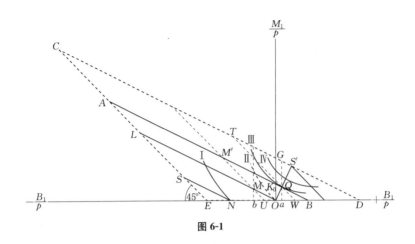

图 6-1

因此,图 6-1 中的每个点不仅仅是一个组合,而且也是未来消费 Z_2 的概率分布。相应地,在图 6-1 中构造一个无差异曲线图的问题就是在给定 $E[Z_1]$ 和 $\sigma(Z_1)$ 水平的前提下确定具有同等满足程度的 Z_2 的分布的轨迹,也就是说,生成相同水平期望效用的概率分布。从前面,我们可以同样清楚地表明,如果个体只是关心这些分布的期望值,那么无差异曲线在图 6-1 中由 45° 的直线表示。因此,对应任何水平 $E[Z_1]$ 的最优组合将处于相关预算线与 X 轴相交的角点;也就是说,个体将只持有债券。更一般地,一个只关注各种资产期望收益率的个体将只持有具有最高收益率的资产。[8]

与此相反,在我们当前的模型中,只有让个体关注比期望收益更多的东西,个体持有一个多样化的组合才是合理的。在我们的分析中,这种"更多的东西"就是一项资产的流动性不足程度,这可以根据其风险进行客观描述。与此相对,个体无差异曲线的形状取决于风险程度(由

123

---

[8] 马科维茨:"投资组合选择",同前引,第 77—78 页。

显然,如果债券的价值不存在确定性(也就是 $\sigma=0$)也可以得到上述角点解。因为在债券具有完全流动性的假设之下,无差异曲线图再次由一组 45° 的直线表示。参见上面的第 101 页。

σ 度量)以及他的风险厌恶程度。[9]

无差异曲线的相关性质现在可以推导如下。首先考察 Q 点,并假设在货币持有量保持不变的情况下,债券的持有量增加。由于最坏的可能是这些债券在未来变得毫无价值,个体因此被带到一个首选位置。因此,无差异曲线最多为水平形状,而在一般情况下,可以假设它斜率为负。注意到从 Q 点垂直向上移动代表着分散程度不变但更高水平的 $E(Z_2)$,从而也是一个更优的位置,我们可以据此得出相同的结论。

现在考察沿着经过 Q 点的 45°线向东南方向移动的情况。这是在增加其分散度的情况下,保持 Z_2 的期望值不变。因此,这个风险厌恶的个体的情况恶化,必须增加额外数量的债券或货币作为补偿。因此,图 6-1 中正象限中的无差异曲线斜率的绝对值必须小于 1。同理,负象限中无差异曲线斜率的绝对值必须大于 1。最后,无差异曲线与 Y 轴的交点处的斜率恰好等于 1。图 6-1 中的曲线 I—IV 显示了这些特征及其凸状属性。[10]

---

[9] 正如已经注意到的(第 120 页),下面处理的不是风险爱好者的情形。

[10] 关于凸性特征,参见托宾["作为风险行为的流动性偏好",同前引,第 77 页]对相关曲线的讨论。

从理论上讲,正文中的论证可以表述如下:令个体的(期望)效用函数用

$$U = F(E[Z_1], E[Z_2], \sigma(Z_2); \sigma(Z_1)) \tag{a}$$

表示,其中根据假设,$\sigma(Z_1)$ 为常数。令 $E[Z_1] = E[Z_1]^0$,并从等式(4)—(6)中替换得到

$$U = F\left(E[Z_1]^0, R_2 + \frac{B_1}{p} + \frac{M_1}{p}, \left|\frac{B_1}{p}\right|\sigma, \left|\frac{B_0}{p}\right|\sigma\right) \tag{b}$$

由假设,$F_2 > 0$ 和 $F_3 < 0$,这分别表示(b)中第二个和第三个变量的偏导数。F_3 的负号反映了对风险的厌恶。给定 U 水平对函数隐式微分,我们得到

$$-\frac{dM_1}{dB_1} = \frac{F_2 \pm F_3 \sigma}{F_2} \tag{c}$$

式中分子的正(负)号在正(负)象限获得。

从与前文第 103 页的脚注 32 的比较可以很清楚地知道,这一推导与前一章的推导类似。也可参见数学附录 6F。

从前述情况可以了解到,风险厌恶者的位置很显然不会是负象限中的一个内点。因为在任何内点(比方说 M'),他都可以利用货币余额降低预算线 AB 给定的负债,从而改善他的位置。这一移动增加了预期未来消费(实际上是节省了利息)并同时降低了分散程度。这并不意味着风险厌恶者从来不会成为借款者。但是,它确实意味着只要他现有的货币余额能够支持增加当前消费,他就不会通过借款实现这一目的。因此,一个借款的风险厌恶者必定预期当前消费水平超过当前收入,他在图 6-1 中的相关预算线处于 LO 左边,如 SN。这个个体很显然将处于 X 轴上代表其所持有的现金余额为 0 的角点位置 N。

我们可以用另一方法得到相同的结论。处于一个负象限内点位置的风险厌恶者在赌局中以现金方式有效地借入并获得收益。赌局是债券的赎回价值将大幅下降(也就是未来利率将大幅上升),这将使得风险厌恶者能够回购债券并获利。但是,由于个体必须支付利息才能进入这个赌局,而他的预期损益为 0,所以这个赌局整体的预期价值为负。根据风险厌恶者的定义,他将不会参与这一个赌局。[11]

但是,正象限的图形完全不同:在这凭借持有债券获得的利息,个体能有效地通过承担到期价值变动风险而获得收益。因此,他可以处于一个内点位置(比方说,切点 Q),在这个点,这个支付正好可以诱使他参与赌局,博取未来债券赎回价值上升的可能性。

即使在这个象限(个体一般持有包括债券和货币的组合),在预防和交易需求之间也存在根本性差异:也就是在当前关于持有货币的讨论中,还没有大规模经济概念。因为货币和债券一样,唯一的功用是储存未来的购买力。因此,没有理由假设它们实现这一功用的相对效果取决于它们的绝对水平。其结果是,这里不存在货币餍足的概念。相应地,与图 5-3 形成对照,假设图 6-1 中任何无差异曲线(给定 $E(Z_1)$ 的水平)的斜率仅仅取决于货币与债券的比率。实际上,这是图 6-1 中

---

[11] 我要为这一提法感谢肯尼斯·阿罗。

所做出的假设。

以一种与第 104 页类似的方式,我们考察图 6-1 中改变 $E(Z)$ 水平而生成的切点的轨迹,我们假设在这种改变之下,无差异曲线保持不变。[12]从前面的论证可知,这一路径将具有 EOS' 的形式。很明显,OS' 的斜率取决于利率:利率越低,债券的比例越低。实际上,在利率为 0 的特殊情况下,这部分的路径将与竖轴上的线段 OG 重叠。简而言之,如果债券只代表风险而没有补偿性的收益,一个风险厌恶者将把任何可能的当前收入中扣除消费后的剩余部分全部以现金方式持有。

正如本节开始时所述,这里所描述的货币需求具有预防性质:它源自个体消除债券价格波动不确定性的渴望。但是,这一需求很容易与真实投机需求结合起来。投机需求源自因为害怕持有债券、预期形成资本损失而持有货币的欲望。[13]特别地,假设 $E(\varepsilon_2)=q$,其中 q 代表个体对债券预期损益的平均值。与此相对应,预算等式(3)和等式(4)可以重新记为

$$E[Z_1]=R_1-\frac{1}{1+i}\frac{B_1(1+q)}{p}-\frac{M_1}{p}, \tag{7}$$

$$E[Z_2]=R_2+\frac{B_1(1+q)}{p}+\frac{M_1}{p}, \tag{8}$$

其中

$$1+i=(1+r)(1+q)。\text{[14]} \tag{9}$$

如果图 6-1 中的 X 轴被重新标记为 $B_1(1+q)/p$,无差异曲线的属性不会改变。另一方面,预算线 AB 斜率的绝对值现在变为 $1/(1+i)$。如果这大于 1(这是一种凯恩斯"熊"的情形。所谓的凯恩斯"熊",是指

---

[12] 这一路径显然与马科维茨的"投资组合选择"(同前引,第 82 页)所定义的"有效组合的轨迹"是相关的。

[13] 关于两种类型的需求的差异,参见前文第 118 页脚注 2 所引用的托宾和约翰逊的论文。

[14] 我要为这一提法感谢戴尔·乔根森(Dale Jorgenson)。

那些预期债券价格的下降幅度大到足以抹掉利息收入的人。也就是说,q 取足够小的负值使得债券的收益 i 同样为负),那么风险厌恶的个体很显然将不再持有正数量的债券。反过来,他将处于负象限中的某点(一般而言,是一个内点),在这里,他预期未偿付债务价值的下降将诱使他进入借入并持有货币的赌局。[15]

在开始之前,我们必须提醒自己货币只是一种而不是三种资产。因此,为了简单起见,尽管上述分析遵循了通常凯恩斯主义关于交易、预防和投机的区别,这里很清楚的一点是,每一单位货币同时满足了持有它的所有动机。[16]相应地,最优组合实际上是由根据图 5-3 和图6-1中的无差异曲线预算线共同确定,其中无差异曲线由某种加权平均过程得到,而预算线的斜率衡量了包括资本损益在内的债券收益率。我不想对这个综合性案例进行严格地处理,但我想简要说明它对我们分析的一般影响。

显然,上述无差异曲线又是负斜率的。在正象限,这个斜率的绝对值小于1,并且在负的象限中,至少一部分也是这种情形。因此,即使预期未来债券价格保持不变的借款人,交易需求使得他也会持有货币。

同时,预防动机将导致个体发行更少的债券。事实上,如果这种影响足够强大的话,它可能最终会导致在负象限的无差异曲线的斜率大于 1。在这种情况下,即使利率为 0,个体也可能不愿意充分负债以达到持有货币的餍足量;这就是说,在这种情况下,最优组合可能位于图 5-3 中 EE' 的右边。

同样清楚的是,根据上文第 106 页使用的相同论点,上述一般性分析所产生的超额需求函数将不受货币幻觉的影响,并将反映真实余额

[15] 参见前文第 124 页。注意与该讨论相反,现在即使是在正象限也不可能出现边界位置。这反映了一个事实,即存在两种可以用于将购买力从当前转移到未来,但是只有一种可以用于反过来这么做。

[16] 格利和肖:《金融理论中的货币》(华盛顿特区,1960),第 33 页;弗里德曼:"货币数量理论:重述",同前引,第 14 页。

效应的影响。再次，我们做出与第 108—109 页相似的假设，可以证明利率增加将造成货币向债券的转移。同样的道理也适用于债券流动性的增加——无论是转换不便还是风险的降低（用 σ 表示）。在债券（在前两种意义上）具有完全流动性的限制性情况下，对货币的需求将完全消失。[17]

最后一个可能的评论是，我们已经在对同一对资产（货币和债券）的选择中分析了交易、预防和投机动机。然而，在不同的情况下区别选择的性质似乎更切实际。特别是，在货币和一些价值是确定或几乎确定的资产（比方说储蓄存款）的选择中分析交易动机，在这一资产和一种更具不确定性的资产（比方说债券，或者更直接点，各种有形资产）之间的选择中分析预防和投机动机似乎就是这样的一种情况。尽管这意味着，根据定义，所有的货币余额都是交易余额，我们在这不能进行进一步说明而只是提请注意：这不会改变图 5-3 和图 6-1 中分析的本质特征。

2. 预防动机和投机动机对于费雪分析的意义[18]

如同前一章（第 105 页），我们现在放弃 $E(Z_1)$ 值固定的假设，并研究如何确定这一变量的最优值。这一研究的主要目的在于指出一个事实，即在引入不确定性之后，必须对通常的费雪分析做出一些修改。出于这一原因，为了简单起见，我们将论证限制在仅仅出于预防动机持有货币的情形。再次，为了简单起见，我们将假设图 6-1 中的无差异曲线不受 $E(Z_1)$ 取值变化的影响，并且它所表示的债券对货币的边际替代率仅依赖于这两种资产。即使在这些简化假设之下，对这一情形的全面处理也超出了当前讨论的范围[19]，因此，我们必须满足一些一般性

---

[17] 参见第 103—104 页以及第 121—123 页的脚注 8。

[18] 参见第 118 页脚注 1。

[19] 用于指示所涉及的问题，尽管仅仅是为个体的财富完全由其初始组合构成（也就是 $R_1=R_2=0$）的情况——参见马科维茨：《投资组合选择》（纽约，1959），第 13 章。

的观察。

让我们从财富约束的类比开始。正如第 125 页的讨论显示，前一段表明，图 6-1 中的扩展路径具有 EOS' 的形式——这意味着当个体是债务人时，他没有货币余额；当他是债权人时，他持有由固定比例的债券和货币构成的组合（这取决于利率）。将这一组合的预期收益率用 $\bar{r}$ 表示，其中

$$1+\bar{r}=\frac{B_1+M_1}{\left(\dfrac{1}{1+r}\right)B_1+M_1},\tag{10}$$

于是

$$\bar{r}=\frac{r\left(\dfrac{B_1}{1+r}\right)}{\dfrac{B_1}{1+r}+M_1}=\frac{r}{1+\dfrac{M_1}{\dfrac{B_1}{1+r}}}。\tag{11}$$

也就是说 $\bar{r}$ 是债券的预期收益率（r）和货币的预期收益率（0）的加权平均值，因此，必然处于这两个值的中间。因此，可以从等式（3）和等式（4）推导出总体财富约束为

$$E[Z_1]+\frac{1}{1+\bar{r}}E[Z_2]=R_1+\frac{1}{1+\bar{r}}R_2。\tag{12}$$

如果个体不是一个出借人（$Z_1 \geqslant R_1$），那么 $M_1=0$，于是这一区域的约束与费雪约束相同。如果个体是一个出借人，

$$\bar{r}=\frac{r}{1+k}<r,\tag{13}$$

在这里 $k>0$ 是货币相对于贴现债券的固定比例。也就是说，个体组合中没有收益的货币资产部分必然降低了组合的整体收益率。相对应的，当购买力通过前述构成的组合实现转移时，未来消费的预期边际替代率为 $1+\bar{r}$，低于 $1+r$。相对应地，这一区域的预算约束（相对于 X 轴）的斜率尽管仍然小于 1，但是比费雪分析的斜率更大。这就是

图 6-2 中 FST 所表示的情况。[20]个体通过在他的组合中持有部分货币以抵抗未来债券价值不确定性(以预期未来消费衡量为代价),因此,SH 和 ST 之间的水平距离代表了所取得的这个保险的价值。

现在考察相关的无差异曲线图。这里的要点是,由于个体关注 Z_1 和 Z_2 的整个分布而不仅仅是它们的期望值——除非与这些期望值相关的各自的分布被首先确定——$E[Z_1]$ 和 $E[Z_2]$ 之间的边际替代率是不能确定的。[21]就手头的情况而言,概率分布仅取决于均值和标准差——这意味着除非与任何给定的 $E[Z_2]$ 相关联的分散程度 $\sigma(Z_2)$ 首先被明确,否则无法构造 $E[Z_1]$ 和 $E[Z_2]$ 之间的无差异曲线图。[22]

于是,为了简单起见,让我们将 $E[Z_2]$ 的每一个值与由预算约束 FST 上相应组合的标准差所确定的概率分布联系起来。[23]因此,图 6-2 中任何垂直线上的点代表了相同的 Z_2 的概率分布。特别是,经过 S 点的垂直线(这里既没有出借,也没有借入发生)代表分布的标准差为 0;也就是,这条线上的任何点代表的未来消费为确定值且等于 R_2。相似地,经过 S' 的垂直线(在这,个体的组合仅包括 AR_2 的债券)上的任何一点代表 Z_2 的一个均值为 OA、标准差为 $\overline{AR_2}\sigma$ 的分布。最

---

[20] 注意,我们能够继续采用第 5 章第 7 节的方法将我们的预算约束写成

$$E[Z_1]+\frac{1}{1+r}\left\{E[Z_2]+r\left(\frac{M_1}{p}\right)\right\}=R_1+\frac{R_2}{1+r} \qquad (a)$$

其中

$$对 Z_1<R_1,\frac{M_1}{p}=\frac{R_1-E[Z_1]}{1+(1/k)}。$$

$$对 Z_1\geqslant R_1,\frac{M_1}{p}=0 \qquad (b)$$

将(b)代入(a)可以得到正文中的等式(12)。

[21] 参见弗里德曼《消费函数理论》第 14—15 页启发性的评论。

[22] 回忆前文第 121 页的讨论,在我们当前的假设之下,$\sigma(Z_1)$ 的取值是事先确定的。

[23] 不确定性的引入还以另一种方式摧毁了"品味和机会之间的尖锐对立,而这正是确定性下的无差异分析的核心吸引力"(弗里德曼:《消费函数理论》,第 15 页)。

后,经过 M 点的垂直线代表一个均值为 OB 和标准差为 $\overline{R_2 B}\sigma/[1+k/(1+r)]$ 的分布。

从这一描述可以很清楚地知道图 6-2 中无差异曲线的斜率应该为负。也有可能推断出这些曲线和那些可以在图 6-2 中为表示一定数量 Z_2 的 X 轴所画的曲线之间存在一定的关系。特别是,一个点离开垂直线 R_2S 越远,它所代表的不确定性越大。因此,对于一个风险厌恶者而言,经过确定无差异曲线(I')上任何一点的不确定性无差异曲线(I)在垂直线 R_2S 左边将比前者倾斜度高,而在其右边则比前者倾斜度低。在这条线自身(比方说,在点 D),这两条无差异曲线将相触。

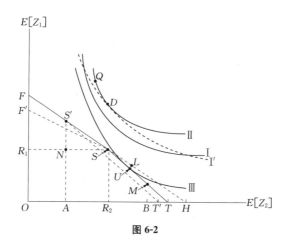

图 6-2

这意味着,在确定性之下,点 S' 对个体是最优的,因此,在存在不确定性时,他将处于这一点的右边。相似地,如果在确定性情况下的最优位置为 L 点,在存在不确定性的情况下,他将处于这一点的左边。实际上,在这种情况下,由无差异曲线变化所造成的向左移动,被预算约束从 SH 移动到 ST 所造成的替代效应和收入效应所强化。综上所述,债券操作产生的不确定性使得风险厌恶的个体不太愿意通过借贷的方式来修改其给定的收入流。

由此可见,R_1 和 R_2 的改变——甚至保持它们的当前取值不变(也

132

就是,在初始预算约束线上移动 S)——将对预算约束和无差异曲线图都有影响,从而影响到个体的最优位置。在这种变化之下,这与费雪分析中所有曲线保持不变的情况形成了鲜明对比。所有这一切的关键操作含义是,商品需求函数现在依赖于收入流的特定时间模式,而不仅仅依赖于其贴现价值或财富。[24]

关于这一结论,一个更为复杂的陈述是,以这种方式引入的不确定性使得财富的整个概念——从个人在一段时间内预期的总资源的单一衡量意义上来说——变得含糊不清。因为图 6-2 表明,现在个体有效贷出的利率低于他能贷出的利率。因此,对于任何给定的当前消费水平,他能够计划的预期未来消费的最大金额取决于他是借款人还是贷款人;这反过来取决于他的收入在时间上的分布。[25]

133　　不确定性的引入也影响到了费雪分析另一个熟悉的操作。从图 6-2 中可以清楚地看出,时间偏好固有的缺失不再由通过原点的 45°线的相关无差异曲线的对称性来表示。直观地说,由于现在 5 单位 Z_1 和未来 10 单位 Z_2 的预期消费与 10 单位 Z_1 和未来 5 单位 Z_2 的预期消费存在程度不同的不确定性,因此没有理由要求个体对这两个选择无差异。[26]因此,(与确定性情况下形成对比)在不存在时间偏好以及利率为正的情况下,(预期)当前消费将少于(预期)未来消费这一观点是错误的。

同样地,即使我们接受这样的假设:在确定性情况下,当前消费对未来消费的边际替代率仅取决于这两个量的比值,这也不适用于不确定性

---

[24]　根据前文第 113—114 页的讨论,这是我们假设持有的债券进入效用函数的结果;参见前文 124 页脚注 10 中的等式(b)。

[25]　如果假设 $\bar{r}$ 保持不变,这种依赖性将更明显。我们将假设它随出借的程度变化而变化。当然,如果组合的构成随其规模变化而变化正是这种情况。因此,如果货币的比例随规模增加而下降,$\bar{r}$ 将随 $E[Z_2]$ 增加而增加。但是,从等式(11)清楚地知道——除非货币完全从组合中消失——它将总小于 r。

将借入和出借的利率区别开来对于投资的费雪分析的含义,参见赫什利弗:"最优投资决策理论",《政治经济学杂志》,第 66 期(1958),第 333—337 页。

[26]　参见第 112 页的脚注 43。根据第 123 页脚注 10 所描述的效用函数,这一变化影响 $\sigma(Z_2)$ 的取值,从而影响到了效用 U。

情况。因为，$E[Z_1]$ 和 $E[Z_2]$ 翻倍一般不会导致不确定性的程度（用标准差衡量）翻倍。但是，这个推理表明，在 $E[Z_1]$，$E[Z_2]$ 和 R_2 发生等比例变化的情况下，在图 6-2 中边际替代率可能保持不变。如果这种财富的增加是受到 R_1 和 R_2 翻倍的影响，这反过来意味着在个体财富的翻倍、利率保持不变的情况下，将导致他对 $E[Z_1]$ 和 $E[Z_2]$ 两者的需求都翻倍。

实际上，上述分析是建立在一个简单的模型之上。但是它的基本结论，即引入价值不确定的债券改变了费雪分析的操作性意义，在更复杂的模型中似乎更是如此。因此，我们现在假设对前一节的分析做了些修改，使得一个风险厌恶的借款者同样可以持有货币。与此同时，我们假设，除非是出于预防动机持有货币，他的风险厌恶程度强到足以阻止他借入货币。换言之，如果个体是一个借款人，那么他的组合净现值，

$$\frac{1}{1+r}\frac{B_1}{p}+\frac{M_1}{p}$$

将为负值。[27] 为了简单起见，我们同样假设货币与未偿付贴现债券（的绝对值）的比例保持固定，且等于 $k_1<1$。那么从等式（11）可以很容易看到

$$\bar{r}=\frac{r}{1-k_1}>r。\tag{14}$$

因此，S 左边的预算约束线的斜率在绝对值上将小于费雪预算约束线的斜率的绝对值，因此在 S 点的转折将比以前更尖锐。图 6-2 中的约束 $F'ST$ 说明了这一情形。

对这一结果的经济解释很简单。一个人对不确定性的最佳反应导致他在任何情况下[28]都持有货币这一事实意味着他的有效借款利率和贷款利率之间的差异实际上扩大了。特别地，在用等式（11）计算借款人的有效利率时，我们实际上不是用他的利息支付除以未偿债务，而

---

[27]　除了直观的吸引力，这个假设事先排除了等式（11）中的 $\bar{r}$ 可能取负值这个麻烦。

[28]　除了当 $Z_1=R_1$ 时。

是用他更小的(绝对值)净投资组合。所有这些都类似一个银行的借款者被要求将其贷款作为存款存在银行而支付了更高的有效利率的情形。

扩展上述分析的另一种方法是假设,与现在相比,未来的收入也具有不确定性。特别是,未来的每 1 美元的收入都受到一个随机误差的影响,该误差的分布独立于债券资本损益的分布。假设这个分布的均值和标准差分别为 0 和 σ_2。那么未来收入的均值和标准差分别为 R_2 和 $R_2\sigma_2$。与此相对应,图 6-1 中的点 Q 所代表的未来消费的标准差是

$$\sigma(Z_2)=\sqrt{R_2^2\sigma_2^2+\left(\frac{B_1}{p}\right)_Q^2\sigma^2}\,,\tag{15}$$

在这,$(B_1/p)_Q$ 为点 Q 的未偿债务数量。

135　　引入这一额外的不确定性增加了与图 6-2 中无差异曲线上每一点相关的标准差,因此一般会影响到这些曲线的具体斜率。另一方面,这并不改变它们的一般属性,特别是上面所描述的特定无差异曲线之间的关系。相似地,它并没有触及预算约束线的一般形状,尽管它将影响这一预算线处于点 S 右边部分的斜率。

后一变化的原因在前一节的讨论中是固有的。那一讨论的基本观点是,个体选择一个资产组合,将其作为一个实现未来消费的最优"概率组合"工具。现在,在其他条件不变的情况下,收入的不确定性不应该影响这种最优组合的性质;但正是由于这个事实,它肯定会影响到最优投资组合的性质。因为我们现在必须选择它,以补充未来收入的给定概率分布,从而产生期望财产的"概率组合"。由此可知,未来收入存在不确定性将导致给定的风险厌恶个体持有一个货币比例比以前更大的组合。[29]

----

[29] 但是,由此推演出一个收入来源具有风险的个体将比收入稳定的个体持有更少的货币是不符合逻辑的。因为,如果在选择收入来源时存在自由——选择职业的自由——那么这两个个体已经显示了他们承受风险的态度。与此相对应,具有稳定收入的个体完全有可能比起与他同样富裕但收入不稳定的同胞持有更多的货币或者更一般的,持有风险更低的组合。拥有金边证券的公务员一定不比拥有投机性股票的钻井工人更罕见。

因此 r 会更小,这意味着 ST 对 X 轴的斜率比图 6-2 中更陡。当然,这个斜率仍然必须小于 1。很显然,风险厌恶个体的境况因为不确定性的增加而恶化:用图形表示就是,即使预算约束没有改变,线上的每一点都代表了未来消费更大的分散度。

我们最后注意到,个体的商品需求函数对收入流的时间路径而不仅仅是其贴现价值的依赖,是以这种方式引入不确定性使得借入利率和出借利率之间有效地形成差异所形成的结果,而不是不确定性本身的结果。因此,我们通过对比一个不确定性只存在于未来收入的模型进行考察。抛开交易动机,个体的组合将完全由未来价值已经确定的债券构成。因此,他在图 6-2 中的预算约束就是直线 FSH。与此相对应,费雪分析所得到的结论再次是有效的,即个体的需求只取决于偏好、利率和财富。[30]

这一模型的另一个特征就是 Z_2 在无差异曲线图中的每一点的标准差相同且等于 $R_2\sigma_2$。其结果就是,如果个体只关注这一偏差的绝对水平(而不是与 Z_2 期望水平的比值);并且如果进一步有,在确定性情形下任何无差异的两点在相同的绝对不确定性水平(用标准差衡量)情形下仍然保持无差异,那么不存在时间偏好的事实将再次(第 112 页)在一个关于 45°对称的无差异曲线图中自我反映出来。相似地,关于当前对未来消费的边际替代率只取决于两个数量的比率的结论,不受以前述方式引入不确定性的影响。

3. 商 品 资 产 [31]

除了上面第 1 节末尾的评论之外,前一章的分析以及本章到目前

---

　　[30]　这个模型似乎隐含在弗里德曼的论证中,即引入不确定性将不会对费雪分析有任何基本的影响。参见《消费函数理论》,第 14—15 页。

　　[31]　以下大量引用并修正自我的一篇论文"长期价格变动和经济发展:一些理论方面"[《发展的挑战》(邦内主编,耶路撒冷,1958),第 27—40 页]。

为止,都是建立在个体所能从一周转移到下一周的资产只能是债券和货币的假设之上。我们现在回到前一章的分析框架,并假设商品也同样可以在不发生任何附加成本的情况下转移。我们进一步假设个体预期价格将每周增长 $s\%$;正是这一点促使他考虑持有商品。[32]

就效用分析而言,这意味着如果个体确实跨周持有商品,那么他在第 t 周消费 1 美元商品所获得的边际效用必须等于持有这些商品至第 $t+1$ 周以 $1+s$ 的价格销售,并将销售所得用于消费的边际效用。也就是,第 5 章第 3 节的最优条件必须补充为

$$1 \text{ 美元价值 } Z_t \text{ 的 m.u.} = (1+s) \text{ 美元价值的 } Z_{t+1} \text{ 的 m.u.。} \quad (16)$$

与此同时,很显然,如果 s 和 r 不相等的话,这一等式和第 90 页的等式(2)就无法同时满足:其中一个必须用不等式代替。我们将在稍后回到这一点。

像前面一样将这些条件转换成序数条件。现在个体可以有效地拥有一种他可以选择持有的新商品——即通过持有当前商品而持有未来商品。如果纯粹持有商品没有附加任何效用[33],那么这一商品的边际效用等于未来商品的边际效用。我们的边际条件变成[34]

$$Z_t \text{ 经由货币对 } Z_{t+1} \text{ 的 m.r.s.} = \frac{1}{1+s}, \quad (17)$$

$$Z_t \text{ 经由债券对 } Z_{t+1} \text{ 的 m.r.s.} = \frac{1+r}{1+s} = 1+m, \quad (18)$$

以及

$$Z_t \text{ 经由商品对 } Z_{t+1} \text{ 的 m.r.s.} = 1。 \quad (19)$$

---

[32] 如果有数量成正比的转移成本,那么 s 可以被视为扣除了这些成本。

[33] 在一个商品充当了交换的媒介的连续通胀时期(如战后德国"香烟货币"这个熟悉的例子),这个假设可能是不相关的。

[34] 在推导下面的等式时我们利用到了第 $t+1$ 周 1 美元价值的实际货币持有或商品持由 $1/(1+s)p$ 表示的事实。

参见数学附录 6G。

这些等式的右边是相关商品的相对价格。等式(19)反映了仅仅通过将其转移,个体就可以将当前的商品转换为一个相等数量的未来商品的事实。

等式(18)右边的变量 m 是费雪的真实利率:也就是说,这是对物价上涨进行校正过的名义利率。[35]因此,在选择经由债券在当前商品和未来商品之间进行选择以及在持有债券和持有货币之间进行选择时,理性的个体关注的只是真实利率。另一方面,在持有债券和持有货币之间做出选择时,只有名义利率是相关的,因为预期的价格增长对这两种商品具有相同的影响。这一结果可以通过将等式(17)除以等式(18)推导出来,并由此再次得出前一章(第93页)的等式(9)。

从我们先前对等式(16)的评论可以推断,在我们当前的假设条件之下,边际条件(18)和(19)不能同时满足。我们很容易再次通过用两阶段情况说明这个角点解的性质。这一情况下的预算约束形式为

$$Z_1 + Z_{2C} + \frac{1}{1+m}Z_{2B} + (1+s)Z_{2M} = R_1, \tag{20}$$

$$Z_2 = R_2 + Z_{2C} + Z_{2B} + Z_{2M}, \tag{21}$$

在这里 Z_1 和 Z_{2C} 分别代表着当前消费的商品数量和转移的商品数量;现在 Z_{2B} 和 Z_{2M} 根据它们在转换为商品时的更高价格进行了调整。也就是

$$Z_{2B} = \frac{B_1}{(1+s)p} \text{ 和 } Z_{2M} = \frac{M_1}{(1+s)p}。 \tag{22}$$

如果图 5-2 中的 Y 轴被标记为"Z_{2C}",X 轴上的"$1+r$"被"$1+m$"代

[35] 《利息理论》,第358—360页。同样可参见《利息理论》,第2章和第19章。
将等式(18)的最后一个等式交叉相乘,我们可以得到

$$m = r - s - ms = \frac{r-s}{1+s}$$

在这,当 s 取较小值时,可以得到实际利率熟悉的近似,即 $m = r - s$。

139 替,像 AB 这样的直线现在代表固定 Z_1 和 Z_{2M} 水平之下的预算约束等式(20)。

现在考察相关的无差异曲线图。由于我们假设个体对债券和商品存货的关注纯粹是将其视为未来购买力的化身,并且由于两者在这一方面被假设为相等的——图 5-2 中具有单位斜率的虚线代表了无差异曲线图。因此,如果真实利率大于 0,个体的最优位置将是 X 轴上的一角点,即他只持有债券。但是,如果 m 为负,那么个体将借入无限大的量用于投资商品存货。从图形上看,他将向左沿着一条斜率大于 1 的预算线(在图 5-2 中没有画出)向上无限移动,因此将不会与线段 EC 的延长线相交。

所有这些仅仅是已经提到的一般命题的一个具体实例(第 121 页),即,如果个体只关心替代资产的回报率,那么他只持有具有最高回报率的资产。相反,只要其他属性同样与其决策相关,他将持有多个资产。因此,在我们前面的讨论中,他持有货币和债券,因为前者具有流动性。同样地,如果它们被认为在便利性、安全性等方面具有不同的属性,那么在当前的情况下,他将持有债券和商品存货。在这种情况下,这些资产的无差异图不会是一组直线,这使得图 5-2 的一些内点可以满足等式(18)和等式(19)。很显然,这些等式中的边际替代率因此而反映了来自这些资产的不同属性的效用和通过它们所购买的未来商品的效用。

需要指出的另一点是,即便出于某些原因不可能持有商品存货,价格更高的预期会影响个体的行为。在技术方面,这个假设只是消除了边际条件(19)和预算约束(20)—(21)中的 Z_{2C},而条件(17)—(18)则保持不变。注意,从这一对预算约束的修改,我们可以推导出一个用真实利率对未来消费和收入贴现的财富约束条件。其具体形式为

140
$$Z_1 + \frac{1}{1+m}\left[Z_2 + r\,\frac{M_1}{(1+s)\,p}\right] = R_1 + \frac{1}{1+m}R_2, \qquad (23)$$

括号中的表达式与第 112 页等式(21)的右边相类似。与第 5 章第 7 节一样,这个财富约束条件可以按照费雪的方式用于确定个体的最优位置。

显然,在我们最初讨论可持有商品的情形中也可以推导出财富约束条件。它与前面在衡量个体财富时包括预期存货利润、扣减利息支出等方面存在不同。从数学上看,等式(23)右边的 R_2 将被 $R_2 - mZ_{2C}$ 替换。但是,应当强调的是,Z_{2C} 不是一个常数而是一个关于预期价格上升量值(和其他因素)的函数。这个财富约束对应着费雪设想的个体能够以贷款之外的手段修改他的收入流,从而影响其现值的一般情况。[36]

最后我们注意到,本节的讨论使得前面(第 72 页)关于不存在货币幻觉的定义有必要做出改变。在任何不影响相对价格、真实收入的时间流、初始债券的真实价值和货币持有量、个体所能持有的全部资产(包括商品和债券)各自的收益率的变化之下,对真实商品的需求保持不变,我们就认为不存在货币幻觉。这一定义很显然将我们前一定义作为特例包括在其中。

4. 价格预期对真实余额效应和货币需求的影响

上述讨论为分析价格预期对真实余额效应强度的影响提供了一个便利的出发点。[37]这里为了突出问题,我们将前一段的财富约束用名义形式表示,明确区分当前(p_1)和未来(p_2)的价格。为简单起见,我们假设个体未来不会获得任何禀赋,当前禀赋完全由其货币余额构成。他的财富约束因此被记为

$$p_1 Z_1 + \frac{p_2}{1+r}\left(Z_2 + r\frac{M_1}{p_2}\right) = M_0 + p_1\left(\frac{1}{1+r}\frac{p_2}{p_1} - 1\right)Z_{2C}, \quad (24)$$

---

[36] 《利息理论》,第 6—8 章、第 11 章和第 13 章。

[37] 然而,应该注意到以下内容是基于预算约束的性质,实际上与前文讨论的效用假设无关。

其中右边的第二项表示存货的利润。为了简单起见,我们做了两个额外的假设:(1)"未来"代表一个远远长于"当前"的时期,所以 Z_1 与 $Z_2+r(M_1/p_2)$ 的比率将会很小;(2)这一比率不受相对价格不变的财富变化的影响。

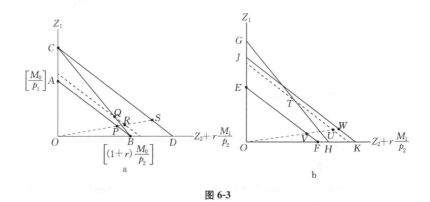

图 6-3

首先考察不能持有存货的情况,因此 $Z_{2C}=0$。对应的财富约束条件由图 6-3a 中的 AB 表示,在这条线上,个体被假定选择 P 点。现在,如果 p_1 下降而 p_2 保持不变,这条直线将移向 CB,个体将选择约束线上的 Q 点。但是,如果两个价格都下降同一比例,预算约束移至 CD,由假设,个体选择 S 点。显然,财富效应(在这里就是真实余额效应的同义词)在后一种情况下(在这,根据斯拉茨基的定义测量[38],与 PS 成正比)比第一种情况下(与 PR 成正比)更强。"未来"所代表的时期相对"当前"越长,这一差异越大。

现在考察能持有存货,因此(因为 p_2 足够大于 p_1)Z_{2C} 为正的情况。初始预算线由图 6-3b 中的 EF 表示,个体选择的位置为 V。与 Y 轴和 X 轴的交点(E,F)分别等于

---

[38] 参见莫萨克(Mosak):"关于价值理论基本方程的解释",《数理经济学和计量经济学研究》(兰格等人主编;芝加哥,1942),第 71—73 页;同样参见下文第 407 页脚注 5。

$$\frac{M_0}{p_1} + \left(\frac{1}{1+r}\frac{p_2}{p_1} - 1\right)Z_{2C}, \qquad (25)$$

和

$$(1+r)\left[\frac{M_0}{p_2} + \frac{p_1}{p_2}\left(\frac{1}{1+r}\frac{p_2}{p_1} - 1\right)Z_{2C}\right]. \qquad (26)$$

现在假设 p_1 下降而 p_2 保持不变。由此而造成的预算线的移动将反映 143
这三个概念上差异很大的因素的作用:(1)与 p_2 保持不变的相比,因
p_1 变化而造成的货币余额真实价值的变化;(2)无论是以 p_1 计价还是
以 p_2 计价,持有每单位存货的真实利润增加[前者为 $\frac{1}{1+r}\frac{p_2}{p_1}-1$,后者
为 $\frac{p_1}{p_2}\left(\frac{1}{1+r}\frac{p_2}{p_1}-1\right)$];(3)可推测的随之而来的存货 Z_{2C} 本身的增加。
与前一种只有第一个因素产生作用的情况对比,第二个因素和第三个
因素所造成的存货利润的增加意味着,即使他没有消费任何更便宜的
商品,个体从 p_1 的下降中得益。这就是为什么新的预算线 GH(个体
选择 T 点位置)与 X 轴相交于点 F 的右边的原因。

注意,我们在这里分析的是价格下降对当前商品消费的影响。因
此,进入分析的存货利润只是影响这一消费的财富效应的一部分。但
是,如果我们将要关注对当前商品的购买,我们也必须将投机性存货本
身考虑进来。也就是说,我们将不得不分析价格下降对 Z_1+Z_{2C} 的影
响,而不仅仅是 Z_1 的影响。

回到图 6-3b 的分析,现在假设 p_2 与 p_1 以相同的比例下降。假设
个体选择 W,那么预算线将平行移动至 JK。此外,鉴于价格水平同比
例下降,存货利润没有变化(也就是说,前一段的第二个和第三个因素
都没有发挥作用);因此,与 Y 轴的交点 J 必须低于 G 点。另一方面,
交点在 X 轴上的位置反映了两种相互矛盾力量的影响:存货利润的消
灭将交点推向 H 的左边;p_2 的下降将交点推向其右边。因此,真实余
额效应(价格下跌的财富效应)在永久性下降的情况下并不一定大于临
时性的下降。用几何方式解释就是所有这一切都取决于与等比例价格

下降相对应的预算约束线是在图 6-3b 中虚线预算线的上方还是下方。

对这些结果有一个简单直观的解释。当前价格水平的下降为个体初始持有的货币提供了获得资本增益的潜力。在任何其他情况下，这种收益的程度取决于个体为了实现它可以转移到的替代资产的性质。如果这些资产只能是未来的债券和持有货币，那么增益的程度关键是取决于更低价格水平的持续时间。但是，如果商品也可以，那么这种依赖将减弱：即使预计价格下跌将只是暂时的，个体也可以通过进入商品或（如果存在）任何其他未来真实价值不会因预期未来价格出现相对上升而受到不利影响的资产，而实现"全部"资本增益。这样，个体可以在很大程度上对冲价格上涨对未来货币余额的真实价值的影响。

任何资产的当前真实价值相对其预期未来价值上升时，市场上就会有获利了结操作，所有这一切都与此类似。显然，这样的操作必定影响这两个价格之间的关系；但这是另一个问题。[39]

前一节的讨论也使得我们能够对货币需求理论进行一定程度概括。[40]这个理论基本且熟悉的一点是，个体以货币方式将财富从一周转移至下一周的替代成本就是以其他资产转移财富所能获得的利润。现在，在我们讨论的情况下，有两种可能的资产：商品和债券。以债券方式转移财富获得的利润用利率衡量。相似地，以商品方式转移财富取得的利润用预期的价格增长率来衡量。因此，正如我们假设货币需求曲线作为利率的函数其斜率为负，我们也可以假设其是价格增长率

---

[39] 因为最近两个作者相反的论点，即预期永久性的价格下跌所形成的货币余额效应必然比临时价格下跌所形成的货币余额效应大，所以在这对上述论点做了详尽阐述。参见鲍尔（Power）："价格预期、货币幻觉和真实余额效应"，《政治经济学杂志》，第 67 期（1959），133a 和 135b；迈耶："真实余额效应的实证意义"，《经济学季刊》，第 70 期（1959），第 111、289 页。

[40] 接下来这两段建立在菲利普·卡甘："恶性通货膨胀的货币动力学"，《货币数量理论研究》（米尔顿·弗里德曼主编；芝加哥，1956）第 31—32 页的讨论之上。也可参见米尔顿·弗里德曼：《实证经济学论文集》（芝加哥，1953），第 255 页和布朗："闲置货币的利息、价格和需求计划"，《牛津经济论文》，第 2 卷（1939），第 46—69 页。

的函数。在两种情况下,负斜率表达了一个事实,持有货币的替代成本越高,对货币的需求量越小。反过来,应当注意到,尽管利率必须为正,价格的增长率显然不是如此。负得越多,也就是预期价格下降越大——对货币的需求越大。

利率和价格增长率之间的这种对称性说明了一个事实,即即便存在某种价格上升的预期,也不会导致从货币的绝对逃离。相反,就像讨论利率一样,它只会导致个体调整其持有的真实货币余额,使它们提供流动性的边际效用补偿他持有货币余额的机会成本。换言之,在预期的价格上涨期内,我们应该期望的不是理性的个体会完全逃离货币,而是因为成本的增加而降低他们持有货币的真实价值。因此,在预期价格将进一步上涨的通胀时期,不一定使其成为一个自我延续的爆炸性情况。[41]我们将在第 12 章第 7 节回到这一点。

这一论点的另一面是,在一个通货紧缩时期,个体理性未必会继续增加推迟的购买量以从所预期的更低的价格水平中获益。特别地,我们从等式(17)和等式(18)中看到,如果价格水平的下降率保持不变则不存在未来商品对当前商品的额外替代,其含义将在第 14 章第 5 节得到进一步的讨论。

---

[41]　卡甘,同前引,第 64—73 页。

第7章 货币作为生产者的商品[1]

1. 从存货角度探讨货币理论。等产量线和最优组合。2. 对费雪分析的启示。3. 需求函数的性质。结语。

1. 从存货角度探讨货币理论。等产量线和最优组合。

前两章从货币作为消费者的商品这个角度探讨了货币理论,对货币的需求与对其他商品的需求一样,应当从反映它们提供服务产生的效用函数中推导出来。[2]然而,这不是在方法论上必须采用的方法。然而,这在方法论上并不是必要的方法。因为在以下假设的基础上,对货币的需求也可以合理化:个体只从对商品的消费中获得效用,他持有货币只是作为一种获得更多想要的"一篮子"商品的手段。实际上,这是第5章对债券需求背后存在的共同理由,也就是,尽管债券自身不提供任何效用,但是持有债券可以获得"间接效用",即为了它们所产生的利息和它们对消费流的时间形态方面所做的改进。[3]

---

　　[1]　本章基于前面第118页脚注1所参考的论文的发表和未发表部分。

　　[2]　注意在预防性需求的情况下,效用函数实际上只反映持有债券的负效用;参见前面第124页脚注10中的等式(b)。

　　[3]　关于早期为使货币需求为正合理化而不把金融资产放进效用函数的尝试(尽管与下面所遵循的路线不同),参见马尔沙克(J. Marschak):"货币需求和货币错觉的基本原理",《都市经济》,第2期(1950),第79—87页;布伦纳(K. Brunner):"古典经济学的不一致性与不确定性",《计量经济学杂志》,第19期(1951),第169—171页。这些尝试在我的"货币、资产和储蓄理论的间接效用方法"(同前引,第1节)一文中得到讨论。

在更正式的术语中,本章所提出的替代方法将货币和债券视为生产者的商品而不是消费者的商品。相应地,我们将使用与分析企业最优生产要素组合相同的视角分析个体持有货币和债券的最优组合。如何确定企业的最佳库存政策是企业理论中一个特殊的方面。[4]

相对于第 5 章,在交易需求分析中引入的第一个变化是:现在假设债券和货币之间不完美的替代不是来自将前者转换为后者的主观麻烦,而是进行这种转换所产生的客观成本。特别地,现在假设,如果个体在本周因为第 5 章第 2 节描述的那种随机支付过程造成货币耗尽,他总能通过以 $1/[1+(1-x)r]$ 的固定价格出售债券补充货币余额,在这里 x(从 0 到 1 取值)表示本周交易发生时已过去的时间的比例。出售债券伴随着一个双重"惩罚成本"。首先,个体丧失了一部分持有债券直到一周结束时所能获得的利息。其次,为了执行交易,个体必须向为其提供服务的经纪商支付费用。我们假设经纪费用包括了不论交易规模的固定部分和随交易规模变化而变化的变动部分。因此,我们将经纪费用表示为 $a+bY$,其中 Y 代表已经销售的债券数量,而 a、b 则为严格为正的常数。[5][6]

148

————————————————

[4] 下文从鲍莫尔和托宾的重要贡献中受惠。参见鲍莫尔:"现金的交易需求:一种库存理论方法",《经济学季刊》,第 66 期(1952),第 545—556 页;托宾:"现金需求交易的利息弹性",《经济学与统计学评论》,第 38 卷(1956),第 241—247 页。我也从阿罗、卡琳和斯卡夫(Arrow, Karlin and Scarf)的《库存和生产的数学理论研究》(斯坦福,1958)的引言部分获益。

我首先要强调的是,接下来的严格论证所需要的数学能力远远超出了我自身的水平。所以,本章高度依赖直观论证,并且实际上在很多地方假设了需要证明的性质。相应地,这些地方只能用于一般说明,正如已经指出的,分析性的问题尚待解决。

[5] 这个费用是鲍莫尔和托宾在他们的交易需求分析中采用的工具,见前面的脚注。请参阅施莱辛格对将"净购销价格之差"列为资产转换为货币时产生的"摩擦"的一部分(参见英文译本第 29 页)的参考。

严格地说,在将经纪服务引入分析之前,我们应该将模型扩展到没有给出收入,而是通过销售商品和服务获得收入的情况。不过,为了简单起见,我们忽略了这种复杂性。

[6] 请注意,在我们过度简化的两时期模型中,个体必须在第二周的不同时点出售债券是确定的:因为在这周结束时,个体必须不再拥有任何资产。这个(转下页)

反过来，如果个体发现他暂时出现了货币剩余，可以在这周以上述价格买入债券，并持有它们获得利息收益。很显然，只有在预期一周结束时获得的收益超过必须支付的经纪费用的情况下，这种交易才会发生。[7]

正如所使用术语所隐含的，上述假设说明了一个库存理论问题。更具体地说，我们分别用 P_1，P_2 表示第一周和第二周的惩罚成本。很明显，这些成本都是随机变量，它们的分布取决于随机支付过程的性质，以及利率和经纪费用。随机遭受的惩罚成本使得个体必须调整周内预算，为了简单起见，再次假设（第 120 页）个体通过调整同期支出来实现预算调整。因此，这些开支同样是随机变量。最后，按照库存理论的通常做法，我们假设个体只关心随机决策变量的期望值。[8]这意味着他的效用函数完全依赖于

$$E[Z_1]=R_1-\frac{1}{1+r}\frac{B_1}{p}-\frac{M_1}{p}-E[P_1] \tag{1}$$

和

(接上页)不切实际的因素可以通过假设个体愿意在第二个时期结束时持有一个组合（当他死亡时，愿意留下遗产）而消除。更正式地讲，这意味着这个组合（尽管不是第一周结束时的那个组合）将进入其效用函数。

或者，我们可以通过将分析扩展到 n 周而消除在第二周出售债券的绝对必然性。当然，这将把问题留到最后一个时期。然而，当 n 趋向于无穷（也就是我们考察一个具有无限时长的个体时），这个问题将不再存在。从操作层面看，这一假设看上去似乎与前一段的假设非常接近。因为假设每一代愿意为下一代留下遗产，实际上相当于假设家庭是一个无限生存的单位。

在任何情况下，这可以推测，上述两种类型的一般化都不会影响下面的分析概要。

[7] 如果该交易是在第一周进行的，那么可能只需要支付一笔此类费用。另一方面，如果计划是在他经济期限的第二周，也是最后一周，他几乎肯定会在接下来的一周再卖出这些债券。因此，在这种情况下，预期收益必须支付双倍的经纪费（买进和卖出）。在上述脚注中所述的任何一种概括下，这种双重费用的必要性都将不复存在。

[8] 参见艾伦·曼恩（Manne）:《商业决策的经济分析》（纽约，1961），第 8 章；惠廷（Whitin）:《存货管理理论》（第 2 版，普林斯顿大学，1957），第 3 章。

我们现在将会看到的事实是，个体持有不止一种资产并没有违反第 121 页提出的规则；在当前情况下，债券真实收益率并没有给定，而是取决于惩罚成本大小，而后者反过来取决于组合的大小和构成。参见下一段的正文。

$$E[Z_2]=R_2+\frac{B_1}{p}+\frac{M_1}{p}-E[P_2],\qquad(2)$$

在这里 $E[\ ]$ 表示所考察变量的期望值,而 B_1/p 和 M_1/p 的非随机性质是第 120 页提出的相同论点的结果。

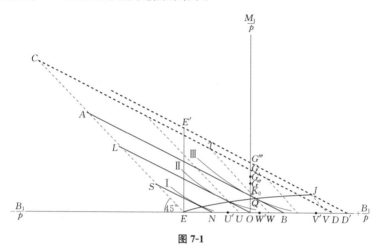

图 7-1

关于 $E[P_1]$ 和 $E[P_2]$ 能说些什么? 很显然,除了其他因素之外,它们还取决于个体进入所考察的这周的货币余额水平以及合同商品采购量。采购量相对于货币余额的比例越大,后者出现余额不足的概率也越大,从而预期的惩罚成本也越高。现在,第一周和第二周的合同购买量分别由 $R_1-\frac{1}{1+r}\frac{B_1}{p}-\frac{M_1}{p}$ 和 $R_2+\frac{B_1}{p}+\frac{M_1}{p}$ 表示。因此我们可以将惩罚函数写成

$$E[P_1]=F\left(R_1-\frac{1}{1+r}\frac{B_1}{p}-\frac{M_1}{p};\frac{M_0}{p},r,a,b\right)\qquad(3)$$

和

$$E[P_2]=G\left(R_2+\frac{B_1}{p}+\frac{M_1}{p},\frac{M_1}{p};r,a,b\right),\qquad(4)$$

假设它们对第二个参数的偏微分 $F_2(\ )$ 和 $G_2(\ )$ 为负,而所有其他的偏导数均为正。注意,一般不会出现 $E[P_1]$ 和 $E[P_2]$ 为 0 的情况。还需注意,货币余额出现的方式在这两个函数中很不一样。特别地,第一

151

197

周可用货币余额 M_0/p 是个体的数据；而对于第二周而言，则是一个决策变量。下面将说明这一区别重要性。

在前述讨论的帮助下，我们提供一个转载在图 7-1 的关于图 5-3 中的无差异曲线图（稍后将提到这里有一处轻微的修改）的替代理论。特别地，等式(4)表明在给定利率和经纪费用的情况下，$E[P_2]$ 由个体计划在第二周开始时持有的组合的大小和构成决定。因此，现在图 7-1 中的每一点都代表了一个特定水平的 $E[P_2]$，因此，根据等式(2)可得 $E[Z_2]$。因此，举例来说，点 Q 代表了由 $EW'=EW-W'W$ 所衡量的 $E[Z_2]$ 的水平，其中 $W'W$ 代表着相关的 $E[P_2]$ 的值。[9]

令图 7-1 中的曲线I，II和III分别代表不同的固定水平(升序)的 $E[Z_2]$ 的轨迹。因此，这些曲线对应企业的等产量线。由假设(第 149 页)，给定 $E[Z_1]$ 的水平，个体对于他在任何此类曲线上所占据的特定点是无差异的。因此，这样的一组等产量线可以称为无差异曲线图。然而，需要注意的是，与图 5-2 相比，图 7-1 的构造不受 $E[Z_1]$ 水平变化的影响。[10]

由等式(4)和等式(2)可知，上述曲线的负斜率反映了一个简单事实，即个体组合中债券成分保持不变而货币成分增加将使得 $E[Z_2]$ 增加。与图 5-2 的分析相同，我们同样可以看到这个斜率的绝对值必定小于 1。沿着图 7-1 中的 45°虚线向东南移动将在保持计划未来购买量不变的情况下降低货币余额。因此，$E[P_2]$ 必须增加，$E[Z_2]$ 必须下降。[11]

---

[9] 参见等式(2)。可与前面第 99 页的讨论进行对照。

[10] 参见前面第 108 页。

[11] 这些特性可以推导如下：将等式(4)代入等式(2)并视 $E[Z_2]$ 的水平为给定对所得到的等式进行微分，我们得到图 7-1 中任意无差异曲线的绝对斜率为

$$-\frac{dM_1}{dB_1}=\frac{1-G_1(\quad)}{1-G_1(\quad)-G_2(\quad)}。$$

由于根据假设有 $0<G_1(\quad)<1$ 和 $G_2(\quad)<0$，这个绝对斜率必须为正且小于 1。

无差异曲线的二阶导数可以通过对前式再次微分而得到。然而，为了评估其符号，并因此而确定曲线的凸度——我们必须拥有关于 $G(\quad)$ 的二阶导数的符号的更具体信息。在我们当前这个过度简化的分析中，我们应当满足在任何观察到的内点的邻域内得出凸性条件。参见希克斯：《价值与资本》，第 22 页。

再次与图 5-3 的无差异曲线图形成对照[12]，事实上，这些曲线在餍足线 EE' 左边的斜率小于 1。这是我们当前假设周内能够将货币转换为债券的结果。因此，在从这种转换中获得的预期利息超过经纪费用。在这个餍足区域，预期惩罚成本为负，而且事实上随着我们沿着 45°线向西北移动，它将负得更多。同时，我们可以证明这一区域斜率的绝对值必定大于 $1/(1+r)$。考察上述向西北的移动。这里用 1 美元的货币替换 1 美元价值（到期价值）的债券，由于个体的餍足感，他将在第二周开始时将其转换为能产生利息的债券。因此，这一移动使得个体的情况变得更好。然而，由于经纪费用以及持有债券的时间将短于完整一周[13]，这个周内投资的债券的净收益必定低于利率。因此，为使得个体处于相同的 $E[Z_2]$ 水平，必须对其组合进行补偿性调整，降低其货币余额，使其低于最初向西北移动所表示增加量的 $1/(1+r)$。因此得出不等式[14]。

无论如何，给定图 7-1 中预算线 AB 所代表的预期当前消费水平[15]，个体的最优组合由切点 Q 确定：因为这一组合使得他能达到与给定水平 $E[Z_1]$ 相一致（从预算约束的角度）的最高水平的 $E[Z_2]$。或者（用更符合货币作为生产者的好处的说法）Q 点是一个货币余额的

153

---

[12]　参见前面第 103 页。另一个对比，参见下面第 154 页。

[13]　参见上面的脚注 6。我们同样可以假设利息损失，因为周内可以进行转换的有限的时间段已经过去。

[14]　根据前面脚注 11 中的等式，餍足区的特点是 $G_1(\ )$ 和 $-G_2(\ )=k$，在这 $0 \leqslant k < r$。马上得到

$$-\frac{dM_1}{dB_1}=\frac{1}{1+k} < \frac{1}{1+r}。$$

如果周内不允许将货币转换为债券，在餍足区 $G_2(\ )=0$，因此斜率为 1。注意到在这一区域，$E[p_2]$ 现在为 0，这也可以从等式(2)直接看出。

[15]　注意（与前面第 99 页形成对比）这比 K_0G 小图 7-1 中 Y 轴上的距离 GG'，其中 GG' 被认为是度量 $E[p_1]$ 的相关值。因此，对应 AB 的值 $E[Z_1]$ 由 Y 轴上的 K_0G' 表示。参见上面的等式(1)。

边际收入等于它们的边际成本的组合,即持有边际单位货币所节省的惩罚成本等于从所放弃的边际债券上获得的利息。[16][17]

154

请注意,在我们当前的假设下,任何两个具有相同收入流的个体也必须具有图 7-1 中相同的等产量图。因此,如果他们当前的消费水平相同,他们的最优组合也必须相同。总之,给定 $E[Z_1]$ 的水平,在前述模型中个体对金融资产的需求,就像纯粹的生产理论中企业对投入品的需求一样,完全由技术(随机支付过程的性质)和价格(利率和经纪费用)确定。这与第 5—6 章中个体差异不发挥作用的情况形成对比。

然而,我们可以像在企业理论中一样将这种差异引入到分析中来:假设最大化的单位数在"效率"上存在不同。或者,我们可以假设不同的个体必须支付不同的经纪费用。在前一个模型的框架内,这是一个救星。但是,当我们将经纪费用的概念拓展到进行周内交易所产生的时间成本时;当我们将分析拓展到一个收入不是外生而是由个体通过提供劳动服务、获得不同的工资率取得的模型时,对经纪费用做出区分就变成了一个非常有意义的假设。[18]注意,在确定个体的最优劳动服务供应时,必须以这种方式考虑一个周内交易所产生的负效用,因此,

---

[16] 再次利用脚注 11 中的公式,我们必定有切点

$$-\frac{1-G_1(\ )}{1-G_1(\ )-G_2(\ )}=\frac{1}{1+r},\qquad\text{(a)}$$

在这－1/1+r 当然是预算线的斜率。这简化为

$$-G_2(\ )+rG_1(\ )=r。\qquad\text{(b)}$$

左边为边际上节省的惩罚成本,可以分解为由于增加了货币持有量部分,另一部分是货币持有量的增加减少了以放弃的利息为基础的未来购买量。

[17] 从前面段落可以清楚地知道 Q 必定落在屠足区之外。

[18] 将不同交易成本归属于不同工资率的个体,关于该需求理论含义的更一般问题在雅各布·明瑟:"市场价格、机会成本和收入效应"中得到讨论。该文载于卡尔·克里斯特等(Carl Christ et al.):《经济学的测量:纪念耶胡达·格伦菲尔德的数理经济学和计量经济学研究》(斯坦福大学,1963),第 67—82 页。

当前的分析将并入第 5 章的分析。

2. 对费雪分析的启示

　　按照我们的惯例,我们现在放弃 $E[Z_1]$ 是任意固定的假设,并考察其最优水平的确定。这是根据图 7-2 的费雪分析完成。根据个体只关心他消费水平的预期价值的假设(第 149 页),我们可以与图 6-2 中的情况对比,假设在这些消费水平之间存在唯一的无差异曲线图。

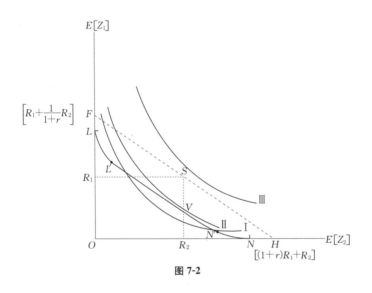

图 7-2

　　现在考察相关的预算约束。这可以通过保持图 7-1 中利率和收入流不变,考察改变 $E[Z_1]$ 的水平所得到切点的轨迹而得到[19]。因为这一个轨迹使我们能够定义每个给定水平的 $E[Z_1]$ 个体能够负担 $E[Z_2]$ 的最大水平。这一路径在图 7-1 中由 EJ 表示。假设货币持有

---

　　[19]　正如将要回顾的那样(第 152 页),等产量图不受影响。

156   量与未来消费存在正相关关系和持有货币存在规模经济[20]，它的斜率[21]与凸度与图 5-3 中的 ET 相似。

    这一路径的起点 E 反映了一个事实，即在这一点的未来计划购买量 $E[p_2]$ 为 0。然而，必须注意的是，与 E 点对应的（最大）预期当期消费水平因为第一期惩罚成本的存在而小于 $R_1 + R_2/(1+r)$。在这一点，它们同样都处于最大值，由图 7-1 中 Y 轴上的距离 GG'' 表示。

    这条路径的另一个极端点 J 对应当前消费水平为 0。注意，这点超出了先前的边界线 CD；因为个体在第一周没有货币需求，他将把所有初始资产转换为债券。因此 $E[P_1]$ 为负。但是，我们已经假设这一周内转换所获得的净利息收入并没有大到足够抵消第二周的惩罚成本。因此，J 点所对应的（最大）预期未来消费水平由图 7-1 中的 EV' 表示，它比 $ED = (1+r)R_1 + R_2$ 小($V'D$)。

    请注意图 7-1 中所假设的 $E[P_1]$ 和 $E[P_2]$ 之间的不对称行为。随着当前消费沿着 EJ 从 0 增长到其最大值，$E[P_1]$ 从 $-GG'''$ 稳步增长到 $+GG''$。相比之下，由 $V'V$ 所代表的 $E[P_2]$ 并没有显著地不同于 $U'U$。这反映了我们（第 151 页）已经注意到的固定水平 M_0/p 和变化水平的 M_1/p 之间的一个差异。由于后者为最优组合中的一个构成部分，没有理由相信 $E[P_2]$ 会因为未来消费沿着路径增加而发生超出特定水平的重大变化。换言之，个体将根据计划的消费水平调整其计划持有的货币量。然而，鉴于先前的论点，$E[P_2]$ 与未来消费一起趋近 0，这个附带条件是必需的。

157   正如已经指出的，路径 EJ 的这些特性决定了图 7-2 中相关预算约束 LN 的形式。因此，它们意味着 LN 的斜率必须为负[22]并且处

---

    [20] 参见前面第 104—105 页。

    值得注意的是，即使没有随机支付过程，也能获得这些规模经济。实际上，鲍莫尔和托宾的存货模型得到了一个平方根公式，即使他们认为支付的时间安排是确切已知的。关于这个库存理论的有趣巧合，见曼恩，同前引，第 130 页。

    [21] 这里有一个隐含的假设，即 $E[P_1]$ 和 $E[P_2]$ 具有二阶重要性。

    [22] 参见前一脚注。

于费雪约束之下。[23]特别地,图中 FL 和 NH 所表示的距离分别等于图 7-1 中的 GG'' 和 $V'D$。还需注意的是,现在面对同样客观条件的两个个体必须具有相同的路径 EJ(第 154 页)以它们必须具有相同的预算约束这一更熟悉的形式体现出来。

但是,预算约束 LN 一个不太为人所熟悉的方面是其斜率的可变性。这是当前情况与通常的费雪分析之间的两个差异所造成的结果。首先,现在购买力从一个时期转移到另一个时期不是唯一受到利率保持不变情况下的债券交易的影响,而是受到最优选择的债券和货币组合的大小和构成决定的总体收益率的影响。其次,这些转移伴随着惩罚成本的变化。

通过推导相应的 LN 的方程,可以对这个斜率进行更详尽的推测。这个方程是通过将第 149 页的等式(2)乘以 $1/(1+r)$,并将其加到等式(1),从而得到

$$E[Z_1]+\frac{1}{1+r}E[Z_2]=R_1+\frac{R_2}{1+r}-\frac{1}{1+r}r\left(\frac{M_1}{p}\right)-\left\{E[P_1]+\frac{E[P_2]}{1+r}\right\}.$$

(5)

这一方程的右边可以解释为克服货币经济摩擦的内在成本之后的净财富。这些成本有两种,分别由等式(5)右边的第三项和第四项表示:第一种成本为持有货币而不是债券时个体(以牺牲利息的形式)所支付保险金的贴现值;第二种成本,尽管持有这些余额,个体所发生的惩罚成本的贴现值。[24]换言之,持有货币提供了一种"扣减"保单:它可以减

158

---

[23]　然而,根据这一事实推断个体因为使用货币而变得更糟糕是一个不合逻辑的惊人推论。因为后者不是被引入到预算约束 FH 所表示的一个没有摩擦的费雪经济,而是被引入到受专业化和交换的好处更少的摩擦比货币经济中的经纪费用严重得多的易货经济中。相应地,在这种易货经济中,个体的财富实际上将远低于财富约束 LN 所表示的水平。

[24]　从图形上看,图 7-1 中点 Q 的这两个成本分别由 WB 和 $G'G+\frac{W'W}{1+r}$ 表示。参见第 151、153 页,脚注 15。

少损失,但是不能完全消除损失。

像往常一样,这一约束的斜率衡量了一个单位的当前消费在边际上必须放弃多少边际单位的未来消费。未来消费水平下降造成的货币需求量下降越大,边际成本越低;因此参照 Y 轴的斜率(绝对值)越小。另一方面,增加当前消费所增加的惩罚成本越大,边际成本也就越大,因此斜率也越大。因此,这个斜率的变化是这两个力量抗衡的结果。

现在考察个体规划了"高"水平的当前和未来消费的区域。因此,他在两个时期都享受持有货币的规模经济。因此,我们可以直观地看到,消费从一个时期转移到另一个时期不会显著影响他在这两个时期的总交易成本,因此也不会影响这种转移的边际成本。换言之,这两种对抗性的影响将或多或少相互抵消,使边际成本在 $1+r$ 时近似不变。这就是图 7-2 中的预算线 $L'N'$ 所表示的情况。

但是,当一个时期的消费水平较低的时候,情况却完全不同。因此,考察 Y 轴附近的预算约束。我们采取一个不那么严谨的分析,这里进一步增加 $E[Z_1]$ 将对当前惩罚成本产生很小的影响;另一方面,相应地降低 $E[Z_2]$ 将以一个增加的速度来降低未来的惩罚成本。因此,线段 LL' 为凸,且其斜率(相对于 Y 轴)小于 $1+r$。同理,线段 $M'N$ 为凸,且斜率大于 $1+r$。[25]

这样,我们看到上述货币摩擦的存在并不需要我们在通常的费雪分析中做出任何本质的改变。[26]假设个体不受时间偏好的影响,因此图7-2 中的无差异曲线关于通过原点的 45°射线对称;并且假设利率的大小与在现实中经历的一样,那么个体会消费大量的 $E[Z_1]$ 和 $E[Z_2]$,因此财富约束的相关部分就是或多或少与 FH 平行的直线 $L'N'$。于是个体关于当前和未来消费的最优组合再次由其偏好、财富(扣减货币经济的交易成本)以及利率共同确定。相似地,如果 $E[Z_1]$ 对

[25] 这些结果的严格推导需要等式(5)隐式微分时的二阶导数的知识。
[26] 参见弗里德曼《消费函数理论》第 7—14 页中对此的分析。

$E[Z_2]$ 的边际替代率只取决于它们之间的比率,那么在利率保持不变的情况下,财富的增加将导致当前和未来对商品的需求按比例地增加。[27]

3. 需求函数的性质。结语

如同前面的第 5 章第 6 节一样,我们可以利用上述图表分析来推导超额需求函数的性质。再一次,我们可以证明这些属性仅仅反映了真实余额效应而没有货币幻觉。现在考察利率下降的影响。这里有与第 5 章第 6 节的无差异曲线分析的两个对比。一方面,图 7-1 中的无差异曲线不会因为最优当前消费水平的变化而变化[28];另一方面,它将因为这个无差异曲线间接地取决于利率而移动。[29]特别地,切点为 Q 的无差异曲线将被一条从上面切割最初的预算线的无差异曲线所替代。相似地,在原来的无差异曲线图中,现在每一条无差异曲线经过的点都有一条新的、具有更陡斜率的无差异曲线通过。因此,无差异曲线图的这种变化倾向于抵消预算线陡度的增加。

关于这两种抵消性力量的常识性解释是,利率下降降低了边际性储蓄的惩罚成本以及持有货币的成本(参见上文第 153 页)。这一提法也提供了假设后一种力量将占主导地位的理由:尽管利息是边际成本的全部,但它只是惩罚成本的一个要素。[30]根据上文第 108 页所引用的相同类型的考虑,我们因此认为利率下降将导致债券向货币转换。

现在考察债券流动性增加的影响——这在目前情况下意味着经纪费的下降。再次,为了得到流动性增加将导致从货币向债券转移的结

---

［27］　将此与第 6 章第 2 节的讨论进行比较。

［28］　参见第 108、152 页。

［29］　参见前面第 149 页和第 151 页的等式(2)和等式(4)。

作为 $E[P_1]$ 降低,所生成的利息的下降的结果,它同样导致图 7-1 中 Y 轴上的点 G' 向上移动,因此 AB 代表了更高水平的 $E[Z_1]$。

［30］　参见第 153 页脚注 16。

论,有必要做出与第 108—109 页[31]相似的假设。显然,如果经纪费用完全消失,个体将只持有债券。

总之,本章将货币视为生产者的商品的分析得到了与第 5 章将其视为消费者的商品的分析具有相同的一般属性的需求函数。这意味着——在一般意义上[32]——这两种研究交易需求的方法在操作层面是等价的:在经济计量意义上,它们是无法区别的。[33]

然而,根据福利经济学的观点,两者之间存在差异。将货币作为消费者的商品进行处理意味着它的服务像消费者的其他商品一样,应当包括在国民产品中。从另一方面看,本章所采用的方法,意味着货币的这些服务不是最终产品,而是增加经济的专业化程度和交换,从而增加商品产出的成本之一。[34]相应地,这些货币的服务对经济整体福利的贡献已经反映在这一产出中,如果再将它们包括进来将造成"重复计算"。这就是我们将货币余额的服务作为等式(5)中右边的总财富的减项,而不是其左边消费的增加项的意义。[35]

161

---

[31] 除了现在冗余的假设,即图 7-1 中的图并没有受到当前消费水平变化的影响;参见本节第一段。

[32] 然而,由于我们原则上规定了惩罚函数的性质——与效用函数形成对比——本章的方法能够潜在地导致对需求函数进行更精确的规定。

[33] 同样请注意第 154 页的观察,这表明这两种方法即便在一个纯粹的理论水平上也能融合。

[34] "对银行、……、经纪商等的支付不是对流向最终消费者的最终商品的支付,而是工业社会的机器提供的润滑油——这些活动意图消除生产系统的摩擦,不是对最终消费的净贡献"[西蒙·库兹涅茨:《经济变革》(纽约,1953),第162 页]。

正如库兹涅茨所强调的,"中间"和"最终"消费的这一区别是导致现代城市工业社会中的许多其他活动被排除在国民产品之外的因素。这些活动包括:中间的政府服务、好的交通、技术教育,等等。当然,只有对具有高度差异经济结构的经济在时间和空间上进行福利比较时,这个问题才是重要的。[参见,同前引,第 161—163、195—196 页。更多的关于国民收入账户的这种差异及其含义的一般解释,参见库兹涅茨:《国民收入及其构成,1919—1938》(纽约,1941),第 34—45 页。]

[35] 参见第 110 页和第 112 页的等式(19)和等式(21)。

第8章　新古典货币理论批判[1]

1.简介。传统交易与货币余额方法在分析 M 发生变化时的不足。均衡绝对价格水平的稳定性检验失效及其意义。2.货币余额方程与"货币需求一致的单位弹性"。3.定价过程有效和无效的二分法。货币理论和价值理论的合理关系。4.结论：新古典货币理论未能充分理解真实余额效应。5. K 变化的影响。6. T 变化的影响。7.萨伊恒等式的含义。

1. 简介。传统交易与货币余额方法在分析 M 发生变化时的不足。均衡绝对价格水平的稳定性检验失效及其意义

术语上的争论是没有结果的。因此,我们最好一开始就明确这里使用的"新古典"是一个曾经被广泛接受的主体思想的简称,该思想围绕一个交易或货币余额类型的方程组织货币理论,然后用这些方程验证经典的货币数量理论。虽然像我们经常所看到的,对货币需求函数的特定描述和对货币理论相对于价值理论的角色的构想是这一思想主体的分支。

---

[1] 本章集中讨论货币和价格理论。关于新古典利息理论的讨论最好从第 15 章第 1 节开始。

新古典的货币余额理论主要与瓦尔拉斯[2]、马歇尔[3]、维克塞尔[4]和庇古[5]等名字联系在一起。为方便起见,新古典理论假设个体愿意在他们计划的真实交易量 T 中以一定比例 K 持有真实货币余额。因此对这些货币余额的需求等于 KT。与此相对应,对名义货币的需求为 KPT,在这里 P 为所交易商品的价格水平。令这一货币需求等于货币供给 M,于是我们可以得到著名的剑桥方程,$M=KPT$。在交易形式中——主要与纽科姆和费雪[6]等人的名字相关联——流通速度 V 取代了 K 的倒数,得出著名的交换方程 $MV=PT$。这些方程式是新古典主义经济学家在此基础上研究古典货币数量理论的基础。[7]

这一理论最有说服力的一点是形成了以下三段论:货币数量的增加扰乱了货币余额和个体支出之间的最优关系;这一干扰使得计划支出增加(真实余额效应);计划支出增加对价格水平形成压力,使其与货币数量同比例上升。在前面所提到的作者中,只有维克塞尔[8]和费雪[9]对这个论点提供了完整、系统的表述。然而,即便没有将其各

164

---

[2] 但是注释 C 第 2 节认为,尽管瓦尔拉斯确实给出了货币余额方程,但是他没有提出关于货币余额的理论。

[3] 参考资料见注释 G 第 1 节。

[4] 参考资料见注释 E 第 1 节。

[5] 参考资料见注释 G 第 1 节。

[6] 参考资料见注释 F 第 1 节。

[7] 读者将会观察到,$M=KPT$ 和 $MV=PT$ 在这里被当成等式而不是恒等式。其解释已经由前一个脚注的参考资料给出。也可以观察到,这两个等式在分析中被视为等价的。有时我们会尝试区分它们,但是在这里我们不会这样做,我们只注意到,根据我们当前目的的需要,任何这样的区别都是可以忽略不计的。参见凯恩斯:《货币论》(伦敦,1930),第 1 卷第 237—239 页;玛吉特:《价格理论》,第 1 卷,第 424—433 页。

关于最近对这两个新古典方程和它们各自所代表的理论的很好解释,参见钱德勒(Chandler):《货币和银行经济学》(修订版;纽约,1953),第 23—25 章;哈特(Hart):《货币、债务和经济活动》(修订版;纽约,1953),第 10 章和第 12 章。

[8] 《利息与价格》,第 39—41 节。这在注释 E 第 1 节得到完整引用。

[9] 《货币购买力》,第 153—154 页。这在注释 F 第 1 节得到完整引用。

个组成部分整合起来,其他作者就单个组成部分所做的工作也足以能够使我们用新古典主义货币理论的一般分析背景来支撑我们认定这些部分是合理的判断。

货币和价格之间的因果关系完全不是一种机械的关系,而是货币数量变化对商品需求的先验影响所产生的结果。实际上,前述论述所强调的这一基本事实,在康蒂永、松顿、李嘉图和穆勒[10]的经典数量理论中已经成为老生常谈。在一些作者的论述中特别生动,他们强调货币数量的增加对价格的影响一般不能说是等比例的,而是取决于谁的货币持有量增加了,因此也就增加了谁的需求。[11]毕竟,正是基于这一考虑,古典经济学家和新古典经济学家都认识到,货币数量的变化可以产生"强迫储蓄",因此其影响不一定总是中性的。[12]

另一方面,必须强调的是,与新古典主义相比,这些早期的数量理论的表述都没有在完整意义上承认真实余额效应;因为他们都没有提出上述论点的关键中间阶段,即人们增加他们的支出流,因为他们感到他们的资金存量对于他们的需求而言太大。相反,按照凯恩斯主义方式的解释,这些表述或多或少地直接将货币支出增加与货币收入的流

165

---

[10] 具体参考资料参见注释 A。

这是玛吉特的研究的主线之一。参见《价格理论》,第 1 卷,第 307、345、500 页等。我还觉得黑格兰(Hegeland)在《货币数量理论》(哥德堡,1951)的单行本中很大一部分内容都未能认识到这一事实;参见,同前引,尤其是第 38—39、57、87—92 页。

[11] 参见,例如,康蒂永(R. Cantillon):《关于贸易性质的论文》(1755),由希格斯(H. Higgs)(伦敦,1931)编译,第 179 页;穆勒:《经济学原理》,第 491—492 页。玛吉特的《价格理论》第 502 页从卢博克和凯恩斯中引用了相似的一段。

后来作者对此的强调,参见瓦尔拉斯:《纯粹政治经济学纲要》(第 1 版;洛桑,1874),第 181 页。他本质上是重复了穆勒的工作;也可参见《纲要权威版》,贾菲编辑,第 328 页。也可参见维克塞尔《利息与价格》,第 40 页;熊彼特的《金钱和社会产品》,同前引,第 191—192、204—206 页;以及米塞斯,同前引,第 139—140 页。但是当米塞斯试图证明即使在个体的初始货币余额等比例增加的情况下价格也不会等比例的上升时,使得自己走向了死胡同(同前引,第 141—142 页)。他所犯错误的本质可见前面第 45 页的讨论。

[12] 这将在第 15 章第 1 节进一步讨论。

入联系在一起：人们支出更多的货币是因为他们收到了更多的货币，而不是因为他们的真实货币余额扩大到超出了"它们的便利性教育他们手头持有货币"所需要的数量。[13]但是，正是货币余额的扩大以及由此产生的真实余额效应，帮助解释了在向经济注入新货币之后的时期里为什么需求和价格保持在一个较高的水平。[14]

显然，三段式分析在第 2 章至第 4 章中都有相对应的论述。这种并行论述不仅阐述了这一分析的传统特色（这是一种已经在提及早期作者们的提示性脚注中被着重强调的特色，他们在运用这些特色时显得刻意和名正言顺地老练），同时也证明了这一论述提供了古典货币数量理论本身最终的严格论证。的确——这是矛盾的——这个论证中唯一缺少的传统元素是那些非常新古典主义的方程式，它们与数量理论有着如此紧密的联系，以至于几乎与它相一致！但是，正如本书序言中所强调的，这种省略也是有意为之。因为，这里的替代方法更一般化、更严谨，也不太可能出现误导。

因此，举例来说，新古典方程存在明显不足，它们并没有明确利率所起的作用。因此，它们不适用于这个分析利率的整个理论体系。特别是，不能用它们来验证改变货币数量不会改变利率这个古典命题。实际上，它们不仅不能提供帮助，反而制造了麻烦。因为在货币余额方程中遗漏利率因素的影响形成了误导，即，利率这一经典的不变性只在不影响货币需求的特殊情况下成立。正如我们已经在第 4 章第 4 节中看到的，这个限制是不必要的。这并不是否认在其他情况下，新古典经济学家们确实认识到了利率对货币需求的影响，并的确在古典利率理论领域做出了其他重大的拓展。但它强调这些贡献在那些基本方程中无处体现，而这些方程是新古典货币理论的标志，比其他什么都重要。[15]

---

[13] 费雪：《货币购买力》，第 153 页，将"他的"改成了"他们的"，"他"改成了"他们"。

[14] 这句话所做的区别将在第 10 章第 3 节详细的期间分析中更为清楚。

[15] 正如已经指出的，对新古典利率理论的充分讨论将被推迟到第 15 章第 1 节。

同样,我们的方法不依赖于烦琐并且经常受到批评的 K, V, P, T 等总量,而是建立在个体根据个别价格对个别商品的个别需求之上。并且,即便如第 2 部分一样以总量的形式出现,这也并不必然地削弱量化理论,即,像交易等式中 MV 那样,暗指这个理论只有在对商品的总需求直接与货币数量成比例这一明显不切实际的情况下才成立。前一种方法只坚持需求函数不存在货币幻觉;否则,它使他们可以自由地反映个体对初始货币余额水平变化的全方位且多样化的反应。[16]

货币余额方程经常取代了这些对商品函数和货币函数毫无必要且无效的限制。由于我们将在下一节对这些限制进行更详细的讨论,因此无须在此对其进一步展开。除这种实质性的批评之外,新古典货币余额方法受到了在引言中已经被提及更一般、更务实的批评。在它对导致个体持有货币的因素的简洁描述中,这一方法当然完成了它所要达到的目标,即将这些货币持有量引入到"具有愿欲的关系"中。[17]但是这种将货币需求"人格化"的做法往往导致对货币市场的过度关注而忽视商品市场,从而造成对货币变动影响的分析"非人格化"。

这种批评的力量可以通过图 3-2(第 47 页)及其伴随的讨论来最好地说明。正如下一节所要强调的,这个图与通常的新古典图有着显著的差异。尽管我们强调对货币余额方法的支持承认了真实余额效应这一事实,我们要说的是他们经常满足于货币数量的翻倍使得货币市场的均衡位置从 R 移动到 T 这个机械的比较静态命题;但是他们经常未能对货币增加在商品市场形成的真实余额效应推动经济从其最初的均衡位置移动到新的位置的方式提供一个系统的动态分析。现在,正如维克塞尔尖锐的反例所证明的那样,这种省略不是这种方法的必然结果。然而,正好是这一刻意强调货币市场的动态分析没有被融合到马歇尔、庇古、凯恩斯和罗伯森等剑桥学派的货币余额传统当中,这绝不可能

167

---

[16] 参见以上,第 45 页。

[17] 庇古:"货币的价值",同前引,第 174 页。

是偶然巧合。因此，这样看来，在分析货币增长对通货膨胀的影响时，剑桥理论实际上并没有像费雪交易理论那样受到"意志"和个人行为的启发，而费瑟交易理论的"机械论"正是被设计用来修正的！[18]

正如上文所充分强调的，这是本书中形成的替代方法的具体目标之一，通过将分析直接引入商品市场来避免这种陷阱。这种方法的一个必然的优势是，它能够精确地从经济上解释为什么货币数量翻倍会导致价格水平翻倍——而且仅仅是翻倍，既不增加也不减少。这显示出数量理论的本质在于自动的、纠正性的市场力量将会持续通过真实余额效应产生作用，直到达到两倍的价格水平为止。再一次，没有任何逻辑理由可以解释为什么这些力量不能被发展成为新古典货币理论的标准组成部分。然而，不可否认的事实似乎是，只有维克塞尔勇敢地问了这样一个问题：如果价格偏离了货币数量所要求的均衡水平，将会发生什么情况？并描述了由此产生的动力将如何促使它们回归到这一水平的。[19]

前面三段可以总结为一句：在所有的新古典货币理论中缺失了基础性的一章。这一章应该对真实余额效应确定货币价格的绝对均衡水平提供一个精确的动态分析。这是说，不是为了从初始货币增加推动经济向新均衡位置运动的力量这个角度进行动态分析，这是许多新古典经济学家已经充分讨论过的一个问题[20]，而是从描述一旦达到这

---

[18] 正是因为这一原因，上述剑桥经济学家没有在第163页作为提出完整的数量理论三段论的经济学家与维克塞尔和费雪等人一起列出。为了评估这一批评的有效性，读者必须自行比较（注释G中引用的）剑桥学派与维克塞尔和费雪的论述。相似地，将剑桥学派的论述与米塞斯（同前引，第132—135、138—140、147—149页）、霍特里（Hawtrey）（《货币与信贷》第3版；伦敦，1927，第3—4章，尤其是第35、59—60页）等货币余额经济学家进行对照也是有益的。霍特里的"未动用保证金"与通常所称的货币余额是相同的。

[19] 参见第3章第3节以及维克塞尔《利息与价格》的第39—40页。正如我们已经注意到的，这个重要的参考完全转载在注释E第1节。

[20] 参见上面脚注18对费雪、维克塞尔、米塞斯和霍特里的引用。

个新位置的稳定经济的力量这个角度进行分析,这个问题与前一问题存在细微差别,然而只有维克塞尔讨论了这一问题。

低估这种细微差别的重要性将是一个严重的错误。在这一点上最容易说服读者的方式就是让其面对以下事实:当价格处于均衡价格之上时,超额供给这一纠正性力量就会发挥作用,而当价格处于均衡价格之下时,超额需求的力量就会发挥作用,瓦尔拉斯作为一个从不厌倦建立其系统稳定性的经济学家,已经对此做了详细的说明。在解释市场是如何确定商品的均衡价格时,他这样做了。在解释市场是怎样确定生产性服务的均衡价格时,他又这样做了。在解释市场是如何确定资本物品的均衡价格时,他第三次这样做了。但是,在他试图解释市场是如何确定纸币的均衡"价格"时,他却没有这样做。瓦尔拉斯就是惯例而不是一个例外。同样的不对称性在具有剑桥传统的作者们之间反复发生,他们对价值理论中均衡价格的稳定性运用标准的供给与需求进行检验,却在货币理论中省略了对均衡绝对价格进行这种相应的检验。[21]

因此,在这个细微之处的背后是尽管他们试图将这两个理论结合起来,这些经济学家持续未能在他们的货币理论中采用其价值理论的一个简单熟悉的技术。我们将在下面的第4节回来讨论这一事实的意义。

2. 货币余额方程与"货币需求一致的单位弹性"

在前一节就已经提到的新古典货币余额方法的另一个熟悉命题是,对纸币的需求具有"一致的单位弹性",并相应地由一个直角双曲线

---

[21] 关于瓦尔拉斯,参见注释 B 和注释 C 第 4 节,尤其是第 562 页。关于剑桥学派的传统,参见注释 G 第 2 节。对费雪的讨论,参见注释 F 第 2 节。

通过使用新古典相同的视角检查最近的文献可以看出,刚才描述的不对称性一直持续到现在。另一方面,试图在古典文献中追溯这种矛盾却没有多大意义:它的价值理论讨论有着本质不同。参见注释 A。

表示。这个主题在瓦尔拉斯、马歇尔和庇古等人的著作中重复出现。在后一情况下,很明显它被视为货币数量理论有效的必要条件。用庇古的话说,"由于(对法定货币的)需求的弹性等于 1,法定货币的增加总会带动价格与供给以相同比例上升。"这里有一个强烈的印象,即这一命题也被其他的作者推崇。事实上,也许就是这个假定的因果关系解释了依附在其之上的重要性。[22]

这就使得我们更需要注意,这个命题不仅在数量理论中不是必需的,甚至在一般意义上是错误的。所有这一切都已经在第 2 章的第 5 节以及第 3 章的第 5 节得到了充分解释,即,真实余额效应通常不可能使得对货币的需求具有单位弹性,但尽管如此,货币数量的增加会导致价格按比例增加。然而,应该明确的是,新古典主义单位弹性的论点不是剑桥函数所固有的。因此,如果 KPT 是对货币的需求,M 是货币供给,对货币的超额需求 $KPT-M$ 比 P 和 M 等比例变化造成对货币的超额需求按比例变化更能正确反映现在这一熟悉的属性。另一方面,仅 P 的变化会产生真实余额效应,从而改变了计划交易量 T,因此会对货币的需求量 KPT 产生非比例的变化。如果对剑桥函数进行正确的解释,这并不意味着存在一致单位弹性。

新古典经济学家们未能看到这一点,我们认为对此存在两种可能的解释。首先,他们很显然没有意识到要深究 T 的含义。他们只是偶尔赋予其前一段的论证所依赖的愿欲性内涵。在其他时候,他们把它当成超越个体意愿的事物——如"全部资源……由社区享受"。有时,他们冷不防地从一个内涵转到另一个内涵。[23]其次,即便他们根据 T

---

[22] 庇古:《应用经济学论文集》(伦敦,1923),第 195 页。对于这里所提到的三位作者的引用,参见注释 C(第 544 页和第 567—568 页)和注释 G 第 3 节。后者也包括了对其他作者的引用。卡塞尔所考查情况之下的这个假设的存在性参见注释 H 末。

[23] 引用来自庇古:《应用经济学论文集》,第 176 页。但是,就在前 1 页庇古通过将其与个体在他的"生命中的普通交易"的交易量联系起来而赋予了 T 一个内涵。

读者会发现从这个角度去研究注释 G 中所参考的剑桥方程的其他论述是有益的。

的愿欲性含义使用,这也是唯一与货币余额方法之所以存在的理由保持一致的地方。在面对 P 的变化时,他们从没意识到真实余额效应排除了 T 保持不变的可行性。实际上,P 和 T 之间独立是对货币理论的新古典主义证明的一个标准引理!

　　然而,上述批评的力量在两方面被严重削弱。首先,如果价值理论的马歇尔需求曲线被解释为已经消除了收入效应;如果这种解释也扩展到货币理论中的马歇尔需求曲线[24],那么图 2-1b 中由面对 P 和 M 发生等比例变化(见前面第 27—28 页)的个体所生成的直角双曲线确实是这条曲线的适当形式。其次,即使不接受这种解释,公平地说,利用"需求的单位弹性"对货币余额方法进行阐述,纯粹是用更复杂的方式来说明货币数量增加导致价格按比例增加。换句话说,他们心中的弹性是图 3-3(第 49 页)中的市场均衡曲线的弹性,而不是图 2-2b(第 29 页)的需求曲线的弹性,所以他们不是真的指马歇尔的"需求弹性"。但是,这一点不应被视为表示这些作者意识到了存在这两个不同概念的曲线。事实上,他们随意地从弹性的一种含义转变到另一种含义——有时甚至在同一个句子中出现这种情况。这一点突出了新古典货币理论的模糊性——这是因为他们未能得出个体实验和市场实验之间的基本区别。[25]

[24]　原书第 607 页解释了暗示这种扩展可能不适当的理由。

上述的解释当然是米尔顿·弗里德曼的解释。他认为马歇尔假定沿着他的需求曲线的运动伴随着保持真实收入不变的补偿变化["马歇尔需求曲线",《政治经济学杂志》,第 17 期(1949),重印在《实证经济学论文集》(芝加哥,1953),第 50—53 页]。尽管不接受这种说法的细节,我确实同意马歇尔的需求曲线不能反映收入效应的观点;参见我的"需求曲线和消费者剩余",收录在卡尔·克里斯特等主编的《经济学的测量:纪念耶胡达·格伦菲尔德的数理经济学和计量经济学研究》(斯坦福大学,1963),第 104—108 页。

[25]　对文献的具体参考,参见注释 G 第 3 节。

维克塞尔再次是个例外。他明确指出他在其货币理论里画出的直角双曲线是一条市场均衡曲线。参见注释 E 第 2 节。

3. 定价过程有效和无效的二分法。
货币理论和价值理论的合理关系

我们现在回过头来分析货币数量变化所产生的影响。与以货币价

172 格的绝对水平为对象进行分析不同——当然,这是通常的做法——我们同样可以真实货币数量为分析对象。因为,一旦货币的名义数量是确定的,它的真实价值与绝对货币价格水平成反比,或者,简而言之,与绝对价格水平成反比。这种方法可以如此着手:在经济的初始均衡位置,货币的真实数量刚好处于满足其交易和预防需求的水平。货币名义数量的外生增加推动真实数量超过均衡值并因此而在不同市场形成通胀压力。由此而形成的价格上涨降低了货币的真实数量并降低了造成通货膨胀的压力本身。现在,根据假设,初始的货币增加并没有影响到经济对真实余额的"偏好"——这也就是,它对持有货币以避免不便、成本和(或)违约的尴尬的欲望。因此,除非价格水平上涨到足够高,并使真实货币数量再次减少到最初水平,否则经济不可能到达新的均衡位置。[26]

我们现在将给定条件(独立变量)分成两类,这些条件决定了交换经济均衡位置的性质。第一类是一些描述经济"实体框架"的条件:比方说,偏好(包括对真实货币余额的偏好)和初始商品持有量。第二类是一些描述"货币框架"的条件:比方说,初始名义货币持有量。与此相对,我们将因变量也分成两类:"实体变量",即相对价格的均衡值,利率和真实货币数量;以及"货币变量",如绝对价格水平的均衡值。[27]

---

[26] 将其与表征流动性偏好变化的均衡真实货币数量的变化进行比较;参见下文第 5 节。

[27] 关于因变量和独立变量之间的区别,参见第 1 章第 4 节和第 3 章第 1 节。

在下面的分析中,我们从分配效应进行抽象。这使我们能够将债券的初始名义持有量的总额,从而也包括真实债券持有量的总额视为恒等于 0。因此,这些持有量没有一个出现在前面的分类方案中。

现在考察一个经典的命题，即货币数量变化仅仅造成均衡货币价格等比例变化。本节开头一段使我们能够用一个等价命题来替换它。该等价命题是，这种变化对相对价格的均衡值，利率以及真实货币数量没有影响。现在，这些值独立于名义货币数量的说法等同于无须知道这一（名义货币）数量就可以确定它们的值。这就允许我们将交换经济中的定价过程想象成两个连续的阶段：在第一个阶段，为实体框架做出规定，确定系统中实体变量的均衡值。在第二阶段，为货币框架做出规定，确定货币变量的均衡值——因为这个值就是规定的名义货币数量与真实均衡数量的比值。[28]

应当明确的是，武断且机械地确定名义货币数量与货币理论毫无关系。因为，我们下面将讨论个体层面上的真实余额与商品需求时间的关系以及市场层面上造成这些余额的均衡值发生变化的原因，这两者都是这个理论关注的对象。上述两类问题都在第一阶段的二分法中得到了充分的分析。因此，这一阶段等同于经济分析：它同时包括了价值理论和货币理论。相应地，这一两分法的第二阶段超越了苍白的经济分析：它处理的是一个完全不确定的行为。

还应该清楚的是，前述二分法纯粹是一个概念。市场的实体框架和货币框架很显然是同时"明确的"。相似地，在这个市场上只有货币价格，它们都是同时被确定的。总而言之，我们的二分法与推导出它的数量理论的基本命题一样，没有操作上的意义。[29]

相对价格和货币价格之间的二分法必须与第3章第3节中的货币价格与会计价格的二分法区别开来。[30]首先，这两者所涉及的价格的性质有明显差异。与这个差异并列的是，在这些二分法的第二阶段，各自规定的数据之间也存在差异。在第3章第3节的二分法中，这由商

[28] 参见数学附录7A(i)。

[29] 对文献中关于上述二分法的呼应，参见注释I第1节。

[30] 上文第43页。这种二分法在维克塞尔、费雪、鲍利、卡塞尔和其他人的著作中的例子，参见注释1第2节。数学内容参见数学附录7A(ii)。

品的会计价格构成；在当前情况下，它由名义数量货币构成。相应地，在当前二分法中，补充数据值的变化将影响货币价格，而在第 3 章第 3 节中却不会。最后，第 3 章第 3 节的二分法可以具有直接的操作意义：在实际的经济学中，首先决定货币价格，然后决定会计价格。很显然，这组额外的价格毫无经济意义；但是，在当前的背景下，这是无关紧要的。

这两个二分法必须更明显地区别于第三个二分法。它虽然根植于瓦尔拉斯、费雪、庇古和卡塞尔的著作，但是并没有得到其最明确的形式，直到后来迪维西亚、兰格、莫迪利亚尼和施奈德及其他人对其进行了阐述。大家公认这种形式无可争议地陈述了货币理论和价值理论之间的正确关系。

这种熟悉的二分法的出发点（实际上文献中出现的每一情况）是一个由商品和货币组成，但不包含债券的纯粹外部货币经济（参见第 15 页）。这个二分法将经济分成两个部门：一个由商品的超额需求函数描述的实体经济部门和一个由货币的超额需求函数描述的货币部门。前一个函数被认为只取决于相对价格；后一个函数，不仅取决于相对价格，也取决于绝对价格。假定实体经济部门的需求函数对货币价格的绝对水平变化不敏感，这被称为"同质性假设"[31]并被说成表示不存在"货币幻觉"。[32]

175　　　相应地，与这些函数相对应的市场超额需求方程同样也被分成两组。实体经济部门的方程自身就能够确定其唯一变量——相对价格。它们所确定的这些方程和变量因此构成了价值理论。货币部门的方程确定剩余变量——绝对价格水平的均衡值，并且它所确定的这个方程

---

[31] 这个词首先由列昂惕夫在其"凯恩斯先生失业货币理论的基本假设"，《经济学季刊》，第 51 期(1936—1937)第 193 页中使用。它源于一个事实，用数学术语表述就是，那些不受货币价格等比例变化影响的需求函数对这些价格是"零次齐次"的。

[32] 读者应该清楚，这与我们对这个术语的使用不一致，我们将无货币幻觉定义为对会计价格而不是货币价格的绝对水平变化不敏感；参见第 23 页。

为了避免任何可能的混乱，我们在整个讨论中重申"绝对价格水平"是"货币价格绝对水平"的一种简写形式。

和变量因此构成了货币理论的范围。[33]

与"单位需求弹性"一样,这个二分法的大部分吸引力在于它是货币数量理论的有效性的一个必要条件。[34]我们感觉到,除非需求函数独立于绝对价格水平,否则货币增加(这必然影响这一水平)不能在实际经济现象中保持其经典的中性特征。但是,事实的真相再次是这一二分法不仅没有必要,不仅仅无效,甚至其基本假设否定了数量理论本身。因为,如果说实体部门的需求函数没有受到绝对价格水平的影响,也就是宣称它们满足"同质性假设",没有受到货币余额真实价值变动的影响。但是,我们当前模型中的数量理论恰好依赖真实余额效应来处理货币增加带来的通胀影响!另一方面,这种依赖关系丝毫没有违背货币数量翻倍的最终中性特征。因为,在新的均衡位置,个体不仅要面对翻倍的价格水平,而且还要面对翻倍的初始货币持有量。因此,与初始均衡位置相比,不存在真实余额效应;因此,行为没有变化;因此,古典的货币中性属性得到了重申。[35]

更一般地,如果货币理论的功能就是解释绝对价格水平的确定,那么"同质性假设"或者与其等价的说法,在前述二分法意义上不存在"货币幻觉",就是前述作者们所考察的简单模型中的所有货币理论的对立面。为了让二分法的假设成立。现在假设均衡的初始位置受到扰动,

176

---

[33] 在瓦尔拉斯、费雪、庇古和卡塞尔等的著作中极有可能存在上述二分法,分别参见注释 C 第 4 节末,注释 F 第 3 节,注释 G 第 4 节和注释 H 末。对于维克塞尔在这一点上的混淆的讨论同样可参见注释 E 第 3 节。

关于迪维西亚、兰格、莫迪利亚尼、施奈德以及玛格特、罗森斯坦-罗丹、米达尔、希克曼和哈特等人对这个二分法明确的表示或保证,可参见注释 I 第 3 节。这也讨论了希克斯的情况并引用了最近文献中的一些额外的例子。

例如"同质性假设"和/或"货币幻觉"在这里所引用这一意义上的例子,参见注释 I 第 3 节中的列昂惕夫、哈伯勒、马尔沙克、萨缪尔森、丁伯根和博尔丁。

[34] 例如,列昂惕夫:"凯恩斯先生失业货币理论的基本假设",同前引,第 193 页,以及莫迪利亚尼:"流动性偏好",同前引,第 217 页,都曾明确宣称。进一步的细节参见注释 I 第 3 节。

[35] 参见第 3 章第 4 节。关于中性的概念参见第 75 页。

造成了全部货币价格发生等比例的变化。由于这没有改变相对价格，"同质性假设"意味着实体部门中的任何一个需求函数都没有受到影响。因此，由于这一部门的商品市场本来就处于均衡状态，它们必定依然保持这种状态。根据瓦尔拉斯定律，货币市场也必须如此。因此，货币价格从任何给定均衡水平等比例地偏离都不会产生市场力量——也就是说，不会在系统中的任何地方产生超额需求——它们会使得货币价格回到它们的初始水平。因此如果任何一组价格是一组均衡价格，该组价格乘以任何数字所得到的一组价格还是一组均衡价格。绝对价格水平是不确定的。[36]

因此，上述二分法被卷入一个基本的内部矛盾当中。因为如果实体部门的需求函数具有它所赋予的属性，那么就不可能有一个确定绝对价格水平的"第二阶段"。[37]

由于前述观点偶尔会被误解，所以值得详细阐述。首先应该注意到的是，静态超额需求方程组可能没有正式的数学解，这里所关注的矛盾与这一意义上可能的不一致没有任何关系[38]；实际上，正如上面所

177

————————

[36] 将此与真实余额效应不发生作用情况下的保证确定性的方式进行对比；前文第 41 页。

[37] 对于上述二分法的数学表述及批判，参见数学附录 7A(iii)。

[38] 这是一个各种评论家已经充分注意到的关于二分法讨论的事实；因此，参见阿萨尔·林德贝克(Lindbeck)："古典二分法"，《经济学期刊》，第 63 期(1961)，第 32、35、39 页以及比埃里(Bieri)："古典二分法之争"，《瑞士经济与统计杂志》，第 2 期(1963)，第 177—178 页。

另一方面，正如在所参加的一场研讨会上，由鲍莫尔("货币与价值理论"，同前引，第 1 节和第 31 页最后一段)，哈恩(同前引，第 42 页)以及鲍尔和博德金(同前引，第 49 页，脚注 4)所指出的——最近阿奇博尔德和利普西(同前引，第 9—17 页)对于前述说法的批评源自未能看到这一事实，并因此而离题。

尽管依靠本次研讨会总结其二分法的讨论，哈里·约翰逊最近的综合评述也错误地暗指前述说法涉及了静态方程组的不一致性("货币理论与政策"，同前引，第 340 页第 13—20 行)。

进一步的讨论，请参见注释 I 第 3 节。

强调的[39]，此类问题超出了本书的兴趣。相反，上述论证所关注的不一致概念是标准（和普通）的形式逻辑的之一，即如果一组命题同时包含一个命题和它的否定，那么它就是不一致的。[40]

上述论证的细节现在可以说明如下：我们从以下三个非常合理的假设开始：（1）当且仅当市场对该商品存在超额需求（供给），市场的力量才会使得任何给定商品的价格上升（下降）。（2）当且仅当存在货币超额供应（需求），市场力量会使得绝对价格水平上升（下降）。（3）至少有一种商品的价格发生变化时，绝对价格水平才会改变。

我们现在假设前述二分法成立。为简单起见，也为了符合二分法的通常表示，我们同样假设货币方程为剑桥形式为

$$KPT - M = 0。$$

最后假设系统处于初始均衡状态，并受到一个扰动使商品价格（绝对价格水平）等比例地偏离了它们的均衡水平。正如我们已经看到的，这不会在任何商品市场产生超额需求。因此，由上面的假设（1）和（3），不会产生纠正绝对价格水平的市场力量。也就是说，这个价格水平是不确定的。

在考虑前面的剑桥方程——通常假设 K、T、M 在讨论中保持不变。假定商品价格的初始等比例扰动使得 P 上升。那么从前面的等式和假设（3）可以清楚地知道将会形成对货币的超额需求，并造成绝对价格水平向下的修正运动；这也就是说，这个价格水平是确定的。因此这是一个矛盾。

这个矛盾可以等价地用一个不一致的动态市场调整方程组表示（参见第 477 页）。用图形论述如下：首先考察传统二分法的假设。这

178

---

[39] 第 37—38 页。同样参见第 230、429—430、531—532、535—538 页，尤其是第 629 页下面的脚注。

[40] 例如，参见科恩和纳格尔（Cohen and Nagel）：《逻辑与科学方法导论》（纽约，1934），第 144 页；帕特里克·苏普斯（Patrick Suppes）：《逻辑导论》（普林斯顿，1957），第 36—37 页。

些假设意味着商品需求函数独立于真实余额,因此也独立于价格水平,因此由图 3-1a(第 42 页)中的一条垂直线表示。现在,如果这条垂直线并没有与垂直的供应线重合,由图 3-1a 所表示的静态方程组是不一致的:也就是说,它将没有价格水平大于 0 的均衡解。然而这不是前面三个段落中所描述的不一致:因为即便图 8-1a 中垂直的商品需求曲线与商品供给曲线重合使得这个静态均衡方程组将具有正数解(实际上也是如此,有无数个)[41]也仍然会得到这种情况。特别地,上述说法指出,即便在这种情况下仍然存在不一致,即图 8-1a 将显示这个系统处于一种中性或不稳定均衡状态,而图 8-1b(该图描述了剑桥方程,根据前面第 41 页的论述,这个图在逻辑上应当是图 8-1a 的对立面)则显示其处于一种稳定均衡状态。

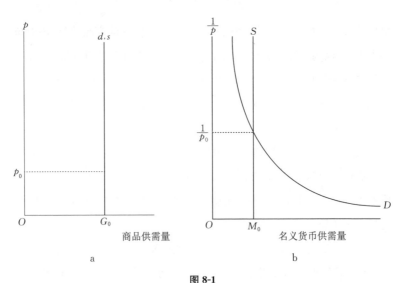

图 8-1

然而,这种矛盾的另一种表达方式是:再次从均衡位置开始,并且

[41] 正是需求和供给曲线的这种重合,得到了希克曼、阿奇博尔德和利普西以及其他在注释 I 第 3 节所引用的作者所做出的萨伊恒等式假设的保证。更进一步的讨论,参见第 629 页脚注 45。

假设货币的数量翻倍。由于假定前述二分法中的商品方程独立于真实余额,这并没有对这些市场的均衡位置产生扰动。因此,根据假设(1)和假设(3)——这一货币增加不会产生将价格推升的市场力量。另一方面,根据剑桥方程和假设(2)可知产生了这样的市场力量。因此矛盾。

实际上,处理这种二分法的一个更简单的方法是,注意到它提供了一个操作上意义重大的假设——一个可以用真实世界的事实进行检验的假说。特别是,它的基本"同质假设"意味着消费者在商品市场上的行为永远不会受到其货币余额的真实价值的影响。但如下面的注释M所示,有大量的经验证据表明,这种行为已经受到这样的影响。因此,仅凭这一证据足以驳倒这种二分法。简而言之,现实表明不存在没有"货币幻觉"的货币经济。[42]

尽管在文献中从未如此尝试过,这种经验方法使得我们能够处理上述二分法中某些可以通过一致性检验的变化。具体而言,尽管我们继续考察一个外部货币经济,我们现在假设债券与商品和货币同时存在。我们进一步假设,尽管商品方程继续独立于真实余额,债券方程却非如此。在这一凯恩斯系统中,相对价格和利率可以在商品市场中确定,而绝对价格水平可以在债券或货币市场中确定。特别是,我们前面形成的绝对价格水平不确定的观点不再成立。因为,货币价格从其均衡水平的偏离现在造成了对债券市场均衡水平的扰动,由此而造成的超额需求通过利率迫使价格回到它们的最初水平。然而,二分法的这种变化同样是不可接受的。因为这意味着真实余额效应从未在商品市场上表现。再次,这一含义被前述消费函数的实证研究所驳斥。[43]

180

———————————

[42] 再一次提醒读者,这不是我们在这里使用的术语。

[43] 对库恩最近的关于刚刚描述的二分法就是瓦尔拉斯心中的二分法的论点的批判,参见第 572 页下面的脚注 103。

为了更精确地陈述正文中的观点,请参见数学附录 7A(iv)。这种"凯恩斯主义的案例"将在第 241—242 页和第 251 页进一步讨论。参见我的"古典经济理论中绝对价格的不确定性",《计量经济学杂志》,第 17 期(1949),第 22 页。(转下页)

181   还应该指出,如果债券市场也被认为独立于真实余额的话,那么由此得到的模型甚至不能满足其内部一致性。特别是,这里所涉及的不确定性与无效的二分法中的不确定性的类型相同。当货币价格再次等比例地偏离初始均衡位置而利率保持不变时,并不能在系统的任何地方产生超额需求。因此也不会产生使价格回到它们最初位置的力量。[44]

    从上述讨论中可以得到的结论是,一旦一个外部货币经济的实体部门和货币部门的数据确定下来,相对价格、利率和绝对价格的均衡值都同时由这个经济的全部市场确定。一般而言,不可能由孤立的市场子集确定一个价格子集的均衡值。根据一般均衡经济学的真正精神,"一切取决于其他一切"。

    特别是,正如我们所看到的,屈服于认为相对价格在商品市场确定,绝对价格在货币市场中确定的诱惑是致命的。这并不意味着价值理论不能与货币理论区分开来。显然,这是有区别的;但它是基于效应的二分法,而不是市场的二分法。更具体地说,货币理论和价值理论同时考虑经济中的所有市场。但是,在每个市场中,价值理论分析的是个体的实验,这些实验测量替代效应和不源于真实余额变化的那部分财富效应;货币理论分析测量真实余额效应的个体实验。相应地,价值理论分析那些并不(显著)影响绝对价格,因此也不产生真实余额效应的市场实验;货币理论分析的是并不(显著)影响相对价格水平,因此也不

    (接上页)我还可以加上一个猜想,即不可能从第 5 章至第 7 章的微观经济分析中推导出这种凯恩斯主义情况下的超额需求函数。因为这些分析的一个共同特征是,所有的超额需求函数对称地依赖于个体面对的所有给定因素。因此,很难看出这种分析如何才能产生这样一个系统:在这个系统中,只有债券函数,而没有任何商品函数,将依赖于以初始真实余额形式存在的个人财富。

    所有这些都是基于货币是外部变化的假设。然而,正如最近被格利、肖和莫迪利亚尼指出的,在一个纯粹的内部货币经济系统中,我们可以合理地构造一个方程组,其中只有债券和货币(尽管不是对商品)的超额需求函数取决于真实余额的供应,从而使得这个方程组可以进行二分法分析。这将在下面的第 12 章第 5 节得到充分讨论。

    [44] 参见数学附录 7A(iii)。这个模型在文献中的一个例子,参见注释 I 第 3 节中兰格的讨论。

产生替代效应和非货币财富效应的市场实验。因此,偏好的变化、技术的变化及其相似的其他内容属于价值理论的领域。货币数量变化,以及正如我们将要看到的流动性偏好的变化,都属于货币理论的研究领域。[45]

如果我们现在研究这个分类方案,我们将发现直觉的真相,在某种意义上价值理论与决定相对价格有关,货币理论与决定绝对价格有关。特别地,假设在一个包含所有价格和所有市场的前提下,货币价格的均衡值已经达到。我们现在可以利用这一信息向后退一步,再次接近均衡点——但这一次是通过一种受限的姿态。例如,将绝对价格水平保持在它已经确定的均衡值上不变,我们就可以任意地改变相对价格,然后研究动态力量的性质,这种动态力量同时在所有市场中发挥作用,使经济恢复到原来的均衡状态。根据这个过程的定义,这样的回归可以在绝对价格水平不发生任何变化的情况下实现。因此,这个重新确定均衡相对价格的受限试错过程只涉及这些价格,相应地,只需产生替代和非货币财富效应,从而可以只需在价值理论的范围内研究。

同样,我们也可以定义一种限制性条件,即从相对价格和利息的均衡价值出发,同时通过经济中的所有市场来重新确定绝对价格水平的均衡价值。这样的承诺显然可以在不改变相对价格和利率的情况下取得成功;也就是说,它只需要产生真实余额效应。因此,它可以完全在货币理论的范围内进行研究。

将整个试错过程分解成两个组成部分是一个非常方便的解释性工具。这已经在第3章第3节得到了利用。只要我们清楚地认识到,它区分的是效果而不是市场,它就可以安全地使用。特别是,我们必须警惕从这个有效的工具滑向那个错误的二分法的无效命题的倾向,即,认为从绝对价格保持在任意水平不变出发,单独对商品市场相对价格进

182

----

[45] 与本章第一个脚注对本章所做安排一致,将利率分类为实际变量或货币变量的工作推迟至第15章。

行试错就可以确定这些价格;将相对价格保持在这样确定的水平之上
不变,单独在货币市场上对绝对价格水平试错可以确定绝对价格水平;
这样确定的绝对价格水平和第一次在商品市场试错所确定的相对价格
水平一起,必定能够保持这些市场原来所实现的均衡。显然,一般而言
最后这句话是错误的,除非商品市场的超额需求真的独立于绝对价格
水平。[46]

　　这是关键点。绝对价格水平对其均衡值的动态摸索将通过真实余
额效应反映在商品市场上,进而反映在相对价格上。而恰恰是不断地
找不到明确承认的这一点,这就是我们最初论点的基础,即无效的二分
法的根源可以在瓦尔拉斯、费雪、庇古和卡塞尔的新古典主义分析中
找到。[47]

　　前面的讨论不仅对无效二分法进行了分析,而且还揭示了无效和
有效的二分法之间许多欺骗性的相似之处。这些相似性在病因学和二
分法的持续性中发挥了重要作用,这一点在文献的几个实例中得到了
证实。因此,至少有一个明确的例子,说明需求对会计价格等比例变化
的有效不敏感,在未被察觉的情况下转变为对货币价格等比例变化的
无效不敏感。也就是说,需求完全依赖于会计价格比率的有效与完全
依赖货币价格比率的无效出现了混淆。的确,这个例子认为这种依赖
性是"假定……消费者的行为独立于表示价格的单位"的直接结果。但

---

　　[46] 本章的后半段是为一个简单的数学命题赋予经济含义的尝试——我希望
这不显得繁缛。有关详细信息,请参见数学附录7A(V)。

　　[47] 读者会发现将正文中的最后两段与这些分析在第 560—563、600—601、
609—610、618—620 页完整引用和讨论的段落进行比较是有益的。同样可参见下一
节结尾所引用的费雪的文章。

　　新古典主义在价值理论的局部均衡分析中经常将绝对价格水平视为给定,应该明
确的是,这些段落的批评不是针对这一做法。在方法论上,允许这种分析保持相对价
格不变的考虑同样也能使得绝对价格水平保持不变。这个假设的目的只是为了使得
一种商品的货币价格充当其相对价格的完美指数。参见马歇尔:《经济学原理》(第八
版),第 62 页。这一做法至少可以追溯到穆勒:《经济学原理》,第 439 页;参见玛吉特:
《价格理论》,第 2 卷,第 281 页脚注 128。

是,在这里相同的混淆还在发挥作用。因为,在改变货币的单位之后,个体面对的是货币价格和手中持有的货币发生等比例变化。因此,美元的单位变成半美元,所有的货币价格最终将会翻倍;但是,作为转换结果本身,每一个体最初持有的货币量也首先翻倍。因此,货币单位变化的正确类比是会计价格的等比例变化(这使得最初货币余额的真实价值不变),而不是货币价格的等比例变化(这改变了最初货币余额的真实价值)。[48]

类似地,在有些情况下货币和会计价格之间的有效二分法与货币与相对价格之间的无效二分法会产生混淆。因此,货币价格是不能确定的,为了证明除非增加一个特殊的方程宣称"总是存在一种对于所涉及的未知数而言方程数太少的情况。在每种情况下,需要用交换方程[$MV=PT$]作为供给和需求的补充"。第一句话得到了同一作者的数学推导支持。在这个推导中,为了确定会计价格,作者增加了一个将一种商品的会计价格随意地设定为 1 的方程。[49]

前面已经注意到了文献中一些指控无效二分法与货币数量理论存在联系的例子。[50]应当指出,这些指控都是建立在对货币中性本质的误解之上。现在它仍然表明,在其更复杂的形式中,这可以表述为无效的二分法和前面描述的第一种二分法(第 173 页)(这个二分法本质上是对货币数量理论的重新阐述,它显示了有效意义上的相对价格和绝对价格都是独立确定)之间的一个混淆。特别是,我们可以找到一个例子可能够说明,"我们经济系统的物质结构只决定了全部商品的相对价

185

---

[48] 参见前文第 22 页。这里所指的是萨缪尔森的例子;语录也是引自他。有关详情,请参见注释 I 第 3 节。

这一段后半部分的推理是我经常听到的,虽然我还没有在文献中找到任何另外的例子。参见博尔丁:《经济分析》,第 320 页。

[49] 参见前文第 173 页。

引用的段落来自费雪,原文为斜体。在卡塞尔的文献中存在正好相同的困惑。参见注释 F 第 3 节和注释 H(第 617—618 页)。

[50] 参见第 175 页脚注 34 对列昂惕夫和莫迪利亚尼的参考。

格而不是绝对价格,这个命题是如此的熟悉,所以几乎不值得进一步讨论",然后用一个隐含的"同质性假设"的解释来证明这一说法,即需求不受货币价格等量变化的影响。在这里我们几乎看到了推理是怎样从这一点偏离正轨的:因为"我们经济系统的物质结构",相对价格的确定独立于绝对价格水平——这是一个有效的二分法;"物质结构"意味着商品市场上的需求条件——这是一个无效的二分法;但是,如果仅凭这些条件确定相对价格,它们可以只依赖于这些价格——这是"同质性假设"。[51]

最后,我们可以找到一个例子,虽然不像前面的例子那么清楚,但它似乎显示出,不同的力量决定绝对和相对价格的有效直觉感觉,不知不觉地滑入了用单独的方程对这些力量的无效识别。除此之外,我们还能如何解释下面这段话所揭示的思路呢:"区分决定一般价格水平的影响和决定个别价格的影响是重要的。价格水平由一种相对简单的机制决定,即交换方程。它是货币和存款数量、流通速度和贸易量的结果。一般价格水平有助于固定个别价格,尽管它不会干扰这些价格之间的相对变化。"[52]

这是少数被公认的例子。尽管如此,提供它们的经济学家们声望,他们在推理过程中用以证明他们的陈述的合理性而赋予的权威光环,以及这种推理从未被质疑——所有这些,使得这少数几个例子的影响远远超出了它们在数量上所占的比例。所有这些都使我们认为,这些例子的显式推理代表了导致无效二分法的一般思考过程。

4. 结论:新古典货币理论未能充分理解真实余额效应

鉴于最近的文献对上述问题的持续讨论,我们有必要不怕重复对

---

[51] 例子参考列昂惕夫,原文斜体。注释 I 第 3 节有讨论。正如读者将从这个讨论中看到,我对列昂惕夫的参考比他所明确指出的更具体。但是,我非常清楚地认为这就是他心中所想。

[52] 这是费雪的例子。在注释 F 第 3 节中讨论。

本章到此为止的一些论点进行总结。我们首先必须强调，我们现在正在处理一个实证问题：新古典货币理论中真实余额效应的作用。与此相对应的是，我们的观察范围必须是，也已经是新古典主义的相关内容。

从我们的研究中得出的具体实证结果如下：

1. 新古典主义经济学家对价值理论的讨论包括了均衡的稳定性分析。这意味着没有比通常简单的图形说明更复杂的了。新古典经济学家认为，如果任何给定商品的价格处于需求曲线和供给曲线交点的上方（下方），那么必然存在超额供给（需求）驱使它再次下降（上升）。

2. 新古典主义经济学家一贯宣称他们的目标是把货币理论和价值理论结合起来，也就是用分析前者的方式分析后者。

3. 然而，除了一两个例外，新古典经济学家没有在货币理论中包含稳定性分析。也就是说，他们没有解释矫正性市场力量的性质。当绝对价格水平偏离其均衡位置时，这种矫正性力量就会介入。

4. 因此，对这一分析的遗漏不能被解释为偶然的疏忽或者是对货币稳定性分析有意缺乏兴趣。

5. 解释这一现象的另一种假设是，新古典主义经济学家虽然承认了真实余额效应，但他们并没有完全理解这一效应，因此也没有进行与之密切相关的货币稳定性分析。 187

6. 与任何其他经验假设一样，这一假设也获得了额外的可信度，因为它解释了一些额外的现象：也就是说，新古典主义经济学家既支持货币的矩形双曲线需求曲线，也支持完全可能的无效二分法。

a. 从需求曲线的形式所获得的证据是链条上最薄弱的一环。因为它并不完全清楚新古典主义经济学家们假设需求曲线具有直角双曲线的形式是否因为他们未能考虑到真实余额效应，还是他们假设这一效应已经因为初始货币余额的补充性变化而被消除；或者，因为他们心中除了市场均衡曲线之外就没有需求曲线。在他们心中有一条图 3-6（第 56 页）的长期直角双曲线也是有可能的。

b. 另一方面,就我们在新古典主义文献中发现的无效二分法的迹象而言,其含义是直截了当的。因为这种二分法未能意识到"真实余额效应"和"同质性假设"之间的直接矛盾;或者,从另一个角度来看,未能意识到使用"货币幻觉"来表示个体对于绝对价格水平变化的敏感性是完全不合适的。事实上,正是这种敏感性证明了对一个对其所持有的货币的真实价值变化完全没有货币幻觉的个体的一种理性关注。

7. 前述假说参考后来的文献具有更坚实的基础。这有两个原因。首先,这篇文献明确承认无效二分法是货币和价值理论在一个具有外部货币经济中的关系的一个无可争议的陈述[53];实际上,最近的一些著作中一直坚持这种观点。[54]其次,这个文献提供了另一个符合我们假设的现象,即,未能看到真实余额效应能够在消除通胀缺口之间的均衡作用。[55]

8. 参考后一篇文献,我们可能也会注意到,凯恩斯主义经济学方法强调将商品需求的分析作为一个收入流而不是一类资产的函数,这不利于打破心理障碍。这个心理障碍的实质是未能看到的绝对价格水平发生变化对货币存量的真实价值变动的影响。[56]

在总结对新古典主义货币理论的批评时,我想再次强调[57],这不是要求抛弃这个理论的任何重要方面,而是使其更严谨更完整。[58]相应地,在一定程度上推测这样的事情是有意义的,毫无疑问,新古典经济学家会欣然接受这些批评;会明确宣布将真实余额效应引入商品需求函数,使其能够更准确地反映他们在这一领域一直以来的思想,实际上,一个修正只能加强他们的数量理论结论;并会因此拒绝一些所谓捍

---

[53] 于外部货币经济,参见前面脚注 43。

[54] 参见前面脚注 38 和注释 I 第 3 节。

[55] 参见脚注 13 所引用的参考文献,第 637 页。

[56] 参见注释 K 第 1 节。

[57] 参见本人"古典货币理论中绝对价格的不确定性",《计量经济学杂志》,第 17 期(1949),第 23—27 页,亦可参见上文第 165—168、175—176 页。

[58] 以上,第 40—41、44—45、168 页。

卫它们的一些观点。他们(新古典主义经济学家们)对于"同质性假设"和与之相关的二分法存在着心智上的既得利益。[59]

5. K 变化的影响

我们现在放开对学说史的讨论,回到正确的分析性问题上来。到目前为止,本章主要讨论的是货币数量和价格水平之间的关系,即剑桥方程 $M=KPT$ 中 M 和 P 的关系。但是,新古典主义货币政策同样一方面利用这一方程来分析 K 和 P 的关系,另一方面也用其分析 T 和 P 的关系。不像 M 的改变,很难确定将 K 和 T 的变化转变为我们模型中的形式,关于新古典的下列关系也尚未明确。然而,正如读者将会看到的,出现在这场争论中的经济力量具有鲜明的新古典特征。

我们从 K 的变化所产生的影响开始。很显然,无论对这些效果如何,这些变化的倒数都对 $MV=PT$ 中的 V 成立。特别地,我们考察经济均衡位置受到 K 突然增加的影响的例子。在我们的模型中,这表示一种对流动性增加的欲求。现金耗尽,或者不便程度或惩罚成本上升,都会导致对流动性的需求增加。更具体地讲,在给定一组价格、利息和初始禀赋的条件下,这种"偏好"的改变本身就反映了个体货币需求量增加。由于受到预算约束,货币需求上移意味着持有商品和真实债券

---

[59] 关于这些推测,请再次参见脚注 57 中引用的参考文献。

从这一切中应该同样清楚,在二分法问题以及古典凯恩斯争论之间没有逻辑联系。

需要注意的是,对真实余额效应的明确应用帮助我们将传统理论松散的两端联系在了一起。因此,参见阿莫茨·莫拉格(Amotz Morag)在公共财政理论中利用真实余额效应对长期争论的所得税与统一销售税等价的证明["支出和所得税的通货紧缩效应",《政治经济学杂志》,第 67 期(1959),第 266—274 页]。同样可以参见米迦勒·米奇(Michael Michaely)在国际贸易理论中利用真实余额效应来解决"相对价格"方法和"吸收"方法在对贬值进行分析时所产生的明显矛盾["贬值的相对价格和收入吸收方法:部分调和",《美国经济评论》,第 50 期(1960),第 144—147 页]。

的需求下降。也就是说,由于他们的收入给定,个体除非放弃一些其他的东西,否则他无法增加对商品的需求。后者的这种改变将使得均衡价格下降。我们现在面临的有趣问题是,均衡利率是否同样需要改变?

正如已经指出的,对这个问题的全面分析必须等到第 10 章第 4 节。然而,此时此刻,我们可以给出一个简单直观的答案。说个体的流动性偏好有所增加,在分析上等同于说现在 1 美元现金余额的流动性便利比以前少了。反过来,这也等于说,个体手中的"主观数量"减少了。因此,人们似乎很自然地认为,在流动性偏好增加后利率保持不变的条件,恰恰是在货币数量减少后利率保持不变的条件。

让我们更确切地说明这一点。正如在货币数量减少的情况下,我们从分配效应中抽象出来。我们还假设流动性偏好的增加是"均匀分布的";也就是说,假设每个个体的流动性偏好以相同的"强度"变化。如上所述,这种增长导致所有市场的需求下降,因此,超额供应取代了原有的均衡状态。现在考察任何一个市场。显然,在利率保持不变的情况下,这个市场的超额供应现在可以通过等比例的价格下跌来消除。具体地说,这种下降将继续下去,直到货币余额的真实价值增加到足以满足个人增加的流动性偏好,从而使他们在这个市场的需求恢复到原来的水平为止。因此,在某种主观意义上,影响这个市场的实际货币数量与最初是一样的。现在,根据假设,流动性偏好的最初变化是"中性的":它只改变了货币相对于所有其他商品的相对可取性,而不是这些其他商品之间的相对可取性。因此,如果货币的主观数量对于这些商品中的一种来说是"相同的",那么对于任何其他商品来说,货币的主观数量也一定是"相同的"。也就是说,使一个市场达到均衡所需要的相等比例的价格下降必须与使得任何另一个市场达到均衡所需要的价格下降相等。因此,在较低的价格水平和不变的利率水平下,经济作为一个整体可以恢复均衡。[60]

因此,在这些假设下,我们得到了对经典观点的重申:K 的增加导

---

[60] 关于带引号的全部短语的详细情况和解释,参见数学附录 7B。

致 P 的下降并使得 T 和利率保持不变。我们利用改变真实货币的数量而不是改变 P 进行分析,通过借助这个工具[61],我们可以得到比新古典经济学家所赋予这个命题更深刻的内涵: K 的增加产生了自动的市场力量,这些力量本身使得真实余额的均衡数量增加至社区所需要的水平。"看不见的手"的奇迹永不停息。

6. T 变化的影响

现在考察一个均衡被 T 的突然增加扰乱的经济体。让它在我们的模型中由外生的倍增来表示,例如,个人初始商品禀赋的倍增。这种变化产生了两种对立的力量。当然,一方面每一种商品的固定供应都会增加。另一方面,财富增加,需求也随之增加。如果对每一种商品增加的需求正好抵消了增加的供给,那么就不会发生进一步的变化,经济将在最初的价格和利率上保持均衡。很显然,后者意味着将财富用于商品消费具有单位边际倾向。然而,一般而言,这种倾向可以被假定为小于1,因为一部分增加的财富将用于增加对货币余额的需求(第27页)。因此可以预期,商品需求增加的数量将少于各自的供应量,从而对价格形成向下的压力。

现在让我们看看,如果价格出现等比例下降是否可以使得经济整体回到均衡位置。首先考察某一特定商品的市场。很显然,我们可以想象价格下降将持续,直到产生足够的正的真实余额效应与原来的正的财富效应一起使得需求量与原来供应量增加的程度相同为止。也就是说,价格的等比例下降,利率保持不变,任何一个特定商品市场都可以回归均衡状态。

但是,经济由许多商品市场构成,每一个市场都受到初始禀赋增加的扰动。总的来说,由此产生的财富效应在所有市场上都是不同的。

---

[61]　以上,从第 3 节开始。

因此,与上一节相比,我们没有理由认为,使一个市场达到均衡所需的价格的等比例下跌,与任何其他市场所需的等比例下跌是相同的。也就是说,没有理由说,给定的等比例价格下降会同时成功地使得所有市场达到均衡。因此,为了恢复这种整体均衡,相对价格和利率通常也必须改变。[62]

现在假设出现一个异常情况,即一个利率保持不变情况下的价格等比例下降确实使得整体经济恢复均衡。很显然,即使在这种情况下,这种下降也不必与商品禀赋的初始增长成反比。因为价格下降的程度取决于财富效应的强度以及禀赋增加的规模。

因此,我们可以证实新古典主义的观点,即 T 的增加降低 P。此外,我们也证实了新古典主义的主张,即(即使没有利率的变化)总的来说,这种下降不是与 T 的增加成反比。在剑桥方程中,这个论点建立在 K 和 T 不互相独立的基础之上,即后者的变化将影响前者。特别地,它假定交易量的增加创造了与免于破产所必需的特定水平的货币余额相当的经济活动的可能性。这就是说,这意味着 T 的增加降低了 K。因此,即便 P 的降低不与 T 的变化成反比,$M=KPT$ 继续成立。[63]

193

7. 萨伊恒等式的含义

我们以对萨伊恒等式的讨论结束本章。我个人同情那些否认这一恒等式是古典主义和新古典主义立场的基本组成部分的人。然而,有一些段落可以引用以支持相反的观点。此外,无论正确的解释是什么,自

---

[62] 这一说法与 M 下降的情况,以及根据类比,与前一节分析 K 增加的情况不相关的理由可以从第 45 页看到。特别地,在这两种情况下,真实余额的(主观)数量在新的均衡位置与原数量相同;因此无须考虑不同的需求函数对真实余额的变化表现出不同的敏感性。但是在当前这一情况下,两个均衡位置的真实余额数量不同;因此,敏感性的差异变得显著。

[63] 关于这些经济体,参见第 87—88 页,尤其是对费雪(《货币购买力》第 165—169 页)的参考。关于这一节整体的讨论,参见数学附录 7C。

凯恩斯以来对这一恒等式所给予的关注,使得对其进行详细分析是可取的——尤其是在它的一些逻辑含义尚未被正确理解的情况下。[64]

遵循兰格的做法,我们将萨伊恒等式定义为:无论他们所面对的价格和利息是什么,个体总是计划将其出售商品和债券的所得用于购买其他商品和债券。换句话说,他们从来没有计划改变他们所持有的货币数量:对货币的超额需求恒等于0。换句话说,作为预算约束的直接结果,商品超额供给的总价值必须总是等于对债券需求的价值:人们将把在商品上减少的开支用于购买债券,而不是用于增加货币余额。[65]

可以很容易地看到,这个假设意味着均衡货币价格是不确定的。考察一个有 n 种商品的经济:$n-2$ 种商品、债券和货币。假设这一经济在某个利率以及 $n-2$ 个货币价格之下处于均衡状态。让我们现在随意改 变其中的一个价格。首先考察 $n-2$ 个商品市场。一般来说,有可能为利率和剩余的 $n-3$ 货币价格找到另一组 $n-2$ 个值,从而再次使得这 $n-2$ 个市场实现均衡。但是,根据萨伊恒等式,使得这些市场实现均衡的任何一组价格和利率也必须使得债券市场恢复均衡,因为,在这个假设下,如果商品的超额供给为0,那么债券的需求也为0。[66]最后,由于货币的超额需求等于0,这个市场显然也处于均衡状态。因此,经济作为一个整体可以在无数组货币价格下处于均衡状态。在数学术语中,萨伊恒等式将独立的市场超额需求方程的数量减少到 $n-2$,而这

194

---

[64]　关于古典和凯恩斯主义的文献,参见注释 L。

"萨伊恒等式"是贝克尔和鲍莫尔为了强调它可能并没有代表"萨伊定律"的古典和新古典的意思而提出的一个术语。但是贝克尔和鲍莫尔给这个他们称为"萨伊等式"的概念赋予一个古典的意涵只会产生误导。参见注释 L 的讨论。

[65]　读者会记得,第 71 页的预算约束是

　　市场对当前货币持有的超额需求量＝当前商品市场的超额供给的合计值
　　　　　　　　　　　　　　　　　－当前市场对债券持有量的(贴现)值

根据萨伊恒等式,这个等式的左边恒等于0,这样就可以得出正文中的结论。

[66]　读者会记得,对债券的需求和超额需求是相同的,所以两者之一为 0 时,这个市场存在均衡。参见第 68 页。

些还不足以确定 $n-1$ 个价格和利率变量的均衡值。[67]

因此萨伊恒等式与具有确定价格的货币经济的存在是不一致的。但是这是唯一一类具有经济含义的货币经济。因此,我们可以说萨伊恒等式的存在意味着易货经济的存在。反过来说,存在易货经济意味着萨伊恒等式同样存在。因为在这样的一个经济中,不可能"出售"一种商品或债券而不"购买"另一种商品或债券。因此,在这个经济中,萨伊恒等式只不过是预算约束的一个表述罢了。换句话说,在易货经济中人们从来没有打算改变他们的货币余额水平,因为,顾名思义,这种余额总等于 0。

现在让我们暂时回到"同质性假设。"正如前面所证明的[68],这个假设意味着不存在真实余额效应和随之而来的货币价格的不确定性。根据与前一段落的相同分析,我们因此能够将存在"同质性假设"等同于存在易货经济。反过来,存在易货经济意味着"同质性假设"成立。因为在这样的一个经济中,不存在持有货币的情况,"绝对价格水平"没有意义,因此不可能有真实余额效应。

因此,与公认的观点相反[69],萨伊恒等式和"同质性假设"在逻辑上是等价的:两者都必然存在于易货经济中;两者都必定不存在于货币经济。因此,两者之一的存在意味着另一个也共存。[70]

---

[67] 这两段基本上介绍了兰格对萨伊恒等式的分析,同前引,参见第 52—53 页。这个分析也被总结在数学附录 7D。但是,出于一般性考虑,我将兰格的分析扩展到一个具有债券的经济中。

[68] 第 180 页。注意,将当前的观点拓展到一个具有债券的经济,这将使得我们必须相应地将"同质性假设"进行扩展,使其将债券市场包括进来。但是,那些更偏好将这一术语只用在商品市场之上的读者可以忽略这里对债券市场和利率的所有参照,将分析理解为仅应用在一个只有商品和货币的经济之上。这对这个观点没有产生重大的影响。与此同时,这一修改将我们带回兰格和莫迪利亚尼真正考察的框架。参见前一个和后一个脚注。

[69] 参见莫迪利亚尼,同前引第 217 页,同时注意对兰格的参考。

[70] 值得注意的是,从有意义的经济分析的角度来看,对这一命题的证明建立价格水平不确定的货币经济是一个空集的基本假设的基础上。在阿奇博尔德和利普西最近的批评中,这一事实其实被忽视了(同前引,第 14 页,脚注 2)。

关于易货经济,我们把需要说的话都说了。这样的经济是"同质性假设"和萨伊恒等式必要且唯一的家园。这个经济中的价格可以用一种商品或维克塞尔"纯信用经济"中的一个抽象账户单位衡量。因此,最多只有相对价格和会计价格是确定的。前者的确定依靠市场力量,通常而言,后者是随意确定的。[71]甚至没有定义货币价格,对其确定性和不确定性我们不能进行有意义的讨论。[72]

---

[71] 参见第 43 页。

[72] 无疑,读者已经意识到这是(参见上面第 183 页)促成无效的二分法兴起的另一个具有欺骗性的相似性:"同质性假设"是易货经济中理性行为的正确描述,但在货币经济中却不是。

关于维克塞尔,参见《利息与价格》第 68 页。在注释 H 对卡塞尔的讨论中我们对这个"纯信用经济"进行了详细的描述。

关于这一节的一般观点,参见数学附录 7D。这也指出了一个不合理的推论,该推论使得萨伊恒等式等同于"同质性假设"这一命题的证明变得无效,而兰格的这个证明被大家所接受。但是,正如正文所提供的证明所显示的,这个命题是正确的。

第二部分　宏观经济学

第9章 模 型

1. 引 言

我们现在重拾第 4 章末尾被打断的思路。等待我们的任务已经在那里提出了。简而言之,就是为一个具有外部货币的生产型经济,同时提供完全竞争条件下的静态和动态的货币理论。

我们通过放弃另一方面的信息来获得这方面的信息。特别是,我们放弃微观经济上的细节,转而研究综合模型。该模型将经济中的所有商品分成四类:劳务、商品、债券和货币。每一种商品大类都对应着一个市场、一个价格、一个总需求函数和一个总供给函数。从概念上讲,这些函数的每一个都是由个体对相关的个别商品的供给和需求函数构成。[1]因此,举例来说,对商品的总需求函数就是全部个体对每一种商品的需求函数的综合。但是,对于这种综合实际上是如何进行的,这里没有任何的说明。同前面一样,除非另有说明,我们假设每一种商品的未来价格与当前价格相同。

---

[1] 请再次注意(参见第 160 页),在目前的一般性水平上,假设这些函数是从把货币看作消费者的商品的微观经济分析中推导出来的,还是从把它看作生产者的商品中推导出来的,都没有区别。

假定上述的每一个综合函数都不存在货币幻觉。并假设每一个函数不会受到真实收入或金融资产(债券和货币)分配的任何变化的影响。因此,这些函数描述了个体或企业的集体行为,每一个函数都可以表示为取决于个体或企业的总收入和金融资产的真实价值。简而言之,不存在分配效应的假设使得我们无须考察经济中个体的收入和资产持有情况(参见第33页和第71页)。

首先应该指出的是,为了将分析集中在货币和就业理论问题上——这是我们主要感兴趣的问题——我做了许多额外的简化假设。因此,尽管事实上我们必须考察一个可以进行投资活动的经济,我依然遵循了凯恩斯主义的通常做法,忽视经济中由此而增加的非金融资产对其各种行为函数的影响。在我们将考察的一段时间内,对这种资产的净投资相对于存量来说很小,这是可以忽视它的唯一理由,也是通常的理由。因此,除了一两个例外[2],我们将不讨论增长和商业周期的相关问题。

同样,尽管在第5章第7节,第6章第2节以及第7章第2节对财富约束进行了详细讨论,我将不再深入讨论在我们的函数中使用的适当的收入变量这一关键而被广泛讨论的问题。同样地,我将忽略这样一种可能性:在某些情况下,这种单一的指标是不够的,相反,必须考虑收入流的整个时间形态(第113—114和第132页)。相应地,接下来变量Y可以解释为当前和过去收入的平均值,这与当前的决策是相关的。我主要关心的是确定这些函数的形式,使其能够反映金融资产可能扮演的角色。出于这一理由,这些资产由一个单独的参数表示。但是,那些更愿意将这些函数写成取决于包括金融资产的财富并相应地去掉收入变量的形式的读者敬请自便。[3]

201

---

[2] 参见第14章第5节。

[3] 关于在消费函数中使用合适的收入变量的讨论的参考,可参见第19页,脚注14。

可以指出的是,一些按照下面的等式(6)的方式依赖收入和财富两者的经验消费函数最近出现在文献中;参见斯皮罗,同前引,第339页。安多和莫迪利亚尼(同前引,第57—58、60—64页)以一种不同的方式使用他们的两个变量,即,非财产性收入和非人力财富,包括金融资产净值。更详细的讨论,参见后面的注释M。

我们的经济中有家庭、企业和政府。家庭向企业出售生产性服务，并用这些收入购买消费品和债券、增加他们的货币余额并缴纳税赋。企业向家庭和政府出售消费品，向其他企业出售投资性商品，以及向家庭出售债券。他们利用这些出售所得支付家庭的生产性服务、支付利息、购买投资性商品、回购他们已经发行的债券以及增加它们的货币余额。任何利润都被企业家挪用了。因此，债券是公司资产负债表负债部分的唯一项目。

政府从家庭取得税收收入并将其完全用于从企业购买消费品，然后免费提供给经济。为简单起见，假设这些政府支出的真实价值固定在一个恒定水平。此外政府没有货币余额，且并无债券发行。也就是说，除了过去发行货币的情况外，政府总是精确地平衡预算与税收收入。

这些假设可以概括为如下的"资金流"表，其中行表示销售或资金流入，列表示购买或资金流出。当然，一行的和与其对应的一列的和的差等于该经济单位货币余额的变化。因此，这个表格描述了每一个经济单位的预算约束。

本章的其他部分专门对四个市场进行详细的考察。随后的几章将研究这些市场间的相互关系，以及解释这个系统作为一个整体在不同条件下的运作。所有这些都将从第一部分中发展的一般分析观点出发。

资金流

202

购买自：	出售给：		
	家　　庭	企　　业	政　　府
家　　庭		生产性服务 利润和利息 债券（到期）	
企　　业	消费品 债券（新发行）	投资性商品	消费品
政　　府	税　赋		

2. 劳 务 市 场

从劳务市场开始是最便利的。尽管劳务具有异质性,但是我们把它们当成一种具有单一价格的复合商品。我们假设对劳务的需求完全来自经济中的企业。

首先考察单一企业在完全竞争条件下的经营行为。它所面对的是一个给定各种投入要素以及商品产出之间的技术关系的生产函数。为了简单起见,假定企业的资本设备是固定的,所以它要解决的问题就是选择最优的劳动投入。在任何真实工资率之下,这个投入水平将使得其边际产出等于其真实工资率。因此,这个企业对劳务的需求曲线就是从其生产函数中推导出的边际生产率曲线。

如果我们在经济中将这些概念作为一个整体考虑,我们可以构想一个将真实国民收入 Y 与经济中总的劳务投入 N 以及经济中总的固定资本设备 K_0 联系起来的总生产函数

$$Y = \phi(N, K_0)。 \tag{1}$$

令 w 表示货币工资率,p 表示商品的一般价格水平。于是,在任何的真实工资率 w/p 水平,经济中对劳务的需求总量必须满足

$$\frac{w}{p} = \phi_N(N, K_0), \tag{2}$$

式中 $\phi_N(N, K_0)$ 为劳动的边际生产率。[4]对劳务的总需求曲线因此可以通过对前一函数求反函数得到,其表达式为

$$N^d = Q\left(\frac{w}{p}, K_0\right), \tag{3}$$

其中 N^d 为对劳务的需求量。很显然,如果边际生产率下降这一定律成立,这条需求曲线对真实工资率增加的斜率为负。

---

[4] 如往常一样,$\phi_N(\ )$表示函数 $\phi(\ )$对 N 的偏导数。

我们现在考察劳务的供给曲线。在个人追求最大化效用的原则下,他所供应的劳务量取决于真实工资率。因此,我们假设总劳务供给曲线也取决于真实工资率。因此,我们记

$$N^s = R\left(\frac{w}{p}\right), \qquad (4)$$

式中 N^s 为总劳务供给量。尽管对这一观点存在许多保留意见,为了简单起见,我们同时假设这一供给量是真实工资率的增函数。

最后为了使得市场处于均衡状态,

$$N^d = N^s \qquad (5)$$

的这一条件必须得到满足。即,只有使得劳务需求等于劳务供给的工资率才是均衡工资率。图 9-1 给出了对这个市场的图形描述。均衡真实工资率为 $(w/p)_0$,所对应的劳务量为 N_0。

如果工资率高于这一均衡水平,那么劳务就会有超额供应,货币工资就会下降;如果工资率低于均衡水平,则对劳务有超额需求,货币工资将会上升。

204

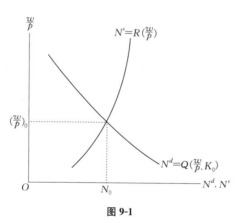

图 9-1

我们马上就会意识到我们对于市场的分析过于简化。对劳务的需求和供给函数实际上除了依赖真实工资率外,还取决于(劳动者)所持有的债券和货币的真实价值。更进一步,如果我们允许企业可以改变

其资本投入，对劳务的需求同样还将取决于利率的高低。最后，对个体行为的完整效用分析将证明劳务供应同样取决于利率。

如果我们忽略了这些额外的影响，这是因为劳动力市场本身并没有让我们对下面的分析感兴趣；它的唯一功能是提供充分就业基准。因此，以尽可能简单的方法引入这个市场是可取的。这些意见的完整含义将在第 13 章第 1 节中变得明确。目前，我们只注意到引入这些额外的影响并不会对比较静态分析造成影响，但是会使得动态分析变得复杂，并排除了用以进行这一分析的图示工具的使用——读者在下一章就能自行证明这一点。

3. 商 品 市 场

现在考察商品市场。假设企业的垂直一体化到了原材料自给自足的程度。因此，在这个市场上出现的商品都是成品。这些商品被分为两类：消费类商品和投资类商品。我们假设这两类商品的价格以相同比例变化。

家庭对第一种复合商品的需求是我们熟悉的消费函数，而企业对第二种复合商品的需求是我们同样熟悉的资本的边际效率函数。这些函数的每一个都是从个体实验中抽象综合而成，在这些个体实验中，家庭和企业都面对各种不同的真实收入、利率和初始货币余额组合，并被要求揭示他们所对应的最优销售和投资方案。[5]因此，这些函数具有各自的表达式如下：

$$C = g\left(Y, r, \frac{M_0^H}{p}\right) \tag{6}$$

和

$$I = h\left(Y, r, \frac{M_0^F}{p}\right), \tag{7}$$

---

[5] 关于真实余额效应对消费的实证意义，再次参见注释 M。

其中 C 表示家庭所需的消费品的真实数量；I 表示企业所需要的投资品的真实数量；r 为利率；M_0^H 表示家庭所持有的初始名义货币；M_0^F 表示企业所持有的初始名义货币，p 表示投资品和消费品两者的绝对价格水平。变量 Y 在这里表示真实国民总收入，当然，它必然等于真实国民生产总值。针对这些需求，我们增加了政府对消费品的固定需求

$$G = G_0,\qquad(8)$$

其中 G 为政府支出的真实水平，并且 G_0 为不受我们系统中任何经济变量影响的常数。

就我们的目的而言，我们只对商品的总的真实需求 E 感兴趣。因此，我们将前面三个商品需求函数综合成一个总的需求函数：

$$E = F\left(Y,\ r,\ \frac{M_0}{p}\right),\qquad(9)$$

其中

$$F\left(Y,\ r,\ \frac{M_0}{p}\right) \equiv g\left(Y,\ r,\ \frac{M_0^H}{p}\right) + h\left(Y,\ r,\ \frac{M_0^F}{p}\right) + G_0,\qquad(10)$$

M_0 为经济中总数量固定的货币，为 M_0^F 和 M_0^H 之和。对于一个给定的 $r = r_0$ 和 $p = p_0$，这个函数具有如图 9-2 所示的形式。

被标记为 C、I 和 G 的曲线分别表示消费、投资和政府三个函数。正如等式(10)所示，总需求曲线 E 是这三条组成曲线的垂直和。它显示了在利率和价格水平保持不变的情况下，在不同的真实收入水平下对商品的总需求。它反映了这样一种假设：在其他条件不变的情况下，收入的增加提高了对消费商品和投资商品的需求，但是两者的联合增加小于收入的增加。也就是说，真实收入中对商品需求的边际倾向被假设为正，但是小于1。

在继续描述这一总需求曲线之前，我们首先注意一下三个过度简化的情况。首先，对收入和金融资产的处理比较粗糙，这一点在本章开头部分就已经提到。其次，在消费和投资函数中排除了债券。严格地

207 讲,第一个(消费)函数应当依赖家庭最初所持有的净债券量的真实价值;第二个(投资)函数,恰好依赖于完全抵消企业初始债券额的负值。但是,既然我们主要对总需求函数而不是其各个组成部分感兴趣,以及由于假设不存在分配效应,这个总函数只取决于经济中债券总的初始持有量。对于一个没有政府借款的封闭经济而言,这一总量恒等于 0(对于每一个债权人都有一个对应的债务人),我们同样也在这些成分函数中省略这些持有量(参见前文第 71 页)。

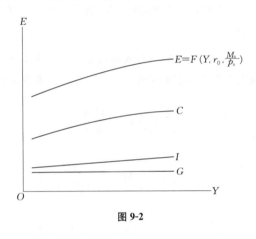

图 9-2

208 第三个过度简化的情况发生在所阐明的消费和投资依赖于总国民收入水平 Y 这一点上。更合理的假设是,消费至少依赖于可支配收入。然而,在某些特定假设之下,Y 可以被视为可支配收入的指标。首先,我们假设折旧为一个固定比率 b 乘以总国民收入。其次,我们假设政府只能借助所得税来平衡预算。这意味着所得税固定在实际水平 G_0。因此,Y 也可以将可支配收入这一变量线性地表示为 $(1-b)Y - G_0$。这一隐含假设对于经济中的其他市场同样成立。我们现在回到总需求函数,并检查利率上升的效果。由假设,利率上升对债权人所造成的资本损失抵消了债务人的资本收益。因此,利率上升不能通过这一方式影响总需求。相反,它是通过更加传统的方式产生影响。特别是,通过对家庭选择消费还是储蓄的影响,利率上升会降低当前的商品需求。这在前面已经得到了充分的讨论。[6]现在我们在企业在扩大投资项目和回收发行在外债的债券上的边际决策中加入利率的影响。我们采用资本边际效率递减这一常规假设。因此,利率越高,企业所能投资并获得大于或等于其回购债券所节省的利息(考虑到风险因素之后)的项目也就越少。因此,利率越高,对投资商品的需求越小,偿还债务的可能性越大。反过来,利率越低,企业借款投资并获得回报的项目也就越多。因此,用图形表示,在相同的国民收入水平上,利率上升到 r_0 之上将造成图 9-2 中的整个总需求曲线下移,对商品的总需求下降。与此相对,如果利率低于 r_0 将造成这条曲线上移。

　　这仍然只是简单地提到了现在熟悉的真实余额效应。真实余额越大,对消费品和投资品的需求越大。更具体地说,真实余额用于商品的边际倾向为正,但是小于 1。这表明,在其他条件不变的情况下,价格水平增加至 p_0 之上将造成货币余额的真实价值 M_0/p 下降,在每一国民收入水平上,图 9-2 中的总需求曲线随之下降,所需求的商品减少。反过来,当价格水平降至 p_0 以下时,将造成这一曲线上移。应该强调的是,在我们没有政府债务、没有分配效应的假设下,p 的变化所造成的真实余额效应再次(第 20 页)与因该变化所形成的财富效应相同。

209

　　显然,总需求函数中的上述组成部分以及总需求函数本身,反映了货币幻觉的缺位:每个都表明,任何变化都不会影响真实收入、利率,也不影响经济行为。从第 1 部分可以知道,这一属性对于消费函数的意义是明显的。例如,考察一种价格和工资翻倍伴随着企业最初持有的货币和债券翻倍、利率保持不变的情况。这确实使得任何一个投资项目的成本翻倍。但是,由假设,从这一项目中可获得的货币收入预计也会翻倍。因此,根据定义,资本的边际效率——它的边际收益——并没有受到工资和价格同时增加的影响。与此同时,企业的真实资产状况没有发生变化。因此,任何之前值得投资的项目仍然值得投资。也就是说,对投资品的需

---

　　[6]　第 65—66 页和第 94 页。

求并没有受到特定变化的影响。这正是投资函数(7)所表示的情况。

现在让我们谈谈市场的供给。首先考察一个处于完全竞争条件之下的企业。这个函数描述了一个概念性的个体实验的结果,在这个实验中,我们要求企业(在一个完全竞争市场)面对各种变化的价格和成本时确定使其利润最大化的商品供应量。因此,在前一节的简单假设之下,企业的供给函数仅仅取决于生产的技术条件、固定数量的资本设备以及真实工资率。考虑到后两者,企业的最优劳动投入由其边际生产率确定。在给定这一投入和企业固定的资本设备的情况下,生产函数决定了商品的最优产量。

同样,我们可以以经济整体设想一个取决于经济中的真实工资率和固定资本量的整体经济的总供给函数。我们将此函数记为

$$Y = S\left(\frac{w}{p},\ K_0\right),\tag{11}$$

在这,与我们对市场需求的描述形成对比(但是又一次与我们对生产函数(1)的描述一致),Y 表示真实国民生产总值而非收入。从前一段的解释中,我们可以清楚地了解到,这个供给函数所给出的、与给定真实工资率相对应的产出必须与我们通过以下方式得到的产出相对应:通过从劳务的总需求函数确定企业在这一给定的工资率水平将雇用的劳务量,然后从生产函数(1)确定与这一劳务投入所对应的产出。换言之,商品的供给函数可以由此推导出,即将函数(3)代入函数(1)得到

$$\phi\left[Q\left(\frac{w}{p},\ K_0\right),\ K_0\right] \equiv S\left(\frac{w}{p},\ K_0\right).\tag{12}$$

因此,供应函数(11)(正如前面所述的更熟悉的一个函数)给出了经济中的企业在面对市场中的真实工资率时为了最大化其利润而愿意供应的商品数量。[7]

---

[7] 从等式(12)可以明显看出,如果我们放弃简单形式的劳动需求函数,相反地,将其表示为同样取决于真实余额和利率,那么商品的供给因素也会取决于这些因素。

　　因此,对于任何给定的真实工资率,在这个确定的工资率下由等式 211
(11)所得到的国民生产总值水平上,商品的总供给函数在图 9-2 或
图 9-3 中必须是一条垂直线。只要真实工资率不发生变化,那么这条
垂线也不会发生变化。但是,如果真实工资率上升,那么最优的劳动投
入、从而也包括商品的最优产出都会下降。因此,总供给曲线仍然由一
条垂直线表示,但它会向左移动直到达到等式(11)为增加的真实工资
率所给出的国民生产总值水平。在实际工资下降的相反情况下,垂直
供给曲线将向右移动。但在第 13 章对非自愿失业的分析之前,我们多
半不会对这种转变感兴趣;在此之前,商品总供给函数将在争论中扮演
一个相当被动的角色。

　　我们可能会注意到,在图 3-1a(第 42 页)的坐标系下,供给函数是
一条向上倾斜的曲线。对于更高的价格水平、更低的真实工资率,劳动
的投入越大,提供的商品总量也就越大。[8]相似地,从第 41 页的讨论
可以清楚地知道,商品的总需求函数(9)可以在图 3-1a 中由一条负斜
率的曲线表示(给定 Y 和 r)。

　　商品市场的均衡条件通常是:需求量必须等于供给量。也就是,

$$E = Y。\tag{13}$$

从图形上看,我们有图 9-3 所表示的情况,其中,$w_0/p_0 = (w/p)_0$,而
Y_0 当然是图 9-1 中投入 N_0 单位的劳动所得到的商品产出。当需求曲
线和供给曲线在 45° 向量上相交时,可以达成均衡。

　　这个均衡条件的含义如下。例如,假设利率保持为 r_0,但是价格和
工资水平分别自 p_0 和 w_0 下降相同的比例。真实工资率不变,图 9-3 212
中的需求曲线也不受影响。但是,由于真实余额效应,需求函数上升到
图中的实线曲线之上,比方说 E_1。因此,在真实收入为 Y_0 不变的情况
下,相对于供给存在一个等于 AB 的超额需求,库存降低造成价格上升

---

　　[8] 这与没有生产活动的交换经济中的垂直供给曲线对比,现在表示在图 3-1a 中。

的压力。相反,在价格水平大于 p_0 的情况下,需求曲线位于图 9-3 中需求曲线之下的位置,如 E_2。因此,这里存在相对于商品需求的一个等于 BC 的超额供给,存货增加,从而对价格形成向下压力。因此,只有供给曲线和需求曲线相交于 B 点,商品市场才存在均衡。

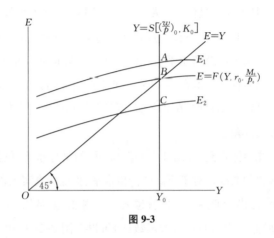

图 9-3

4. 债 券 市 场

在现实世界中,债券种类繁多,风险和期限各不相同。我们将用一个每一时期支付 1 美元的复合永续债代表所有这些债券。因此,这一债券的技术特征不同于第一部分的债券的技术特征。然而,就目前的分析而言,这种差异是不重要的;我们总是可以将第一部分中赎回的单一时期债券视为相当于一个永续债。[9]这个永续债券的价格显然必须等于利率的倒数。

我们假设对此类债券的唯一需求者是家庭,而主要的供应者是企业。家庭也可以提供债券,但是他们作为市场供应方的重要性非常小。也就是说,我们模型中的大部分贷款都是用于生产而不是消费。

---

[9] 参见希克斯:《价值与资本》,第 144—145 页。

　　需要指出的是,我们现在使用的"债券需求"与第 4 章的含义有些不同。具体而言,这个术语现在表示正的持有债券的需求,也就是说,它只代表贷款人的行为。以前被描述为负的债券持有需求的借款人行为,现在单独用"债券供应"表示。需求和供应都是针对存量债券而言。家庭决定他们所愿意持有的总债券量;这些债券存量的变化代表该期间的净借贷。企业决定他们希望的未偿债券量;在此期间存量债券的变化代表了他们在此期间的净借款。

　　市场的需求侧在第 4 章第 3 节和第 5 章第 3 节得到了充分的讨论。令 B^d 表示债券的需求量,以及 $1/r$ 表示其单位美元价格,我们可以将这一讨论总结为

$$\frac{B^d}{rp} = H\left(Y, \frac{1}{r}, \frac{M_0^H}{p}\right). \tag{14}$$

也就是说,所需持有债券的真实价值只取决于真实收入、利率以及家庭所持有的货币余额的真实价值。上述函数的形式明确假定不存在货币幻觉的影响:在真实收入和利率保持不变的情况下,价格和家庭持有的初始货币量翻倍并不影响真实债券持有量 B^d/rp;也就是,这将导致对名义债券持有量 B^d 的需求翻倍。

　　在真实收入和价格固定的情况下,债券的需求曲线由图 9-4 中的 B^d 表示。从等式(14)可以看出,这一曲线是从家庭初始债券持有量的影响中抽象出来的。在这种过度简化的情形下,我们模型的内部一致性要求这一曲线的弹性必须为负且其绝对值大于 1。因为我们已经假设利息的增加——即债券价格的下降——会减少消费商品的需求量;我们还将假设利息的增加会减少货币余额的需求量;因此,由于家庭预算紧缩,他们持有债券的总支出必然会增加。

　　需求曲线 B^d 同时也描述了凯恩斯的基本主张,即存在一个个体坚持有一个最低的正利率,以补偿因持有债券而非货币而造成的流动性损失。对于给定的真实收入 Y_0,初始货币余额 M_0^H 和价格水平 p_0,

214

215

图 9-4 显示使得持有债券的适意数量为 0 的利率为 r_1。这就是在价格 $1/r_1$ 之上时，对债券的需求曲线与纵轴相同的经济含义。

我们现在考察利率之外的其他变量变化的影响。我们首先考察真实收入和真实余额增加的情形。这个变化应当造成整个需求曲线向右移：在相同的利率水平之下，个体愿意持有更多的债券。正如我们可以从需求函数中看到的，价格水平上升不会有如此明显的效果。如果个体对希望以债券形式持有的对未来商品的真实需求保持不变，那么，很明显，对债券的需求将以这些未来商品预期成本增加的同样比例增长。但是，在我们的假设之下，这种需求愿望不可能保持不变，因为由价格上升所引起的真实余额变化将对这一欲求以及对当前商品的需求造成向下的压力。实际上，这一真实余额效应甚至可能导致对债券的需求下降。不理会这一可能性，我们可以得出结论，即，价格水平翻番所造成的债券需求曲线右移小于这一比例；也就是说，在给定的利率之下，对债券的需求增加，但是小于翻倍。[10] 反过来说，价格下降所造成的需求曲线的左移也小于这一比例。

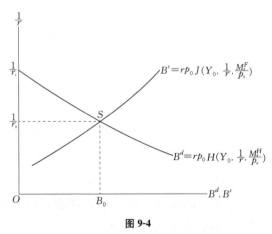

图 9-4

---

[10] 读者将会发现将这一情况与初始持有的债券和货币同样翻倍，在没有货币幻觉的情况下，整个需求曲线恰好向右移动两倍的情况相比是具有指导意义的；参见第 69—70 页。

需要强调的是,上一段所描述的移动一般也会改变需求曲线与竖 216
轴的交点。也就是说,个体所坚持的最低利率也不是绝对保持不变,而
是受到个体自身收入和初始货币持有量的影响。当然,有可能无论真
实收入增加多少,最低利率也不会低于特定水平;也就是说,随着需求
曲线上升,它与竖轴的交点也会逼近某个极限值。尽管对于我们的论
述不是必要的,我们可以做出这一假设。

我们现在考察市场的供给方。就家庭作为债券的供应者而言,前
面的讨论中没有增加新的元素。所需要做的是,在所有出现"需求量增
加"的地方,用"供给量下降"替换。然而,正如已经注意到的,家庭在债
券供给侧的贡献可以忽略不计。因此,债券供给曲线的主要特征必须
通过对企业行为的研究来确定。

正如在交换经济的情况下[11],我们必须首先假设存在一些市场
"缺陷"可以防止经济单位在当时的利率借到它们所想要的全部借款。
正是这种"缺陷"使得企业和家庭对商品需求有一个最终的限制。我们
现在用 B^s 表示债券的供应量,并用

$$\frac{B^d}{rp} = J\left(Y, \frac{1}{r}, \frac{M_0^F}{p}\right) \tag{15}$$

描述企业在各种情况下所认为适意的债券真实供应量。现在考察这些
条件发生变化的影响。我们假定真实国民生产总值增加将增加债券的
供应量;因为产出量越大,企业建立工厂、购买设备和存货所需要的贷
款资金越大。另一方面,真实余额的增加降低了供应量;这是因为货币 217
余额增加所提供的抵抗可能的不便和惩罚成本的边际价值下降,不足
以弥补利用这些余额偿付债务所获得的利息节省。[12]

我们现在从企业初始未偿债券的影响进行分析并考察利率增加的
影响。我们模型的内部一致性要求减少真实债券的供应。这是因为,

[11]　参见第 68 页。
[12]　参见第 79—80 页和第 147—148 页。

利率越高,越多的企业会发现降低货币余额并用其收入偿还债务是值得的。相似地,利率越高,对投资品的需求越小,因此,需要融资的项目也就越少。因此,未偿债券的真实价值 B^s/rp 必定下降。但是,这并不意味着未偿债券的数量 B^s 也必须下降。利率的增加降低了债券的价格,所以这可能使得企业为投资品的支出进行融资所需要发行的债券量增加,即使这些支出本身是降低的。然而,我们应该假设,后一种趋势被前两种趋势压制,所以我们可以假设利率增加降低了债券供应的数量和真实价值。

上述供给函数的形式反映了企业也不存在货币幻觉的假设。物价、工资、初始货币持有量翻倍,真实收入和利息保持不变,不会改变公司的实际头寸,因此也不会影响他们计划活动的实际数量。因此,公司认为值得拥有的未偿付债券 B^s/rp 的真实价值没有变化。但是,由于成本和价格的上升,这些相同的活动现在需要的债券融资的名义规模是以前的两倍。因此,B^s 翻倍。[13]

218　　　　图 9-4 中的曲线 B^s 描绘了真实国民产值和价格水平两者都固定情况下的前述债券供给函数。根据前面的讨论,这条曲线的斜率为正。再次,根据这一讨论,假设真实国民收入的增加或企业真实余额的减少,将使得整个曲线右移:在相同的利率之下,企业愿意更多地负债。正如从供给函数(15)可以看出的,价格水平的上升同样使得曲线右移。但是,与图中的需求形成对比,曲线移动的幅度超出价格上升的比例。因为,这里的真实余额效应强化了"成本效应"。也就是说,企业必须增加它们的借款不仅仅是为增加的运营成本提供资金,同样也是补充它们的真实余额。反过来,价格下降造成供给曲线更大幅度的左移。

---

　　[13] 这里有一个隐含的假设,即所有公司的资本设备必须在考察期间更换。或者,我们能够假设企业立即根据其市场价值的增加增计其资本设备,出售与价值增加幅度相当的多余的债券,并将这些隐含的资本收益发放给它们各自的企业主。相反,在价格下降的情况下,企业家必须承担隐含的资本损失,然后企业使用这些资金偿付债券。未偿付债券的名义金额以这种方式保持与企业当前的资产价值相当。

当然，债券市场的均衡条件是，

$$B^d = B^s \text{。} \tag{16}$$

在实际国民收入水平 Y_0 和价格 p_0，图 9-4 中的利率 r_0 存在一个均衡。在其他条件不变的情况下，如果利率低于这一利率，那么将存在债券的超额供给，导致债券价格下降（并且，事实上，利率上升）。如果利率高于 r_0，则对债券存在超额需求，再次导致利率下降。

在本节，我们遵循前一节的做法，忽略了债券初始持有量的影响。现在让我们考察这一忽略的意义所在。严格地讲，对债券的需求应当取决于家庭所持有的正的初始债券量，也应取决于供给方企业所持有的负的债券持有量。如果我们在图 9-4 中将这些额外的影响考虑进来，需求和供给两条曲线都会向右移动：前者的移动反映了对债券的需求不仅取决于家庭的当前收入，而且还取决于它们的初始债券组合的规模这一事实；后者的移动反映了对债券的供给不仅取决于企业为当前活动融资的需要，而且还取决于持续为其初始未偿债务融资这一事实。但是，如果分配效应中性的假设成立，这两个移动应当是完全相等的，因此，均衡利率将不会发生改变。因此，从均衡利率这个狭隘的角度看，这个忽略是没有意义的。另一方面，对于图 9-4 中曲线的交点所表示的数量 B_0 不能被赋予任何含义，这个讨论使其变得清晰；这是因为，代表未偿债券均衡数量的真实交点必定在 B_0 的右边。

这个混乱，同其他在本节中出现的混乱一样，可以通过对真实债券持有量的需求进行分析而避免，在这里"需求"的含义与第 4 章一样，包含正的持有量和负的持有量双重含义。[14]对这些真实持有量的需求函数是本节中真实需求函数和真实供给函数之差，因此可以表示为

$$D = B\left(Y, \ \frac{1}{r}, \ \frac{M_0}{p}\right), \tag{17}$$

---

[14]　参见本节第 3 段。

其中

$$B\left(Y,\ \frac{1}{r},\ \frac{M_0}{p}\right)\equiv H\left(Y,\ \frac{1}{r},\ \frac{M_0^H}{p}\right)-J\left(Y,\ \frac{1}{r},\ \frac{M_0^F}{p}\right)。 \quad (18)$$

正如图 9-5 所说明的,当利率低于 r_0 时,持有真实债券的净需求 D 为负;也就是说,潜在的借款人多于贷款人,这将推动利率上升。当利率高于 r_0 时,净需求为正;潜在的贷款人多于借款人,这将推动利率下降。当

$$B\left(Y,\ \frac{1}{r},\ \frac{M_0}{p}\right)=0 \quad (19)$$

时,市场存在均衡,也就是说,市场上希望的贷款总额等于希望的借款总额。图 9-5 显示,对于真实收入 Y_0 和价格水平 p_0 以及初始货币持有 M_0,在利率为 r_0,真实债券的需求曲线与垂直轴的交点所对应的价格处,这一条件可以满足。[15]

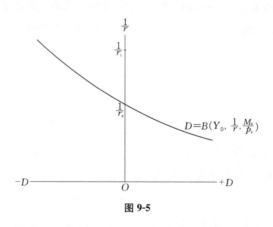

图 9-5

这种对债券市场的替代描述充分说明了我们的简单假设,即对任何项目而言,重要的只是其总量,而不是其分配。特别是,由于图 9-5 的需求曲线描述了我们这个封闭经济中所有经济单位的总体行为——

220

[15]　参见第 4 章第 4 节开头的类似论述。

这些单位的总的初始债券持有量被定义为 0,从而可以被忽略。同样,恒等式(18)利用的假设是,只有真实货币余额的总数,而不是它们在家庭和企业之间的分配,才是重要的。相应地,图 9-5 意味着货币持有量从后者到前者的再分配既不影响债券的需求曲线也不会影响均衡利率。这与一个需要在图 9-4 说明这种再分配将使得供需曲线两者都向右移动相等距离的更复杂说法相似。

但图 9-5 最重要的优势不是来自其使用第 4 章意义上的"需求",而是完全专注于与名义持有量相区别的真实债券持有量。这个过程清楚且简单地揭示了价格水平和均衡利率之间的关键关系。这表明,债券市场作为一个整体,价格水平的增加只产生真实余额效应,它不可能错误地导致图 9-5 中的需求曲线下移并因此而造成均衡利率上升。

取得这些优势的代价是向更高层次的抽象过渡,从而放弃了与市场和文献中更熟悉的语言进行富有成效的接触。它还否定了我们对凯恩斯最低利率含义的图解。就本文的目的而言,这个代价太高了。因此,接下来,我们将主要对图 9-4 进行较为笨拙的描述,尽管我们将总是向读者说明他如何通过使用图 9-5 来简化论述。

5. 货 币 市 场

最后让我们转向货币市场。我们继续将讨论限制在政府发行的法定纸币。就像债券市场一样,这里市场的需求和供给只针对存量而非流量。

当然,前面其他三个市场的讨论,加上预算约束,实际上已经完全确定了对货币的超额需求函数(第 24 页)。如果我们假设真实收入或初始货币余额(从而真实财富)的增加部分地增加了对商品和债券的需求,那么我们同样假设增加的剩余部分,并且恰好是剩余部分被用于增加对货币的需求。如果我们假设对劳动、商品和真实货币持有量的需求函数不存在货币幻觉的影响,并且独立于初始债券和货币持有量的

221

分配,那么我们同样可以对真实货币持有量的需求函数做出同样的假设。反映这些假设的函数可以写成

$$M^d = pL\left(Y, r, \frac{M_0}{p}\right), \qquad (20)$$

222 其中 M^d 表示表示家庭和企业放在一起对名义货币量的需求——政府的需求被假设为 0。

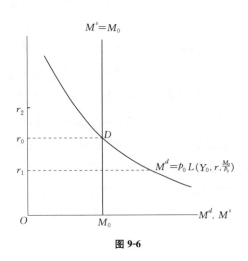

图 9-6

通过假设利率和真实收入保持不变,我们从函数(20)能得到一个取决于绝对价格水平的货币需求曲线。这已经出现在图 2-2b(第 29 页)中。然而,为了使得我们的分析与凯恩斯利率理论在图形分析上具有可比性,我们选择令价格水平和真实收入保持不变而获得的、取决于

223 利率的需求曲线。这条曲线表示在图 9-6 中。应当清楚的是,图 2-2b 和图 9-6 之间的选择并不是一个实质性的问题;为了方便起见,可以对任意一个图进行同样的分析。

下面的需求曲线的负斜率反映了前面第 5—7 章所分析的交易和投机动机的共同作用。更一般地,它反映了持有货币不是一个劣等品的假设。因此,价格的下降必须以造成需求量上升所放弃的利息为代

价。另一方面,真实收入或初始货币余额两者之间的任一增加造成曲线的整体右移:在相同的利率之下,所需求的货币量比以前要多。最后,假定价格水平的上升会造成曲线作为整体以比价格上升幅度更小的幅度右移。当然,在图 2-2b(第 30 页)中已经说到的关于需求曲线的形状时,这已经隐含在其中。[16]

正如读者可以立即看到的,图 9-6 中的需求曲线与通常的凯恩斯曲线有一方面不同。具体来说,我们的曲线不会在利率 r_1 时无限期地保持水平,由图 9-4 可知,在这一利率,没人再愿意持有债券。这一结论是直接从预算约束中得出的,在此之前,我们已经对利率下降对其他经济市场的影响做出了假设。特别是,利率的下降可以通过以下方式影响货币的计划流入和流出:

- 家庭对消费品的计划支出增加,
- 企业对所计划的投资品支出增加,
- 持有企业债券的家庭和其他家庭持有量的下降(也就是说,家庭部门总的出借量),
- 家庭部门自己的债券的总计划发行量(也就是家庭的计划的总借款)上升,
- 企业对自己的债券的总计划发行量(也就是企业的计划借入总额)上升。

我们将货币流入表示为正,货币流出表示为负。那么利率的下降增加了货币的需求量等同于上述五个项目的代数和为正。也就是说,计划流入的货币超过了计划流出的货币,因此,通过预算约束,持有的货币

224

[16] 最近几年完成了很多关于货币需求对利息和收入(或者,换言之,财富)的弹性的实证工作。关于詹姆斯·托宾、亨利·拉坦、塞尔登、米尔顿·弗里德曼和其他人的重要文献综述,参见约翰逊:"货币理论与政策",同前引,第 354—357 页。又参见第 349 页脚注所提到的布朗芬布伦纳和迈耶、罗伯特·艾斯纳和艾伦·梅尔泽的文章。也可参见第 652 页所引用的关于货币需求函数中真实余额效应的经验证据的讨论。

量计划增加。[17]

　　由第 5 章第 5 节和第 7 章第 1 节可以清楚地看出,假设家庭可能会通过增加借款来增加他们的货币持有量并不是不现实的。因为这些资产的流动性服务和其他资产一样好。事实上(在现实世界中),任何既是银行的债权人也是银行的债务人的经济单位(既欠银行的贷款,同时又在银行有存款)就处于这种位置。如果经济单位想要,它显然可以通过支取存款而降低其债务;而经济单位不这么做,这意味着它为了维持所希望的货币余额水平在有效地借入货币。

　　假设利率已经降至 r_1 并考察其进一步降低的影响。达到利率的最低点的唯一意义是前一列表中的第三项变为 0;个体已经不再计划将持有的债券转换为货币,因为理由很简单,他们手头已经没有任何债券可供出售。但是,如果货币仍然是一个非劣等的商品,后两项的计划流入量将抵消并超过前两项的货币流出,所以计划持有的货币量持续上升。因此,一般而言,利率 r_1 在货币的需求曲线中并没有以任何特别的方式表现出来。[18]

　　需求曲线在 r_1 处无限水平的唯一情况是,图 9-4 中债券的供给在这个利率下无限。但是,一个计划无限供应债券的人,出于某种原因,

---

[17]　如果我们以以下形式表示经济整体的预算约束可能会帮助读者看到这一点。
　　　所需的货币量(也就是说,期末计划持有的货币存量)
　　　＝期初所持有的货币(存量)
　　　＋期内出售劳务、商品及债券的计划资金流入
　　　－期间购买劳务、商品及债券的计划资金流出。
　　由于这种约束将经济作为一个整体,它不包括代表每期债券利息的收付的项目;根据假设,这些收付的净额为 0。[参见本人的"货币一般均衡理论的重新思考",同前引,等式(2.1)、等式(2.2)和等式(5.3)。]也要注意到在正文中我们忽略了劳动服务的影响;这是因为我们假设对劳动服务的供给和需求独立于利率。
　　关于这个约束的存量和流量两个方面,参见数学附录 11,特别是等式(11.14)和等式(11.15)。
　　[18]　这是未能在图 9-5 中以任何特定的方式表示出来的一个对应情况。

并不关心他对这些债券所负担的利息支付义务。因此,如果在任何正的利率上所供应的债券量是无限的,那么它在全部利率上都是如此。在这个假设之下,在全部正利率下对货币的需求同样也应当是无限的。事实上,对商品的需求也同样如此。这些不切实际的含义解释了,为什么我们选择忽视这一可能性并保留我们原有的假设,即经济的制度框架保障了债券的供应是有限的。[19]

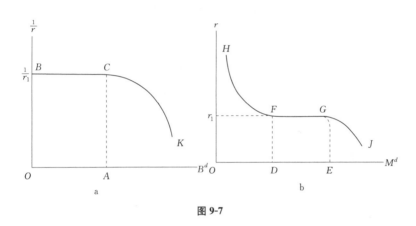

图 9-7

另一方面,在利率水平 r_1 上,货币需求曲线可以有一个有限的水平拉伸。这与债券的需求曲线开始时的拉伸相对应。图 9-7 说明了这一情况,其中(b)图中的水平段 FG 代表了(a)图中点 C 处所持有债券的货币价值。一般而言,一旦个体出售这些债券,他对货币的需求曲线将恢复其负斜率(线段 GJ)。另一方面,在第 223—234 页的最后两项流入恰好抵消前面两项的流出的特殊情况下,曲线将变得垂直(线段 GE)。[20]

226

[19]　参见第 216 页。

请注意,在上面第 126 页的论述中,即使是一个"熊市论者"通常也不会在未来利率上升的预期下借入无限数量的资金来保持货币余额——如果(这是一个现实的假设)这些预期不是确定的。

[20]　上述论述对利率 r_1 显然是不明确的:在任何利率水平上,只要对债券的需求有水平的线段,那么对货币的需求曲线将其同样有一个水平线段。

应该强调的是,为了使前面的水平线段出现在市场需求曲线上,有必要在最低利率上形成一致意见。如果不存在一致意见,那么在汇总个体的需求曲线这一过程中,这些水平线段就会被平滑掉,因此,市场曲线将具有通常的负斜率。[21]另一方面,一致意见不是存在水平线段的充分条件。因此,举例来说,如果每一个体的债券需求曲线由图 9-4 中的曲线表示,那么总的货币需求曲线将具有图 9-6 中的连续负斜率。

现在让我们转向市场供给。在我们的分析中,我们假定流通货币的数量不变。因此,供给函数是

$$M^s = M_0, \tag{21}$$

227 在这,M^s 是货币供应的名义数量,M_0 是一个常数。均衡条件是

$$M^d = M^s, \tag{22}$$

这以利率 r_0 在图 9-6 中实现了均衡。或者,在图 3-2(第 47 页)中,为真实收入 Y_0 和利率 r_0 画出的需求曲线在 $1/p_0$ 达到均衡。在两个图中我们都可以看到,如果利率低于 r_0 或价格水平高于 p_0,将会产生对货币的超额需求;由预算约束,这意味着存在对债券和(或)商品的超额供给。因此,利率将上升,价格将下降。反过来,如果利率高于 r_0 而价格低于 p_0,将会自动产生降低前者、提高后者的市场力量。

最后,我们注意到预算约束是如何规定货币需求函数形式的机制,现在可以被恒等式精确地描述:

$$\begin{aligned}
&\frac{M_0}{p} - L\left(Y_0,\, r,\, \frac{M_0}{p}\right) \\
\equiv& \frac{w}{p}\left[Q\left(\frac{w}{p},\, K_0\right) - R\left(\frac{w}{p}\right)\right] + \left[F\left(Y_0,\, r,\, \frac{M_0}{p}\right) - Y_0\right] \\
&+ B\left(Y_0,\, \frac{1}{r},\, \frac{M_0}{p}\right),
\end{aligned} \tag{23}$$

---

[21] 参见托宾:"作为风险行为的流动性偏好",同前引,第 67—69 页。

这里用到了第 219 页的等式(19)。这个恒等式的直接含义(其中一个我们已经间接用到)是将初始真实余额,包括货币,花在全部商品上的边际倾向之和为 1。[22]当然,花掉收入和财富的边际倾向的相应说法也成立。

---

[22] 在数学上,对等式(23)求 M_0/p 的偏导数,我们得到
$$1 \equiv F_3(\ ) + B_3(\ ) + L_3(\ ),$$
其中 $F_3(\ )$ 表示 $F(\ )$ 对 M_0/p 的偏导数,对 $B_3(\ )$ 和 $L_3(\ )$ 有相对应的解释。

第10章 模型的工作原理:充分就业

1.方程数量和变量数量的相等。2.系统的稳定性:逐次逼近法。3.货币数量增加的影响。4.流动性偏好改变的影响。

1.方程数量和变量数量的相等

前一章对经济中的每个市场进行了描述。本章和下一章在充分就业的假设下,将这些单独的描述整合成一个整体的经济运作。这个假设的意义以及去掉这一假设的影响将在第13章详细讨论。目前我们姑且把其简单地理解成真实国民生产水平在整个分析过程中都固定在Y_0的水平。相应地,就业水平固定在N_0,这是产出为Y_0必须投入的劳动。

我们现在用正式的数学语言来描述我们的模型。这里有四个市场。在每一个市场,有三个方程:一个需求方程、一个供给方程和一个均衡方程。对于每一个市场,同样有三个变量:需求量、供应量和所讨论商品的价格。根据定义,货币的价格是1。因此,这里总共有11个变量需要确定。另一方面,由前一页等式(23)所表示的瓦尔拉斯定律表明,如果有三个均衡方程被满足,那么剩下的一个方程同样也被满足。因此,这里存在总共11个独立的方程用于确定这些变量。

将这些需求和供给方程代入各自的均衡方程,我们可以将前面的方程组简化成如下形式:

均衡条件	市 场

$$Q\left(\frac{w}{p}, K_0\right) = R\left(\frac{w}{p}\right) \qquad \text{劳务市场，}\quad (1)$$

$$F\left(Y_0, r, \frac{M_0}{p}\right) = Y_0 \qquad \text{商品市场，}\quad (2)$$

$$rp \cdot H\left(Y_0, \frac{1}{r}, \frac{M_0^H}{p}\right) = rp \cdot J\left(Y_0, \frac{1}{r}, \frac{M_0^F}{p}\right) \qquad \text{债券市场，}\quad (3)$$

$$p \cdot L\left(Y_0, r, \frac{M_0}{p}\right) = M_0 \qquad \text{货币市场。}\quad (4)$$

在这里我们用到了产出固定在 Y_0 水平的假设。根据瓦尔拉斯定律，这些方程中只有三个是独立的。相应地，这里也只有三个需要确定的未知变量：货币工资率、价格水平、利率。同以前一样[1]，我们因此而把方程个数等于未知变量个数作为方程组存在一个解的理由。实际上，这个假设已经隐含在图 9-1、图 9-3、图 9-4 和图 9-6 中。因为这些图已经断定存在唯一一组变量 w_0、p_0 和 r_0 能同时使得经济中的四个市场的每一个都处于均衡状态。

2. 系统的稳定性：逐次逼近法

230

正如在第 3 章第 3 节所强调的，仅仅论证一个超额需求方程组有解是不够的；它还必须表明，通过正常运作，市场自身将能求解——换句话说，市场是稳定的。因此我们现在考察逐次逼近法的动态过程——市场用以"求解"前面设定的方程组的瓦尔拉斯试错机制。利用瓦尔拉斯定律，我们仅仅需要追踪前面三个市场的试错过程。将我们的任务进一步简化，假设劳务市场对于超额供给和需求存在一个即时反应。具体而言，任何价格水平的提高都将降低真实工资率，从而导致

---

[1] 参见第 3 章第 2 节和第 4 章第 4 节。

对劳务的超额需求,从而立即使得货币工资率同比例上升,从而使得劳务市场的均衡状态不受扰动。因此,我们可以将我们的动态分析限制在商品和债券市场。

这两个市场中的动态力量已经在前一节中得到讨论。在那里我们已经证明,如果存在一个均衡利率和一个低于均衡价格的价格水平,那么将会在商品市场出现使得价格上升的超额需求状态。相似地,如果存在一个均衡价格水平,但是利率低于均衡利率,那么债券市场将会存在超额供应,促使利率水平提升。

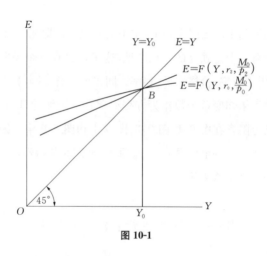

图 10-1

在每一种情况下,我们最初都假设只有一个变量偏离其均衡值。我们现在考察两个变量都偏离均衡值的情况。例如,假设我们从一个价格水平低于 p_0 的位置 p_2 开始。在其他条件不变的情况下,这意味着对商品的总需求曲线处于图 9-3 中 E_1 的位置(第 212 页)。因此,这将对价格形成向上的压力。但是假设利率碰巧处于大于 r_0 的 r_2 的位置,这个位置恰好将总需求曲线再次拉回均衡水平。这一情况在图 10-1 中得到了说明。在该图中,为了便于比较,同样复制了图 9-3 中的供给曲线。根据假设,这两条需求曲线都与供给曲线相交于 45°的半径向量。这是两者之间唯一的必然关系。

231

很显然,在这些情况下,商品市场没有产生任何纠正性力量。但是,现在考察图 9-4(第 214 页)所描述的债券市场。由假设,将价格水平降至 p_0 以下的 $1/r_0$ 水平,将使得供给曲线向左移动的幅度超过需求曲线。因此,即使利率保持在 r_0 水平,市场的超额需求状态会取代先前的均衡状态。更何况利率 r_2 大于 r_0 的这一状况。或者,用图 9-5 (第 220 页)说明,价格降低使得超额需求曲线上升,因此,在任何大于 r_0 的利率下将使得超额需求增加。

232

由于存在超额需求,利率开始下降。但是这一下降将造成商品需求曲线的上移,并对图 10-1 所描述的初始均衡造成扰动。特别是,现在对商品存在的超额需求使得价格上升。这反过来作用于债券市场。在这个更高的价格水平上,债券需求曲线将向右移动,但移动的比例小于供给曲线,所以这与利率下降结合起来将降低这个市场的超额需求。市场力量以这种方式产生,并将经济带回到价格为 p_0、利率为 r_0 的状态。

我们可以推广这个分析并证明,如果我们从一个足够接近 B 的位置开始,那么,在我们的简单假设下,系统必须收敛到均衡状态;也就是说,它是动态稳定的。严格的证明将在数学附录 8A 给出。但是,幸运的是,我们利用图形工具就可以对这一证明获得直观的理解。[2]

首先考察商品市场的均衡条件。从图 9-3(第 212 页)我们看到,在价格水平 p_0 和利率水平 r_0 存在均衡。但是,正如我们在图 10-1 中看到的,在这些变量的其他取值上,这个市场同样可以实现均衡。实际上,我们假设对于每一个利率水平,都存在一个使得相应的真实余额效应恰好可以在商品市场上维持均衡价格水平。很显然,给定的利率水平越高,抵消其对需求的压制效应所需要的真实余额效应也就越大,从而产生这一效应所需要的价格水平也就越低。令图 10-2 中的 CC 为

---

[2] 改编自劳埃德·梅茨勒["财富、储蓄与利率",《政治经济学杂志》,第 59 期 (1951),第 104 页]的巧妙作图。注意这里展示的是小的而不是很大的瓦尔拉斯试错过程的稳定性。参见数学附录 3B 末。

所有由这样的利率和价格水平确定的轨迹。根据刚才所言可知,整个这条曲线的斜率必须是负的。同样还有,只要商品市场中价格水平和

233　利率水平的联合取值碰巧落在 CC 右侧的点上,就会在这个市场造成驱使价格下降的超额供给。反过来,落在其左侧的点上,将会造成驱使价格上升的超额需求。

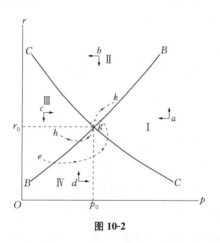

图 10-2

我们可以用相似的方法构建曲线 BB,它是使得债券市场处于均衡状态的利率值和价格值的轨迹。很显然,这条曲线经过点(p_0,r_0)且斜率为正。考察一个高于r_0的利率。我们从图 9-4(第 214 页)可以

234　看到,在这个利率水平上会存在对债券的超额需求。但是价格上升足够程度,就可以消除这一超额需求并恢复均衡。这一上升将造成供给曲线的右移程度超过需求曲线的右移程度。或者,我们用图 9-5(第220 页)来说明,价格水平上升造成超额需求曲线下移,从而它与竖轴的交点更低,从而导致均衡利率同样上升。由此可知,在任何低于它的点构建 BB,债券市场都会处于一种超额供给状态,造成利率上升。在其之上的任何一点,超额需求造成利率下降。[3]

────────────

　　[3] 从数学上看,CC 和 BB 分别是等式(2)和等式(3)作为r、p 的隐函数的图形。因为这一目的,显然$B(Y_0, 1/r, M_0/p)=0$ 等价于(3)。

相交的两条曲线将图 10-2 分割成四块，分别用罗马数字表示。考察第一块中的任意一点。当市场处于与这一点相对应的状态时，与之相连的箭头显示了动态市场力量对利率和价格水平的作用方向。这些箭头显示，当经济处于第一块区域中的任何位置时，自动产生的市场力量将推动利率水平上升，价格水平下降。相似地，动态市场力量在第二、三、四区块的作用方向分别由与 b、c 和 d 点相连的箭头所示。

因此，无论市场碰巧处于何种价格和利率水平，总存在将至少一个变量往均衡位置 g 推动的力量。从图 10-2 中可以看出，这些力量生成的路径以逆时针方向运动。有时，直接达到均衡位置，如源自点 h、k 的路径；有时，首先围着均衡位置旋转之后才达到均衡位置，如源自点 e 的路径。无论路径的性质如何，图 10-2 说明了一个基本事实，即，对于经济所处任何非均衡状态的位置，都会自动产生最终消灭非均衡的纠正力量。反过来，一旦达到均衡位置，造成进一步变化的市场力量作用就会停止。这就是市场成功地探索前一节方程组的解的试错过程。

我们现在必须摆出前面证明稳定性时所做出的一个心照不宣的假设，即，一个市场的超额需求仅仅影响该市场的价格。在大多数情况下，当代经济动态理论不加批判地将这个假设视为理所当然。[4]但是，稍加思索便知，这实际上是一个在一般均衡框架下不可证明其合理性的局部均衡的返祖遗迹。正如这个框架所强调的，一种商品价格的变化将影响全部商品的需求，故而一个市场的超额需求压力会影响全部市场的价格运动。因此，例如，一个未能成功买进他对于给定商品所希望的购买量的个体，他将不仅抬高该商品的价格，同样也会分流他原本计划花在其他商品抬高其价格的资金。在通货膨胀得到抑制的时期，这些彼此关联的市场力量尤其明显。在这个受到控制的市场里，受到压制的超额需求溢出到不受控制的市场，并推高它们的价格。我们的

---

[4] 米尔顿·弗里德曼首先向我指出其不恰当。参见萨缪尔森:《经济分析基础》，第 274 页。

论点是,即使是以更温和的方式,"永久失衡"时期的这一相似特征也会在短期的失衡中自我表现出来。短期失衡是试错过程所固有的特征。

因此,我们现在假设在现有价格水平上没能成功买入他们所需商品的家庭将把他们的超额购买力用于推高债券和商品的价格。相似地,未能在当前利率水平出售其全部债券的企业为了缓解资金短缺的痛苦而以更低的价格提供债券和商品。这些假设并没有改变图 10-2 中在第一和第三区块中发挥作用的市场力量的性质。实际上,在这些区块中,产生于一个市场的力量强化了其他市场中的力量。但是它们确实使得剩下两个区块中发挥作用的力量发生了根本性的变化。

例如,我们考察第四区块。这里存在对商品和债券价格形成向上压力的对商品的超额需求。与此同时,这里的债券存在超额供给,对两者的价格形成向下的压力。因此,这个区块中的点的运动取决于这两股相反力量的相对强度。如果我们假设一个市场的力量总是居于支配地位并决定了另一个市场的价格运动,那么与 d 点相连的箭头的方向必须翻转过来。对于点 b 可以得出相似的结论。因此,在这些假设之下,自动产生的市场力量将把第二和第四区块中的利率和价格水平推离其均衡值。由此可知,试错过程并不必然地达到经济的均衡值;也就是,换言之,系统并不必然是稳定的。[5]

在下文,我们会忽略这种可能性。尽管认识到了刚才所强调的内在联系,我们将总是假设它们没有强大到能改变图 10-2 中所描述的方向。因此,系统保持了稳定。但是,这一稳定性是一种假设,而不是一个证明。

3. 货币数量增加的影响

我们现在调查货币数量翻倍的影响。本质上讲,我们当前的模型可以被认为是第 4 章中更一般的模型的一个特例;因此,第 4 章的结论

---

[5] 参见数学附录 8A。

可以立即适用。即使没有这些,方程(1)—(4)也很容易证明,如果对于货币数量 M_0,系统在工资率为 w_0、价格水平为 p_0 和利率为 r_0 时处于均衡状态,那么对于货币数量为 $2M_0$ 时,系统在工资率 $2w_0$、价格水平 $2p_0$ 和利率 r_0 时也处于均衡状态。读者可以将这些值代入这些方程组进行验证。还需要注意的是,即使假设劳动力的需求和供给函数取决于利率和真实余额以及真实工资率,这个结论仍然成立。[6]

比较静态分析到此为止。现在让我们转向动态分析。这种分析的基本要素在上一节已经介绍过了,现在只需要将它们应用到手头的案例中。为了避免重复,我们将以某种机械的方式进行此应用。读者可以参考前面章节的相关讨论以获得对经济生活的更多了解。

货币数量增加的动态影响取决于货币进入经济的方式。首先考察政府突然决定在某一特定时期增加其对商品的购买,并通过印刷新货币来为购买提供资金的情况。还假定在以后各期政府恢复其通常的采购水平和平衡预算的政策。使货币供给不再增加。

因此,在第一个阶段,有两种力量对商品的总需求曲线施加向上的压力。首先,该曲线政府分量增大。其次,货币余额的真实价值总额增加,导致消费和投资上升(参见第 207 页,图 9-2)。其结果是图 9-3(第 212 页)中的总需求曲线被推到其均衡水平之上 E_1 所表示的位置。由于真实产出仍然固定在充分就业水平的 Y_0,于是形成了一个通胀性缺口 AB;但是,为了简单起见,我们假设这还没有表现为价格的上涨。

在第二个阶段及其后的所有时期,这些力量中最多只有第二种力量产生作用;这是因为,根据假设,政府支出现在已经回归其最初水平。因此,由于第二种力量的持续作用,总需求曲线尽管不是一路下降,但是还是会向其最初位置产生一定程度的下移。因此,在向经济注入新货币被终止后,只有真实余额效应在商品市场中产生持续的通货膨胀压力。还需要注意的是,如果最初的资金注入是通过政府转移支付,而不是购

---

[6] 参见第 9 章第 2 节末。

买商品,那么总需求曲线现在所处的水平本来会被推高。因为在这个替代假设下,前一段所述的第一种力显然是不存在的。相应地,在这种假设下,如果没有真实余额效应,商品市场就不会存在通胀压力。[7]

在任何情况下,在这一阶段商品市场中的通胀性缺口始终存在。我们现在考虑一个事实:这一缺口将推动价格水平上升,并造成货币余额的真实价值下降,导致需求曲线向下移动。很显然,这个过程将一直持续到价格水平翻倍为止。我们在这重复一下第 3 章第 4 节的论点,这是因为,在任何低于翻倍的价格水平,货币余额翻倍后的真实价值将大于其最初余额的真实价值;相应地,总需求曲线的位置也高于其原来所处位置;因此,商品市场中持续存在的通胀性缺口将推动价格进一步上升。反过来,如果价格水平比翻倍更高,货币余额翻倍后的真实价值低于其最初的真实价值,因此而产生的通缩性缺口将造成价格再次下降。只有当价格恰好翻倍的时候,翻倍后的货币余额的真实价值恰好下降至其最初的水平;也就是说,只有此时,经济中的真实财富才会回到其最初水平。相应地,只有此时,总需求曲线才会恰好回归到其最初位置,通胀性缺口最终得以弥合,商品市场重新建立起均衡。通过这种方式,我们看到了一个通货膨胀过程自身是怎样成为一种均衡力量并最终导致自身的终结的。

到目前为止,我们心照不宣地假设利率在这个动态过程中保持不变。当然,实际情况不是这样的。最初将货币数量翻倍使得债券的需求曲线向右移动,供给曲线向左移动,这使得利率最初是下降的。这一情况由图 10-3 中的虚线曲线表示,其中未被标注的点划曲线为初始的均衡位置。或者,用图 9-5 表述是,货币量的增加提高了对债券的超额需求,从而抬高了它与垂直轴的交点。无论用这两个图中哪个图表述,基本事实是,经济中真实货币数量增加并因此而在债券市场形成真实

---

[7] 正如我们将在后文提到的,我们现在的论点是从债券市场抽象化的,因此假设利率仍未改变。

余额效应。这将导致贷款的供给增加,需求减少,从而导致利率下降。

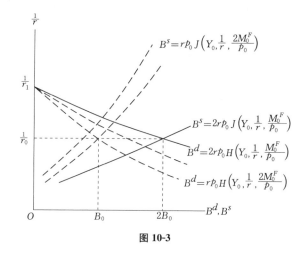

图 10-3

现在必须强调的是(古典和新古典经济学家也确实强调过),在这 239
个动态调整过程中,利率下降是一个短暂而又关键的因素。经济通过
这个动态调整最终回归到一个新的均衡位置,即利率保持为 r_0 不变,
价格为 $2p_0$ 的水平。用与维克塞尔相似的术语说就是,最初的利率下
降造成了市场利率和自然利率的差异,因为资本的边际生产率保持不
变,仍然等于自然利率 r_0。因此,总需求曲线中投资部分上升,进一步
强化了商品市场的通胀压力。但是,当这些压力推动价格水平上升时,
债券市场也会有反应。具体来讲,价格上升导致图 10-3 中的虚线需求
曲线向右移动的幅度小于所对应的供给曲线。(从图 9-5 来看,价格上
涨引起了实际平衡效应,使得超额需求函数再次下降。)于是,利率下降
的运动将逐渐反转。特别地,当价格水平最终翻倍时,利率必然爬升到
其最初值 r_0 的水平。正如图 10-3 中点划曲线所显示的,在这利率上,
个体最初需求 B_0 单位的债券,而供给量相同;因此,现在货币数量和
价格水平都翻倍时,在没有货币幻觉的情况下,会有 $2B_0$ 单位的债券
需求,而且再次有相同的供给量。因此,供需曲线必须再次相交于利率

r_0 所对应的价格——如图 10-3 中的实线曲线所示。简而言之，随着上升的价格水平消除了经济中增加的货币的真实数量，它同时也消除了压制利率的债券超额需求（贷款的超额供给）。[8]

这是古典和新古典观点的本质。如果，由于任何原因，经济中法定纸币的数量有增加，那么——用李嘉图的话说——"这些票据应当送进

每一个市场，提高每一处商品的价格，直到它们在一般流通中被吸收。仅仅在新钞发行的间隔期及它们对价格产生影响时，我们才感觉到货币的富余；在间隔期间，利率将处于自然水平之下；但是一旦额外数量的货币在一般流通中被吸收，利率的水平以及对贷款的需求的急切程度都将与新钞发行之前一样"。[9]

我们可以通过假设货币的增加源自银行体系来增加论证的古典味道；这实际上是上一段中李嘉图所考虑的情况。特别是，我们假设政府将新印制的钞票无偿地分配给银行[10]。由于银行自身并没有在商品市场上作为买家或卖家出现，这并不直接影响这个市场的总需求。但是，因为这一增加，银行发现它们自己有超额准备金。因此，它们对债券的需求（贷款的供给）上升，并对利率形成下降的压力。这反过来造成投资曲线上升并扰乱了商品市场的均衡。现在的论证是按照我们从图 10-3 的讨论中已经熟悉的方式进行。

然而，值得强调的是，因为这是古典货币理论所强调的关键一点——在最终的均衡位置，银行不再为了吸引额外的借款人而必须提供更低的利率。由于成本比最初翻倍，任何给定的项目所需要借入的资金也翻倍。与此同时，任何原来值得融资的项目现在同样值得融资。

---

[8] 由图 9-5(第 220 页)，当价格水平最终翻倍时；真实余额回归到其初始水平；因此，需求曲线再次占据其初始位置；因此它与纵轴的交点再次对应于 r_0。

[9] 大卫·李嘉图(Ricardo)：《金条的高价》(1810)，斯拉法编(剑桥，1951—1952)，第 3 卷，第 91 页。在原文中，出现了"issues"而不是"issue"。

在第 15 章第 1 节将引用许多其他的古典和新古典经济学家的段落。

[10] 更符合李嘉图的讨论，我们可以假设在金本位银行体系中流入了黄金；参见下文第 299—300 页。

由于预期从项目获得的货币回报同样翻倍，所以它的收益率也等于原来的均衡利率而保持不变。因此，当额外数量的货币通过价格上升的方式"在一般流通中被吸收"后，个体贷款需求增加程度与银行贷款供给增加程度相同，因此，均衡利率最终不受影响。

　　从这一讨论中可以立即看出，即使在极端凯恩斯主义假设下，利率和价格水平翻倍的不变性仍然成立，即货币数量的变化只直接影响债券，而不是商品市场；换句话说，后一种市场完全没有真实余额效应。[11]在这方面，货币增加的影响通过利率的最初降低以及随后商品市场价格变动和债券市场利率变动之间的动态相互作用而产生。更正式地讲，我们可以很容易地看到，在第 229 页等式（2）中的 M_0/p 被省略的情况下，本节开篇那一段中的比较静态分析同样有效。因此这个等式变成

$$\psi(Y_0, r) = Y_0, \tag{5}$$

其中 $E=\psi(Y, r)$ 是我们对商品的总需求函数。这一省略也不影响系统的稳定性。特别是，等式（5）指出总需求水平独立于价格水平，并且，相应地，在充分就业的假设之下——只有一个可能的利率使得商品市场处于均衡状态。因此，图 10-2 中的曲线 CC 成为处于 r_0 高度的水平直线。在这条直线上面的任何一点，商品市场存在通缩压力；在这条直线之下的任何一点，存在通胀压力。因此，图 10-2 中附着在点 a，b，c 和 d 的箭头的方向不受影响。因此，系统必须继续收敛于均衡位置。[12]

　　这样，我们终于严格证明了在本书开始时（第 21 页，脚注 18）所摆出的事实：尽管我们系统地、反复地强调真实余额效应在商品市场中的作用，但这种作用在逻辑上对我们的结论的有效性并不是必要的。特别是，当这种效应仅限于债券市场时，这些结论仍然成立。另一方面，在我们目前的模型中，这种限制是不合理的；因为真实余额效应等同于

242

---

[11]　对《通论》更具体的参考，参见注释 K 第 1 节。

[12]　更严格的陈述，参见数学附录 8A。

财富效应(第 209 页),因此应该在所有市场中以类似的方式运行。[13]

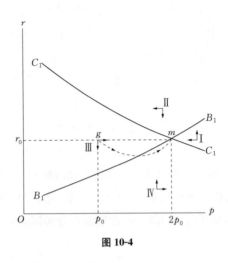

图 10-4

根据图 10-2 所使用的概念,可以很方便地总结本节的一般论点。[14]如前所述,这个图中的曲线 BB 和 CC 表示的是货币数量 M_0。

243 我们看看货币数量增加至 $2M_0$ 时,这些曲线会发生哪些变化。很显然,不存在货币幻觉意味着对于任何给定的利率,为了在任何市场恢复均衡,现在的价格水平必须是之前的 2 倍。唯有如此,货币持有量翻倍后的真实价值才能等于其原来的真实价值,从而在不变的利率之下确保通胀压力的消失。因此,每一条与 $2M_0$ 相对应的曲线往右移动到图 10-2

244 中的那些曲线 2 倍的程度。这些曲线在图 10-4 中分别由 C_1C_1 和 B_1B_1 表示。由刚才所言可知,很显然它们必须相交于点 m,对应利率 r_0 和价格水平 $2p_0$。相应地,这是经济作为一个整体的新的均衡位置。

---

[13] 参见第 180 页,脚注 43。但是正如后面所显示的(第 297—298 页),关于货币数量仅仅直接影响债券和货币市场的假设在原则上可以用纯粹内部货币经济使其合理化,根据定义,真实余额效应在任何市场都不起作用。与此同时,有很好的理由不以这种方式解释凯恩斯;参见第 339 页,脚注 9。

[14] 我需要感谢茨维·奥菲尔先生提出了图 10-2 的这一额外应用。

正如在图 10-2 中一样,这两条曲线将我们的图分成四块。很显然,在图 10-4 每一块中的动态市场力量的方向都与均衡点 m 点相关,正如图 10-2 所对应的区块中的方向与其均衡点 g 有关一样。特别是,我们从图 10-4 中可以看到,原来的均衡点 g 现在已经是一个非均衡点,它向新的均衡位置 m 的运动由两者之间的点状路径所描述。这条路径首先是第三区块和第四区块的动态力量的合力。随着价格水平持续上升至 $2p_0$,它显示了市场利率最初下降以及随后恢复到不变的自然利率 r_0 的情况。因此,它概括地描述了关于古典和新古典利息理论中价格和利率的重要互动,尤其是维克塞尔的"累积过程"的描述。[15]

4. 流动性偏好改变的影响

我们现在利用上一节的技术,为第 8 章第 5 节已经讨论过的流动性改变提供一个图形分析。为了避免任何可能的误解,我事先声明我所使用的流动性偏好的改变并不是严格意义上的凯恩斯主义所指的货币和债券之间的转变,而是在更一般意义上对货币需求的改变,无论其以债券还是是商品为代价。因此,举例来说,一般假设流动性偏好的增加一方面反映为商品需求曲线下降(在相同的真实余额情况下,与先前相比,个体愿意更少地支出[16]),另一方面反映为债券需求曲线向左移动而供给曲线向右移动。(个体感觉到对流动性的需求上升,因此把债券换成货币:他们倾向于更少地出借,更多的借入。)

这种情况可以用下面的方式形象地描述。假设我们从一个均衡位置开始,其中总需求曲线由图 9-3(第 212 页)中的 $E=F(Y, r_0, M_0/p_0)$ 表示。货币需求增加的结果是这一曲线现在开始向下移动到图 10-5 中的 $E=F^*(Y, r_0, M_0/p_0)$。星号表示人们的偏好发生了变化,即,

245

---

[15] 这些教义上的含义将在第 15 章第 1 节得到进一步的讨论。

[16] 也就是说,这里 K 增加,或者说,V 下降。

在相同的利率和价格水平,个体现在比原来更少愿意支出。因此,图 10-5 和图 9-3 中的曲线为两条不同需求曲线的横截面。相似地,在最初的均衡位置,债券市场由图 9-4(第 214 页,没有复制到下图中)中的曲线表示。作为流动性偏好增强的结果,这些曲线具有图 10-6 中虚线曲线的形式。

246

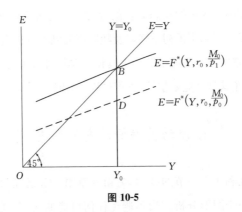

图 10-5

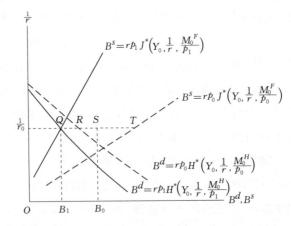

图 10-6

很显然,流动性偏好改变的最初影响是对价格产生向下的压力,这可以从图 10-5 中的通缩性缺口 BD 反映出来;对利率产生向上的压力,由图 10-6 中的超额供给 RT 反映。现在,随着价格水平下降,真实

余额效应推动商品需求曲线向上移动。与此同时，它推动债券供给曲 247
线比需求曲线更多地向左移动。这样，价格下降最终不仅消除了债券
市场上的超额供给，并且使得利率最初的向上运动产生反转。

假设利率最终向下的运动一直持续到它回归到 r_0。同样假设，与
此同时，价格下降到 p_1，并且在这一价格水平上，真实余额效应的刺激
足够强，使得商品市场最初的通缩性缺口闭合。在这个市场上与这个
新的均衡位置相对应的需求曲线由图 10-5 中的实线表示。同时期债
券市场的情况尚待考察。

首先，我们必须更具体地了解流动性偏好转变的性质。特别地，我
们假设这种转变是中性的——它只影响了债券和商品相对于货币的吸
引力，而不影响债券和商品彼此之间的吸引力。现在，从图 10-5 我们
看到，在价格水平 p_1 和利率水平 r_0，经济中的个体对商品的真实需求
与其在最初均衡位置时是相同的。由中性假设可知，在这些价格水平
上，现在个体对债券的供给和需求必须与他们最初的真实持有量相同。
但是，由于这些各自的持有量在最初的均衡位置相等，那么它们现在也
必须相等。也就是说，在价格水平 p_1 和利率水平 r_0，债券市场同样必
须处于均衡状态。换言之，债券的名义供给和需求量在价格 $1/r_0$ 再次
相等，尽管比其在最初的均衡位置要少，但是减少的比例与 p_1 小于 p_0
的比例是相等的。这就是图 10-6 中实线所表示的情形。[17]

因此，在这些假设之下，新古典主义的立场被证明是正确的。流动
性偏好增加降低了均衡价格水平但不影响均衡利率。事实上，正是这
种价格下跌造就了经济希望持有更多的真实货币量。

相比之下，考虑流动性偏好的增加仅仅是以债券持有为代价的情 248
况：这是凯恩斯利息理论的隐含假设。起初，这种增长既不会影响对商

---

[17] 实际上，这个解释比图更具有限制性。后者仅仅要求在价格 $1/r_0$，供给量和
需求量等比例下降，但是并不必须与价格下降的幅度相同。但是，只有正文中考察的这
种情况具有经济意义，因为只有在这种情况下，债券的真实需求和供给与最初相同。

品的需求，也不会因此影响到市场中普遍存在的初始均衡状态。但一旦债券市场的超额供应开始推高利率，它也会在商品市场产生通缩缺口。同以前一样，由此产生的价格下跌会对债券市场产生影响，并最终逆转利率的上升走势。但是，这一次在利率 r_0 不能恢复整体均衡。因为由于价格下降，而大家在商品市场上的偏好没有发生变化，这一利率水平现在对应的是一个通胀缺口。

必须强调的是，对利率的这一影响并不是因为债券和货币本身的相对吸引力发生变化的结果。在流动性偏好的自然改变过程中，也会发生吸引力改变的情况。更进一步，正如读者可以自己确定的那样，纯粹以牺牲商品为代价的流动性偏好的改变即使并不会影响债券和货币的相对吸引力也会对利率造成影响——尽管方向是向下的。简而言之，在某种意义上，提高利率的流动性偏好的增加必然是以债券持有的损失大于商品的损失为代价的。简而言之，造成利率上升的流动性偏好的增加在某种意义上必须是牺牲债券的持有量超过对商品的放弃。

无论如何，很明显从前面的论述可以了解到，新古典和凯恩斯主义经济学在关于流动性偏好改变的影响上的不同观点并不是因为在分析上存在差异，而是对流动性偏好改变的本质的基本假设存在不同。

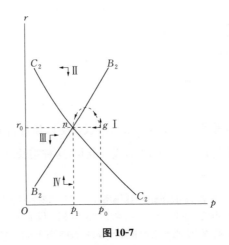

图 10-7

这个论点可以再一次方便地用图 10-2 总结。以牺牲商品和债券（新古典主义情形）为代价的对货币需求的增加使得 CC 和 BB 都向左移动：在任何利率之下，为了产生具有刺激消除因流动性偏好改变而形成的超额供给的真实余额效应，在每一个市场都需要更低的价格。如果商品和债券之间的相对吸引力不受这一改变的影响，那么根据刚才阐明的论点，由图 10-7 中 C_2C_2 和 B_2B_2 所表示的新的曲线必须相交于点 n，对应于价格 p_1 和利率 r_0。最初的均衡点 g 现在是一个非均衡点，g 和 n 之间的虚线路径显示了转向新均衡位置的运动。很显然，这条路径反映了在区块 1 和区块 2 中发挥作用的动态市场力量的方向。它显示，利率在最初上升，随后在价格水平持续下降的压力下下降。

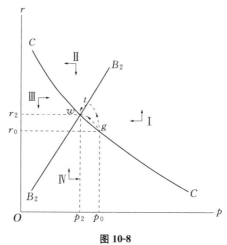

图 10-8

现在考察凯恩斯主义的情形。此时，流动性偏好增加是以债券为代价。在这一情况下，曲线 CC 保持不受影响，因此，我们得到了图 10-8。很显然，不变的 CC 与左移的 B_2B_2 相交于比原均衡点 g 更低的价格水平和更高的利率水平。正如路径 gw 所示，朝这个新的均衡位置 w 的移动是直接的。反过来，如路径 gtw 所示，它同样可能首先导致利率上升然后再下降。因此,在这种情况下,价格水平可能会对利率的短暂过度反应施加温和的影响。

我们也可以从这看到,凯恩斯主义的流动性偏好改变对利率的冲击取决于商品市场真实余额效应的强度。真实余额效应越弱,CC 的斜率越浅,从而对利率的影响越小。事实上,在完全不存在真实余额效应的极端凯恩斯主义情况下,曲线 CC 变成一条水平线,因此,利率完全不受影响。[18]这仅仅反映了一个已经被提及的事实(第 242 页),即在这个假设之下,商品市场只能在一个利率上处于均衡状态。因此,仅发生在债券和货币市场的外生变化不会影响这个利率。[19]

仅以牺牲商品为代价以增加货币需求的情况同样很清楚。在这里 BB 保持不变,而 CC 向左移动。因此,新的均衡价格和利率水平两者都必须低于最初的水平。

如何将前面的分析做出修正并应用于流动性偏好下降的情况,我们将其作为一个练习留给读者。很显然,一个中性的改变可以用图 10-4 表示。然而,令我们特别感兴趣的是流动性偏好转变主要是有利于债券而几乎没有以牺牲商品为代价的情形。我们还记得 [20],偏好的改变在分析上等价于债券性质的改变,这在某种方式上是使得它更具有随时转换为货币的流动性。这两种改变都在图 10-2 中表示为随着 BB 的下移,CC 或多或少保持不变:这是因为,根据假设,当债券市场的需求增加时 [21],两者都使得商品市场的需求保持相对不变,因

---

[18] 得出这一(对于凯恩斯主义而言)似是而非的结论是因为我们采用了非凯恩斯主义的充分就业假设。参见第 13 章第 4 节。

[19] 换言之,上述假设之下的系统是被有效二分的;参见第 180 页。同样可参见莫迪利亚尼:"货币机制及其与现实现象的相互作用",《经济学与统计学评论》,第 45 期(1963)增刊,第 84 页。

[20] 参见第 5 章第 6 节和第 7 章第 3 节。

[21] 这里有一个隐含的假设,债券对债权人的流动性增加并没有被它相对债务人所代表的非流动性的增加所抵消。反过来,在一个拥有净的正的债券头寸的私营部门的经济中(例如,存在政府债务的经济,如第 12 章第 4 节),这个假设不是必要的。

此，对于任何给定的价格水平，为了在这一市场保持均衡，必须降低利 252
率。因此，BB 和 CC 的新的交点，也就是新的均衡位置的利率低于 r_0，
价格水平高于 p_0。我们令债券的流动性越好，BB 曲线越往右移，于是
利率下降且价格上升，经济中的真实货币数量也就越小。[22]

[22] 本节论证的分析处理参见数学附录 8C。

第 11 章　模型的工作原理：充分就业(续)

　　1.货币市场的争论。持有货币的投机性动机以及数量理论的
有效性。2.完全一般均衡分析：静态与动态研究。凯恩斯利率理
论的假设。3.完全一般均衡分析：静态与动态研究。凯恩斯利率
理论的假设(续)。4.再论需求曲线与市场均衡曲线。5.应用于其
他问题的分析技术。6.储蓄与投资。

1. 货币市场的争论。持有货币的投机性动机
以及数量理论的有效性

　　我们现在要说明的是，前几章通过对商品和债券市场的分析得出
的结论，也可以通过对货币市场的分析，以一种更为熟悉的方式得出。
当然，这种等价性是瓦尔拉斯定律的一个简单的含义。然而，我们将发
现对其加以详细说明是很有帮助的。

　　正如我们已经在对图 9-6 的描述中所注意到的[1]，货币需求曲
线相对于利率的负斜率反映了交易和投机动机的共同作用。然而，为
了使下面的讨论尽可能接近原始的凯恩斯主义，让我们假设后者是利
息弹性的唯一来源。出于同样的原因，让我们假设货币市场不存在真

----

　　[1]　前文第 222 页。亦可参见第 5 章第 6 节和第 6 章第 1 节末以及第 7 章
第 3 节。

实余额效应。因此,市场方程(4)在第 229 页上的均衡条件被改写为特殊的凯恩斯主义形式[2]

$$p \cdot L_1(Y_0) + p \cdot L_2(r) = M_0, \tag{1}$$

在这 $L_1(Y)$ 代表对真实交易余额的需求,$L_2(r)$ 代表对真实投机余额的需求。

但是本书第一部分的论述已经导致我们将这个等式写成一个迥异于《通论》的形式。正如在注释 K 第 2 节中表示的,这个等式用我们的符号表示是

$$p \cdot L_1(Y_0) + L_2(r) = M_0 。 \tag{2}$$

在等式(1)中与 $L_2(r)$ 相乘的 p 没有出现在等式(2)中证实了对名义投机余额的需求中不存在货币幻觉的假设。我们将看到,正是这种差异保证了利率的经典不变性。

由于货币幻觉对接下来的论述是如此重要,我们值得对货币幻觉的含义再多做些探讨。根据等式(1),如果个体面对这翻倍的价格水平,他们的反应将是对名义投机余额的需求 $p \cdot L_2(r)$ 加倍;也就是说,他们对真实投机余额的需求保持不变。另一方,等式(2)意味着它们的名义投机需求余额 $L_2(r)$ 保持不变,因此他们的真实投机余额将减少。换言之,这意味着,当货币单位是美元时,真实投机余额的需求是一个水平,而当货币单位是比塞塔(西班牙货币单位,译者注)时,真实投机余额的需求完全是另一个水平。这就是货币幻觉的本质。[3]

---

[2] 《通论》,第 168—169、199—202 页。在他后来的著作中,凯恩斯确实允许利率影响 $L_1(\ )$ 和 $L_2(\ )$;参见他的"利率理论"(1937),重印在《收入分配理论阅读》,费尔纳和海利主编(费城,1946),第 422 页。

[3] 读者会记得,改变货币单位在分析上相当于个体在价格和初始货币持有量上发生等比例的改变;参见第 184 页。

255 　　我们可以用另一种方式来说明这个问题。正如交易、预防的名义需求代表为对一定真实数量的商品的掌控而持有流动性的欲望,名义投机需求代表为了掌控一定真实数量的债券而希望持有流动性的欲求。因此,正如价格水平的上升影响了前面的几种需求,它同样也会影响后一种需求。这就是等式(1)所强调的对称性。而这正是等式(2)所否认的。等式(2)坚持认为,尽管对交易和预防余额的名义需求取决于绝对价格水平,但是名义投机余额并非如此。

　　我们将等式(2)和凯恩斯主义利率理论的讨论推迟到下一章,现在回到从等式(1)的角度分析货币市场的任务上来。因此,我们假设这个市场处于图 11-1 中的虚线需求曲线和供给曲线的交点所决定的均衡位置。现在均衡位置受到了货币数量翻倍的干扰。这使得供给曲线右移至 $M^s = 2M_0$。因此,在原来的均衡利率 r_0 之下会形成货币的超额供给。这由图 11-1 中的线段 DP 表示。(当前应该忽略这个图中的曲线 II。)

　　如果价格保持相同,只有当利率低于 r_0 时,市场才能重建均衡;因为唯有利率下降,才能诱使个体持有现在多余的货币。但是价格不能也不会保持不变。超额供给 DP 显示商品市场存在超额需求,并且这个超额需求必定推动价格上升。这反过来作用在货币市场,并使其需求曲线右移。因为,如上所充分强调的,在较高的价格水平上,个人必须持有更多的货币余额,以满足他们的各种需求。特别地,当价格水平最终翻倍时,在任何给定利率下,他们都会将所需要的货币翻倍。因此,他们在图 11-1 中占据位置 III 的新的需求曲线必定与新的供给曲线相交于原来的利率水平。这是一个关键点:需求(由不存在货币幻觉所隐含)对绝对价格水平的依赖确保了对货

256 币的交易、预防和投机需求一起吸收全部的额外供给——即使利率不变。

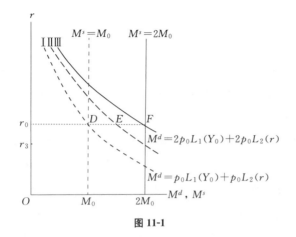

图 11-1

　　相似地,流动性偏好的增加使得货币需求曲线最初向右移动,并在原利率水平 r_0 上形成超额需求。但是,这一超额需求显示商品市场上存在降低价格水平的超额供给;商品市场上价格水平下降反过来将使得货币需求曲线向左移动。如果流动性偏好的增加是中性的,那么这种价格下降和随之的向左移动将持续,直到,也刚好直到,需求曲线在利率为 r_0 时再次与原始不变的供给曲线相交。

257

　　前面分析的一个优点是,尽管它强调了在货币数量发生改变的情况下,凯恩斯的利率恒定性并不取决于投机性需求"在均衡位置总为0"的假设[4];上述论述假设 $L_2(r)=0$ 没有任何必要。因此,当货币被视为交易的媒介,且同样可以视为价值的储存手段用于投机目的时,数量理论可以是有效的。投机性动机所做的一切是为了给货币需求相对利率的斜率为负再找一个理由;但是,由于我们在经典模型中假设了这样一个负斜率(为了交易的目的),这不会影响前面的结论。这说明了我们的一般论点:不管个人为什么持有货币,他们只会关心这些持有的货币的真实价值,而货币错觉的缺失则反映了这一点,从而确保了经

　　[4]《通论》,第208—209页。注意,凯恩斯认为这个假设作为充分就业的补充是必要的。

典分析的有效性。

与此同时,应该指出的是,在一个更广泛的背景下,凯恩斯主义的投机动机确实要求新古典主义的方法有一个重大的变化。因为在集中讨论持有债券和持有货币之间的选择时,凯恩斯理论还强调了(新古典主义经济学家没有考虑到的)在这两种资产之间的流动性偏好转移的可能性,以及它对利率的结果影响。我们将在第 15 章第 2 节中回到这个问题。

我们还可能注意到,货币需求部分由动态预期驱动的假设,有时即使在货币数量发生变化的情况下也会使经典的利息不变性失效。这当然不应该让我们感到惊讶。因为在将这些元素引入分析时,我们也引入了许多额外的"自由度"。因此,只要这些因素没有受到限制,通过赋予它们合适的属性,我们就能获得想要的任何结论。只有在我们已经明确了个体如何构建自己的期望的方式,分析才能变得确定。我们将在第 12 章第 7 节回到这一问题。

2. 完全一般均衡分析:静态与动态研究。凯恩斯利率理论的假设

通过对图 10-2 进行扩展,使其能够同时描述模型中的三个市场,我们现在可以进行真正的一般均衡分析。[5]图 11-2 完成了这一任务。这个图中的曲线 *LL* 是所有使得货币的供给和需求相等的每一对利率和价格的组合的轨迹。它的正斜率反映了一个事实,即价格水平的上升使得图 9-6(第 222 页)中的货币需求曲线向右移动,从而提高了维持市场均衡所必需的利率水平。

不过,我们还可以更多地讨论曲线 *LL*。由瓦尔拉斯定律(以及在

---

[5] 我很感激茨维·奥菲尔先生指出这一细致工作的可能性。以下是根据他的建议,并最初体现在我的论文"流动性偏好和可贷资金:存量与流量分析",《经济学刊》,第 25 期(1958),第 308—314 页。

第 230 页所做出的劳动市场总处于均衡状态的假设),我们知道 LL 必须经过 CC 和 BB 的交点:对于任何使得商品市场和债券市场保持均衡的利率—价格组合,必须同样使得其他市场保持均衡。由预算约束,我们还知道它必须穿过图 10-2 中的区块 Ⅱ 和区块 Ⅳ。LL 的性质就是将其所经过的区域分成两部分:表示货币市场存在超额需求的右部的点 ($L>0$);以及表示存在超额供给的左部的点 ($L<0$)。因此,LL 不可能穿过图 11-2 中区块 Ⅰ 或 Ⅲ 中的任何一个。因为在区块 Ⅰ,商品和债券都存在超额供给 ($C<0$,$B<0$),因此由预算约束可知,这一区块中的每一点都对应着货币市场中的一个超额需求状态。相似地,区块 Ⅲ 中的每一点都对应着货币市场中的一个超额供给状态。反过来,在区块 Ⅱ 和 Ⅳ,存在对商品和债券中一种商品的超额需求和另一种商品的超额供给。货币市场出现超额供给或需求取决于这两种力量中的哪一种占主导地位。这些关系的细节罗列在第 260 页的表中。

259

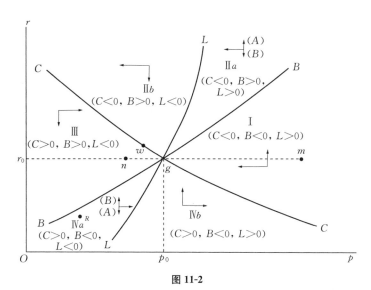

图 11-2

前一章的比较静态一般均衡分析现在已经很清楚了。货币数量翻倍使得图 11-2 中的三条曲线向右移动两倍的距离,使其相交于点 m

（比较图 10-4）。相似地，中性的流动性偏好增加使得所有三条曲线向左移动并相交于 n 点（比较图 10-7）。最后，凯恩斯主义增加的流动性偏好，这是完全以牺牲债券为代价，将不影响 CC，而使得 BB 和 LL 向左移动并相交于 w（比较图 10-8）。

各个市场之间的关系

区块或曲线	市　　场			
	商　　品		债　　券	货　　币
I	超额供给		超额供给	超额需求
II a	超额供给	$>$	超额需求	超额需求
LL	超额供给	$=$	超额需求	均　　衡
II b	超额供给	$<$	超额需求	超额供给
III	超额需求		超额需求	超额供给
IV a	超额需求	$>$	超额供给	超额供给
LL	超额需求	$=$	超额供给	均　　衡
IV b	超额需求	$<$	超额供给	超额需求

3. 完全一般均衡分析：静态与动态研究。凯恩斯利率理论的假设（续）

我们现在对图 11-2 进行动态解释。在这里，我们立即面临动态的市场间压力的复杂性，在对图 10-2 的讨论中，我们成功地避开了这些复杂情况。特别地，即使作为一种初步的近似，我们也不能说货币的超额需求或供给只在一个市场中表现出来。因为货币的功能就是用于购买商品和债券。事实上，这是图 10-2 的分析赖以建立的隐含假设。

这可以从以下看出。这个分析的动态假设可以用等式

$$\frac{dp}{dt} = k_1 \left[F\left(Y_0, \ r, \ \frac{M_0}{p}\right) - Y_0 \right] \tag{3}$$

和

$$\frac{dr}{dt} = -k_2 B\left(Y_0, \ \frac{1}{r}, \ \frac{M_0}{p}\right) \tag{4}$$

表示,在这 k_1,k_2 为正的常数。在劳动市场总是处于均衡的假设之下, 261
第 227 页的预算约束(23)可以写成

$$\left[F\left(Y_0,\,r,\,\frac{M_0}{p}\right)-Y_0\right]+B\left(Y_0,\,\frac{1}{r},\,\frac{M_0}{p}\right)\equiv\frac{M_0}{p}-L\left(Y_0,\,r,\,\frac{M_0}{p}\right).$$

$$(5)$$

将等式(3)和等式(4)代入等式(5),然后得到

$$\frac{1}{k_1}\frac{dp}{dt}-\frac{1}{k_2}\frac{dr}{dt}=\frac{M_0}{p}-L\left(Y_0,\,r,\,\frac{M_0}{p}\right). \tag{6}$$

因此,图 10-2 的动态假设意味着货币的超额供给影响了价格水平和利率。

相比之下,考虑凯恩斯的假设,即对货币的过度需求只影响利率。这涉及用

$$\frac{dr}{dt}=k_3\left[L\left(Y_0,\,r,\,\frac{M_0}{p}\right)-\frac{M_0}{p}\right] \tag{7}$$

替换等式(4)。除了图 11-2 中的 $\mathrm{II}a$ 和 $\mathrm{IV}a$ 区块,这并不要求改变等式(4)所确定的箭头方向——当然,它一般将影响这些箭头所代表的运动的强度:在所有这些区块中,对货币的超额需求伴随着对债券的超额供给,反过来也是如此。另一方面,在 $\mathrm{IV}a$ 中的 R 点,利率将根据等式(7)(由标记为"A"的箭头表示)下降并将根据等式(4)(箭头"B")上升。在区块 $\mathrm{II}a$ 中的任何一点,这个表述是成立的。

我们现在注意到,不管我们接受假设等式(4)和等式(7)与否,这个系统将会收敛:因为在两者之中的任何一种情况下,市场力量都将推动至少一个变量趋向其均衡值。但是,很显然,两种情况下各自调整路径的本质是不同的。然而,同样明显的是,这些差异不是因为我们对不同的市场进行分析而造成的,而是因为我们对同一市场的动态作用做出了不同假设。具体而言,由动态方程组(3)和(6)描述的货币市场的运动 262
与(3)和(7)所描述的运动不同。另一方面,即使它们涉及不同市场,

方程组(3),(4);(3),(6)和(4),(6)都是等价的。因此,进行动态分析的市场本身不能影响结果。

我们现在回到假设等式(7)并注意到它先验的不可能性。这一假设意味着货币的超额供给造成债券市场的利率下降,而不管这超额需求的状态如何。反过来,假设等式(4)意味着在某些情况下(点 R 就是一个例子)货币的超额供给伴随着对商品的巨大超额需求,个体将尝试不仅耗尽其所有超额持有的货币而且还将出售部分持有的债券来为额外的购买提供资金。这样,货币的超额供给可能伴随着债券超额供给以及利率的上升。

乍一看,通过在等式(7)中加入一个进一步的假设,即货币的超额供给与债券的超额需求相同,似乎可以避免这种难以置信的情况;也就是说,

$$B\left(Y_0, \frac{1}{r}, \frac{M_0}{p}\right) \equiv \frac{M_0}{p} - L\left(Y_0, r, \frac{M_0}{p}\right) \tag{8}$$

接下来,货币的超额供给(需求)点必然是债券的超额需求(供给)点;因此,图 11-2 中的曲线 BB 和 LL 重合;因此,区块 $\mathrm{II}a$ 和 $\mathrm{IV}a$ 带着它们当中的那些全是麻烦的点,就这么简单地消失了。

但是,这是刚出虎穴,又入狼窝:等式(8)实际上意味着这个系统是不稳定的。这可以很容易地通过以下方式证明。根据瓦尔拉斯定律,我们知道图 11-2 的分析可以在三个市场中的两个进行。现在,没有理由不选择债券和货币市场这两个市场。因此,既然我们忽略了商品市场——图 11-2 简化为图 11-3,其中单一曲线同时表示了 LL 和 BB。现在假设系统处于均衡点 P,而一个随机的干扰使其移动到了 Q。很显然,系统中存在的动态压力(用箭头表示)最多能够将系统带回到 BB(或 LL)曲线上的某些点(比方说,T)。他们不能保证它回到原来的位置 P。因此,这个系统是不稳定的。它处于中性均衡状态。

即使我们从商品市场和债券(或货币)市场的角度进行分析,也可以得出同样的结论,尽管方法要复杂一些。将等式(8)代入等式(5),我

263

们得到

$$F\left(Y_0, r, \frac{M_0}{p}\right) - Y_0 \equiv 0 \qquad (9)$$

也就是说,不管利率或价格处
于什么水平,对商品的超额需
求为0。因此,在当前的假设
之下,图11-2中的曲线CC
膨胀,知道包含了图11-3中
的整个面积。相对应的,CC
和BB(或LL)这种特殊形式
的交点是后一条曲线的整体。
因此,我们再一次证明了整个
均衡位置的未确定性。

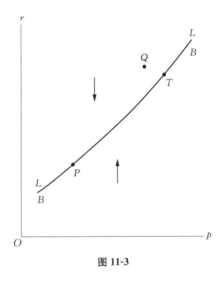

图 11-3

　　在结束这一节之前,我应
该澄清刚刚得出的凯恩斯货
币理论的结论的含义。乍一看,这一结论似乎推翻了许多凯恩斯主义
经济学家所熟悉的论点,即货币的超额供给产生了相应的债券的超额
需求。然而,实际上,我并不认为这些经济学家想到了等式(8)所描述
的令人烦恼的同一性。相反,他们只是想假设对于某些种类的变化存
在一种恒等性。特别地,他们想说的是系统中货币数量增加所产生的
超额货币供给完全转移到债券市场,因此与市场中产生的超额需求是
相同的。这完全不同于[如等式(8)和图11-3所示]所说的,由任何原
因产生的货币超额供给与由此产生的债券超额需求相同。事实上,后
一种说法与凯恩斯的基本假设相矛盾,即利率上升产生的货币过剩将
伴随着对投资品需求的减少,这一事实必然也会影响对债券的超额需
求的程度。因此,在这个假设下,从等式(8)的意义上说,货币的超额供
给不可能与债券的超额需求相同。

　　更简单地说,上述论点似乎只是作为熟悉的(尽管通常隐含)凯恩

斯假说的另一种表述,凯恩斯假说认为,与商品和劳动力市场相比,货币数量的变化只直接影响债券和货币市场。由此可以得出,在货币市场上造成超额需求的真实余额变化,必然会在债券市场上造成完全相等的超额供给。这个假设在商品市场上没有真实效应,可能是也可能不是经验上正确的:但是,不同于等式(8),它代表了逻辑上站得住的立场。[6]

265

4. 再论需求曲线与市场均衡曲线

前面的论述表明,虽然对货币的需求量取决于利率,但利率并不取决于货币数量。从表面上看,这里似乎有一个悖论。但这是一个可以立即解决的问题。我们注意到在两种意义上用"依赖"这个词来描述两个截然不同的概念性实验的结果。更具体地说,解决这一悖论的办法是再次对个体实验及其需求曲线和市场实验及其市场均衡曲线做出区分。[7]

首先考察以下的个体实验。我们考察利率降低,其他情况保持不变的情况下,观察个体所需求的货币的变化。另外,我们采用马歇尔的方法[8],强迫个体增加其计划持有的货币量,然后记录在其他条件不变的情况下,为了仅仅愿意维持增加的持有量所坚持的利息的降低程

---

[6] 根据第 227 页脚注 22,凯恩斯的假设是

$$F(3)(\ ) \equiv 0,$$

使得

$$L_3(\ ) - 1 \equiv -B_3(\ )。$$

在本节中,请参见数学附录 8B。

应该再次注意的是(参见第 242 页,脚注 13),将直接的货币效应限制在债券和货币市场,这个凯恩斯主义假设只有在纯粹内部货币经济的背景下才是合理的(参见第 297—298 页;参见第 635 页)。

[7] 关于这一区别的含义,参见第 3 章第 6 节。

接下来,我们将从真实负债效应中抽象化。

[8] 《经济学原理》(第 8 版),第 94—95 页。

度。这两个实验都产生了相似的负斜率的个体货币需求曲线。图 9-6 和图 11-1 中的市场需求曲线就是由此类个体曲线汇总而成。当我们说货币需求取决于利率时，我们就想到了这些曲线的斜率。

这些个体的实验可以与另一个不太熟悉的实验进行对比。我们又一次强迫个体使其计划持有的货币增加一倍，但这次我们同时使其面对翻倍的价格水平和初始持有的货币量。由于不存在货币幻觉，在这种情况下，个体将显示他愿意保持这些更大的货币持有量而不降低利率。如果个体都同时面对刚刚描述的这种变化，一个相应的结果将适用于经济中个体的集合。这由图 11-1 中从点 D 到 F 的运动所表示。 266

个体实验就讨论这么多。现在考察下面的市场实验。我们向一个处于均衡的经济引入一个货币数量翻倍的扰动。然后我们让这种干扰充分发挥作用，直到经济重新回到均衡位置为止。最后，我们比较新的市场均衡位置和原市场均衡位置的利率。正如我们在图 11-1 的分析中看到的，这个利率没有改变。

这个结果与前面个体实验的结果完全一致。在市场实验结束时，每个人都发现自己面临着双倍的价格水平和他最初持有的货币。因此，这两个因素都保持不变的第一个个体实验与市场实验可以是没有关联的。另一方面，这些增加正是个体在第二个个体实验中所面临的情况。事实上，正如本实验所揭示的那样，经济中个体愿意在不降低利率的情况下将其计划持有的货币增加一倍，这就解释了市场实验所揭示的均衡利率的不变性。

我们现在考察 D、F 以及由前述类型的市场实验从图 11-1 中产生的所有其他可能的供给曲线和需求曲线的交点。根据刚才所说的，很显然这些点的轨迹必须是图 11-4 中的水平线。因此，这条线上的每一个点都关联一定数量的货币以及与其相对应的、没有改变的均衡利率。很显然，这条直线是我们所称的市场均衡曲线的一个特殊情况。同样很明显的是，不管图 11-1 中需求曲线的斜率大小，市场均衡曲线必须具有图 11-4 中所确定的水平形式。当我们说利率并不取决于货币数量时,我们心中必须想到这条水平线。

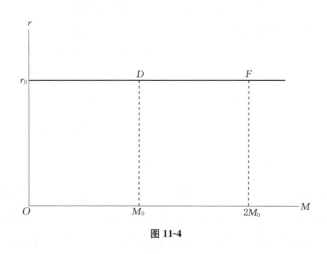

图 11-4

用货币的真实需求量取决于真实利率,所以均衡利率取决于真实货币数量这样的简单表述取代这些复杂的区别是很有吸引力的。而在目前的情况下,这个利率保持不变是因为真实货币数量也保持不变。这很诱人,但是严格地讲,毫无意义。因为经济中的利率和真实货币量都是分析的因变量,因此它们的均衡值不能彼此相互依赖,而只能依赖于独立变量。[9]

这可能诱使我们换一种说法:在我们的简单模型内,根据假设,债券的净持有量和非金融资产是恒定的(第 200 页和第 207 页)——独立变量的任何不影响均衡真实货币数量(从而经济中各种资产的均衡规模和构成)的改变必须同时使得均衡利率保持不变,反之亦然。这是一个有意义的命题,但是,尽管它恰好适用于名义货币数量的变化,但它

---

[9] 这是在第 12 页和第 34 页已经画出的因变量和自变量之间的区别。读者还会回想起第 171—172 页的论点,即既然价格水平和真实货币量是成反比的,那么两者在分析上是等价的,因此其中任何一个都可以被认为是分析的因变量。

不一定总是正确的。这在第 10 章第 4 节中是很明显的,正如我们已经看到的,流动性偏好的中性变化改变了价格水平,因此,也改变了经济中的真实货币数量,但是没有改变均衡利率。我们从下一节结尾讨论的另外两个案例中也可以看出,虽然真实货币数量没有变化,但均衡利率还是可以改变的。然而,无论何时有效,用这些术语表述是可供参考的。因此,记住它们的固有缺陷,我们应该偶尔这样处理。[10]

5. 应用于其他问题的分析技术

虽然到目前为止,这本书的分析技巧仅用于货币理论的问题,但显然也可以应用于其他问题。如果我们详细地展开这些应用,那将远远超出我们的讨论范围,但是我们在这可以简单地描述几个例子。

首先考察政府永久提高所得税水平,并利用所有增加的收入来支付相应增加的支出这一情况。于是,这里有两种相反的力量对商品总需求曲线产生作用。一方面,总需求中政府的组成部分上升。另一方面,由于可支配收入减少,消费和投资的组成部分下降。[11]但是,显然第一种力量占优势:因为政府会将其增加的"收入"全部花掉,如果这些收入还在纳税人的手中,纳税人不会这么做。换言之,这个变化类似于收入再分配,即以牺牲那些边际消费倾向小于 1(私营部门)的人为代价,而对那些边际消费倾向等于 1 的人(政府部门)有利。[12]

一旦我们确定了特定变化的影响是提高了商品的总需求曲线,分析将沿着熟悉的路线继续进行。由于这条曲线向上移动,造成了一个

---

[10] 实际上,已经在第 239 页上使用了这些术语。请参见本节所有数学附录 4D。

[11] 参见上文第 208 页。

[12] 注意在失业条件下平衡预算的乘数效应分析的平行性。例如参见萨缪尔森:"收入决定的简单数学",载于《收入、就业与公共政策:纪念阿尔文·H.汉森论文集》(纽约,1948),第 140—142 页。

269   通胀缺口。由此产生的价格上涨导致的负的真实余额效应推动需求曲线再次下降。与此同时,价格上涨也扰乱了债券市场的均衡,导致利率上升。这也有助于缩小商品市场的通货膨胀缺口。市场最终将在更高的价格水平和更高的利率之上重建均衡。

另外,从图 11-2(第 259 页)推导这个结果时,我们首先注意到如果可支配收入的外生变化对债券市场没有影响(即,未能同等程度上降低借贷活动),那么上述变化将使得 BB 不变。[13]另一方面,正如我们看到的,它将使得 CC 向右移动。同样,可支配收入减少将导致货币需求下降,从而使得 LL 右移。因此,图 11-2 的交点必须移向东北。

下一个例子是,一波技术发明提高了资本生产率。让我们把分析限制在很短的一段时间,此间商品产出的增加还不至于影响市场。于是这种技术变化有两个最初的影响。首先,它提高了企业承担投资项目的愿望。这增加了总需求曲线中的投资构成,从而在商品市场形成通货膨胀缺口。其次,与此同时,它增加了企业对贷款资金的需求,从而为这些新项目提供资金。这使得债券的供给曲线向右平移,从而推动利率上升。为了简单起见,假设所有的额外融资都是这样来的,而不是从货币余额中提取。然后,据图 11-2 所示,CC 向右移动,BB 向左移动,而 LL 曲线保持不动;因此新的交点出现在更高的价格和利率水平之上。

应当强调的是,这代表了技术进步的短期影响。从长远看,这种科技进步带来的产出增加自身可能反映在一个更高的充分就业水平 Y 上。因此,CC 曲线将开始左移,LL 曲线将向右移动。相应地,价格水平和利率将再次下降。

270   最后考察储蓄增加的情况,或者用我们的术语来说,对消费品的需

---

[13] 参见上文第 215—216 页。
然而,有人可能认为,尽管债券的供应取决于国民收入或产出(假定在充分就业水平上保持不变),对它们的需求取决于可支配收入(因税收负担增加而减少;参见上文第 208 页)。在这种情况下 BB 将向上移动。

求减少的情况。如果这伴随着货币持有量的相应增加，那么我们就只有以牺牲商品为代价增加流动性偏好。这一变化对利率和价格水平的抑制作用已经在第 10 章第 4 节中进行了分析。相反，如果储蓄的增加伴随着债券需求相应的增加，那么对利率的抑制作用就增强了。在图 11-2 中，CC 向左移动而 LL 保持不变，因此，在一个较低的价格水平和利率之上确立了一个新的均衡位置。在这种情况下一个特别有趣的例子是，储蓄和贷款的增加都是由债券流动性的增加引起的：储蓄的安全性和便利性都得到了增加。

读者可以自己分析更多的案例。然而，我们可能会注意到，上述对投资和储蓄变化的分析结果与古典和新古典利息理论的结果完全一致。[14]

6. 储 蓄 与 投 资

除了前面的例外，我们在整本书中都有意地避免了"储蓄"这个概念和它熟悉的伴奏曲"储蓄＝投资"条件。这个决定是基于这样一个事实，即这样一个概念在一个将经济视为由许多商品组成的分析框架中是不合适的，每种商品都有价格，每种商品都有市场。因为，储蓄显然不是一种商品，它们没有价格，它们本身也不在一个市场中交易。[15]

然而，这并不妨碍我们将总的真实储蓄 S 界定为税后总收入与消费之间的差额。然后我们可以将储蓄函数记为

$$S = f\left(Y, r, \frac{M_0^H}{p}\right), \tag{10}$$

其中

$$f\left(Y, r, \frac{M_0^H}{p}\right) \equiv Y - G_0 - g\left(Y, r, \frac{M_0^H}{p}\right). \tag{11}$$

271

---

[14]　参见数学附录 8E。

[15]　参见奥林(B. Ohlin)："非传统利率理论"，《经济学杂志》，第 47 期(1937)，第 424 页。

正如读者可以从第 205—206 页的等式(6)和等式(8)看到的,$g(\ )$ 是消费函数,G_0 为固定的真实政府支出水平,假定其完全由税收支持。然后,储蓄与投资相等可以记为

$$f\left(Y,\ r,\ \frac{M_0^H}{p}\right)=h\left(Y,\ r,\ \frac{M_0^F}{p}\right),\qquad(12)$$

在这 $h(\ )$ 是第 205 页等式(7)中出现的投资函数。

将恒等式(11)代入,并重新排列,等式(12)变成

$$g\left(Y,\ r,\ \frac{M_0^H}{p}\right)+h\left(Y,\ r,\ \frac{M_0^F}{p}\right)+G_0=Y。\qquad(13)$$

但是,由第 206 页的等式(10),这正是第 229 页等式(2)所描述的商品市场的均衡条件。用图形表示是,如果储蓄和投资函数被叠加在(第212 页)图 9-3 上,那么它们必须相交于真实收入 Y_0。简而言之,经济中的商品需求总量等于其供给量所处的真实收入水平必定是经济中希望的储蓄等于希望的投资时所处的水平。同样地,一种商品需求量大于供给量时所处的收入水平必然是一种投资倾向大于储蓄倾向时所处的水平,反之亦然。相应的表述适用于商品出现超额供应的真实收入水平。

因此,储蓄与投资相等是商品市场处于均衡状态的另一种表述。因此,最好由这一条件本身的直接表述代替。当然,这是一个遵循前一论述的过程。

然而,很显然,涉及储蓄的任何表述都可以很容易地转化为我们的模型表述。例如,考察我们所熟悉的奥地利"货币过度投资"学派为增加投资融资的三种可供选择的分类。[16]首先是"储蓄融资"的情况。在这里,投资函数向上移动伴随着消费函数抵消性的向下移动;因此总需求曲线不会上升,因此也不会对价格形成上升的压力。于是,存在一

[16] 参见,例如,哈伯勒(Haberler):《繁荣与萧条》(第 3 版;日内瓦,1941),第3A 章和第 10A 章。

种相反的情况,消费函数没有发生最初抵消性的移动。这必须进一步分成以下两种情况。首先,投资可能是由"窖存资金"提供融资;即,投资品需求增加可能是由下降的货币需求提供资金。在这种情况下,图11-2(第 259 页)中的 CC 和 LL 向右移动,而 BB 保持不变。第二,投资可能"由通胀性的银行信贷提供资金",也就是说,银行购买公司债券的意愿增强了。在这种情况下,图 11-2 中的三条曲线全部右移。这两种情况的共同特征是,价格出现通货膨胀是到达新均衡位置过程中的标志,这个特征使其区别于"储蓄融资"的情况。但应指出,随着投资增加所带来的产量增加开始出现在市场上,这种价格上涨将会逆转。[17]

最后必须强调的是,储蓄＝投资条件不是债券市场均衡条件的另一种表述。特别是,储蓄行为不一定是需求债券的行为,因为从消费中退出的资金可能会被添加到货币余额当中。相反,债券需求可能是以降低货币余额为代价,而不是以降低消费为代价。同样,投资行为也不一定是供应债券的行为,因为投资计划的资金可能随时可以获得而无须动用货币余额。相反,债券的供应可能是为了增加货币余额,而不是用于投资。

事实上,正是货币经济的存在排除了储蓄与债券的需求,以及投资与其供给同时相等的可能性。因为我们已经看到,投资超过储蓄必然等于对商品的需求超过供给。因此,如果同时相等的属性成立,那么商品的超额需求必然等于债券的超额供给。也就是说,个体总是计划通过出售债券来购买额外的商品,反之亦然。因此,他们永远不会计划改变他们的货币余额水平,也就是说,他们对这些余额的超额需求将是 0,或者,换句话说,萨伊恒等式将会成立。重复第 8 章第 7 节的一个论点:这意味着价格从均衡水平的任意偏离,不会对货币产生任何超额需求或供给,因此不会产生任何市场纠正力量促使经济回复到原来的均

---

[17]　哈伯勒:《繁荣与萧条》(第 3 版;日内瓦,1941),第 269 页。

请注意,前一节分析的投资增加不属于上述三类情况。参见数学附录 8E。

衡位置。因此,货币价格的均衡水平将是不确定的,这与货币经济的说法矛盾。

如上面第 2 节所述,这种不确定性可以用图 11-2 来说明。由于储蓄＝投资条件等价于商品市场的均衡条件,在这个图中也用曲线 CC 表示。现在,如果储蓄＝投资条件也相当于债券市场的均衡条件(如上所述的联立方程所示),那么 CC 和 BB 必然会重合。另一方面,曲线 LL 将膨胀到包含整个图表。因此图 11-2 将只有一条曲线。也就是说,不存在将经济稳定在一个确定的价格水平的市场力量。

第 12 章　模型扩展：充分就业

1.工资与物价刚性。债券市场的货币幻觉。凯恩斯利率理论的其他方面。2.劳动力市场的货币幻觉。3.强制储蓄的分配效应。4.政府债务与公开市场操作。5.银行体系和金融中介机构的存在。6.银行体系和金融中介机构的存在（续）。7.预期的影响。

1. 工资与物价刚性。债券市场的货币幻觉。
凯恩斯利率理论的其他方面

前面的论述成功地将新古典数量理论从两个高度限制性的假设中解放出来，这两个假设常常被认为对于数量理论的有效性是必要的。特别是，它表明，这一理论的前提既不是商品需求与货币余额成正比，也不是货币需求曲线对于利率缺乏弹性。然而，显而易见的是，这一理论受到了其他假设的严格限制。本章的目的是放松其中一些假设的限制，并说明如何对模型进行修改和扩展，使其能够处理由此而引入的其他因素。这样我们就能更接近现实。[1]

为了避免任何可能的误解，应该强调的是，这种放松假设的效果不会累积；相反，本章各节将重新从前面的基本模型开始，阐述放弃其中

---

[1] 由于丢掉他们的简化假设，本章比前几章要更复杂。因此，更一般的读者可能会觉得将自己限制在第 1 节和第 7 节比较方便。

的一个(且仅仅放弃一个)假设,会对这个模型有何影响。我们只针对货币数量的变化进行讨论;读者可以很容易确定,这些讨论对于流动性偏好的变化同样成立。

首先,工资和价格弹性的假设。在第 10 章第 3 节中,价格水平上升在商品和债券两个市场都产生真实余额效应,并最终消除最初货币增加所带来的通货膨胀压力,如果这个假设不存在,这个动态过程就显然不会发生作用。因此,经济不能达到一个新的均衡位置。例如,假设政府在印制新货币的同时建立绝对的工资和价格管制制度。在这种情况下,不能产生真实余额效应,因此没有任何力量可以使得图 9-3(第 212 页)中的总需求曲线从 E_1 向下移动。因此,通货膨胀缺口 AB 一直保持没有缩小。简而言之,商品市场处于“永久失衡”状态,这与第二次世界大战期间和之后的时期许多国家抑制通货膨胀的情形非常相似。同样,如果在货币供应量下降的情况下,工资和物价不会下降,没有任何力量能够使得总需求曲线再次提高。我们将在第 13 章第 4 节进一步讨论这一情况。

接下来,我们将讨论关于货币幻觉的基本假设。假设在我们的系统中确实存在货币幻觉。例如,假设债券的需求和供给曲线不受价格水平变化的影响,而是受名义货币余额变化的影响。那么这个市场原有的均衡位置由图 12-1 中的实曲线表示。与这些曲线相连的函数性描述意味着对真实债券的需求和供给受到一种变化的影响,该变化既不改变真实收入和利率,也不改变真实初始货币持有量。例如,考察在面对价格和初始货币持有量翻倍时个体所受到的影响。这导致对债券的需求增加。但现在没有理由要求它以与货币增加量相同的比率增长,因此真实需求量将发生变化。经过必要的修改后,真实供应量也是如此。当然,这个明显的特征就是货币幻觉的表现。[2]

---

[2] 如果我们将图 12-1 中的需求函数通过除以 rp 而转换为对真实债券持有量的需求函数。这将得到

$$\frac{B^d}{rp} = \frac{W\left(Y_0, \dfrac{1}{r}, M_0^H\right)}{p}, \text{(转下页)}$$

现在假设初始均衡位置受到货币数量翻倍的干扰。这使得供给和需求曲线上移到图 12-1 中虚线所标示的位置：根据他们所增加的货币余额，个体希望出借更多，借入更少。因此，在原来的利率水平上，现在出现了对债券的超额需求，这将向下压制利率。但是这一次与第 10 章第 3 节不同，这里没有最终使这一运动发生反转的力量发挥作用。因为，由于它仅仅取决于名义货币持有水平（我们关于货币幻觉的假设），债券市场并不对商品市场价格上升所造成的持有货币的真实价值下降做出反应。因此，利率不受影响地持续下降至图 12-1 中的新均衡水平 r_3。与此同时，为了在商品市场实现均衡，价格必须上涨到超过翻倍的水平以抵消更低的利率对商品市场总需求所产生的刺激效应。因此，新的均衡位置的利率低于 r_0，价格高于 $2p_0$。277

我们用商品和货币市场而不是商品和债券市场来表述这一论述，我们可以一举两得地阐述瓦尔拉斯定律的有效性并对凯恩斯的利率理论的某些方面提供一些启发。由第 11 章第 1 节可知，凯恩斯的流动性278

（接上页）将其与不存在货币幻觉的情况下的真实债券需求函数的形式

$$\frac{B^d}{rp}=H\left(Y_0,\ \frac{1}{r},\ M_0^H\right)$$

进行比较是很有启发意义的（参见第 213 页）。

同样需要注意的是，我们可以用许多其他的方式在债券市场中引入货币幻觉。因此，任何以下形式的需求函数都反映了货币幻觉：

$$\frac{B^d}{rp}=H\left(pY_0,\ \frac{1}{r},\ \frac{M_0^H}{p}\right),$$

$$B^d=H\left(Y_0,\ \frac{1}{r},\ \frac{M_0^H}{p}\right),$$

$$\frac{B^d}{r}=H\left(Y_0,\ \frac{1}{r},\ \frac{M_0^H}{p}\right).$$

这些函数中的第一个表明对实际债券的需求取决于名义收入，而不是真实收入。第二个函数说明对名义债券的需求取决于实体经济变量。第三个函数说明了对债券需求的货币价值的相同情况。

但是请注意，在后两种情况下，如果债券供应函数恰好具有完全相同的形式，那么两个幻觉就会相互"抵消"。也就是说，对债券的超额需求函数不存在货币幻觉。

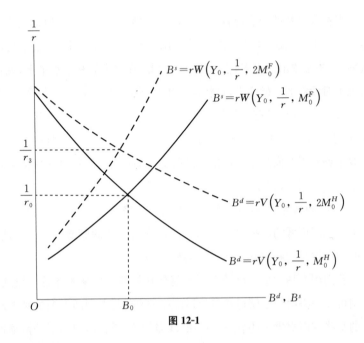

图 12-1

方程形如：

$$p \cdot L_1(Y_0) + L_2(r) = M_0。 \tag{1}$$

现在正如已经强调的（第 125 页及下一页），凯恩斯对货币的投机需求 $L_2(r)$ 反映了债券市场：它代表了作为债券直接替代品所持有的货币数量。因此，前一方程中这一需求独立于绝对价格水平的假设就是对债券的需求也独立于绝对价格水平的正面表述。即凯恩斯的假设（有意或无意），即投机性货币需求中存在货币错觉（如第 254 页及下一页所示）是上述假设的反面，即债券市场存在货币幻觉。[3]

一旦我们接受了他的流动性方程中的货币错觉，凯恩斯对货币数量增加的影响的分析就成了理所当然的事情。这个数量翻倍不能仅仅

---

[3] 通过将这一需求写成真实需求形式 $L_2(r)/P$ 可以使得前述反映货币投机性需求中的货币幻觉的方程更清楚。这表明，货币数量和价格水平的翻倍降低了投机性需求的实际余额。

使价格水平翻倍而使均衡利率不受影响。因为,如方程(1)所示,货币数量增加所引起的价格上升只影响货币的交易和预防需求而不是投机性需求。这是关键点。由此看来,它与前一章(第 254 页)不存在货币幻觉的方程

$$p \cdot L_1(Y_0) + p \cdot L_2(r) = M_0 \tag{2}$$

所描述的情形不同——货币数量和价格水平翻倍只是使得交易所需要的名义货币余额翻倍,而对投机所需求的名义货币余额没有影响。就图 11-1 而言,这样的一个改变使得对货币的需求曲线从位置 1 移动到位置 2(参见第 255 页及下一页)——这样的改变不能在利率保持不变的情况下吸收翻倍的货币供应量,反而留下一个等于 EF 的超额供应。因此(为了诠释《通论》),所增加的货币供应的一部分将用于购买证券。并且这将持续下去,直到投机性需求和交易需求对货币需求的增加使得价格上升到足以吸收所有的新货币为止。新的均衡位置在图 11-1 中由需求曲线 Ⅱ 和供给曲线 $M_s = 2M_0$ 在利率 r_3 的交点表示。[4]

279

即使价格超比例上升造成交易需求单独吸收所有增加的货币供应,这同样也不能保持利率不变。在这些假设之下,商品市场不可能实现均衡。特别是,商品总需求函数仍然由 $E = F(Y, r, M_0/p)$ 表示。因此,在不变的利率 r_0,货币数量 $2M_0$ 以及价格水平大于 $2p_0$ 的情况之下,图 9-3(第 212 页)中的需求曲线在真实余额效应的作用下将处于像 E_2 那样的水平。因此,通缩缺口将占上风,迫使价格水平下降。这将对货币市场产生影响,迫使利率下降,从而使得价格的运动方向反转。于是,我们再次得出结论:利率必须下降。

这一分析,也可以用图 11-2(第 259 页)来总结。图中的曲线 CC 保持相同。但是在图 12-1 所描述的条件下,债券市场未受价格水平的

[4]《通论》,第 200—201 页。我把这段文字从不充分就业的背景中抽取出来,并将其用于处理价格水平没有明确提及的情形。证明这个解释不过是明确了凯恩斯论点的关键因素,参考注释 K 第 2 节的详细证据。所有这些将在第 15 章进一步讨论。

影响,因此只能在一个利率水平上实现均衡。因此,BB 最初在 r_0 是水平的,在图 12-2 中相应地由 B_3B_3 表示。如图 10-4(第 243 页),货币数量翻倍将使得 CC 移动两倍远至 C_1C_1 处。由图 12-1,它同样也将

280 曲线 B_3B_3 下移至 B_4B_4 处,这是一个对应于新的均衡利率 r_3 的高度。因此,图 12-2 中的均衡点从 g 移到了 q——在这一点,价格水平比原来价格的两倍还多,但是利率水平更低。

当然,通过分析货币市场也必须得到同样的结果。令 L_3L_3 表示凯恩斯流动性方程(1)的均衡点的轨迹。现在考察货币量翻倍的影响。正如已经强调的,方程(1)的特点是货币数量和价格水平翻倍不会影响投机性需求,因此总的名义货币需求不会翻倍。这意味着,在利率 r_0 保持不变的情况下,为了在货币市场维持均衡,价格必须高于翻倍的水平。因此,在这一利率上,曲线 L_3L_3 进一步向右移动至与价格水平 $2p_0$ 对应的点

281 m。与货币量 $2M_0$ 相对应的曲线相应地由图 12-2 中的 L_4L_4 表示。显然,它与 C_1C_1 曲线的交点必须利率小于 r_0 而价格大于 $2p_0$。[5]

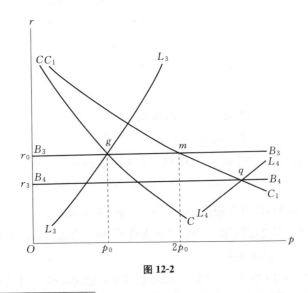

图 12-2

---

[5] 这些结果的解析推导留给喜欢数学的读者作为练习。

2. 劳动力市场的货币幻觉

现在让我们来分析货币幻觉在劳动力市场的含义,而不是其在债券或货币市场中的影响。特别假设,尽管对劳动力的需求继续取决于真实工资率,但其供给只取决于名义工资率。原均衡位置现在由图 12-3 中的实线曲线描述。现在由于竖轴代表名义工资率,所以需求曲线必须根据给定的价格水平绘制。显然,即使供给曲线取决于价格水平和货币工资率,只要它不取决于两者之间的比率,就存在货币幻觉。然而,为了简单起见,我们已将供应曲线绘制成只取决于后者的曲线。

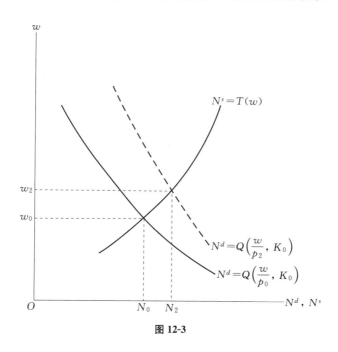

图 12-3

再次假定经济的均衡位置受到货币数量翻倍的干扰。在商品和债券市场中由此产生的压力使这两种商品的价格都开始上涨。当价格水平上升时,图 12-3 中的需求曲线向右移动;对于相同的货币工资率,现在对应更低的真实工资率。因此,对于大于 p_0 的价格水平 p_2,均衡货币工资率和就业水平分别是 w_2 和 N_2。很显然,真实工资率 w_2/p_2 必须小于 w_0/p_0。否则对劳务的需求量就不可能大于 N_0。

由于真实工资率的下降和就业的增加,商品供给曲线也向右移。令这个市场的新的均衡位置由图 12-4 中的实线曲线表示,其中产出 Y_2 对应劳动投入 N_2。因此,货币数量的增加改变了充分就业本身的基准。[6]

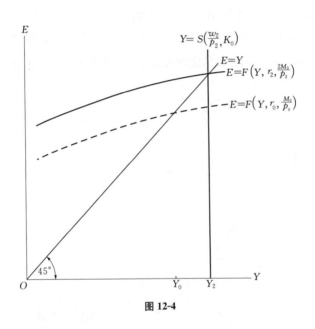

图 12-4

仍然需要确定新的均衡值 w_2、p_2 和 r_2 与其原值的关系。首先考察债券市场的情况。由上面的假设(第 215 页和第 216 页及下一页),真实国内产出增加至 Y_2 使得债券的供给和需求曲线都向右移动。假设这些位移总是互相抵消的。那么,在没有任何其他改变的情况下,债券市场的情况如图 12-5 所示。也就是,真实收入增加并没有影响均衡

[6] 本基准的可变性将在第 13 章第 1 节进一步讨论。

利率。但现在我们必须考虑一个在我们当前分析的假设中的一个固有事实，即，最初货币数量的翻倍在债券市场上产生了真实余额效应，这使得需求曲线右移，供给曲线左移。因此，利率必须下降。

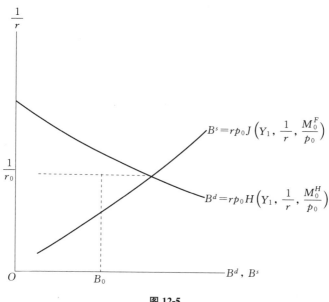

图 12-5

现在让我们回到商品市场。乍一看，从图 12-4 中似乎看到供给量增加对价格水平造成向下的压力，最终抵消货币增加所造成的最初的上行压力。但略加思索可知，在如此低的价格水平上，均衡是不可能存在的。因为如果价格水平下降，真实工资率就会上升；劳动力投入增加以及因此而增加的商品供给都会被两者的下降所取代。另一方面，价格水平降低将强化最初债券市场利率下行的压力，从而提高商品的总需求曲线。因此，商品市场将存在通货膨胀缺口。于是，新的均衡价格水平必须高于 p_0。

现在假设物价水平已经翻倍。那么，既然没有存在货币幻觉，债券市场再次在原来的利率 r_0 上实现均衡。但是，商品市场不可能处于均衡。因为货币余额的真实价值再次等于其初始值；因此，现在总需求曲

283

284

线必须与图 12-4 中原来的曲线重合。同时,价格水平的翻倍和随之减少的真实工资率使得投入的劳动力增加,从而使得商品供给曲线向右移动。因此,在这个市场存在通货紧缩的缺口。这就更不用说如果物价水平超过翻倍以及债券市场的利率相应上升的情况了。

因此,考虑到我们经济中的所有市场,我们得出如下结论:如果劳动力市场供给方面存在货币幻觉,那么货币数量的增加会降低利率,并导致价格水平的增长低于货币增长的幅度。这一结论的有效性显然基于这样一个假设,即真实收入的增加对债券市场的影响是中性的,也就是说,它会使这个市场的需求和供给曲线产生抵消性的移动。

像往常一样,我们的论述可以用图 11-2 进行概括。债券市场上的收入效应中性意味着货币数量的翻倍将使得 BB 向右移动两倍的距离——如图 10-4(第 243 页)中的 B_1B_1 所示。另一方面,由于商品市场供应增加,曲线 CC 向右移动的幅度小于 2 倍。那就是,对于任何给定的利率,价格水平必须低于翻倍水平以使得正的真实余额效应能够使得对商品的需求吸收额外的供给。因此,新的曲线必须位于图 10-4 中 C_1C_1 的左边。新曲线与 B_1B_1 相交于利率低于 r_0、价格水平低于 $2p_0$ 的位置。[7]

3. 强制储蓄的分配效应

前面的论述一直认为,总体行为取决于经济中的真实收入、债券持有量和货币持有量的总和,而不是它们在个体之间的分配情况。同样,它假定任何货币的增加都是在这些个体之间统一地增加。现在让我们看看如何分析某些不做这些简化假设的情况。

例如,假设物价上涨产生的真实收入再分配降低了对消费品的需求,但增加了对债券和货币的需求。也就是说,真实收入随价格变化而

---

[7] 分析性处理参见数学附录 9A。

增加的个体比真实收入减少的人有更高的储蓄和出借倾向。因此,货
币数量翻倍不再使得利率保持不变。由于价格上涨所造成的"强制储
蓄"将导致利率下降。国民收入水平将保持不变,但其构成的改变将有
利于投资而不利于消费和商品。相应地,资本积累率和增长率将会增
加:货币不再是中性的。这种可能性已正式获得古典和新古典经济学
家的充分认可和强调。[8]

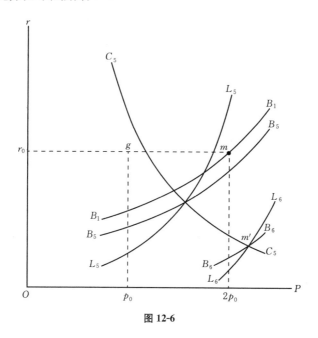

图 12-6

用图 11-2 来解释,指定的改变使得 CC 向右移动;但是,由于初始
的向下移动倾向于消费(上移倾向于储蓄),右移的幅度没有翻倍。也
就是说,它必须位于图 10-4(第 243 页)C_1C_1 的左侧。所得到的曲线
由图 12-6 中的 C_5C_5 表示。同理,BB 向右移动超过 B_1B_1;这是因为,
在任何给定利率水平,价格必须超过翻倍水平才能产生负的真实余额
效应去抵消原来对债券需求的上移。所得到的曲线由图 12-6 中的

[8] 这些理论问题将在第 15 章进一步讨论。

B_5B_5 表示。最后，LL 向右移动至 L_5L_5 的幅度必须小于两倍。这两条新曲线交点的利率显然低于 r_0。[9]

图 12-6 同样表明，即使债券需求函数没有发生移动，也就是说，即使"强制储蓄"被完全用于增加货币余额以满足突然增加的流动性偏好，利率也会下降。在这一假设之下，新的 LL 曲线（没有画出）将通过 C_5C_5 和 B_1B_1 的交点，该交点将是新的均衡位置。与以前一样，价格水平必须低于 $2p_0$：因此，货币的真实数量必须高于原来均衡位置的数量。在这一市场中，即便供给和需求都没有初始位移，利率仍然下降；正是债券市场的真实余额效应所产生的压力对此做出了解释。[10]

显然，类似的论述也适用于价格变动对真实债券和货币持有量分布的影响。例如，债权人和债务人不必以抵消的方式对未偿债务的真实价值变动做出反应。因此，即使统一实施货币增长，也会产生净真实负债效应（第 45 页和第 74 页）。用图 12-6 表示，对这些影响的分析与前例相同。

最后，我们注意到，在某种意义上，真实余额效应本身就是一种分配效应。因为我们的法定纸币是政府的债务；如果政府对这些债务的真实价值的变化做出反应，就像家庭和公司对他们的债务的变化一样，那么在经济整体中不可能出现净真实余额效应。价格水平下降会使得家庭和企业所产生正的真实余额效应恰好抵消政府的负真实余额效应。因此，上述分析是基于虽然现实但隐晦的假设，即，政府脱离于所有经济单位，对（不计息的）未偿债务的真实价值并不关心，并以此为据

---

[9] 目前，这个图中的其他曲线应该被忽略。

我很感激格利指出原始文稿中关于这一论述中的一个错误。

[10] 读者会记得，这种所谓的真实货币数量与利率之间的关系的论点有分析陷阱，因此必须谨慎使用；参见第 11 章第 4 节末。

本段和前一段的讨论对一些特定的困难一笔带过。一旦引入分配效应，BB 的斜率可能变为负值。如果这从上面切割 CC，货币数量的增加将导致利率的提高。然而，可以证明，在某些简单的动态假设下，系统的稳定性排除了这种可能性。关于这一点的充分讨论，参见数学附录 9C—9D。

安排其对商品的需求。[11]

4. 政府债务与公开市场操作[12]

现在我们放弃政府债务的唯一形式是货币这一假设，并将政府债券引入我们的分析。这些债券与公司发行的债券相同，而且像后者一样，只由家庭持有。我们假设政府进行公开市场操作，其后果将是我们接下来讨论的一个主要问题。[13]

首先产生的问题是，我们在分析财富效应时是否必须考虑政府债券的真实价值。一种可能性就是像处理货币一样处理债券，并将我们的超额供给函数记为取决于 $V_0/rp + M_0/p$，其中 V_0 代表政府发行债券的数量。这种方法的困难在于，这些债券的利息负担想必由未来的税收提供保障。因此，如果私人部门按照对未来利息收入进行贴现的同样方式对未来的税务义务进行贴现，政府债券的存在不会产生任何净财富效应。[14]简

289

---

　　[11]　正如阿诺德·科利（Arnold Collery）最近强调的，在一个货币不是政府债务而是黄金的经济中，前述解释并不成立。参见"关于储蓄—财富关系和利率的说明"，《政治经济学杂志》，第 68 期（1960），第 509—510 页。

　　[12]　本节的重点和内容的大部分变化都受到了以下论文直接或隐晦的批评的激发：卡尔·克里斯特："帕廷金论货币、利息和价格"，《政治经济学杂志》，第 65 期（1957），第 349—350 页；肖和格利，同前引；以及蒙代尔："公共债务、企业所得税和利率"，《政治经济学杂志》，第 68 期（1960），第 622—626 页。

　　本节作为一个整体继续反映了劳埃德·梅茨勒的基础性论文"财富、储蓄与利率"［《政治经济学杂志》，第 59 期（1951），第 93—116 页］的影响，尤其是它对赤字融资和公开市场操作所造成的货币变化的差异的强调。

　　[13]　事实上，正如格利和肖强调的（同前引，第 144 页；亦可参见阿兰·恩托文在这本书中第 305 页数学附录中的评论），即使政府对私营部门的债券进行公开市场操作也将产生类似的后果（比照实际）。然而，这里政府债券作为这些操作的对象是为了使分析更加接近现实。

　　[14]　这一点要归功于卡尔·克里斯特（Carl Christ），他反过来引用了与米尔顿·弗里德曼的讨论。然而，克里斯特自己的观点是，债券应该像货币一样对待。参见上文脚注 12 所引用的他的文章。

而言之,私人部门的净金融资产仍然由 M_0/p 表示。[15]

一般而言,我们不会采用上述两个极端做法,而是假设我们的超额需求函数中适当的财富变量为 $kV_0/rp + M_0/p$,其中 k 是一个(大于 0 但小于 1)的常数,它反映了个体对于未来与政府债券相关的纳税义务不予贴现的程度。相应地,第 10 章第 1 节中的方程组被替换为:

$$\text{均衡条件} \qquad\qquad\qquad \text{市场}$$

$$Q\left(\frac{w}{p},\ K_0\right) = R\left(\frac{w}{p}\right) \qquad\qquad \text{劳务市场}, \qquad (3)$$

$$F\left(Y_0,\ r,\ \frac{kV_0}{rp} + \frac{M_0}{p}\right) = Y_0 \qquad\qquad \text{商品市场}, \qquad (4)$$

$$B\left(Y_0,\ \frac{1}{r},\ \frac{kV_0}{rp} + \frac{M_0}{p}\right) = \frac{kV_0}{rp} \qquad\qquad \text{债券市场}, \qquad (5)$$

$$L\left(Y_0,\ r,\ \frac{kV_0}{rp} + \frac{M_0}{p}\right) = \frac{M_0}{p}. \qquad\qquad \text{货币市场}, \qquad (6)$$

其中债券的超额需求函数已经写成前面第 219 页方程(19)的形式。

k 不为 0 造成前述方程组与第 10 章第 1 节的方程组有三个方面的不同。首先,私人部门的净债券持有必须反映在方程(5)的供给端。请注意,它们在这里的真实数量前面有乘数 k。因为私人部门对其税项负债进行了贴现,它所持有的政府债券既是一种资产,也是一种负债。因此,这些债券被加入供给端的净有效部分必须由 kV_0/rp 表示。[16]

---

[15] 货币形式的政府债务并不产生任何的税务负担,这排除了前述论述的逻辑应用到此类债务的可能性(最近由约翰逊提出),因此,货币余额(正如我们当前假设之下的计息政府债券)不可能是净财富的来源("货币理论与政策",同前引,第 343 页;亦可参见前一段末)。

除了对约翰逊的建议的这个理论性的反对意见,当然还有许多得到统计显著的实际余额效应的研究中没有明说的经验结论。有关详细信息,请参阅后文的注释 M。

[16] 这一论述的理由可以利用通过等式(5)背后的需求和供应函数重新表述会更加清楚(参见第 9 章第 4 节)。如果私人部门愿意持有未偿债务总量为 $J(\ )$,如果它考虑到所持有的政府债券部分,那么私人部门以自己的名义发行的债券数额是

$$\left[J(\ ) - (1-k)\frac{V_0}{rp}\right] + \frac{V_0}{rp} = J(\ ) + \frac{kV_0}{rp}.$$

将这从债券需求函数 $H(\ )$ 中减掉将得到等式(5)。

其次,由于私人部门的净金融资产不再与其真实货币持有量一致,所以价格水平改变所造成的财富效应不再与真实余额效应一致。[17]相应地,这种变化对各种商品需求的影响不应该再从后一种影响来分析,而应该从一种类似的"净真实金融资产效应"来分析。

第三,现在出现了一种利率上升影响商品需求的新方式。就目前而言,债券净持有量为正,我们不能再像第 207 页那样假设,这样的增加所带来的资本损失和收益将会抵消掉。相反,由 kV_0/rp 下降所表示的净资本损失的影响会波及整个经济。在商品和货币市场,负财富效应强化了利率增加的替代效应;然而,在债券市场,这两种效应作用的方向相反。实际上,如果资本损失的影响足够大,图 9-4(第 214 页)中债券的需求曲线的斜率可能为正。

然而,即使在这种情况下,由前面方程(5)表示的超额需求曲线必须保持如图 9-5 中的负斜率。因为我们假设财富的边际消费倾向小于1,因资本损失所造成的债券真实需求的减少必然小于其净真实供应 kV_0/rp 的下降。因此,真实债券的超额供应必然下降,这意味着超额需求必然增加。相应地,图 10-2 和图 11-2 中的曲线 BB 的正斜率不受上述因素的影响。[18]

现在我们分析一下在前面的系统中,首先通过赤字融资,然后通过公开市场操作改变货币数量的影响。在第一种情况下,可以很容易地看到,货币数量的翻倍不仅会使工资和价格翻倍,同时也会使利率不受影响。因为在这种情况下,政府债券的真实价值 kV_0/rp 会低于原来均衡位置的真实价值,而影响大宗商品需求的其他因素都保持不变。因此,由方程(4)可知,在图 12-6 中的 m 点,商品市场存在一个通缩缺口。债券市场在这一点也不会处于均衡状态:因为政府债券的真实价

---

[17] 参见第 209 页。

[18] 然而出于前面第 287 页脚注 10 类型的考虑,BB 的斜率可能变成负的。请参见数学附录 9E 以了解充分讨论。

值下降必然使得需求和供给同时下降，但正如上一段所述，后者的减少必须大于前者的减少。因此，图 12-6 中的 m 点将对应债券市场上的超额需求状态。同样地，它也相当于货币市场供应过剩的状态。总之，新的 CC 曲线（再次由图 12-6 中的 C_5C_5 表示）必须位于 m 点的左边，新的曲线 $BB(B_6B_6)$ 和 $LL(L_6L_6)$ 位于其右边。因此，新的均衡利率（由图 12-6 中的 m 点确定）必须低于原值。

我们可用新古典或凯恩斯主义的术语解释为什么利率未能保持其不变性。从新古典主义观点来看，假设存在不完全贴现的政府债券引入到分析元素中，这些元素类似于货币幻觉和分配效应的存在（见前面第 2—3 节）。前者体现在债券市场的供给侧，这表明不管价格水平如何，政府希望保持 V_0 的债券，所以债券的真实供应与价格水平成反比。后者体现在各自市场的需求侧，这说明，与我们前面的分析形成对比（第 207 页），在总体上债务的影响并没有被抵消，实际上由 kV_0/rp 表示。由于这两个原因，点 m 处组合的总价值（也就是总财富）小于 g 点处的值，因此，不能实现均衡。或者，从凯恩斯的观点来看，对应于 m 点的总投资组合不可能是最优投资组合，原因很简单：当利率相同时，其实际组合不同于在 g 点的组合。[19]

这一解释表明，如果政府债券的存在不能产生上述任何影响，那么利率将保持不变。如果这些债券有一条将其利息支付与价格水平变动挂钩，使其真实价值不受后者变动影响的升级条款，那么情况的确如此。[20]从技术上来说，这将意味着前一方程中的 V_0 处处都由 pV_0 表

---

[19] 将此与第 238 页所描述的情况对比；亦可参见第 266—267 页。

[20] 在战后的通货膨胀经济中，这样的债券变得越来越普遍。相关描述，参见大卫·芬奇（David Finch）：“购买力对延期支付的保证”，《国际货币基金组织工作人员报告》，第 5 期（1956），第 1—22 页；以色列银行：《1958 年年报》（耶路撒冷，1959），第 277—280 页；彼得·罗布森（Peter Robson）：“指数挂钩债券”，《经济研究评论》，第 28 期（1960），第 57—68 页。亦可参见维纳（Viner）：《国际贸易理论研究》（纽约，1937），第 282 页及以下诸页关于在 19 世纪初在英国倡导此类债券的内容。

示，因此 kV_0/rp 由 kV_0/r 替换。通过直接将其代入这个修改后的方程组，我们可以很容易地证明，赤字融资使货币数量增加一倍，然后使经济达到一个新的均衡位置，在这个位置上的价格和工资翻倍而利率保持不变。从图形上看，图 12-6 中原来经过 g 点的曲线 CC，BB 和 LL 全部向右移动两倍的幅度且相交于点 m。相应地——与前一情况不同——债券和货币的真实数量与原均衡点 g 处相同。因此，利率的不变性再次（见第 266—267 页）反映了这样一个事实：货币变化既不影响货币、债券和非金融资产的均衡投资组合的组成，也不影响其规模。

然而，货币数量翻倍是公开市场操作的结果，则不再得到利率保持不变的结果。[21]即使在债券利息与价格挂钩的情况下，点 m 处的实际组合与点 g 处的实际组合是不同的。特别是，尽管真实货币余额相同，政府债务的真实数量已经因公开市场购买而下降。相应地，由与第 291—292 页相类似的分析，新的 CC 曲线必须位于点 m 的左边，新的曲线 BB 和 LL 位于其右边，因此均衡利率降低。再次，这种利率下降可以从新古典主义或凯恩斯主义来解释。[22]

显然，上述观点在债券不与物价挂钩的情况同样成立。实际上，在这种情况下，新的曲线必须分别低于通过赤字融资向系统注入更多资金的情况下的曲线。例如，考察 B_6B_6 上的任何一点。这显然不能成为在同等的公开市场购买之后的均衡点。因为，根据我们前面的论点，在这一点上，由于公开市场购买的程度，债券供应的数量比赤字融资情况下要少，而需求的数量要少一些。因此，现在 B_6B_6 上的任何一点都

---

[21] 为了将讨论限制在一次性的货币供应改变，我们认为政府通过赎回其自身的债务并削减税收，政府的预算继续保持平衡，从而节约利息支出是可能的。参见梅茨勒："财富、储蓄与利率"，同前引，第 109 页，脚注 15；蒙代尔，同前引，第 624 页。

[22] 当然，在目前的情况下，没有什么与金钱幻觉相对应；因此，货币中性只受到分配效应的干扰。参见哈伯勒："再论庇古效应"，《政治经济学杂志》，第 60 期（1952），第 245 页。

代表着一种债券市场的需求过剩状态。同样,现在 C_6C_6 或 L_6L_6 上的任何点都分别代表着商品市场或货币市场上的一种超额供应状态。因此,通过公开市场购买所形成的新的均衡位置必须对应一个比通过赤字融资增加等量的货币所形成的均衡位置更低的利率。对于与物价挂钩的债券有一个平行的表述:因为,正如已经注意到的,在这种情况下,利率在后一种货币增加的情况下保持不变。[23]

按次序给出最后两个评论。第一,正如流动性偏好的转变(第 251 页)一样,公开市场购买所造成的利率下降幅度越小,金融资产对商品市场影响的重要性就越低。第二,上述对公开市场操作的分析是建立一个关键而又合理的假设基础之上,即对这些与债券的税负相关的贴现是不完美的,这是这些操作的目标。如果没有这样的缺陷(即,$k = 0$),上面的方程组(3)—(6)将简化成我们所熟悉的第 10 章第 1 节的方程组。这反过来又意味着,无论是源自赤字融资还是公开市场操作,改变货币数量对经济的影响是相同的。[24]简而言之,如果政府如此完美地代表了企业的意愿,那么它的外生债券供应同时也代表了抵消这一影响的外生需求。政府是一层面纱。[25]

---

[23] 涉及公开市场操作的一个特殊情况是,个体根本就不会对未来的纳税义务做出任何贴现,因此,方程组(3)—(6)中的 $EF = 1$。在这种情况下,公开市场购买并不会一开始就会(即在利息或价格发生任何变化之前)产生财富效应,因此不会转移系统中对任何商品的需求:因为它只是在个体的投资组合中以等量的货币取代债券。相应地,它最初并不扰乱商品市场的均衡。另一方面,它确实以过度的货币供应和过度的债券需求的形式导致了投资组合失衡,因此导致了与本文所述结果相同的结果。

从图形上看,在这种情况下,BB 和 LL 曲线继续像图 12-6 中一样移动;但是 CC 曲线以顺时针方向旋转到 g 点,因为公开市场购买已经决定了利率变化形成财富效应的基础(即,债券数量 V_0)。

[24] 参见蒙代尔,同前引,第 625 页。

根据前面第 292—293 页讨论的观点,请注意,在这种情况下,公开市场操作也不会影响到非金融资产的均衡组合的实际大小或组成,净债券持有[再次(第 267 页)假设为 0]和真实货币持有量。

[25] 参见前文第 290 页,特别是脚注 16。

关于本节的论述,参见数学附录 9E—9F。

5. 银行体系和金融中介机构的存在[26]

在此之前,我们的整个论点都是基于货币是外部品种的假设:即,代表或基于经济系统本身外生的一个单位(政府)的债务。现在让我们考虑这样一个事实:在现实中,现代经济中的大部分资金都是内部货币,即基于内生经济单位的债务。这反过来又是这样一个事实:在这样一个经济体系中的货币主要是由私人银行系统所创立。

为了明确我们的思路,让我们把经济分成三个部门:私营非金融部门(家庭和企业)、私人银行部门和政府部门。作为分析的第一步,假设这些部门的资产负债表如第 296 页所示。

为了具体起见,第一个资产负债表记录发行和持有的债券总额,但如果仅借记非金融部门的净发行量($B^f - B^h$)将会更简洁。债券被认为是银行系统的唯一资产,货币是政府唯一的债务。根据定义,M' 和 M'' 分别是内部货币和外部货币(外生地确定)的数量。非金融部门对其所持有的货币的种类并不关心。该部门的净真实财富是

$$W = A + \frac{M + \dfrac{B^h}{r} - \dfrac{B^f}{r}}{p}, \tag{7}$$

其中有形资产 A 在随后的整个讨论中被假定保持不变(因此被忽略)。利用定义

$$M = M' + M'' \quad \text{和} \quad B^f = B^h + B^b, \tag{8}$$

以及 $B^b/r = M'$ 的事实,这可以简化为

---

[26] 本节和下一节明显受益于格利和肖在《金融理论中的货币》(同前引)中开创性的工作。我也使用了《美国经济评论》第 51 期(1961)第 95—116 页本人对本书的评论文章的内容。

296

$$W = A + \frac{M''}{p} \text{。} \tag{9}$$

私人非金融部门			
货币	M	企业发行的债券	$\dfrac{B^f}{r}$
家庭持有的债券	$\dfrac{B^h}{r}$	净价值	pW
有形资产	pA		
	$M + \dfrac{B^h}{r} + pA$		$\dfrac{B^f}{r} + pW$

私人银行部门			
银行持有的债券	$\dfrac{B^b}{r}$	货币(活期存款)	M'
	$\dfrac{B^b}{r}$		M'

政府部门			
往来账户累计赤字	D	货币(现金)	M''
	D		M''

换言之,私营部门的净金融资产仅由其持有的外部货币构成:其内部货币乃由对银行的系统性负债所抵消。[27]按照我们通常的做法——不考虑实现均衡的劳动力市场——我们必须将第 10 章第 1 节的方程组重新记为:

$$F\left(Y_0, \, r, \, \frac{M''_0}{p}\right) = Y_0, \tag{10}$$

297

$$B\left(Y_0, \, \frac{1}{r}, \, \frac{M''_0}{p}\right) + \frac{M'_0}{p} = 0, \tag{11}$$

$$L\left(Y_0, \, r, \, \frac{M''_0}{p}\right) = \frac{M''_0}{p} + \frac{M'_0}{p}, \tag{12}$$

---

[27] 这首先由卡莱茨基(Kalecki)["庇古教授对'经典定态'的评论",《经济杂志》,第 54 期(1944),第 131—132 页]指出。

其中零下标表示这些量值是外生决定的,而(11)中的两项分别表示非金融部门和银行部门对债券的净需求。

上述模型为三个货币量(外部货币量,内部货币量和总货币量)中的每一个分别分配了一个角色。然而,这些角色的性质各不相同。总货币量出现在方程(12)的供给方。相反,外部和内部货币的数量本身并不是主要的分析对象:也就是说,它们作为单独的变量出现,只是因为它们在前述方程组中恰好分别与净金融资产之和以及银行对债券的需求相吻合。我们将在下一节回到对这个区别的讨论(第 307 页及下一页)。

很显然,如果所有的货币都是外部货币,那么 $M''_0 = M_0$,且 $M' = 0$,于是(10)—(12)的方程组简化为前一章的形式。我们当前更感兴趣的是与此相反的另一个极端情况,即全部货币都是内部货币,即 $M'' = 0$,前面的方程组简化为

$$F(Y_0, r) = Y_0, \tag{13}$$

$$B\left(Y_0, \frac{1}{r}\right) + \frac{M'_0}{p} = 0, \tag{14}$$

$$L(Y_0, r) = \frac{M'_0}{p}。 \tag{15}$$

这个方程组的一个显著特点是它是二分的:均衡利率完全由实业(商品)部门决定,因此不受任何只发生在货币(债券和货币)部门的变化的影响。此外,与我们迄今为止的讨论(第 180、242、251 页)形成对照,现在这种二分格局源于以真实余额效应形式表现出来的财富效应在所有市场上都不存在的假设。但是,尽管这意味着 p 的变化并不影响私人对任何商品的实际需求,p 的水平仍然取决于它对债券和货币超额需求的影响。因此,价格水平从其均衡位置向上偏离将产生一个与对货币的超额需求相匹配的超额债券供应,前者将导致利率上升,从而降低对商品的需求,导致价格再次下降至其原来的水平。在图 11-2 中,方程组(13)—(15)是稳定的,CC 是一条水平线,而 BB 和 LL 曲线如

298

图所示。同样,又一次与我们的主要讨论(第 19—20、44、237 页)形成
对照,货币数量减少并不通过财富效应影响方程组(13)—(15),而是直
接通过对债券和货币的超额供给所形成的、与之相匹配的变化实现。
从图形上看,这些变化表现为 BB 和 LL 曲线同等程度的向左移动,两
者相交于不变的水平线 CC。[28][29]

不用说,在上述两种情况下,货币都是中性的。然而,在一个同时
具有内外货币的经济中,货币中性并不必然成立。因为,读者可以很容
易地核实,在方程组(10)—(12)中如果只有一种货币的增长,则不会在
利率不变的情况下使得价格水平按比例增长。只有在内部货币和外部
货币以相同比例增加才能得到这些(利率不变,价格水平按比例增长
的)结果。[30]

299   前述模型假设这两种类型货币数量是独立确定的,在前述模型的

---

[28] 注意这一段是如何使得第 264 页凯恩斯的解释合理化的。

[29] 上述纯内部货币经济的特性由格利和肖描述,尽管没有明确提及二分法问
题(同前引,第 72—75、81—82 页)。在这种情况下,也可以看到最近对二分法有效性
的强调,在《凯恩斯经济学的批评者》(哈兹利特,普林斯顿,1960),第 183—184 页附言
中,再版了莫迪利亚尼的著名文章"流动性偏好和利息和货币理论"。这一点在莫迪利
亚尼的"货币机制及其与现实现象的相互作用"[《经济学与统计学评论》,第 45 期
(1963)增刊,第 81、83—88 页]中做了进一步阐述。

请注意我们对无效的二分法的讨论中描述的动态不一致的类型在当前的情况是
如何不存在的:无论我们对这个三个市场中的任何两个市场进行分析,系统的稳定性
得到了一致性的证明。

还需要注意的是,即使在我们目前的假设下,二分法也存在人为因素:因为假设存
在两种债券,每种债券都有自己的收益率,对商品的需求取决于这些收益率,其结果是
二分特征的消失。参见下文脚注 39。

[30] 格利和肖,同前引,第 82—86 页。亦可参见约翰逊:"货币理论与政策",同
前引,第 342 页;莫迪利亚尼:"货币机制及其与现实现象的相互作用",同前引,第
87 页。

就图 11-2 而言,仅仅内部货币的翻倍将使得 CC 不受影响,而使得 BB 和 LL 向
右移动的幅度小于 2 倍;因此,这将压制均衡利率并使价格的上升低于这一比例。另
一方面,仅仅外部货币翻倍将使得 CC 向右移动 2 倍的距离,而 BB 和 LL 向右移动的
幅度小于两倍;因此,这将提高利率,而再次使得价格的上升低于两倍。

框架内,这种等比例增加实际上是高度偶然性的。然而,人们没有认识到的是,这种独立的假设一般来说是不现实的。因此,因为外部货币同样满足对构成内部货币的活期存款的准备金功能(或替代准备金),在许多银行体系中这两种类型的货币数量是高度相关的。事实上,这是新古典经济学家们在金本位的世界里大书特书的一大特点。相应地,外部货币和内部货币之间的等比例变化很有可能不是前文所隐含的偶然现象,而是两者之间的结构性关系所决定的确定性的结果。

为了阐明这一点,让我们重新考察银行部门的资产负债表,并假设,除了持有债券外,该部门还持有以外部货币形式存在的准备金 M''_b,它等于活期存款与一个固定比率 c 的乘积;也就是

$$M' = \frac{1}{c}M''_b。 \tag{16}$$

我们假设非金融部门持有的外部货币(现金)M''_n 与其活期存款之间的比例固定为 t,则有 [31]

$$M''_n = tM'。 \tag{17}$$

读者可以很容易地核实,这并不影响净金融资产在方程组(10)—(12)中的代表性。另一方面,方程(11)中银行系统对债券的需求现在由 $M'/p - M''_b/p$ 表示;方程(12)中的货币供应由 $M''_n/p + M'/p$ 表示。此外,上述假设在分析中有效地引入一种银行部门和非金融部门都需要的商品——货币。根据方程(16)和(17),这个商品的均衡条件是

$$(t+c)M' = M''_0。 \tag{18}$$

为简单起见,假设现金市场上总是处于均衡。然后将(18)代入,并考虑到前段的论述,方程组(13)—(15)变成

300

---

[31] 这两个假设均由费雪[《货币购买力》(修订版,纽约,1913),第50—51页]和庇古("货币的价值",同前引,第165—166页)做出。

当然,假设现金和活期存款之间的比率为固定是非常不现实的。关于两者之间的实际关系的实证研究,参见菲利普·卡甘:"货币需求与货币总供给之比",《政治经济学杂志》,第66期(1958),第303—328页。

$$F\left(Y_0, r, \frac{M''_0}{p}, \alpha\right) = Y_0,\tag{19}$$

$$B\left(Y_0, \frac{1}{r}, \frac{M''_0}{p}, \alpha\right) + \frac{1-c}{t+c}\frac{M''_0}{p} = 0,\tag{20}$$

$$L\left(Y_0, r, \frac{M''_0}{p}, \alpha\right) = \frac{1+t}{t+c}\frac{M''_0}{p},\tag{21}$$

我们暂时忽略式中的参数 α。

上述方程带阐明了一个至关重要的事实，即，在银行总是"贷光"的新古典主义部分准备金制度的银行系统假设之下，无论银行的信贷量或是活期存款量都不是外生确定的。相应地，探究 M' 的"扩张"对系统的影响是没有意义的。再次忽略参数 α，该模型只有外部货币的数量 M''，法定准备金率 c 和现金与活期存款的比率 t 等几个外生变量。我们可以很容易地从方程(19)—(21)确定，M'' 的变化将导致 p 按比例地发生改变而 r 未受影响；从方程(18)我们也看到，M' 也将发生相同比例的变化。另一方面，应该强调的是，根据 c 或 t 的性质，它们的变化不会导致内部货币和外部货币发生等比例变化，因此对系统的影响是非中性的。[32]

301　　　在结束这个问题之前，我们应该注意到，与外部货币数量变化相关的中立性，并不依赖于方程(16)和方程(17)所描述的比率的稳定性。另一方面，银行准备金和活期存款以及货币和活期存款之间的函数关系，都不存在货币幻觉。从下一节的讨论中可以更清楚地了解这一点。[33]

直到现在，银行一直被认为是唯一的金融机构。然而，在上述方程

---

　　[32]　这是格利和肖所考察的一种本质上的变化，第82—86页。不用说，无论是方程组(19)—(21)还是更一般的方程组(10)—(12)，都不是二分的。

　　[33]　雷弗·约翰森也正式地分析了银行系统的问题，参见"银行系统在宏观经济模型中的角色"[《国家经济学》(1956)，被翻译译翻译发表在《国际经济论文》，第8期(1958)，第91—110页]。但是，约翰森关注的是一个绝对价格被固定的系统。相应地，他的分析主要处理各种不同方程的问题。亦可参见卡尔·布伦纳"货币供给理论的模式"[《国际经济评论》，第2期(1961)，第79—109页和第79页]所引用的脚注2；阿萨尔·林德贝克：《货币分析研究》(斯德哥尔摩，1963)，第4—6章。

组的帮助下,这一论证可以扩展到其他类型的金融中介机构:保险公司、储蓄贷款协会、共同基金,等等。我们可以将这些中介机构设想成加工厂,它们能够卓有成效地将企业发行的债券转换成更符合最终出借人(即家庭)需求的证券。中介机构可以利用"借贷的规模经济"从这一转变过程中获利。在贷款方面,中介机构可以以远低于大多数个体出借人的单位成本进行投资和管理初级证券。其投资组合的庞大规模可以通过分散化大大降低风险。它可以安排到期日,使得发生流动性危机的可能性最小。互助或合作基金有时会受益于个人储蓄者所没有的税收优惠。在借款方,拥有大量存款人的中介通常可以依靠可预见的还款日程,因此可以与相对流动性较差的投资组合相安无事。[34]

换句话说,发展非银行金融中介(像那些在证券市场提供分销技术的中介)的结果是向最终出借人提供购买与最终借入者发行的初级证券相比更有吸引力(更具流动性)的证券的可能性。这种增加的流动性可以在方程组(19)—(20)中通过参数 α 的增加来表示。该参数被假定为推动债券需求向上移动,推动货币需求向下移动。如果 α 的变化对商品需求的直接影响较小,那么金融中介在降低利率方面的影响可以在前面第 251—252 页进行分析。

通过这种方式,也有可能揭示出银行和非银行中介机构之间的本质相似性。[35]粗略来讲,这两种中介机构都通过影响债券的需求和供应条件来影响经济。但是,从上面债券方程(20)的观点来看,银行系统通过这种需求的第二部分来实现这一点(由于绝对准备金水平或准备金率的外生变化);而非银行中介机构通过债券的流动性来做到这一点,因此是第一个组成部分。或者,我们可以用货币方程(21)进行比较,使用更熟悉的术语表示为,银行系统通过改变货币供应量对经济产生影响;而非银行中介机构通过改变 α,从而改变对货币的需求,从而

302

---

[34] 格利和肖,同前引,第 194 页。

[35] 这是格利和肖的中心论点;参见同前引,第 198—199、202 页。

改变流通速度对经济产生影响。然而，请注意，在这两种情况下，利率的变化导致了速度的进一步内生变化。

6. 银行体系和金融中介机构的存在（续）

为了简单起见，我们现在回到纯粹的内部货币经济，并对银行系统进行更多的探索。

在上面的方程组(13)—(15)所确定的系统中，内部货币的数量被假定为外生地给定。这样的假设与一个自由放任、追求利润最大化的银行系统的运作是不一致的。相反，我们应该假定这个系统有一个依赖于真实工资率和利率的货币供给函数。因为在目前的讨论中，前者被认为是常数，所以我们可以简单地记为

$$\frac{M'}{p} = S(r) \text{。} \tag{22}$$

如果我们在方程(14)和方程(15)中代入这个函数，我们发现价格水平不再是方程组(13)—(15)的变量，因此显然不能由它决定。实际上，我们在这里看到的是维克塞尔的"纯信用"经济的不确定性，在这种经济中，所有的交易都是通过支票进行的，而银行不持有准备金。[36]这个不确定性的经济解释很简单：为了使得绝对价格水平由市场均衡力量决定，它的变化必定对某些市场中的实际行为产生冲击，也就是说，必须在某些市场创造超额需求。现在，纯粹的内部货币经济和缺乏分配效应的联合假设意味着，对私人部门的商品、债券和货币的真实需求没有这种冲击。同样，没有准备金要求（无论是法律上的还是经济上的）意味着对银行业的真实需求和供给功能没有冲击。因此，经济不会对价格水平的任何变化产生阻力。因此，没有什么能够阻止价格毫无摩擦地从一个水平变动到另一个水平。

---

[36] 参见下文第 594 页。

相比之下,前面方程组(19)—(21)中的价格水平是确定的,因为它的变化会影响系统中外部货币的固定名义数量的真实价值,因此也会影响非金融和银行部门的行为。我们可以从一个纯粹的内部货币经济中推导出一个类似的结果,对于该种经济,我们只是简单地假设银行系统持有准备金,这些准备金的名义数量是外生地固定的。[37]特别地,假设存在一个仅仅通过购买企业债券创造储备的中央银行。同时假定,这些储备比债券具有更好的流动性并产生回报率 d'(小于 r),会员银行为了弥补在与其他银行的储户的支票往来中产生的临时差异而持有这些储备。因此,储备可以看作一种由一个金融机构提供给另一个存在需求的金融机构的证券,其收益由这些市场力量的自由作用决定。[38]相应地,前一节中的银行部门的资产负债表现在将分成如下两个:

会员银行			
准备金 银行持有的债券	R $\dfrac{B^b}{r}$	货币(活期存款)	M'
	$R+\dfrac{B^b}{r}$		M'

中央银行			
债券	$\dfrac{B^c}{r}$	准备金	R
	$\dfrac{B^c}{r}$		R

最后假设,会员银行不受任何法定准备金要求的限制,而是可以自由选择资产和负债,包括准备金的最佳组合。在任何其他经济单位,这一决定是根据资产和负债的相对流动性(和流动性不足)以及比较它们的其他收益率而做出的。因为在目前情况下,活期存款没有任何利息,

---

[37]　以下是改编自格利和肖非常具有激发性的分析,第247—264页。

[38]　同上,第257—258页。

这意味着银行系统的投资组合决定依赖于 r 和 d' 以及在当前的讨论中因为被假定为常数而被忽略的其他实际变量（例如，真实工资率）。相应地，该系统真正的货币供应函数现在可以写成

$$S(r, d'),\tag{23}$$

305　对准备金的真实需求函数记为

$$G(r, d')。\tag{24}$$

与此同时，私人银行系统的货币供应量显然不再与其对债券的需求相同。后者现在用 $U(1/r, d')$ 表示，根据银行的合并资产负债表，有

$$U\Big(\frac{1}{r}, d'\Big)\equiv S(r, d')-G(r, d')。\tag{25}$$

请注意，与前面的等式（16）相反，货币供应并不完全取决于准备金的数量。相反，货币供给函数和准备金需求函数都依赖于同一组变量 r, d'。由假设，r 的增加或 d' 的下降，增加了银行货币供给和对债券的需求，同时降低了它们对准备金的需求。总之，债券和准备金之间的收益率之差越大，银行将准备金转换为债券的数量越多。相应地，银行维持的准备金率与这一利差成反比。

我们模型的剩余部分是央行对准备金的真实供应，这也是它对债券的真实需求。由假设，这可简单地表示为

$$\frac{R_0}{p},\tag{26}$$

其中 R_0 为固定的名义准备金数量。相应地，方程组（13）—（15）变成

$$F(Y_0, r)=Y_0,\tag{27}$$

$$B\Big(Y_0, \frac{1}{r}\Big)+U\Big(\frac{1}{r}, d'\Big)+\frac{R_0}{p}=0,\tag{28}$$

$$L(Y_0, r)=S(r, d'),\tag{29}$$

$$G(r, d') = \frac{R_0}{p}, \qquad (30)$$

这些方程分别指商品、债券、货币和准备金市场。注意,在这个方程组
中货币量不是外生的,而是由供应函数(23)内生决定的。相应地,在这
个模型中,银行信贷(也就是货币)的扩张或收缩,只能由于系统中某个
给定条件的事先改变而发生。

从对上述系统不太严格的检查可以看出,价格水平与均衡水平的
任意偏离都将产生纠正性的市场力量。因此,举例来说,p 的任意增加
将降低准备金的真实供给,并因此造成方程(28)中债券出现超额供应,
在方程(30)中准备金出现超额需求。相应地,r 将上升,从而减少对商
品的需求,并再次推动价格水平下降。因此,系统大概是稳定的。

系统的一些比较静态性质也可以很容易地建立起来。因此,如果
中央银行将储备增加一倍,这将增加对债券的需求,从而暂时压低利
率,刺激对商品的需求,推高价格水平。最终均衡将建立在双倍价格水
平之上,但利率和准备金的收益率已恢复到原来的水平。当然,处于新
均衡状态的名义货币数量也会增加一倍。

如果私人银行系统经历了一场"偏好的变化",它们愿意以更小的
准备金比率经营,也就是说,如果银行系统发生了对债券需求和对货币
供应向上移动这种形式流动性偏好改变,而其对准备金的需求向下移
动或保持不变,那么我们可以得到类似的结果。我们用更为熟悉的术
语表达,即,前面所描述的只是银行信贷的突然扩张,它在系统中创造
了额外的货币。这种扩张所产生的新均衡位置又是以较高的价格水平
和名义货币数量、但利率不变为标志。由于方程(29)的供给函数,以及
方程(30)的需求函数都发生改变,准备金的回报率通常不会保持不变。

在上述两种情况下,均衡利率都保持不变。这反映了一个事实,
即,方程组(27)—(30)描述了在假设充分就业的情况下,在一个纯粹的
内部货币经济中,商品市场只能在一个利率水平上实现均衡。因此,没
有任何只发生在经济的其他部分的外生变化会影响这个利率。总之,

该系统是一个二分的系统。[39]

然而，从第 4 节的分析中可以清楚地看出，如果该系统也包含政府债券，这种二分现象就会消失。特别是，如果我们假定中央银行将其持有的政府债券的利息返还国库，那么这些债券就不能有效地代表未来的税收负债，那么私营部门的净真正金融资产便是

$$\frac{kV_0^h}{rp} + \frac{kV_0^b}{rp} + \frac{V_0^c}{rp},$$

式中的三项分别表示非金融部门、会员银行以及中央银行所持有的政府债券。这些净债券持有出现在方程（28）的供给侧，并作为方程（27）、方程（28）和方程（29）中的需求函数 $F(\ )$，$B(\ )$ 和 $L(\ )$ 的额外参数出现。相应地，商品市场可以在无限数量的利率和价格水平的组合上实现均衡，如我们常用的 CC 曲线所示。

这个更一般的系统还有一些需要注意的附加特性。首先，它显然不是一个纯粹的内部货币经济。尽管所有的资金仍然以活期存款的形式存在于银行债务中，但这些存款现在部分地被政府债务所"支持"，在这一意义上它们代表了外部货币。准确地说，经济中的此类货币量等于 $kV_0^b/rp + V_0^c/rp$。其次，上述模型表达了一个已经注意到的事实（第 297 页），即外部和内部货币的数量不是主要的分析对象。因此相对于前面第 296—297 页的模型（10）—（12），这两种货币量都没在系统中以单独的变量出现：前者是因为它不再与金融资产的净值总和相等[40]；后者，因为它不再等于银行系统对债券的需求。

308

---

[39] 参见上文第 297—298 页。

但是，需要注意的是，如果非金融部门也持有储备，那么对商品的需求函数既取决于 d 也取决于 r（参见前面脚注 29 末），这种二分特征就会消失。另一方面，系统（27）—（30）反映了另一种完全不同的性质的二分特征，这种情况在这也很普遍。特别是，r 和 d 的均衡值将继续只在商品和货币市场确定，而价格水平则是在债券和储备市场上确定的。

[40] 注意在第 289—290 页的模型（3）—（6）中，这也同样正确。

最后,上述系统中准备金数量的变化的影响一般不再是中性的。然而,如果(a)对与政府债券相关的税负完全贴现(即,$k=0$),以及(b)这些债券是中央银行持有的唯一资产,那么我们将获得这种中立性。当然,这与方程(19)—(21)所描述的金本位系统相对应的系统之间存在明显的相似性。

现在让我们回到由等式(27)—(30)所描述的纯粹内部货币经济。很明显,这个系统中价格水平的确定性是我们假设准备金的名义供给固定在R_0的结果。要证明这一点,最简单的方法是假设中央银行,就像私人银行一样,对利润最大化感兴趣,因此按照供给函数提供准备金,而供给函数(通常)依赖于可选收益率;也就是

$$\frac{R}{p}=T(r,\,d')\tag{31}$$

正如上面方程(22)的情形一样,将该供给函数代入方程(27)—(30),将得到一个价格水平在其中没有任何角色的系统,因此价格水平是不确定的。

根据我们先前的论点(第303页),所有这一切的意思是,由于在系统(27)—(30)中,在总体上没有其他经济单位对绝对价格的变化做出反应,那么,为了确保价格水平的确定性,中央银行必须这样做。这是方程(31)所否定,但由方程(26)所证实的行为。因为后者意味着央行的实际准备金供应量与物价水平成反比。另一方面,很显然,这不是确定性的必要条件。相反,中央银行根据任何取决于绝对价格的实际准备金的供给函数采取行动,如

$$\frac{R}{p}=W(r,\,d',\,p)\tag{32}$$

作为上述概括的特例,我们可以考虑纯金本位经济的情况。在这里,中央银行通过购买黄金而不是债券来创造准备金。的确,对黄金的需求,因此在任意固定的黄定价格水平上,其供应的准备金是无限弹性的。相应地,黄金的数量以及系统中银行准备金的名义价值,并不是中

309

央银行所定,而是本国黄金行业的成本结构以及国际铸币流动机制(而这又取决于国内和国外的价格之间的关系)内生地决定的。

总之,上述系统中绝对价格水平的确定性的必要条件(或等价地讲,货币在这个系统中扮演有重要的角色的必要条件)是中央银行关注货币价值,并愿意忍受货币幻觉。但这是对一个显而易见和已经强调的事实有点夸张的陈述,即为了使货币价格具有经济意义,一个人的真实行为必须依赖于其中的一个或多个价格。

前面的论点以一种比较正式的方式提出。因此,值得强调的是,它也反映了一些关于货币政策的简单事实。因此,概括前述一些系统的价格不确定性可以作为反映由"真实票据学说"政策所造成的通货膨胀(或通货紧缩)的恶性循环的解释。这一学说的实质是银行体系应根据"商业的合理需要"扩张信用,这些"需要"是用货币衡量的,因此它们与价格水平成正比。与此相对应的是,这一学说所固有的名义货币供应函数也与价格水平成正比,如其明确表示在方程(22)中,间接表示在方程(31)中。因此,包含这些方程的方程组中绝对价格水平的不确定性仅仅反映这样一个事实:在这个系统中,任何向上的价格运动——按照"真实票据学说"——将导致货币供应的增加,而这将使得货币运动一直持续下去。[41]

在一个拥有强大工会运动、宣布维持充分就业的绝对连续状态的经济中,我们对货币供应函数(22)进行另一种相关解释。如果工会通

310

----

[41] 关于对"真实票据学说"的理论和历史讨论,参见明茨:《银行理论史》(芝加哥,1945),第 3 章。亦可参见维纳:《国际贸易理论研究》(纽约,1937),第 148—154、234—243 页。

可以指出的是,当通货膨胀过程处于价格水平上升将造成货币的真实供应下降的阶段时,要求货币当局按照"真实票据学说"行事的压力最大,这么做将终结这一真实供应下降。不用说,在货币当局扩张货币供应以抵消这些"消除通胀压力"的战争中,工会将与企业界一起关注充分就业的潜在威胁。而且,在某些情况下,财政部自己也会介入。因为物价上涨可能会使得政府支出的增加超过税收收入,从而使财政部面临预算赤字。

过提升货币工资率来扰乱最初的均衡状态,货币当局将被迫以同样比例扩大货币供应。总之,这个经济的货币工资率将由工会外生地决定,而货币供应乃由货币当局为了维持充分就业而内生地适应。当然,这是引起广泛讨论的"成本膨胀"现象的一种可能方式。[42]

7. 预 期 的 影 响

现在让我们回到第 10—11 章的分析,看看考虑到预期是如何影响它的。我们的观点是,虽然这些预期必然会明显地影响系统的动态调整路径,但通常不会阻止系统在新的均衡位置上稳定下来。

在判断这一论点的合理性时,我们必须要强调前面几章论述货币量一次性增加情况下的分析。货币源源不断地注入系统是大多数传统上被引用的超级通胀的特征,注意到这一点有助于理解这一句话的重要性。[43]在没有新的货币注入的情况下,价格水平上升导致负的真实余额效应最终必须变得足够强大,足以抵消它可能对当前需求产生的任何可能的投机性扩张效应,做出这种假设似乎确实是合理的。个体可能会预期价格进一步上涨;但是,在没有足够的真实货币余额的情况下,他们没有根据预期无限制增加他们的需求的手段。因此,在某一点之后,这些期望就不再能自证其合理性;相应地,在更远的一点之后,它

311

---

[42] 关于这个问题的文献已经很丰富了。例如查尔斯·L.舒尔茨(Charles L. Schultze)的《美国最近的通货膨胀》(华盛顿特区,1959)以及那里所引用的参考文献。

一旦通货膨胀已经进行了一段时间,关于从经验上鉴别"成本"和"需求型膨胀"的困难,参见哈伯格(Harberger):"智利通货膨胀的动态",《经济学的测量:纪念耶胡达·格伦菲尔德的数学经济学和计量经济学研究》(卡尔·克里斯特等人,斯坦福大学,1963),第 219—250 页。

[43] 参见格雷厄姆(Graham):《超级通货膨胀中的交换、价格和生产:德国1920—1923》(普林斯顿,1930),第 104—107 页;卡甘:"恶性通货膨胀的货币动力学",同前引,第 26 页;布朗:《大通货膨胀》,第 179 页。

们将被更加稳定的、反映更为平和的价格的期望所取代。简而言之,通货膨胀预期的存在很可能使价格水平在这一动态过程的某个阶段超过新的均衡水平;但是真实余额效应(或者,更一般地说,真实金融资产效应[44])最终将使其再次向下。

这种说法的合理性由第 6 章第 4 节末的分析得到加强。分析表明,个体预见未来购买商品的意愿并不是由纯粹的价格上涨预期决定,而是由价格上涨的预期速度所决定。因此,如果价格以恒定的速度上升,因为跨期替代,当前的需求将不会有进一步的增加;同时,这种需求将受到日益增长的负真实资产效应的压制。系统的稳定性因此而得到保障。[45]

更一般地,如果我们考虑到期望不是无中生有的,而是与过往的价格经验相关这一事实;如果我们进一步假设,这种关系表现为预期价格是过去价格的加权平均(在这,时间回溯越早,权重越低)这一事实,那么这可以证明,一个在静态预期之下稳定的系统即使在静态预期由动态预期所取代的情况下依然保持稳定。[46]尤其让我们感兴趣的是,这

312

---

[44] 参见前文第 290 页。

[45] 相关的宏观经济系统由后文的第 14 章第 5 节所描述。

为了简单起见,我们假定这里的预期增长率等于当前的实际速率。然而,在现实世界中,这种关系无疑更为复杂。请参见正文下一段。

[46] 阿罗和纳洛夫:"关于预期和稳定性的说明",《计量经济学杂志》,第 26 期(1958),第 297—305 页;阿罗和赫维茨,"弱总可替代性下的竞争稳定性:非线性价格调整与适应性预期",《国际经济评论》,第 3 期(1962),第 233—255 页。

如果"在每一时期价格的预期变化速度都被修正为与价格的实际变化速度与预期的变化速度之差成正比",这个期望函数将满足这里所描述的条件(卡甘:"恶性通货膨胀的货币动力学",同前引,第 37 页)。

亦可参见恩托文(Enthoven):"货币不平衡和通货膨胀的动力",《经济学杂志》,第 66 期(1956),第 256—270 页。另一方面,参见马夏尔(Marchal)["货币定量理论的恢复",《政治经济学评论》,第 69 期(1959),第 897—903 页]和詹姆斯(James)[《货币政策问题》(巴黎,1963),第 133—134、136—137 页](但是,这忽视了正文中的论述)以了解预期的存在使得数量理论无效的争论。

关于"静态"和"动态预期"的定义,参见第 80 页脚注 5。

种稳定似乎已经成为现代最严重的通货膨胀的特征。可以预料,(第144—145 页),这些通货膨胀中的价格上涨的速度确实使得需要的真实余额数量急剧下降——从而在经济中实际存在的量也急剧下降。但是,与此同时所产生的预期并不是在所有情况下都是"爆炸性的":也就是说,通货膨胀过程之所以持续只是因为额外的货币被不断地注入这个系统;在这些情况下,单凭期望不能将通货膨胀过程转换为一个自我持续的过程。[47][48]

---

[47] 卡甘:"恶性通货膨胀的货币动力学",同前引,第 64—73 页。

[48] 前面章节的论述进行扩展的另外一个根本性的方向是在实际收入增长而不是保持不变的假设之下对系统的货币性质进行分析。后面的第 14 章第 5 节将讨论这个问题的某些方面。

第13章　模型的工作原理：非自愿失业

1.非自愿失业的概念。2.非自愿失业理论。3.非自愿失业理论（续）。4.非自愿失业条件下的货币理论。

1. 非自愿失业的概念

在对这一部分进行静态和动态分析的过程中，有一个假设一直没有改变，即经济处于并保持充分就业的状态。现在是调查这一假设的意义以及放弃它的影响的时候了。

我们通过"非自愿失业"来看待"充分就业"这个概念。这一概念的关键属性是它的相对性。在绝对意义上，"非自愿"整个概念都必须消失：因为每个人都"想"做任何此时此刻他正在做的事情；否则他就不会做。[1]只有通过比较个体在给定条件下的反应与在我们任意指定的
"理想状况"下的相应反应，我们才能定义可能涉及的"非自愿"因素。因此，在定义"非自愿失业"时，我们的首要任务就是定义哪些行为可以作为判断自愿的准则。

不幸的是，就其本质而言，精确描述这一规范是不可能的。但是，在目前情况下，只要笼统地把它定义为在自由、和平时期、民主社会的

---

[1] 我不禁要在这里引用犹太法典的名言：在私法的某些情况下，需要个人正式的同意，即除非个体说"我愿意"，法院才能对其采取强制措施。

"正常"环境中个体在受既定市场价格和他的预算限制下最大化效用的经济行为就够了。任何受到额外限制的个体都会被认为是身不由己的。自愿,但不等于幸福或正义。例如,根据严格的预算限制行事的个体可能既贫穷又不快乐。因此,在这里所定义的维持自愿并不一定附有道德上的嘉奖。[2]

读者马上就会认识到,与前一段"正常"约束相对应的行为,正是经济分析的一般供求曲线所描述的行为。因此,只要一个经济单位处于这样的曲线上,就会说它是自愿的。因此,除非经济处于一般均衡状态,否则一个给定经济体中的所有个体不可能同时都自愿行动。因为,顾名思义,只有这样,经济中所有需求和供给函数才能同时得到满足。相反,在这种情况下,没有人会非自主地采取行动。事实上,对古典和新古典经济学家们而言,这正是自由市场经济实现均衡过程之美。这是引导经济的"看不见的手"所实现的利益的和谐和欲望的协调。[3]

将这一般性定义应用到当前的具体问题上是直接的:在定义非自愿失业时使用的参考标准是劳动力的供给曲线;因为这条曲线显示了经济中的工人根据货币工资、价格水平和他们所面临的预算约束所希望获得的就业数量。因此,只要工人在"他们的供应曲线之上"——也就是说,只要他们能够在现行工资水平上成功地出售他们所愿意出售的劳动,那么这个经济就处于充分就业状态。因此,一个经济整体处于一般均衡状态,或者劳动力市场自身处于局部均衡状态,本身就是一个充分就业的状态。充分就业的基准并不是一个绝对常数,而是随着真实工资率或劳动力供给曲线的主观或客观决定因素的每次变化而变化的东西。第12章第2节已经给我们提供了这种可变性的例子。

315

---

[2]　参见奈特(F.H. Knight):《竞争伦理》(纽约,1935),第45—58页。

[3]　这是帕累托最优的和谐之处。当然,判断它的全部社会意义不能不考虑分配正义。参见上一段的结尾和引用。

关于非自愿的概念将在第3节末进一步讨论。

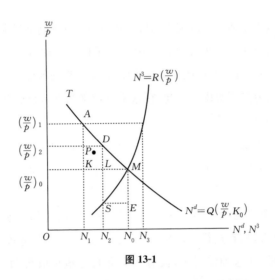

图 13-1

相反,如果工人不在这条曲线上,他们处于非自愿状态。因此,如果他们在图 13-1(对图 9-1 的复制)中的 A 点,非自愿失业的程度就是 $N_3 - N_1$。另一方面,如果他们在 E 点,这里存在非自愿的过度就业 $N_0 - N_2$。例如,当战时工人受到爱国呼吁的劝勉,要比他们通常选择的工作时间更长时,这种情况就会盛行。

因此,根据定义,非自愿失业的程度与现行真实工资水平下存在的劳动力超额供应的程度相同。因此,如果按照通常的严格意义来理解这些术语,那么非自愿失业和灵活货币工资的共存就排除了均衡的存在。因为"灵活性"意味着货币工资率往往会随着供给过剩而下降,而"均衡"意味着体系中不会发生任何变化。因此,根据定义,前面提到的"共存定理"一定是正确的。

但是,就像任何其他在同义式上是正确的定理一样,这个定理对于经济分析的真正问题也是无趣的、不重要的,而且完全没有提供信息。它没有告诉我们造成失业的力量的性质。它并没有告诉我们真实工资率的高低与失业率之间的关系。它没有告诉我们应该采取何种适当的政策来打击失业。最重要的是,它在将古典经济学和凯恩斯主义经济学区别开来的中心问题上毫无建树:一个自动运作的市场系统在消除非自愿失业时的效果。现在我们讨论这个问题。[4]

2. 非自愿失业理论

假定第 9 章所述的充分就业均衡的位置受到消费或投资函数向下移动的干扰。这表示在图 13-2 中（这是对图 9-3 的复制）就是总需求

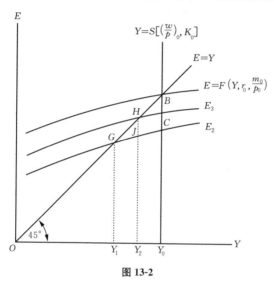

图 13-2

曲线从 E 移动到 E_2。这一移动在商品市场形成了一个等于 BC 的通货紧缩缺口。我们现在的任务是研究初始扰动形成的自我纠正的市场力量的性质。为简单起见，我们将处理一个纯外部货币经济；但是，相关的论述可以很容易推广到同时具有外部和内部货币以及第 207 页所描述的附息政府债券的经济。在这种情况下，下面的"真实余额效应"应当理解为类似的真实金融资产效应。

---

[4] 关于凯恩斯所指的"失业均衡"的文字证明不是为了否认这个无害的同意反复，而仅仅是基于"均衡"的用法与通常不同，参见注释 K 第 3 节。

从这一点我们可以看到，关于是否存在"失业均衡"状态的激烈争论仍在继续，这是一个毫无用处的术语辩论，任何一方都不愿准确地定义其术语。

318　　　在某种程度上,对商品的需求降低伴随着对债券的需求增加,并在后一市场形成超额需求,推动利率下降。这反过来又对商品市场产生影响,并促使总需求曲线再次上升。这就是我们熟悉的古典和新古典机制,流入信贷市场的储蓄流增加会降低利率,从而刺激了投资抵消性的增加。应该指出的是,即使在储蓄增加仅仅由于最初对货币需求的增加构成,而对债券的需求没有发生任何转变的情况下,这种机制依然是有效的。然而,在这种情况下,最初的通货紧缩缺口所产生的价格下行压力形成的真实余额效应会对债券市场产生影响,利率必须等到此时才会下降。显然,除了通过债券市场提供间接刺激,真实余额效应同样直接地刺激商品市场。

　　　因此,商品需求函数向下移动将自动产生抵消力量。如果这一需求对这些力量足够敏感,它将很快回到处于更低的工资率、价格和利率水平的充分就业位置。在整个调整期,在商品市场上将存在一种超额供给状态。但是由于这个时期很短,生产者对于他们暂时不能销售其产品的反应是增加其库存。也就是说,他们将保持其生产水平为 Y_0 不变。当然,这是我们据以分析商品需求下移所产生的影响的心照不宣的假设。[5]

　　　一旦放弃这个假设,整个论证必须被彻底修改。在没有足够的利率和价格弹性的情况下,调整过程将变成一个漫长的过程。因此,不能现实地假定企业将继续保持不变的产出水平,因为这将使得它们的库存不断增加。因此,他们必须采取一定的措施使当前的产出以及当前的投入与当前的销售保持一致。而这正是非自愿失业的开始。

319　　　我们现在必须把这个常识性的结论转化为我们更精确的模型术语。不幸的是,这种转化既不简单,也不直接。虽然在企业的商品产出和它们的劳动力投入之间存在某些联系这一点是显然的,但是这一联系在图 13-1 的劳动力需求函数中不明显。[6]的确,从所有的表面现象看,这个函数只依赖于真实工资率,而不是产出量。此外,必须强调

---

　　[5]　即,在第 10 章第 4 节中流动性偏好增加以及在第 270 页中储蓄倾向增加的情况下。

　　[6]　当记为 $Y=\phi[Q(w/p,\ K_0)]$ 时,它在商品供应函数中是明确的,在这里 $\phi(\ )$ 是生产函数,$Q(\ )$ 是劳动力的需求函数;参见第 210 页等式(12)。

的是,没有对产量的明确依赖不是我们的函数特有的特性,而是对任何以利润最大化原则的标准方式推导出来的劳动力需求函数都适用。然而,如果我们更仔细地研究这个标准的推演所隐含的假设,我们就会发现我们所寻求的至关重要的依赖性。

特别地,我们的劳动力需求函数描述了在完全竞争框架下企业利润最大化的行为。这意味着,它指定的任何给定真实工资率的计划劳动力投入反映了公司的假设,即他们将能够以现行市场价格出售所有产出。因此,商品市场上任何使这一重要假设无效的发展,也必然使这些计划无效。特别是,上述所述未售出产出的持续被迫积累,最终必然使企业放弃其对无限市场的假设,并因此放弃由图 13-1 中的需求曲线所描述的劳动力投入计划。换句话说,这些未售出库存的积累在某种意义上最终必然导致需求曲线向左平移。因此,商品产出对劳动投入的影响不是体现在劳动力需求函数所依赖的变量上,而是体现在其形式上。

更具体地说,商品产出对劳动投入的影响在我们的模型中通过在第 10 章第 2 节末尾讨论的动态市场间压力来表达。从那个讨论可以知道,如果个体不能成功地买入全部所需的给定商品,那么他们将使用手头积累起来的部分资金推高商品的价格。相似地,如果企业不能成功销售其所希望出售的全部产品,那么他们会试图降低其他商品的价格来缓解资金压力。将这一原则应用在手头的情形是水到渠成的。由于最初的需求减少,商品市场上出现供过于求。特别地,我们从图 13-2 看到,企业的销售比其产出 Y_0 低 BC 单位。超额产出的压力造成商品和劳动力的价格都下跌。事实上,这种压力以最具体的方式表现出来。因为,当企业计划了图 13-1 中的需求曲线所描述的劳动力投入时,它们假设自己能够用所得到的产出的销售收入支付这些投入。因此,当销售没能实现时,企业发现它们的资金被流动性差的存货所占用,以至于无法实施原来的计划。[7]相应地,对于劳动力投入 N_0,企业现在提供的真实工资率低于图 13-1 中的需求曲线显示的工资率;或

———————

[7] 我要感谢尼桑·利维坦先生的这个意见。

者,换言之,在真实工资率$(w/p)_0$上,它们需要的投入更少。

因此,商品需求的初始减少导致劳动力投入的相应减少。显然,这些减少的幅度一定是相关的。特别是,假设在所述的市场压力之下,企业发现它们处于图 13-1 中的点 L。也就是说,在真实工资率保持不变的情况下,它们的劳动力投入是 N_2 单位而不是 N_0 单位。令相应的商品产出[由第 203 页的生产函数 $Y=\phi(N,K_0)$ 给出]为图 13-2 中的Y_2。于是我们可以从这个图中看到,企业的产出仍将超出它们的销售HJ 单位。因此,将劳动力投入从 N_0 降低到 N_2 的生产过剩和库存积累的市场压力,将继续推动这一投入进一步下降。只有当这一投入降低到 N_1,产出相应地降至 Y_1,这些压力才会消失;因为唯有如此企业才能最终成功出售其全部产品。

经济就是以这样的一种方式被带到图 13-1 中的点 K 以及图 13-2 中对应的点 G 的位置。但是,现在必须强调的是,这个位置不是一个均衡位置:因为在点 K 存在对劳动的超额供给 N_0-N_1,这将继续压低货币工资率,以及在点 G 存在对商品的超额供给 Y_0-Y_1,这将持续压低价格水平。

这两种动态压力的本质都需要进一步澄清。首先考察点 G。尽管这一点并没有以超额产出为标志,但是企业正在出售它们生产的全部产品,其特征是供应过剩。也就是说,尽管企业已经将其产出降到了 Y_1,可事实仍然是,它们在真实工资率上 $(w/p)_0$ 的最佳产出是 Y_0——如果市场愿意吸收这么多产出的话。换句话说,通过假定真实工资率保持不变,所以垂直的商品供给曲线也保持不变。因此,在点 G 商品希望的产出超出实际供应量 Y_0-Y_1 单位。这表现为企业生产能力过剩。闲置的产能继续促使企业降低价格以增加销售量,从而回到商品供应曲线指定的最佳产出。[8]

---

[8] 我再次感谢利维坦先生提请我注意生产能力过剩在这一动态过程中可能发挥的作用。

在这一点上,提醒读者图 13-2 中的 Y 具有双重含义可能是有用的。与商品市场的需求侧有关时,它表示了时下经济中真实国民收入的另一种水平。与供给侧有关时,它表示企业在不同的真实工资率水平所愿意生产的真实国民产出的最优水平。相应地,图 13-2 中 X 轴上的数字 Y_0、Y_1、Y_2 只是表示企业的前一个,现在和后一个产出,无论最优与否。

现在考察图 13-1 中的点 K。粗看之下，$N_0 - N_1$ 似乎代表着对劳动力的超额需求和超额供给，因为点 K 位于需求曲线左侧的距离与位于供给曲线左侧的距离相同。因此，在 K 点，对货币工资的上升压力等于其向下压力。但只要我们记得当前分析阶段，图 13-1 中的需求曲线并没有描述企业的实际行为，就可以消除这种荒诞；因此，这条曲线确定的劳动投入 N_0 实际上并不是企业现在尝试购买的量。另一方面，对于描述工人实际行为的图 13-1 的供给曲线，没有任何事情使其失效。因此，点 K 实际上只被标示为劳动力供应过剩。

然而，K 点同时偏离需求曲线和供给曲线看起来确实有点怪异。322但略加思索表明，它确实表达了另一个简单但通常被忽视的事实。具体地说，它表达了企业（不低于工人）在失业期间必须采取行动的非自愿性。因为后者在时下的真实工资率水平上并没有得到通常情况下的雇佣量，前者也并没有提供他们通常提供的那么多的就业机会。企业和工人都受到商品市场需求不足这一不可抗力的制约。因此，两者都无法实现最佳行为模式。特别是，图 13-1 中点 K 所揭示的企业对其劳动力需求曲线的非自愿偏离，就是图 13-2 中点 G 所揭示的企业对其商品供给曲线的非自愿偏离的简单对应。企业不能如愿地销售商品，它们也就不能雇用它们希望雇用的全部劳动力。这就是非自愿失业被忽视的一面。

然而，我们可能会注意到，在点 K 处不再存在未售出的库存和由此导致的流动性不足，我们在上面用它来解释为什么劳动力的投入从图 13-1 的点 M 和 L 被推到左边。然而，这些未售出存货的压力仍然存在。因为如果企业试图增加投入超过 N_1，他们将立即重新制造这些库存，因此将再次被推到 K 点。

用图形表示这些思想可能是有帮助的。只要商品市场的需求条件继续像图 13-2 中曲线 E_2 所描述的那样，那么劳动力市场上对应的"需求"条件就可由图 13-1 中的折线 TAN_1 表示。虽然这不是严格意义上的需求曲线，但它明确表明，在这些条件之下，劳动力的投

入被限制在 N_1 单位。相应地,它强调了已经注意到的事实,图 13-1 中的实线需求曲线不再描述企业的行为,因此,在 K 点不存在对劳动的超额需求。

另外,这种折线需求曲线强调了一个事实,即在 K 点劳动的边际产出并不是由 N_1A 表示,因此并没有超出真实工资率 N_1K。总之,在 A 点发生转折强调企业如果加大投入超过 N_1,它们就不能售出因此而增加的产出。因此,在这一点,劳动的边际产出是不确定的。[9]

我们现在可以回到我们的主要讨论,并强调我们必须在前述的动态非均衡框架之内以及由此造成的价格水平和货币工资率双双下降的情况下研究非自愿失业问题。这是对前一段的乏味的同意反复:不是非自愿失业被消除了,而是它可以在静态均衡分析的范围没有任何意义。相反,动态分析的本质是非自愿的:它的范围只包括不在需求或供给曲线之上的位置。事实上,正是这种对这些曲线的背离,以及个体努力回归到它们所代表的最佳行为的结果,提供了动态过程本身的动力。

因此,我们研究非自愿失业的首要任务,是将我们自己从静态分析方法中根深蒂固的心理习惯中解放出来——即只看到需求或供给曲线上的点。一旦我们这样做,我们发现自己能够精确地表达许多直观的、

---

[9] 然而,这里有一个基本的分析问题,它的完整答案对我而言尚不明确:TAN_1 曲线上的扭结点是从经济整体角度上看的;但是,根据充分竞争的定义,企业个体不能将这个扭结考虑进来。现在,正如已经强调的那样,在 K 点不再存在未售出库存的流动性压力。那么,是什么使每一家企业都不扩大投入,直到达到劳动力的需求曲线?

答案可能已经在正文中暗示了:每一家企业确实试图做到这一点,但其中一些企业发现自己有未售出的存货,这迫使他们再次收缩投入。因此,K 并不代表一个静态的情况,而是代表一个总是有一些公司扩大投入和产出,而另一些则收缩的动态情况——不过,只要商品需求条件保持不变,总的需求就永远不会移到 K 的右边。

另一种可能性是,这些令人沮丧的经历导致企业完全放弃以它们的一般需求曲线作为最佳行为指南。但这就留下了一个问题:他们如何决定自己的行为。或许,正如利维坦先生所指出的,一个完整的答案,取决于一个公司在市场规模的不确定性条件下的运作理论的发展。

关于最近处理上述逻辑困难的一些尝试,参见下文第 670 页。

常识性的想法，而这些想法经常因为违反了严格的经济分析的戒律而被无理地拒绝。首先，我们看到即便在一个完全竞争、工资和价格具有弹性的系统中也会存在非自愿失业。特别是，K 对劳动力供给曲线的偏离程度反映了非自愿失业的程度为 $N_0 - N_1$。其次，我们看到，对商品需求的不足可以在无须真实工资率提高之前造成劳动投入减少。因为点 K 不在劳动力需求曲线之上，所以它不受这条曲线所确定的劳动投入与真实工资率之间标准反比关系的约束。[10]这些含义，将在下一章中进一步讨论。

3. 非自愿失业理论（续）

正如刚刚强调的，由图 13-1 中的点 K 和图 13-2 中的点 G 所表示的位置不是均衡位置。特别是，这两个图所描述的两个市场的过度供给在对工资和价格施加向下压力时相互加强。暂时让我们假设这些下降的比例相同（因此真实工资率没有受到影响），并研究这一运动对非自愿失业规模的影响。

正如前一段的开始所解释的，这个价格下降产生了一个正的真实余额效应，直接和（通过对债券市场利率形成抑制效应）间接地对商品总需求曲线造成上行压力。假设这些压力使得曲线上移至图 13-2 中的 E_3 位置。如果企业继续提供 Y_1 的产出，它们会发现它们的存货低于理想水平。因此，与前一段的论述相反，他们会把劳动力投入增加至 N_1 以上，相应地，它们的商品产出高于 Y_1。显然，这个过程将持续到就业已经上升到 N_2 和产出达到 Y_2 的水平。在这些水平上，将会再次既没有真实产出不足也没有过量，正如我们马上要强调的，这一产出仍低于企业想生产的水平。

---

[10] 可以指出，这种反比关系对凯恩斯就业理论的概括不亚于经典理论。就业不低于经典的凯恩斯主义理论。参见《通论》，第 17—18 页。

通常凯恩斯主义姿态的过度简化表述都拒绝承认非自愿失业程度
325 会自动下降的可能性。根据该理论,任何企业试图将其劳动力的投入
增加至 N_2,都将得到 Y_2 的产出,这个产出量是无法售出的。的确,在
图 13-2 中,在这一产出上存在一个通缩缺口 HJ,这将迫使企业降低
投入并减少产出,直到它们分别再次回到 Y_1 和 N_1。[11]这种说法显然
是基于总商品需求曲线在 E_2 保持不变的默认假设之上。简而言之,
这里和其他地方一样,凯恩斯经济学忽略了真实余额效应对这种需求
的直接影响。[12]同样,它忽视了商品市场的供给方,而供给方由于其
过剩的需求而产生了这种效应。

抛开这个教义问题,我们现在应用前一节的论述来证明动态过程
不会在由产出 Y_2 和投入 N_2 所代表的阶段停止。如果真实工资率在
$(w/p)_0$ 水平上保持不变,图 13-1 中的点 L 仍然存在劳动力的超额供
给对工资下行形成压力。相似地,图 13-2 中的 H 点仍然存在适意的
商品产出超过实际供应的情况;这是因为真实工资率保持不变,Y_0 处
垂直的供给曲线也会保持不变。因此仍然存在 $Y_0 - Y_2$ 的超额供给(再
次表现为生产能力的过剩)对价格水平形成向下的压力。

让我们继续假设工资和物价总是以同样的比例下降。然后,整个
动态过程可以概括为以下几点:最初商品需求下降形成非自愿失业状
态。但它也会使价格下降,以及由此产生的真实余额效应将直接和间
接地使得这一需求再次上升。随着需求曲线上升,商品产量随之上升。
而这同时又拉动劳动力投入。特别是,当产出沿着图 13-2 中的 45°矢
量向上拉升时,投入也相应地沿着图 13-1 中对应着不变的真实工资率
$(w/p)_0$ 的水平虚线向右移动。就这样,非自愿失业的程度不断降低。

326 如果这个过程是成功的,它将持续到总需求曲线提高到能够再次吸

[11] 参见《通论》,第 261—262 页。

[12] 参见注释 K 第 1 节和第 339 页下面的脚注 9。对供给侧的简单了解,参见
注释 N 第 1 节末。

收产出 Y_0 的高度。也就是,它将把经济再次带到图 13-2 中 B 点位置。由此造成的商品超额供给消失将同时产生两种效应。首先,它将消除先前来自市场的迫使价格水平下行的压力。其次,它将消除劳动力市场上的动态交叉压力,这些压力阻止企业出现在需求曲线上。也就是说,因为公司可以出售 Y_0 单位的商品,他们愿意再次雇用图 13-1 中需求曲线上的点 M 表示的 N_0 的工人。因此,非自愿失业带着它对工资水平的下行压力将从这个市场消失。因此,前两个动态过程的激活力都将被消除。相应地,经济将达到一个新的均衡位置。根据定义(第 315 页),像其他所有的总体均衡位置,这个位置是一个充分就业的均衡位置。它与前一个均衡位置的不同在于工资率、价格和利率水平更低。[13]

如果工资和价格最初并没有以相同比例下降,这个均衡过程的本质特征并没有改变。主要的差异在于真实工资率以及商品供给曲线在调整期间将不再保持不变。这意味着系统将经过图 13-1 中的 P 点。然而,在特殊情况下,价格下降导致图 13-2 中的需求曲线上升到 E_3,工资率也滞后地伴随着下降到刚好足够使得真实工资率上升到 $(w/p)_2$。在这一工资率,没有什么可以阻止企业雇用由图 13-1 中的需求曲线所确定的 N_2 单位的劳动力。因为,我们可以从图 13-2 看出,商品市场的需求情况是企业能够销售投入 N_2 单位所得到的产出 Y_2。

总之,在这些假设下的经济会达到图 13-1 中的 D 点和图 13-2 中的 H 点。这个位置与前一节所述的位置区别在于,商品市场不再是非均衡。如前所述,真实工资率的上升降低了企业的最佳产出。特别是,它将垂直的供给曲线作为一个整体从 Y_0 向左移到了(这一运动并没有在图 13-2 中显示出来)Y_2。[14]因此商品市场无论是期望产出还是实际产出都没有出现过剩。换句话说,既没有过剩的产出也没有过剩的产能:企业的生产和销售恰好是真实工资率 $(w/p)_2$ 对应的最佳

327

---

[13]　关于这一论述的有关商品市场的图示部分参见本章最后一段。

[14]　关于这种变化进一步的细节,参见第 211 页。

产出。因此没有来自这个市场的价格下行压力。

另一方面,劳动力市场显然是非均衡的。特别是,真实工资率 $(w/p)_2$ 之下的非自愿失业(过剩的劳动力供应)将继续迫使货币工资率下降。这将降低真实工资率,从而推动最优的劳动力投入和商品供给曲线再次向右移动,从而使得产能过剩恢复对物价水平的下行压力。价格下降导致的真实余额效应将使总需求曲线向上推移。这样,经济将再次被推回到与前一种情况下的同一个充分就业均衡位置。最初由需求下降引发的经济动态调整过程的延长就是货币工资最初的"黏性"的主要影响。

现在考察一个相反的情况,工资率的下降速度比价格水平的下降更快,因此,劳动力市场被带到图 13-1 中所示的 S 点。因此,眼下是充分就业状态。但是,真实工资率的下降使得图 13-2 中的垂直供给曲线向右移动到 Y_0(再一次不在图中显示),并且使得商品市场中产能过剩的压力上升。因此,价格水平将持续下降,真实工资率相对上升,并重新导致非自愿失业。这样,经济将继续向总体均衡位置移动。[15]

然而,如果无论是工资率还是价格水平是绝对刚性的,这个动态的过程不能成功地完成。特别是,如果工资绝对刚性,前面两段描述的过程将被图 13-1 中的点 D 和图 13-2 中的相关的点 H 捕获。由于真实工资率未能低于 $(w/p)_2$,企业将没有扩大投入和产出的诱因。相应地,商品供给曲线不再向右移动。同样,如果价格水平是绝对刚性的,不可能有真实余额效应对总需求产生直接或间接的刺激。因此,不存在将产出和投入再拉回到充分就业水平的力量。因此,只要存在这些刚性,系统必定处于一种失业的非均衡状态。

本章的论述可以概括如下:均衡意味着充分就业,或者,等价地,失

---

[15] 前面的论述自始至终都假定,劳动力过剩会导致工资率下降。然而,在现实世界中,失业率降至一定水平后,名义工资开始上升。这的确是一个成本推动型通货膨胀的特点。针对上述分析这种情况的一个扩展,参见勒纳(Lerner):"论通论的一般化",《美国经济评论》,第 50 期(1960),第 133—142 页。

业意味着非均衡。因此,我们对存在非自愿失业所产生的纠正市场力量的研究,是对非均衡经济的动态运作的研究。到目前为止所做出的这些力量具有理所当然的灵活性使得经济恢复充分就业的状态的假设,是一个经济具有一致性和稳定性的假设。换句话说,经济中总存在一个均衡位置,而且经济总是向这个均衡位置收敛。更具体地说,它是一种假设,正如市场可以"解决"第 10 章第 1 节在试错过程中真实收入水平保持不变时的超额需求方程组一样,它也可以在真实收入水平(从而就业)同样被允许变化的情况下解决它。这是我们分析非自愿失业问题必须采用的概念框架。

4. 非自愿失业条件下的货币理论

对弹性工资和价格情况的进一步讨论放在下一章,我们现在讨论对于货币理论具有特殊重要性的绝对刚性情况。假设这种刚性在动态过程一开始的时候就存在。那么当图 13-2 中的需求从 E 下移至 E_2 将经济带到图中的 G 点以及图 13-1 中的相关点 K 时,没有纠正性力量产生作用将经济再次带回到一个充分就业的位置。更具体地说,债券需求增加直接导致利率的降低都伴随着对商品需求的下降,这已经反映在 E_2 曲线。并且,在价格没有下降的情况下,不会有任何真实余额效应对其进一步施加直接或间接的影响。[16]

现在我们在处于这个位置的经济引入货币数量的增加或中性的流动性偏好降低。这两种变化使得商品需求曲线产生向上移动,使得债券的需求和供给曲线分别向右和向左移动。这将导致利率下降,并把总需求曲线推得更高。假设在这些压力的作用下,需求曲线被推升到图 13-2 中 E_3 所代表的位置。相应地,就像在前一节,企业将会把其商品产出增加到 Y_2,从而其劳动投入增加至 N_2。也就是

329

---

[16] 参见以上第 2 节开头。

说,经济将移动并保持在图 13-1 中的 L 点和图 13-2 中的 H 点所描述的位置。

因此,我们现在得到一种初始位置和最终位置都不是一般均衡状态的比较静态分析形式。特别是,我们的"比较静态"定理指出,如果我们从一个非自愿失业的情况出发,如果工资和价格是绝对刚性的,货币数量的增加或流动性偏好的中性降低,将造成真实国民产出增加和利率的降低。显然,这个结果在凯恩斯主义的流动性偏好下降的情况下依然成立。[17]

当然,这也可以用货币市场进行论述。如第 11 章第 1 节,将这个市场的均衡条件记为特殊形式:

$$p \cdot L_1(Y) + p \cdot L_2(r) = M_0, \qquad (1)$$

在这里 p 被假定为常数。货币数量的下降将通过其增加真实收入 Y 的影响导致交易需求增加。但是,套用凯恩斯主义的话说,显然没有理由指望这些增长会吸收所有额外的货币。在图 11-1 中,它们将需求曲线从位置Ⅰ移动到位置Ⅱ,将供给曲线从 $M^s = M_0$ 移动到 $M^s = 2M_0$,留下超额供给 EF。因此,增加的货币的一部分将从购买证券中找到出路。这些购买行为将持续下去,直到他们将利率压低到足以引起投机需求的增加,再加上真实收入增加所带来的交易需求的增加,足以吸收所有的新货币。这一新的均衡位置由图 11-1 中需求曲线Ⅱ与供给曲线 $M^s = 2M_0$ 在 r_3 的交点表示。[18]

这一节的分析可以用与图 11-2 概念上相似的图形做出有益

---

[17] 参见上文第 248 页。请注意真实收入增加使得债券市场上的供给和需求增加的假设;参见第 281—282 页。还要注意的是,货币数量的改变影响用于预算开支融资或公开市场操作的利率;参见第 12 章第 4 节。

[18] 为了找出对《通论》(第 200 页)的同一段话的两种不同解释的异同,我特意在这里叙述了与前面第 278—279 页相似的讨论。这段话本身对采用两种解释的任何一种非常模棱两可。但是,正如前面第 279 页所暗示的,同源的这段话清楚地表明那正是对确定凯恩斯利率理论关键因素的解释。进一步的讨论,参见下文第 15 章。

的总结。[19]我们首先构造一个与我们当前的假设相对应的一般均衡方程组。这可以如下所示：

均衡条件	市场

$$F\left(Y, r, \frac{M_0}{p_0}\right) = Y \qquad 商品，\qquad (2)$$

$$H\left(Y, \frac{1}{r}, \frac{M_0^H}{p_0}\right) = J\left(Y, \frac{1}{r}, \frac{M_0^F}{p_0}\right) \qquad 实际债券持有量，\qquad (3)$$

$$L\left(Y, \frac{1}{r}, \frac{M_0}{p_0}\right) = \frac{M_0}{p_0} \qquad 实际货币持有量。\qquad (4)$$

在这里，我们已经放弃了等式(1)规定的货币需求函数的特殊形式，并采用第 9 章第 5 节中的一般形式。上述等式组与第 10 章第 1 节的等式组相比，其基本区别是 Y 和 p 互换了角色：现在前者是变量，后者是常数。由于假定价格和工资绝对刚性，我们也忽视了劳动力市场，正如前面已经指出的那样，劳动力市场在非均衡状态下保持不变。同样，我们忽略了商品市场中的总供给函数，它不再能导致价格水平产生变化。相应地，商品市场的"均衡"是产出的均衡，而不是供给的均衡（第 321 页）。为了简单起见，我们还用真实形式改写了第 10 章第 1 节的债券和货币方程式。

　　现在考察商品市场，假设它处于刚刚描述的那种均衡状态。现在令真实国民产出 Y 增加。由于假定支出边际倾向小于 1，国民产出的增加使得对商品的需求出现了更小的增加。因此，商品市场产生了超额产出。为了使这个市场恢复均衡，必须通过降低利率来刺激需求。我们可以用这种方式在图 13-3 中生成曲线 GG。这条曲线是均衡条件 (2)的图形表示：它是所有能使得商品市场处于均衡的 r 和 Y 所确定的点的轨迹。根据刚才给出的论述，它必须有一个负斜率。[20]

331

---

[19]　下面的图表分析改编自希克斯在其"凯恩斯先生与'经典'：一个建议的解释"[《计量经济学杂志》，第 5 期(1937)]一文中首先提出的著名分析，该文重印在《收入分配理论读物》，费尔纳和哈188主编（费城，1946），第 469 页。亦可参见莫迪利亚尼："流动性偏好"，同前引，第 198—204 页。

[20]　除了 X 轴代表真实而非货币收入外，这是希克斯的 IS 曲线；正如第 11 章第 6 节所强调的，储蓄＝投资条件（希克斯由此导出其曲线）等价于商品市场的均衡条件。

在点 GG 右边的任何一点,都存在超额产出,因此积累了多余的存货,从而迫使企业降低其产量。反过来,在 GG 左边的任何一点,都存在超额需求,因此,这将使得库存下降到最佳水平以下,从而迫使企业增加其产出。这些动态的压力由图 13-3 中的水平箭头表示。

现在我们转向债券市场,并假设它处于利率为 r_0 的初始均衡状态。现在令 Y 增加。在这一增加将会同等地增加债券需求和供给的假设之下,这个市场在原利率下继续维持均衡状态。因此,表示债券市场上的全部均衡点的曲线 PP 就是相应高度的一条水平线。当然,这条线是均衡条件(3)在我们规定的前提之下的图示。在 PP 之上的任何点,都表示对债券存在超额需求,这将使得利率再次下降;在 PP 之下的任何点,表示对债券存在超额需求,这将使得利率上升。这些动态的压力由图 13-3 中的垂直箭头表示。

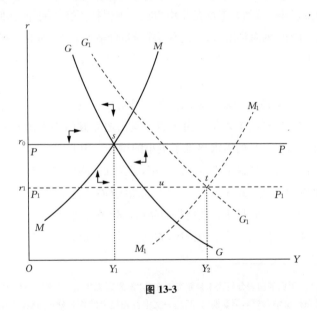

图 13-3

最后,如图 13-3 中的 MM 是方程(4)的一个图形表示:这是货币市场可以实现均衡状态的点的轨迹。它的正斜率表示 Y 的增加使得交易目的所需的货币量增加;因此,为了在这一市场中保持均衡,这一增加必须由一个利率的增加来抵消。[21]由瓦尔拉斯定律可知,曲线 MM 必须同样穿过点 s。[22]此外,如果关于 MM 的动态假设与那些关于 GG 和 PP 的假设一致[23],图 13-3 中箭头的方向保持如图所示。

GG、PP 和 MM 相交于 s 表明,利率 r_0 和真实国民收入 Y_1 两者能同时使得商品和债券市场实现均衡。图 13-3 中的箭头告诉我们,总存在自动的市场力量来推动至少一个变量趋向其均衡值。因此,该系统是稳定的,且收敛于均衡点 s。[24]

曲线 GG、PP 和 MM 对应着初始货币量 M_0。现在令货币量增加到 $2M_0$。那么 GG 上移到 G_1G_1 的位置;在任何给定的真实收入水平,为了消除因为货币增加而带来的真实余额效应所造成的通胀缺口,利率必须上升。相似地,真实余额效应使得 PP 和 MM 分别下移到 P_1P_1 和 M_1M_1。G_1G_1、P_1P_1 和 M_1M_1 相交于 t,这是对应更低的利率 r_1 和更高水平的真实国民收入 Y_2 的新的均衡位置。这也表明,通过公开市场操作所带来的相等数量的货币增加对利率形成更大的压制。[25]

图 13-3 同样可用于分析流动性偏好改变的效果。因此,凯恩斯主义流动性偏好下降的影响由 PP 下移、MM 右移和 GG 保持不变表

334

---

[21] 这条曲线与希克斯的 LL 的概念完全相同。但不像他的曲线,我们的曲线在 Y 轴附近没有水平段。这是一个直接的后果,与希克斯相反,我们的货币需求曲线在最低利率上不再为水平线,而是始终保持负斜率(第 223 页)。另一方面,显然从 PP 的构造上看,它不可能低于图 13-3 中的这一最低利率。

这些要点将在第 14 章第 3 节中进一步讨论,那里将表明,在表示 LL 时的上述差异实际上不是实质性的。

[22] 事实上,瓦尔拉斯定律的这个应用并不是不言而喻的:劳动力市场存在供给过剩意味着系统中的其他地方存在超额需求,所以这三条曲线并不需要通过 s。但是,我们可以通过归咎于工人完全被动的行为模式,他们只计划提供雇主所需要的劳动力就可以搪塞这个困难。

对于这一点的进一步讨论,参见本人的"流动性偏好和可贷资金",同前引,第 314—315 页。

[23] 参见第 11 章第 3 节。

[24] 更严格的证明,参见数学附录 10A。

[25] 参见数学附录 10A,方程(10.18)—(10.19)。

示。因此,更低的利率和更高的真实国民收入再次成为新的均衡位置的特征。[26]

我们现在可以注意到,在本节的分析中,均衡利率的可变性与其在灵活价格情况下的不变性相比,具有一种启发式的解释。在后一种情况下,名义货币数量的增加在长期不会影响其真实数量;因此,它不会永久地影响利率。然而,在目前的情况下,由于价格刚性,真实数量确实会永久增加;因此,利率通常会受到影响。由此我们可以看出,只要物价水平上升而不是保持不变,货币增加对利率和就业的影响就会相应减弱。无论如何,很明显,本节的假设带着我们进入一个凯恩斯主义的失业世界,在这里货币的变化主要是通过真实国民收入水平的变化和利率的变化表现出来,其次才是价格水平的变化。

最后我们注意到,图 13-3 也可以用来说明前一节的论述。为此,再次假设工资和物价是弹性的,并且 Y_1 表示一个失业位置。那么,在 s 点存在价格下调的压力,由此形成的正的真实余额效应将使得 GG 和 MM 曲线右移和 PP 曲线下移。这个过程将继续下去,直到系统恢复到充分就业的位置(比方说)Y_2。

---

[26] 注意即使在商品市场不存在真实余额效应这个结果也行得通;参见前文第251页脚注 18。

第14章 关于凯恩斯主义和 经典就业理论的一个解释

1. 凯恩斯主义和古典非自愿失业理论。2. 乘数。3. "流动性陷阱"。4. 再论萨伊恒等式。5. 长期增长与长期不景气。

1. 凯恩斯主义和古典非自愿失业理论

现在让我们把上一章的论点发展成一个分析框架,以解释凯恩斯主义和古典就业理论之间的争论。

毋庸置疑,正如读者所注意到的,从重要性看,第13章第3节中的稳定动态过程对应第10章第3节的过程。在这两种情况下,价格运动本身最终消除了它所引发的(通货膨胀或通货紧缩,视情况而定)压力。在当前情况下,正是这种价格大幅下降的必要性使得这一过程无法成为现代充分就业政策的主要组成部分。[1]

那么,让我们通过补充传统的可自由支配的公开市场操作和央行的再贴现操作,来缓和这一过程。这种操作的直接含义是,利率下降不必再像第13章第2节中所说的那样,等待价格的下跌。相反,公开市场购买取代了真实余额效应作为债券市场需求增加的来源。这样一来,通过主要依赖于操纵利率的降低,总需求就可能被提高到充分就业

---

[1] 下文将对此进行深入讨论。

的水平,而之前的价格没有任何下降。事实上,在这在维克塞尔的世界里,这种下降本身就会被视为利率没有被充分降低的证据。[2]

这种对货币政策功效的信念,在这里将被确定为新古典主义的立场。与此相对应的是,对这种功效的否认,将被认为是凯恩斯主义的立场。根据这一立场,围绕着任何投资计划的巨大不确定性,使得利率实际变化的幅度不可能显著地刺激这种活动。[3]因此,虽然方向正确,但降息的影响太弱,不足以担当起货币政策对它们的依托。由于这个原因,这样的政策将无法以足够快的速度防止价格长期下跌并消除通货紧缩缺口。

因此,货币政策的成功最终取决于这种下降所引发的动态过程的稳定性。这将我们带回到第 13 章第 3 节的分析。但现在为了全面阐述凯恩斯主义的立场,我们必须在这一分析中引入两个迄今为止被忽视的因素。[4]

首先是分配效应问题。正如第 12 章第 3 节强调的那样,我们不能假定债务人的负债务效应简单地被债权人的正效应所抵消。更具体一点,用凯恩斯的话说,"如果工资和价格下降太多,那些负债累累的企业家们可能很快达到破产的地步,这对投资具有严重的不利影响"。总之,旷日持久的价格下降将导致破产潮,这将使得企业负债和家庭的资产都被消灭,严重削弱商业信心。

其次是预期的影响。只要货币当局仅仅缓慢地降低利息,潜在的投资者可能会推迟执行他们的计划,期待从更低的利率中获益。同样,价格和工资的下降可能会造成更迅速的下降预期,从而导致家庭和企

337

---

[2]《利息与价格》第 189 页等各处。

[3] 关于这种不敏感,参见兰格:《价格弹性与就业》(布卢明顿,印第安纳,1945),第 85 页,以及这里所参考的实证研究。一个优秀的理论探讨,参见沙克尔(Shackle):"利率和投资速度",《经济学杂志》,第 61 期(1946),第 1—17 页。同样可参见希克斯:《价值与资本》,第 225—226 页。

[4] 以下对凯恩斯的解释以克莱因(Klein)[《凯恩斯革命》(纽约,1947),第 80—90、206—213 页]激动人心的讨论为出发点。

业推迟它们的采购。此外,对未来更低价格水平的预期会对劳动力需求产生同样的影响,因为当前的真实工资率上升了。因为,在制订他们的计划时,企业将把它们对当前投入所支付的工资与随后销售其产出所获得的低价格进行比较。由于这些因素,价格下跌刺激的真实余额效应可能会被其令人沮丧的预期效应所抵消。[5]

在当前而不是第 12 章第 7 节强调预期的影响是有道理的。在第 12 章第 7 节中,我们讨论了通货膨胀过程。因此,我们有理由相信,个体持有的真实货币数量的持续收缩,最终会使他们无法为其预期所要求的商品需求的增长提供资金,并最终迫使他们自己修改这些预期。在通缩预期之下,没有这样的限制性因素,因此也没有纠正性操作;对于这些被动延迟的支出不需要资金支持。这种不对称与央行活动中经常强调的不对称类似:与通过扩大成员银行准备金来对抗通货紧缩相比,央行通过收缩成员银行准备金来对抗通货紧缩的尝试更有可能成功。

因此,凯恩斯经济学就是非均衡的失业经济学。它认为,一方面,由于利息缺乏弹性,另一方面,由于分配和预期的影响,即便辅以货币政策的帮助,第 13 章第 3 节的动态过程也不太可能平稳或快速地收敛于充分就业的均衡位置。事实上,如果这些影响足够强烈,它们甚至可能使这个过程变得不稳定。在这种情况下,要恢复充分就业,就必须等待某种外部力量的幸运到来,从而充分扩大总需求。

一个更极端的可能性是,即使不考虑令人沮丧的不良预期的影响,利率和价格下降的影响可能太弱,使得其对总需求的刺激不足以强大到吸收充分就业的产出。也就是说,这些效应可能只会使总需求曲线

---

[5] 这一段和上一段很大程度上改编自凯恩斯《通论》中关于货币工资和物价长期下降预期效果的讨论。参见,同前引,第 205—208、232—234 和 260—269 页。前一段的引文来自第 264 页。

请注意,虽然在比较未来与当前的价格时,下降幅度才是相关的(第 6 章第 3 节),但在比较未来的价格与当前的工资率时,必须对这些价格水平加以考虑。

渐近地达到低于充分就业水平。如果价格水平下降所造成的真实余额在货币市场消散的程度不断上升，直到，事实上（由预算约束），这一市场的真实需求趋于无穷，前一结论是正确的。[6]这种可能性涉及拒绝第10章第1节中关于基本的超额需求方程组具有一致性的假设，迄今为止，这一假设尚未被质疑过。换句话说，它认为，除了所有动态因素，可能不存在任何一组工资、价格和利率，能使得这个系统中的所有市场实现均衡。请注意，在这种限制下，这种争论是基于一个不合理的假设，即真实余额效应的财富效应不会以相似的方式（上文第242页）影响所有市场。还需要注意的是，它提出的不一致性在操作上相当于一个一致系统的不稳定性：在这两种情况下，经济中的动态力量都未能成功地将它带到一个均衡位置；而在前一种情况下，这一失败是固有的，因为本来就不存在这样的位置。[7]

339　　但是我们没有必要去分析任何一个极端。如前所述，即使货币政策肯定能使经济恢复到充分就业状态，但仍有一个关键问题，即它需要多长时间才能做到这一点。这里仍然会有一种非常现实的可能性，它必将使经济处于一个无法忍受的长期动态调整过程当中：在这一期间，工资、价格和利率将持续下降，其中最重要的是，一定数量的工人在此期间将继续遭受非自愿失业的痛苦。虽然我不知道他用这种方式表达自己，但这是凯恩斯的立场的精髓。他的基本政策结论是，"经济体系的自我调整质量"——即使有中央银行政策的强化——是不够的。为

---

[6]　参见下文第352页脚注27。真实余额增长无法在债券市场找到无限出路的原因将从这一讨论中变得清晰起来。

就图13-3而言，正文中的论述意味着GG渐近地靠近G_1G_1左边的中间位置。详情参见数学附录10B。

[7]　注意本段对不一致系统的经济解释。这样一个系统可以用以下三个等价命题中的一个来描述：每个人都不可能同时在其需求和/或供给曲线上。不可能每个人都同时自愿行动。系统不可能曾经处于均衡；因为总是存在超额的需求或供给，迫使它远离它碰巧处于的位置。

了证明这一结论,这一切都需要建立起来。[8]

这个解释迫使凯恩斯主义经济学抛弃了一度被视为革命性的"对角交叉"图,该图曾在教科书中风靡一时。它迫使人们认识到,这张图表既没有考虑商品市场的供给方,也没有考虑商品市场的超额需求产生的真实余额效应。因此,迫使其承认(如图 13-2)总需求曲线 E_2 与 $45°$ 对角线的交点 G 并不意味存在自动的市场力量,将真实收入从失业水平 Y_1 处推高。事实上,这迫使它接受经典论点,即这种力量不仅存在,并且最终能成功把收入提高到充分就业水平 Y_0。[9]

但是凯恩斯主义和古典经济学之间分析上的距离的缩小并没有带来相应的政策距离的缩小。凯恩斯仍然坚持自动调节过程非常低效的观点,认为只有通过政府直接投资公共工程项目可以补救。它使得经典观点的现代追随者们勉强承认单独使用货币政策是无效的,但是他们坚持认为它只需要自补充一个自动的逆周期税收减免和转移支付系统即可。[10]总之,我们的解释把政府为了实施一个切实可行的充分就业政策而必须采取的干预程度的争论,从那些可以先验地考察其内部一致性和逻辑有效性的问题中拿出来,放到那些只能通过对相关经济

340

---

[8] 《通论》,第 266—267、378 页。这些短文在注释 K 第 3 节中被完整引用。

[9] 第 324—325 页已经注意到了标准凯恩斯图形的这些局限性。关于其对供给的忽视,请再次参见注释 N 第 1 节。

人们可能会试图为凯恩斯忽略真实余额效应——或者更普遍地说,真实金融资产效应——找理由,因为他关注的是没有政府债券的纯粹内部货币经济(参见第 297、305—307 页)。然而,我不相信可以引证文字证据来支持这个猜想(参见第 635 页)。更重要的是,在目前的背景下,没有理由以这种方式限制凯恩斯主义的论证;因为,正如我们刚才所看到的,它的基本观点适用于外部货币——因此也存在真实余额效应——的经济。并且,如上文所述(第 317 页),可以比照为一个具有政府债券的经济做出一个相应的推广。

[10] 因此将《通论》第 378 页与西蒙斯[《自由社会的经济政策》(芝加哥,1948,第 40—77、160—183 页)]、明茨[《竞争社会的货币政策》(纽约,1950)]、米尔顿·弗里德曼[《实证经济学论文集》(芝加哥,1953),第 133—156 页]等"芝加哥"学派的观点进行对比。

参数的实际值的实证考察才能决定的一类问题当中。[11]

虽然我们的解释一方面削弱了凯恩斯主义经济学的分析优势,但使其在另一个更重要的方面更突出了。它明确无误地表明(这是再清楚不过的)[12],《通论》里的非自愿失业的源头并不一定是工资刚性。事实上,在这方面我们比凯恩斯更凯恩斯主义。通过明确地将重点围绕在商品市场总需求的不足,并通过认识由此产生的非自愿失业是一种经济动力学现象,我们把自己从就业水平下降与真实工资上升挂钩的静态分析中解放出来了。我们已经能够在不对真实工资率的运动做任何限制的情况下解释非自愿失业的存在问题。[13]反过来,我们已经表明;对于在经济中快速地重新建立起充分就业均衡而言,真实工资率下降既不是必要条件,也不是充分条件。

相应地,我们的解释并没有把凯恩斯主义的失业理论与任何特殊形式的劳动力供给函数相联系。特别是,它独立于一个太频繁的假设,即这个理论假定了一个如图 14-1 中所示的劳动力供给曲线。该曲线的关键特征是,它仍然在时下假定的刚性货币工资率 w_0 具有无限的弹性,直到点 N_0。因此,利用这条曲线的作者确定了工人在"充分就业"水平下愿意以真实工资率 w_0 提供的最大就业量,并将非自愿失业定义为这个水平与经济中实际存在就业水平 N_1 之间的差异。[14]

---

[11] 相关的实证研究,参见约翰逊:"货币理论与政策",同前引,第 365—377 页。同样参见米乔森岛和斋藤三雄(Michio Morishima and Mitsuo Saito):"美国经济的动态分析:1902—1952",《国际经济评论》,第 5 期(1964),第 138—151 页;以及莫迪利亚尼:"货币管理与规则与自由裁量权之实证检验",《政治经济学杂志》,第 72 期(1964),第 211—245 页。

与此相关,亦可参见注释 M 所引用的关于真实余额效应的实证证据,这各证据表明消费的价格弹性较低,并且很有可能小于 0.10(参见下文第 660 页)。

[12] 支持性参考文献,参见注释 K 第 3 节。

[13] 正如第 324 页脚注 10 所指出的,凯恩斯确实接受了这个限制;参见《通论》,第 17—18 页。

[14] 参见,例如,莫迪利亚尼:"流动性偏好",同前引,第 189 页。这似乎也是凯恩斯在其《通论》第 8—9、295、301—303 和 336 页所持的观点。无论如何,这是兰格对他的解释(《价格弹性与就业》,第 6 页脚注 4)。

　　事实上,我们无法逃避这个印象,图 14-1 再次印证了前面提到的根深蒂固的习惯(323 页),即只看到供给曲线上的点。更具体地说,使得作者们假定一条如图 14-1 所示的供给曲线的推理路线如下:如果曲线不是这个形状,而是一直上涨(无论多么缓慢),如果在每一个工资率水平工人总是唯一地对应着曲线上的点,然后,根据定义,系统中不可能存在非自愿失业:在时下的工资率水平上,工人们总是能够达到他们所希望的就业水平。因此,为了能够探讨这种失业问题,并保留工人们在他们的曲线之上这个假设,我们有必要放弃在给定的工资率水平,供给曲线取单一值这个习惯性假设,而是规定其提供不止一个数量的劳动。非自愿失业可以定义为两个点之间的差额,这两个点都在同一供给曲线上,并对应于相同的工资率。这显然是图 14-1 中水平线段 342 N_1N_0 的意义。

　　相应地,一旦我们摆脱这种对研究供给曲线之外的点的限制,且一旦我们认识到,事实上,非自愿失业的本质是离开这条曲线,那么为了探讨非自愿失业问题而假定任何特殊形状的劳动供给曲线的必要性就消失了。这一点在第 13 章第 1—3 节的整个论述中应该是清楚的。

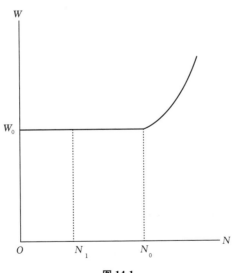

图 14-1

这并不是说货币工资刚性没有使得非自愿失业的深度和持续时间恶化。显然，正如第 13 章第 3 节末分析的那样，确实是这种情况。但它否认工资刚性在逻辑上对于非自愿失业的起源甚至持续是必要的观点。并且，它否认即便完全没有工资刚性，也不能保证在社会可接受的一段时间内消除失业。

343　　然而，我们的理论不依赖于刚性。因为，根据定义，任何无法快速、顺利地对市场均衡力量做出反应的系统必受到刚性的拖累。但令人生厌的刚性不是那些干扰了资本主义经济顺利运转的外来垄断因素，而是商品总需求取决于个体的消费与投资决策这一事实中的固有因素。这些决策对于利率和价格的市场变化的反应具有黏性。它们是自主的消费者和投资者不愿在很短的时间改变他们支出习惯的刚性。

2. 乘　　数

前面的解释忽略了凯恩斯主义经济学的两个熟悉元素：乘数和"流动性陷阱"。正如我们现在所看到的，经过一些修改，可以在论述中引入这些元素中的第一个。同样，我们将在下一节看到，我们可以为"陷阱"附加正确的含义。

我们首先要区分比较静态分析的"瞬时"乘数和动态分析中的"连续周期"乘数。[15]前者描述了一个概念实验的结果，在这个实验中，我们让一个处于失业初始状态的经济体处于静止状态；对这个经济外生地注入一个永久性的增加，比方说，年度政府开支（也就是说，在未来的每一年，这个增加都是有效的）；允许这一改变充分发挥作用，直到经济再次处于一个稳定位置；然后比较新旧两个位置因为年度政府支出增加（用 ΔG 表示）而形成的每年度的国民收入之间的差异（用 ΔY 表示）。

---

[15]　为了明确这一差别，参见哈伯勒的《繁荣与萧条》第 456—458 页以及那里所引用的对克拉克（Clark）和马克卢普（Machlup）的参考。

我们对导出这个乘数公式的图形技术相当熟悉。考察图 14-2 对商品市场的描述，为简单起见，总需求曲线被假设为一条直线。我们用 E_4 表示这条曲线的初始位置。这条曲线与 45°向径的交点决定了这个经济的初始真实收入水平 OA。现在假设政府部门的总需求突然增加 GH 单位。这将总需求曲线推到 E_5 位置，形成相应的新交点 F，从而确定新的真实收入水平 OC，与原来的水平相比，增加了 AC 单位。

比较静态乘数是这两个增加量的比率。具体来说，它是

$$\frac{\Delta Y}{\Delta G}=\frac{AC}{GH}=\frac{1}{\dfrac{GH}{AC}}=\frac{1}{\dfrac{JF}{AC}}=\frac{1}{\dfrac{DF-DJ}{AC}}=\frac{1}{1-\dfrac{DJ}{AC}}, \tag{1}$$

或

$$\frac{\Delta Y}{\Delta G}=\frac{1}{1-边际支出倾向}。 \tag{2}$$

在这里我们利用到了 E_4 和 E_5 平行得出 GH 等于 JF 以及 45°向径条件下 $AC=DF$ 等条件。这样，我们得到标准公式(2)。这表明，传统上大于 1 的乘数主要是边际支出倾向处于 0 和 1 之间的结果。

然而，严格地说，这个乘数在我们的模型中并不重要。这是已经被拒绝的凯恩斯主义"对角线交叉"分析的一部分(第 339 页)。具体地说，由于忽略了市场的供给方，这种分析忽略了两点都不是均衡的事实。因此，它将比较静态学的概念和技术应用于它们并不真正有效的情况。更具体地说，它未能显示，即使没有政府支出的偶然增加，自动的市场力量将继续推动真实收入从原来的 OA 水平往上运动。[16]

诊断这个困难是为了提出治疗建议。我们可以通过诉诸第 13 章第 4 节的准比较静态方法，在我们的模型中建立这种乘数的有效框架。特别是，如果我们假定工资和物价都是绝对刚性的，那么经济就不会自动地从点 G 或 F 这两个失业位置移开。因此，我们可以用瞬时乘数来进行比较。

[16] 关于这一乘数的另一个误导方面将在下文第 4 节中讨论。

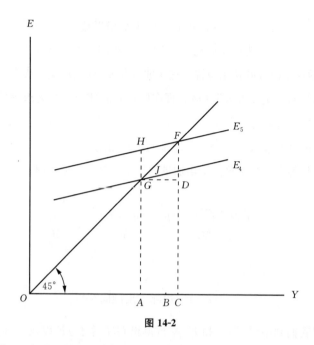

图 14-2

然而,应该强调的是,即使在这些假设之下,前面的公式通常会显得过于简单。例如,它没有考虑到政府支出的变化也可能影响利率和总需求。它也没有考虑到政府支出增加对私人消费倾向和投资倾向带来的直接消极影响。更一般地说,没有所谓的"乘数"。每个模型都有自己的乘数。根据模型的假设,乘数可以大于或小于 1 甚至为负。[17]

现在考察动态连续周期乘数。这建立在一个完全不同的概念性实验基础之上。我们又一次从增加政府支出开始,但这一次假定只在一年进行了一次性的增加。然后,我们追踪这一增加对未来所有年度真实收入的扩张性影响。最后,我们把乘数定义为后者增加的总价值与初始值的比值。

---

[17] 马丁·J.贝利(Martin J. Baiky)所著的《国民收入和物价水平》(纽约,1962)第71—80页提供了一些启发性的例子。亦可参见戈尔德贝格尔(Goldberger):《Klein-Goldberger 模型的影响乘数和动态特性》(阿姆斯特丹,1959 年)第 3 章和第 5 章对美国经济中各种乘数的量化估计。

这个公式的推导从假设个体一年的支出由上一年的收入决定开始。事实上,假定支出函数为简单的线性函数

$$E_t = a + bY_{t-1}, \tag{3}$$

在这里 E_t 表示第 t 年的真实支出, Y_{t-1} 表示第 $t-1$ 年的真实支出, a 和 b 为常数。假设政府支出一次性增加 R 美元(恒定购买力)购买商品和服务。这导致第一年的真实收入增加 R 美元。由(3),这也导致第二年的真实支出增加 bR,从而真实收入也增加。而这又导致下一年的真实开支增加 $b(bR) = b^2 R$,一直这样增加下去。因此,最初增加的 R 美元,最后使得所有年份的增加的真实国民收入为

$$R + bR + b^2 R + b^3 R + \cdots + b^n R +$$
$$= R(1 + b + b^2 + b^3 + \cdots + b^n + \cdots) \tag{4}$$
$$= R \cdot \frac{1}{1-b}。$$

根据定义,上式除以 R 就可以得到这个动态乘数

347

$$\frac{R \cdot \dfrac{1}{1-b}}{R} = \frac{1}{1-b} = \frac{1}{1-\text{边际支出倾向}}, \tag{5}$$

这看上去与上面的等式(2)的比较静态乘数公式是相同的。

当然,两者相等没有任何巧合。考察我们的比较静态实验。正如已经强调的,这里假设政府增加了相对于原有均衡地位的支出,不仅是在第一年,而且在以后的每一年都如此。因此,在这年重新建立起均衡时,真实收入处于一个更高的水平。这是因为,首先,因为那一年度政府支出增加了 R 美元;其次,由于前一年度这 R 美元的政府支出增加,导致最终实现均衡的那年度的真实收入增加 bR 美元;第三,由于两年前政府支出增加 R 美元,导致最终实现均衡那年的真实收入增加 $b^2 R$;如此下去,真实收入的总增长因此可以被分解成与等式(4)完全相同的几何级数。因此,比较静态乘数和动态乘数一样,必须是这个序列的总和除以 R。

　　这很明显,等式(2)中已经表达过的保留观点同样对等式(5)形成制约。但是,我们现在感兴趣的不是动态乘数的确切大小,而是它在我们模型中的概念有效性。我们因此强调,既然动态乘数不依赖于均衡假设,将其引入模型的难度低于比较静态乘数。所有需要记住的是,收入增加中,除政府的那个一次性增加之外的部分不能归功于这一增加,而应当归功于经济的自动均衡过程,在任何情况下该过程将推动收入水平上升。因此,只有在政府没有"注资"的情况下出现的收入增加才能计入动态乘数。

348

　　从图形上看,我们可以从以下几个方面在我们的模型中构想这一乘数。图 14-3 中的曲线 KLQN 显示了 t_0 时刻经济中需求突然下降后,如果它被要求在自动均衡过程中消除这一通缩压力的情况下,真实国民收入水平随时间变化而发生的变化。相比之下,曲线 KLM 显示了在 t_1 时刻,政府一次性增加开支之后真实国民收入对应的时间路径。它说明了这一开支是如何加速均衡过程,并在 t_2 而不是 t_3 时刻将经济带回均衡状态的。这一政府支出所避免的真实国民收入损失由图 14-3 中的阴影区域表示,相应地,乘数是这一收入与一次性支出之间的比率。[18]

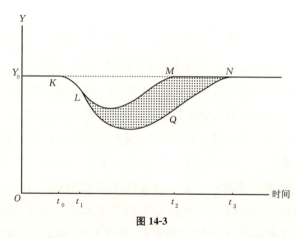

图 14-3

---

　　[18] 这个图表抽象了这样一个事实,即在时间 t_2 或 t_3 时,充分就业的收入水平将上升。

3."流动性陷阱"

前面对凯恩斯主义经济学的解释中有一个明显的遗漏,即,有一个最低水平,低于这个水平利率就不能下降——"流动性陷阱"。如果这一论点是正确的,那么完全撇开我们所强调的利率非弹性问题,利率对经济活动的刺激有一个绝对限制。凯恩斯本人似乎并不太重视这种可能性。[19]但后来的评论家——无论是赞同者还是反对者——都将其提高到成为凯恩斯主义的重要观点的地位。[20]

这些批评家通过为货币需求曲线设定特殊的形式,使得这些这一局限性变得合理化。特别是,他们假定这条曲线在这个最低上平上成为一条无限延伸的水平线,"几乎每个人都喜欢持有现金而不是利率如此之低的债券"[21]。因此,他们给出了如图 14-4 所示的曲线,用它表示不可能将利率降至 r_1 之下。

现在,正如第 9 章第 5 节所强调的,通常意义上的需求曲线不可能是这种形式。[22]当我们考虑到个体在所有市场的计划行为时,这条曲线必须是负斜率的。[23]特别是,除非债券的供应是无限的,否则对货币的需求量不可能是无限的,如第 126 页所示,不确定性的存在使得提供这样的一个无限量是不合理的。[24]然而,正如我们现在所看到的,

---

[19] 《通论》,第 203、207 页。

[20] 例如,参见希克斯:"凯恩斯先生与'经典'",同前引,第 469—470 页;莫迪利亚尼:"流动性偏好",同前引,第 196、198—199 页;汉森(Hansen):《凯恩斯指南》(纽约,1953),第 132—133 页。

[21] 《通论》,第 207 页。

[22] 这一限制条件的原因在下面的脚注 27 解释。

[23] 但是,请注意上文第 225—226 页中关于需求曲线也可以有水平段的条件的讨论。

[24] 参见第 225 页,脚注 19。

除了这些先验考虑,现在还可以加上布朗芬布伦纳和迈耶(Bronfenbrenner and Mayer,同前引,第 831—833 页)以及梅尔泽(Meltzer,同前引,第 245 页)的实证研究结果,他们没有发现货币需求弹性随着利率下降而增加的证据。然而,可以参(转下页)

350 通常意义上的货币政策对利率所能施加的下行影响存在一个非常实际的限制。但最低利率 r_1 对债券市场的重要性，而不是对货币市场的重要性，造成了这种限制。[25]

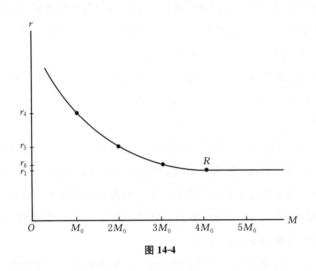

图 14-4

为了说明这一点，我们回过头来分析第 13 章第 4 节所述的失业条件下的对工资和价格绝对刚性。在这个分析中，货币量的增加使得债券需求曲线和供给曲线分别永久性地向右和向左移动，从而降低了均

351 衡利率。[26]在图 14-5 中，货币数量从 M_0 连续增加到 $2M_0$，$3M_0$ 和 $4M_0$，供给和需求曲线的位置从位置 1 分别移动到位置 2，位置 3 和位置 4，并因此造成均衡点从 A 分别移动到 B，C 和 D。

（接上页）考罗伯特·艾斯纳与前述作者在《计量经济学杂志》[第 31 期（1963），第531—550 页]交换的反对意见。亦可参见布朗芬布伦纳和迈耶（同前引，第 812—813页）以及约翰逊（"货币理论与政策"，同前引，第 354 页）对托宾早先极富影响力的研究的批判，在这个研究中托宾找到了"陷阱"的证据["流动性偏好与货币政策"，《经济统计评论》，第 29 期（1947），第 130—131 页]。

[25] 参见第 9 章第 4 节，尤其是图 9-4（第 214 页）。

[26] "均衡"一词适用于刚性的情况，但须遵守在第 329 页关于"均衡"的伪"比较静态"分析中已经指出的保留意见。

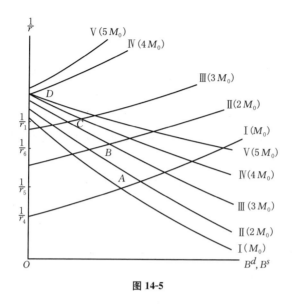

图 14-5

图 14-5 也反映了一个至关重要的附加假设,即当债券需求曲线向上移动时,它与垂直轴的交点接近于极限价格 $1/r_1$。也就是说,不管他们最初持有的货币价值有多大,个体都不会同意以低于利率 r_1 的利率持有债券。在这么低的利率上,这样他们更愿意持有货币(参见第215页)。同时,企业初始持有的资金越多,他们借贷的压力越小,相应地,他们愿意支付的最高利率就越低。因此,在货币扩张已经达到了一定点时——在我们的图中为 $4M_0$——债券市场将变得的不活跃:没有借款人愿意支付出借人所坚持的最低利率。这种情况由处于位置 V 的需求和供给曲线表示。

读者无疑已经认识到,除了一些细节上的差异,前两图所描述的这个市场实验总体上与第 11 章第 4 节的实验相同。特别地,我们再次改变经济中货币的数量并注意到这种变化对均衡利率的影响。这个概念实验的结果可以用图 14-4 的曲线来表示,它现在被认为是一条市场均衡曲线,而不是一条需求曲线。也就是说,这条曲线现在被认为是图 14-5 中需求和供给曲线所有交点的轨迹。曲线在 R 点的突然结束,反

352

映了一个事实，即当货币数量超过 $4M_0$，那么图 14-5 所描述的债券市场不再有交易发生，所以我们不能确定利率值。因此，我们的市场均衡曲线也反映了货币扩张不能将利率降低到 r_1 以下的事实。显然，这个限制是从我们假设的债券需求和供给曲线的性质得出的；因此无论货币的需求曲线是什么形状，这都是成立的。[27]或者，以图 13-3 中的一般均衡条件，这一限制反映了一个假设，即不管曲线 MM 是什么形状，曲线 PP 不能低于 r_1。

353

同时，很明显从图 13-3 可以看出，即便货币政策不能促使利率降低至 r_1 之下，经济将不会"困"在低于充分就业的水平（用 u 表示）。这一政策也创造了一个使得 GG 右移直到实现充分就业的真实余额效应（参见上文第 334 页）。[28]然而，这并没有否定"凯恩斯革命"，只是要求我

---

[27] 现在回到脚注 22 所提到的限制条件。我提出凯恩斯主义经济学家不是指通常意义上的需求曲线，而是一条由货币数量变化生成的曲线，因此，参考希克斯（《贸易周期》，第 141—142 页）、莫迪利亚尼（"流动性偏好"，同前引，第 198—199 页）、琼·罗宾逊["利率"，《计量经济学杂志》，第 19 期(1951)，第 101—102 页]以及卡恩["流动性偏好的一些注解"，《曼彻斯特学派》，第 22 期(1954)，第 247 页]了解这些变化。因此，这些作者可能已经想到了图 14-4 的市场均衡曲线。

或者，他们可能在考虑这样一种需求曲线，它是通过增加个体最初的资金禀赋，然后问他，为了持有这些增加的数量，利率必须是多少这一方式得到的。现在，在最低利率 r_1，债券市场不存在真实余额效应；（根据通常的凯恩斯主义假设）在商品市场也没有这一效应；因此，在利率 r_1，真实余额效应完全用来增加对货币的需求，使得描述了这个实验结果的曲线在 r_1 变成水平线（参见第 514 页）。

但是，我怀疑如果这是对凯恩斯思想的正确解读，在货币需求函数中真实余额效应的概念对它相当陌生（参见上文，第 254 页）。请注意，这种解释与任何试图用纯内部货币经济解释凯恩斯的解释不一致（参见上文，第 339 页，脚注 9）。显然，这也与我们关于真实余额效应作为一种财富效应在所有市场发挥类似作用的观点不一致（上文第 242 页）。

[28] 希克斯["'古典'经济学的复兴?"[《经济学杂志》，第 67 期(1957)，第 286—288 页]一文中对"流动性陷阱"的讨论忽视了 GG 曲线的右移。详情参见本人"恢复凯恩斯主义经济学：对希克斯教授的反驳"[《经济学杂志》，第 69 期(1959)，第 584—585 页]一文。

值得注意的是，即使我们接受了凯恩斯主义关于"流动性陷阱"的说明，并相应假设图 13-3 中的 MM 曲线具有 $p_{1r}M_1$ 的形状，正文中的论述同样成立。

们按照上面第 1 节解释。实际上，由于这种解释不涉及"流动性陷阱"所基于的特殊假设，它实际上增加了凯恩斯失业理论的普遍性。

现在必须强调，上述货币政策限制只存在于赤字融资所导致的货币数量增加的情况。因为这种增加只有当个体用增加的货币购买债券时才能影响债券市场，而个体拒绝以高于 $1/r_1$ 的价格买入债券。但是，一旦货币增加是通过公开市场购买产生，这种限制显然就消失了。因此，政府不必等待个体，而是自身进入债券市场并随心所欲地抬高债券价格。总之，政府，不像个人，不受流动性考虑的限制；因此它愿意在低于 r_1 的利率下持有债券。如果政府愿意追求一个非常积极的包括私人和政府债券的市场开放政策，没有理由不能使利率下降到它想要的水平。

但事情并不那么简单。通过将利率降低到最低利率，政府也将所有私人都排除在债券市场之外。简言之，它成功地将利率推到了"几乎人人都喜欢持有现金胜过持有债券"的水平，而这只不过是使自己成为唯一的债券持有人，而事实上，它是经济中唯一的贷款人。因此，它否定了旨在使政府能够以最少的直接干预来影响经济活动的总体水平的政策的整个制度意义。

因此，货币政策降低利率的能力是有限的。但这是一种源自政治因素而非经济因素的限制。此外，这种限制迄今还不太可能危及货币政策的效力。[29]这些结论即便在货币需求曲线为水平线段(图 9-7b)的特殊情况下仍能成立。同样，只有政治限制能够防止政府选择(如果必要)r_1 和 0 之间的任何利率并以此利率向愿意投资的企业提供贷款。

[29] 凯恩斯对这一观点的介绍已在上面脚注 19 中引用。在这种情况下，可以指出即使在英国推行"廉价货币"的 1931—1939 年间，货币当局也从未获得超过发行在外的 15％的政府证券[参见内文(Nevin)：《廉价货币机制》(卡迪夫，1955)，第 180 页]。相同的论述对于美联储也成立[参见《银行与货币统计》(华盛顿特区：联邦储备系统理事会，1943)，第 512 页，表 149]。鉴于这一情况，以及(20 世纪)30 年代的通缩情况，很难相信货币当局未能通过增加持有政府证券的方式驱使利率降得更低。亦可参见内文，同前引，第 73—74、96—98、113 页；以及派什："廉价货币政策"，《经济学刊》，第 14 期(1947)，第 167—168 页。

在离开这个主题之前,我们可能暂时离题并注意到上述意义上的最低利率不是一个绝对不变的常数,而是反映了当时公众的期望状态。反过来,由于这些期望建立在历史经验的基础之上,因此(有点自相矛盾)最低利率——经常被视为凯恩斯货币理论的一个要旨——反映了一个真实现象:资本的生产率在历史上高于(比方说)2%,所以当利率降到该水平附近时,公众预期它随后将上升,并据此采取行动。[30]

355 　　出于这些考虑,我们应该可以预料到,在公开市场的正常框架下操作时,货币当局促使利率下降的力量在失业和萧条时期最为强大。因为此时,通货膨胀的危险性(可能会导致政策的逆转)是不存在的,而工业停滞使得资本的生产率只是一个模糊的记忆。如果公众看到回归繁荣的希望渺茫,如果货币当局明确表示在此期间他们会坚持他们的宽松货币政策,那么成功的可能性会高很多。[31]

我们有另一个极端情况:经济处于充分就业的繁荣的阴影或现实当中。即使在这种情况下,政府也可能对推行宽松的货币政策感兴趣;例如,它可能希望通过这种方式实现收入更平等的分配。但在这种情况下,公众不太可能相信货币当局不会最终考虑其政策的通胀后果。在这种情况下通常存在的实际资本的相对稀缺性,也不太可能让公众接受可以维持低利率的观点。相应地,货币当局不太可能在这种情况下压低利率。[32]

---

　　[30]　"除非有理由相信未来的经历会与过去的经历大不相同,除非为什么未来的经验将与过去的经验非常不同的原因被认为是存在的,一个长期利率(比方说)为2个百分点,留下的恐惧比希望更多,而且同时只提供一个仅足以抵消非常小的恐惧量的收益率。"(《通论》,第202页)

　　亦可参见琼·罗宾逊:"利率",同前引,第93、110页。

　　[31]　参见前两个脚注对派什、内文和罗宾逊的引用。

　　[32]　当然这里的经典例子是道尔顿在战后英国的实验。参见肯尼迪(C. M. Kennedy)的"货币政策"一文[《英国经济:1945—1950》(沃斯威克和艾迪主编,牛津,1952),第188—206页]和派什(同前引,第174—175页)、塞耶斯(R. S. Sayers)的"战后早期英美的经验"[重印在《白芝浩之后的中央银行》(牛津,1957),第26—28页]。

4. 再论萨伊恒等式

正如有一些熟悉的元素从我们对凯恩斯的解释中缺失了，同样也有一些元素没有在我们对古典经济学的解释中找到踪迹。特别是，甚至在前面第 1 节提出古典主义的立场时没有提到萨伊恒等式。

通常对这一恒等式的宏观解释是，无论利率和价格水平高低，家庭和企业对商品的总需求量总是等于经济的总收入。[33]用图形表示，这意味着总需求曲线必须与 45°向量重合。第 317 页的图 13-2 因此由图 14-6 取代。如图所示，萨伊恒等式对总需求曲线规定的特殊形式要求其与总供给曲线相交且只相交于充分就业的 B 点。此外，只要这个恒等式成立，总需求曲线不会有任何扰乱这个均衡位置的变化，哪怕是暂时的。

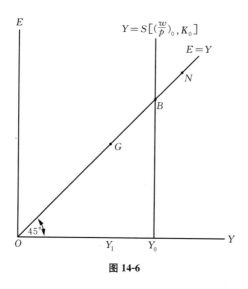

图 14-6

---

[33]　这实际上比第 193 页和第 273 页上的萨伊恒等式的表述更为严格；因为它需要把来自商品的收入花在商品上。

在凯恩斯主义者的眼中,这是一个古典主义命题的表述。[34]这又是过度简化的对角交叉方法的另一副产品(第339页)。因为从凯恩斯主义的假设出发,既不存在真实余额效应,也不存在商品市场的总供给曲线——因此没有一种非自愿失业状态可以自动产生纠正性的均衡力量,那么我们唯一可以想象的一个经济必须回到充分就业状态的方法就是使用图14-6所示的总需求曲线的特殊形式。相反,一旦你意识到这些均衡力量的存在,也能认识到古典主义的观点,在逻辑上没有对总需求函数形式有任何特殊的要求,但需假定这个函数不论是什么形式都对价格和利率的变化足够敏感,以保证快速收敛到第13章第3节所描述的充分就业均衡过程。虽然没有证据表明古典经济学家曾在这些方面发表过自己的看法,但有一点证据表明有时他们可能以凯恩斯所称的萨伊恒等式的方式思考[35],这是为了使得他们的政策结论变得合理,需要在逻辑上阐明的全部问题。

前述关于萨伊恒等式的讨论同样有助于澄清对其本质的误解。从图14-6明显可以看到这个等式必然包含边际消费倾向等于1。这有时会导致对

$$\frac{1}{1-\text{边际支出倾向}}$$

这个标准公式的机械应用,得出萨伊恒等式使得乘数无穷大,从而导致系统不稳定的结论。对这个结论的另一个支持似乎来自"对角线交叉"图。在这个图中只有45°对角线出现,因此,这里似乎不存在将国民收入降低到一个特定的水平的力量。

358

可以很容易地证明,这种推理路线是凯恩斯主义通常忽视商品市场供给面的另一个错误的副产品。特别是,如图14-6中一样,一旦标准的"对角线交叉"图得到供给曲线的补充,那么自动稳定经济的力量

---

[34] 《通论》,第18—21、25—26页。

[35] 参见注释L中的文献讨论。

使经济处于充分就业的位置 B，其性质变得很明显。因此，如果经济处于图 14-6 中 G 点的位置，企业的产能过剩为 Y_0-Y_1。因此，它们将在压力之下扩充产出。但是现在，与边际消费倾向小于 1 的通常总需求曲线的情况不同，这种趋势不会因吸收额外产出所需的需求不足而终止。[36]因此，企业将持续扩大生产，直到它们将经济带回充分就业的位置 B。反过来，如果经济在 N 的位置，企业的产出将超过它们的供给曲线所显示的最佳产出。[37]因此，它们将收缩生产，使得经济再次回到 B 点。因此均衡位置 B 是稳定的。图 14-6 也说明，在萨伊恒等式的假设之下，唯一对经济的生产能力施加限制的是技术和供给的主观条件，而不是需求不足。

同样，在乘数公式的标准推导中也忽略了商品市场的供给。因此，图 14-2 中的分析没有考虑到垂直的供给曲线可能与 X 轴相交于 B 点的可能性，从而防止了乘数使得真实收入超出这一点。这足以证明标准的乘数公式一般不适用于外源性支出增加的扩张效应可能碰到充分就业的天花板的任何情形。很显然，一旦我们考虑到这个上限，萨伊恒等式下的乘数（如果被定义）将不是无限的。

然而，萨伊恒等式与不稳定性有关；但它是货币、工资和物价的不稳定性，而非真实收入的不稳定性。具体来说，与第 8 章第 7 节的论述稍有变化，让我们假设一个处于图 14-6 中均衡位置 B 的经济，一个突然的扰动引起物价水平上涨。根据假设，这对总需求曲线没有影响，因此对商品市场的均衡也没有影响。但它降低了真实工资率，从而造成劳动力市场出现超额需求。这反过来又推高了货币工资率，直到恢复原来的真实工资水平。这样，经济就进入了一个新的均衡状态，工资和物价同比例地高于原水平，而真实国民收入则保持不变。

[36] 参见第 324—325 页。

[37] 读者会记得，总供给曲线不是一条描述物理意义上的可能产出的技术曲线，而是描述经济最优产出的行为曲线。因此，企业很可能有时会无意中发现自己处于供应曲线的右边。

但如第 8 章第 7 节所言,这是一个有点误导性的描述。因为萨伊恒等式意味着易货经济的存在。因此,在这里所表现出来的货币工资和物价水平的"不稳定性"实际上反映了一个简单的事实,即在这样一个经济中,这些数量甚至没有定义。从这一点我们也可以看到,在易货经济的适当框架内,萨伊恒等式不会产生任何不稳定性。

5. 长期增长与长期不景气

前一节的讨论发生在一个周期性的框架中:在这个框架中,对商品的超额供应是由市场的需求向下移动造成的。实际上,真正吸引古典经济学家注意力的是供给向上移动所造成的超额供给。具体而言,他们的主要兴趣在于资本主义经济长期吸收不断扩大的生产能力的能力。现代意义上,他们主要关心的是驳斥长期不景气的可能性,而不是周期性失业。因此,他们是在"累积效应",而不是"商业危机"的章节标题之下论述"市场普遍过剩"的不可能性。[38]

360　　那么,让我们在这个长期的框架中解释这个古典主义立场来完成前一节的讨论。假设由于人口的增长,劳动力的供给曲线不断地向右移动;或由于资本积累和技术进步,对劳动力的需求曲线也有相应的移动。任何这样一种变化都会导致企业增加劳动投入,增加商品产出。也就是说,两者都会导致商品供给曲线不断向右移动,从而扰乱市场中的任何现存均衡。如果,现在出现了图 14-6 所示的情形,这种干扰立即被消除;由于边际开支倾向为 1,供给的持续增加伴随需求的等量增加。因此,商品市场甚至不会存在暂时性的"普遍过剩"。供给总是瞬间创造出自己的需求。

这是对这个古典主义立场的解释之一;但是,从上一节可以推测,这没有必要。特别是,这个立场可以假设商品的总需求对于供应扩大

---

[38] 关于这一点和后面的所有内容,参见注释 L 中的文献讨论。

所产生的刺激效应足够的敏感,并与后者以同样的速度增加而无须借助萨伊恒等式就可以使其合理化。简言之,临时的过剩使得纠正性的市场力量开始生效,从而使得长期过剩变得不可能。

这里还不能对这种移动均衡进行严格的分析。这里所能做的只是对这一分析所带来的问题,尤其是货币中性问题提供一个试探性的提示。[39]让我们先利用第 6 章第 3—4 节的微观经济分析来描述商品,债券和货币市场。这些方程为:

$$F\left[Y, m, s, \frac{M}{(1+s)p}\right]=Y, \tag{6}$$

$$B\left[Y, \frac{1}{m}, s, \frac{M}{(1+s)p}\right]=0, \tag{7}$$

361

$$L\left[Y, m, s, \frac{M}{(1+s)p}\right]=\frac{M}{(1+s)p}, \tag{8}$$

在这,假定充分就业水平 Y 为持续增加,m 表示费雪的真实利率,s 表示价格水平的改变程度。接下来,价格水平将假设成保持不变或下降,因此 s 为 0 或负数。因此,我们可以说每一个方程都取决于(特别是)资产、债券和货币所能取得的替代收益率。[40]

上述函数对 m 的依赖与迄今为止所讨论的静态经济中对 r 的依赖相似。对 s 的依赖具有双重性质:一方面,s 的改变产生替代效应,这可由这个变量在前一个函数中作为独立变量表示;另一方面,这种改变影响货币余额的真实价值,从而影响财富效应的强度。就替代效应而言,对商品为正,对债券和货币为负。也就是说,在给定的财富水平上,s 在代数意义上越小,亦即预期的价格水平下降的幅度越大,当前对商品

---

[39] 采纳了鲍尔"价格预期、货币幻觉和真实余额效应"(同前引)第 138—143 页的有效批评,下文已经对原来的处理做了修改和修正。

[40] 根据 m 近似于 $r-s$ 这个事实(第 138 页,脚注 35),上述方程也暗含对利率 r 的依赖。再次(参见第 311 页,脚注 45),我们假设,不管讨论的过程是什么,它已经持续了足够长的时间,使得价格的预期改变幅度等于其真实幅度。

的需求越小,对债券和货币的需求越大。然而,就财富效应而言,价格水平下降幅度越大,真实余额增速越大,所以对全部商品的需求的增速也越大。因此,在一个长期增长以及周期性增长(参见第 336—337 页)的背景下,价格水平下降速度的改变对商品的需求产生了相反的影响。

现在让我们假设真实产出的增长伴随着货币供应量的持续扩张以防止出现通货紧缩缺口。由于价格水平是恒定的,所以上述方程中的 s 为 0。因此,这种日益增长的真实余额效应正是以这种方式使经济保持在充分就业增长的道路上。

在另一个极端的情况下,真实余额效应的增加乃由不断下降的价格水平产生而名义货币数量保持不变。这样一条成长道路是不可能实现的。因为假设需求没有以足够的速度增加并吸收不断增长的供给,所以价格水平开始以更快的速度下降。如果 s 的下降所产生的替代效应超过了财富效应,那么经济将离充分就业的路径更远。系统将长期处于不稳定状态。[41]

另一方面,如果财富效应占主导地位,稳定性就会存在。因此,价格水平下降速度足够快就能使得商品需求净增长。但请注意,由此产生的充分就业路径一般不同于物价水平不变的情况下货币供应量不断扩大的情形。由于方程组(6)—(8)中的 s 不再为 0,这意味着商品需求的增长路径也不同。如果 s 的不同均衡值伴随着不同的 m 值,这反过来造成投资计划不同,则这一点尤其可能是正确的。总之,在这个长期的背景下货币是非中性的:不同名义供应扩张速度的不同政策会产生不同的增长路径。[42]

但是,如果我们做出类似于第 12 章第 5 节概括我们的二分法的假设,那么货币中性的可能性就会增加。特别是,假设我们有一个纯粹的

---

[41] 同前引,第 141 页。

[42] 参见马蒂(Marty):"格利和肖谈金融理论中的货币",《政治经济学杂志》,第 69 期(1961),第 57 页。

内部货币经济,那么在任何市场都不存在真实余额效应。更重要的是,同样假设商品需求只取决于真实收益率 m,因此(6)被替换为

$$F(Y, m)=Y。 \qquad (9)$$

最后假设,根据"均衡增长"模型的性质,m 保持不变,Y 按比例增加会使得商品需求按比例增加。因此,无论名义货币量和价格发生了什么变化,产出扩张的速度将保持不变。[43]

但是,首先在这方面做三点评论。首先,由于 m 近似于 $r-s$,真实利率不变意味着名义利率下降的幅度等于价格水平下降的幅度。在等式(9)中必须存在这些抵消运动,这使得投资和储蓄的真实均衡量保持不变,从而使增长率保持不变。

其次,在货币经济中 r 不能为负值。因此,前面心照不宣地假定价格水平的下降幅度小于真实利率。[44]在资本的真实收益率等于产出的增长率的模型中[45],以及在其他条件不变,货币增长的真实需求因为"规模经济"的原因低于后者的情况下[46],有可能是这样的。相应地,在价格水平下降的幅度低于产出增长的幅度的一个经济中,货币市场可以维持均衡。

最后,前面的分析默认了造成货币非中性的另一个可能原因。在私营部门的真实货币数量仅因价格水平下降而增加的情况下,经济中所有增加的产出都首先由该部门获得。然而,如果增加的真实数量是

---

[43] 这些假设或多或少将我们带回到格利-肖模型(同前引,阿兰·恩托著作第337页的附录;亦可参见前注)。此外,参见托宾:"动态聚合模型",《政治经济学杂志》,第 13 期(1955),第 103—115 页,以及菲利普斯(Phillips):"增长中的就业、货币和价格的简单模型",《经济学刊》,第 28 期(1961),第 360—370 页。

我们当前的假设应在第 298 页脚注 29 最后一段论述的背景下加以讨论。

[44] 参见费尔纳(Fellner):《经济活动的趋势和周期》(纽约,1956),第 171—173 页。

[45] 这是冯·诺依曼:"一般经济均衡的模型",《经济研究评论》,第 13 期(1945—1946),第 1—9 页提出的均衡增长模型的一个特性。

[46] 参见第 87 页。

在价格水平不变的情况下由名义货币供应量增加造成的,那情况就显然不同了。在这种情况下,政府发行货币本质上是利用私人部门持有不断增加的真实余额意愿,做了一笔永久性的"无息贷款"。相应地,经济增长的路径通常会受到政府使用这种"贷款"的方式,尤其是政府对消费和投资的处理方式的影响。因此,前一段默认地假设,在这种情况下,政府不会利用其增加的购买力来扰乱现有的对当前产出的需求模式。[47]

在任何情况下,我们从对方程组(6)—(8)的讨论中可以看到,在日益扩张的资本主义经济的内部一致性的大讨论中,真实余额效应可以为古典主义一方发挥重要的分析作用。[48]但是,所要强调的是,这里与前面一节一样,我们关注的已经不是古典经济学家"真"的说了啥,而是什么可以在逻辑上足以验证他们的结论。像往常一样,为第一个问题比第二个问题给出一个明确的答案要困难得多。如前所述,有一点证据表明古典经济学家实际上可能已经考虑过萨伊恒等式;但更多的证据表明,事实并非如此。另一方面,没有证据表明,他们按照动态调整过程的精确概念进行了思考,而我们正是用这种动态调整过程来理

---

[47] 格利和肖,同前引,第41页。

请注意,在价格水平不变的情况下,政府所能"借"的货币量由货币需求的收入弹性确定。这种弹性越大,借款就越多。

[48] 这里的关键词是"分析"。历史上需求吸收扩张的供应的主要方式是通过开发新产品、新口味,以及新的对更高生活水平的不懈追求来实现,当然不是通过真实余额效应。同样,古典主义立场的分析一致性并不意味着人们对长期扩张问题要采取其政策态度。这一点在前一节的论述中已清楚说明。

这里对真实余额效应的长期性的强调乃根据庇古的著名文章"经典静止状态"[《经济学杂志》,第2期(1943),第343—351页]和"稳定环境下的经济发展"[《经济学刊》,第14期(1947)]而来,该文重印在《货币理论读物》,第241—251页。亦可参见阿克利的"财富与储蓄关系"[《政治经济学杂志》,第59期(1951),第155页]、汉森的《庇古效应》(同期,第535—536页)以及哈伯勒的《再论出现庇古效应》[第60期(1952),第240—246页]等对这一角色的强调。

当然,目前的讨论关心的是就业与增长理论;真实余额效应对于货币理论的意义更直接。参见第2章第3节和第8章第3节。

顺他们的立场的。事实上,他们很可能从来没有正视过这个问题。似乎他们对产出的增加使得"购买手段"的增加,因此需求也增加这一观点有效和有力的坚持,加上他们对"人类的欲望和偏好是无止境"的绝对信心,使得古典经济学家们无视分析自动市场机制使得需求保持与供给同步的确切的细节的需要。更糟糕的是,他们也把这种对细节的忽视带到了对短期周期性问题分析中。因为这种分析上的空白,使得他们受到了他们那个时代的马尔萨斯和西斯蒙第,以及我们这个时代的凯恩斯的强力批评。[49]

365

---

[49] 第一个引用来自萨伊(Say)的《政治经济学论著》[普林斯译(第 4 版);费城,1834]第 137 页第 1 段。亦可参见"萨伊写给马尔萨斯的信"(1821 年,1936 年伦敦重印)第 4 页。这句引语的主题在穆勒的《经济学原理》第 557—558 页中最为明确;这段文字在下面的注释 L 中有详细讨论。

第二个引用来自《大卫·李嘉图的著作和书信》(斯拉法编,第 6 卷第 134 页)中李嘉图写给马尔萨斯的一封信。亦可参见《马尔萨斯论文集》(第 2 卷第 311 页)和"马尔萨斯写给李嘉图的信"(《大卫·李嘉图的著作和书信》第 7 卷第 122 页)。最后一段全文载于下文第 648 页脚注 18。

本段的进一步背景资料由注释 L 提供。

第 15 章 对古典和凯恩斯主义利率理论的批判

1. 古典与新古典利率理论的本质。2. 凯恩斯主义利率理论。
3. 利率的可贷资金与流动性偏好理论。实体利率和货币利率。

1. 古典与新古典利率理论的本质

在本书的不同场合——尤其是在第二部分——我们已经短暂地偏离了古典或凯恩斯利息理论争论的含义。这最后一章的任务是把这些偏离主题的未完成部分——冒着重复的风险——整合成对这两种理论的系统批判。

让我们从古典和新古典理论开始。我们最好用现代术语将这描述为可贷资金理论。它的出发点是"利率……实质上永久地取决于贷款中真实资本供需量之间的比较"。因此,"利率的波动要么是由贷款的需求,要么是由贷款的供给的变化引起的"。这些话恰好是穆勒的原话。但它们代表了在他之前的休谟、松顿和李嘉图等人以及在他之后的西奇威克、马歇尔、庇古、维克塞尔和费雪等人的思想。[1]

乍一看,这与凯恩斯的古典理论几乎没有相似之处。凯恩斯的古

---

[1] 穆勒:《经济学原理》,第 647 页和第 641 页。强烈要求读者自学这些引文所来自的第三卷第 23 章。有关其他作者的具体说明,参见下文注释 J。

典理论以某种神秘方式确定的利率使得储蓄等于投资。[2]但对凯恩斯的这种批评过于严厉是不公平的。因为在古典文献中，并没有精确地试图区分储蓄和贷款的供给，以及投资和贷款的需求。人们没有认识到这是存在货币经济的假设中固有的逻辑区别；或者更具体地说，储蓄与贷款、投资与借款之间存在同时相等的关系意味着萨伊恒等式和易货经济。[3]

虽然是确定贷款市场（这显然与我们所称的债券市场是相同的）的利率，古典和新古典的理论总是强调这一市场与商品市场之间存在关键的相互依存关系。事实上，这是区别"货币利率"和"自然利率"的真正意义。当然，这些术语是维克塞尔用过的。但是，正如他自己也首先承认[4]，李嘉图早已勾勒出它们背后的理论。松顿和穆勒对此也有许多相同的论述。[5]

简要地阐述一下该理论及其所强调的相互依赖性的本质。所谓"货币利率"，是指贷款市场真实利率。"自然利率"不是指市场上的报价，而是指投资者在商品市场上所能获得的资本收益率。只有当这两个利率相等时，才能存在均衡；反过来说，这两个利率之间的任何差异

368

----

[2]《通论》，第 14 章。

[3] 参见第 11 章第 6 节结尾。

这种区别，当然，是《通论》的一个基本点（例如，参见第 166 页），尽管没有迹象表明凯恩斯将其视为货币经济的内在逻辑。

需要注意的是，在伯蒂·奥林：《非传统利率理论》，同前引，第 424—426 页；罗伯森：《货币理论论文集》，第 3 页；以及哈伯勒（Haberler）：《繁荣与萧条》第二部分，尤其是第 292—296 页的现代版本的可贷资金理论中，这一区别是明确的。

[4]《政治经济学讲座》，克拉森翻译（伦敦，1935）第 2 卷，第 200 页。

[5] 维克塞尔对大卫·戴维森做出了让步，大卫将其注意力带到了李嘉图的《政治经济学原理》（斯拉法编）第 363—364 页中出现的一段话。前文第 239—240 页从《金条的高价》中完整引用的那段话可以加在这儿。

关于亨利·松顿（Henry Thornton），参见他的《英国纸币信用的性质和作用探究》（伦敦，1802），第 261—262 页，特别是第 287—291 页（1939 年重印本的第 237—238、253—256 页）。关于穆勒，参见他的《经济学原理》，第 645—647 页，尤其是第 647 页的第 10—15 行。

都会自动产生均衡性力量,使得它们回到均衡状态。特别是,如果货币利率低于自然利率,个体可以增加借款,并将所借到的资金用于增加他们对投资品的需求;在充分就业的假设下,这将在商品市场形成通胀缺口,带动价格上涨;而这反过来又作用于债券市场使得利率上升。

没有比维克塞尔用醒目的文字更准确地表达、更欣赏其更深层次的意义了。他为自己定义了一个主要问题,并揭示了他提出的用以解决这个问题的著名的"累积过程"的本质:"货币利率首先取决于货币的过剩或稀缺程度。那么它最终如何变成由真实资本的过剩或稀缺决定的呢?……唯一可能的解释是这两种利率之间的差异对价格所施加了影响。当货币利率相对太低时,其他所有价格都上升。对货币贷款的需求因此增加,由于持有货币的需求增加,供应量减少。其结果是利率很快恢复到正常水平,因此再次与自然利率相吻合。"[6]

因此,几乎所有后来的评论家都试图明白这一点,维克塞尔的"累积过程"不是一个不稳定的爆炸过程,而是一个稳定的均衡过程。它的主要作用是使货币利率和自然利息率实现长期相等。这不是诡辩。因为普遍接受的解释是,维克塞尔完全忽视了他所关注的核心问题。因此,这也忽略了他所提供的理解古典利息理论的核心主题之一的关键。[7]

正是在上述框架内,古典经济学家对增加货币数量的影响进行了分析。货币数量增加只能通过影响贷款市场的需求或供给函数来影响

---

[6] 《利息与价格》,第108—111页,原文为斜体。从上下文可以清楚知道第一句话指的是"货币贷款的过剩与稀缺"。对"现金持有的需求更大"导致贷款的供应减少的解释,参见第370页顶部。

维克塞尔作品中关于这个主题的其他例子,参见同前引,第26—27页和第75页;《政治经济学讲座》,第2卷,第194、200页,特别是第206页。

[7] 关于这种错误解释维克塞尔的例子,参见希克斯:《价值与资本》,第251—254页;梅茨勒:"商业周期与现代就业理论",《美国经济评论》,第36期(1946),第280页脚注4;以及我的论文:"维克塞尔的'累积过程'",《经济学杂志》,第62期(1952)引用的其他参考资料,第835页脚注2。

关于对维克塞尔的"累积过程"的更详细的讨论,参见注释E第4节。这同样解释了所用的"累积"这一术语的含义,并表明他对不稳定的情况几乎不感兴趣。

利率。因此,如果这种增加根本没有在这个市场上消耗掉,也就是,完全用在商品市场,利率将不受影响。[8]但这不是古典主义理论中的一般情形。因为,通常假定增加的货币供应是通过银行系统注入经济,从而导致贷款供给增加。因此这使得利率下降。但即使在这种情况下,利率下降只是暂时的。从长远来看,利率一般会回到原来的均衡水平。

无论如何,在货币增加的情况下,短期利率的可变性与长期的不变性之间的区别并不表示在建立古典理论时存在凯恩斯制造的那种"不可逾越的冲突"。[9]相反,它代表着前述分析的一个合理结论。这个分析考虑到了商品市场价格水平上升对贷款市场利率的影响。对休谟、松顿、李嘉图、穆勒和费雪来说,这种效应通过后一市场的需求发挥作用:货币增加导致投资品的价格上升,从而增加了用于购买的借款资金量。这样,对贷款的需求开始超过最初扩张的供应量。对于马歇尔而言,贷款需求增加乃来自价格上升所导致的"商业信心"。对吉芬和维克塞尔而言,这一反应是通过市场的供给产生作用的:价格上涨会产生内部消耗,导致银行准备金下降,从而迫使它们再次提高利率——或者,同样的,再次减少贷款供应。事实上,这是维克塞尔"积累过程"的稳定性所依靠的对象。所有这些作者的共同主线是,在同一时间,货币增长推动利率下降,同时也推高了价格;而后者的运动必须最终导致前者的逆转。[10]

正是商品和贷款市场之间的相互作用(前述三种形式的任何一种)为古典理论提供了明确的理论依据。与短期不同的是,从长远来看,货

370

---

[8] 参见下文第 589 页对维克塞尔的讨论。

[9] 《通论》,第 182—183 页。

[10] 参见注释 J 中的具体参考。

这可能是值得注意的,比方说,穆勒的论述绝对比马歇尔论述更精确和系统化。更一般的是,很难理解为什么剑桥学派作为一个整体在分析货币增长时,未能充分利用穆勒和他的前辈一贯采用的价格和利率运动之间的相互关系。

如果凯恩斯拿走的是穆勒而不是马歇尔和庇古的基本文字,我们也不禁好奇凯恩斯"关于利率的经典理论"一章以及相应地,已经从这一章学习到它的古典经济学的一代人是如何受其影响的。

币增加将对贷款的需求和供给产生对称的影响，因此利率将保持不变。或者，换一种说法，如果从商品市场的角度来处理问题，古典经济学家认为，货币增加不会改变任何实际的经济特征；尤其不会改变资本的边际生产率；因此，它不会改变自然利率。更明确地说，货币增加使任何投资项目的资金成本、预期收益的货币价值等比例增加；因此它使得利润率以及长期均衡利率保持不变。[11]

从这一讨论可以清楚地看出，利率的不变性不是古典学派教条主义信仰的第一原则，而是日后的批判者和捍卫者把它变成了这样。相反，这是将一般供求分析应用在贷款和商品市场而产生的理性结论。此外，在阅读古典主义文献时，这个结论可以被灵活的修改立刻打动了人心。在任何时候都有理由相信，即使从长远看，货币增加可能对贷款的供给和需求产生非对称的影响，以及因此而永久性地影响利率。[12]

我们举例考察著名的古典和新古典主义的"强迫储蓄"学说。这一学说的本质是，无论是最初来自企业家的增值，或者那些人贷款给企业家，货币数量的外源性增加将将增加经济支出中投资的比例，而货币扩张所产生的通货膨胀性价格变动将迫使工人和固定收入接受者相应地增加储蓄。于是，这种扩张可以增加经济中的真实资本额。但如果它能做到这一点，它也可以降低资本的边际生产率，从而降低长期均衡利率。在没有一点自我意识的情况下，穆勒、维克塞尔、尼科尔森和庇古等作者很明确地得出了这一结论。这只不过是古典主义经济学家们普遍认知的一种特殊情况，除非一开始就在经济中的所有成员之间均匀分配，否则货币增加的影响就不可能是中性的。[13]

---

[11] 参见前文第 367 页脚注 5 中对松顿和穆勒的参考。亦可参见尼科尔森（Nicholson）：《政治经济学原理》（伦敦，1897），第 2 卷，第 231 页；以及稍微有些不同的论文杰文斯（W.S. Jevons）：《货币与金融调查》（伦敦，1884），第 22 页。

[12] 参见穆勒：《经济学原理》，第 642 页。

[13] 前一句所述的段落在注释 J 中被完整引用。关于最后一句参见第 45 页和第 164 页。

另一方面,古典和新古典货币理论家都没有看到流动性偏好的变化会影响长期均衡利率。他们也没有看到,公开市场操作也可能直接产生这种效果。但应该清楚的是,这些命题并没有冲击古典理论的任何重要基础。更具体地说,如果古典经济学家能认识到"强迫储蓄"下货币变化所产生的永久性影响,他们就没有理由不以同等意愿接受凯恩斯主义关于流动性偏好和公开市场操作的影响的观点。同时,他们可能会质疑这些因素在解释平均长期利率变化方面的历史意义。[14]

372

2. 凯恩斯主义利率理论

凯恩斯利率理论的基本命题是利率必然对流动性、储蓄和投资产生边际性作用,因此,货币需求量与利率之间存在反向依赖关系。关于这种依赖关系可以参考瓦尔拉斯、维克塞尔、费雪以及拉文顿等人关于货币的更早的文献。[15]但这些作者基本上将其归因于预防性动机;虽然认识到这种影响,凯恩斯将其主要归因于投机性动机。[16]此外,更重要的是,除瓦尔拉斯之外,前面的每一个作者对于这一依赖关系都是一笔带过,这是留给凯恩斯把它带到货币理论的前沿。

不幸的是,对其基本命题(即货币的需求量与利率成反比)和另一个完全不同的命题,(即均衡利率反过来取决于货币量)两者之间的混淆(这也是后来的凯恩斯主义文献的特点)使得凯恩斯在分析这种依赖关系的实质时,一再遭遇滑铁卢。他在《通论》[17]中对流动性偏好的

---

[14]　参见本章结束段落。

本节以第 10 章第 3 节、第 10 章第 4 节和第 12 章第 3—4 节的分析为背景。

[15]　具体的参考,参见第 545、556、579—580 页。

一个更明显的对凯恩斯的先发制人者就是几乎被完全遗忘的卡尔·施莱辛格。在 1914 年,这个作者提出了一个由两部分组成的货币需求函数,该函数与凯恩斯的 $L_1(\ )+L_2(\ )$ 惊人地相似。参见下文第 577—578 页。

[16]　参见前文,第 254 页脚注 2。

[17]　第 13 章和第 15 章。

讨论不受约束地从一个命题转到了另一个命题,丝毫没有提及它们之间的不同之处。更具体地说,用我们的术语讲,他从来没有认识到第一个命题描述的是个体实验而第二个命题描述的是市场实验,第一个命题是真理并不意味着第二个命题也是真理。[18]

373　　抛开这一点,让我们现在来研究一下为什么赤字融资产生的货币数量变化会影响凯恩斯主义体系中的利率。本书已经给出了两个解释:第 12 章第 1 节将这一可变性归因于对货币的投机性需求中的货币幻觉假设;以及第 13 章中第 4 节——按照更标准的解释——将其归因于失业条件下的价格和工资刚性假设。显然,这两种解释并非相互排斥。与此相对应的是,多数情况下,《通论》对货币增加对利率的抑制效应的分析都反映了货币幻觉和工资刚性的联合强化作用。另一方面,我觉得很难相信凯恩斯所要说的是,在工资和价格刚性的条件下,货币数量会影响利率,因为古典和新古典经济学家不会反对这样的一个命题。他们一再强调,在价格灵活的条件下,只要价格还没有与货币数量成比例上升,向经济中注入新资金就会压低利率,这就清楚地暗示了这一点。[19]

然而,应该强调的是,凯恩斯的货币理论没有系统地阐述上述假设。甚至没有证据表明他意识到了它们存在于他的论述中。对于货币幻觉的假设尤其如此。但是,鉴于我们没有发现这一假设得到明确承认,我们必须把它在《通论》中被无意识地利用的段落的证据放在这里。更具体地说,除非利率更低,凯恩斯主义货币理论从不允许投机性需求吸收增加的货币供应量。它从不允许这个事实存在:如果价格水平上

---

[18]　参见前文第 11 章第 4 节。

[19]　参见前一节,尤其是第 369—370 页。

用刚性解释凯恩斯的例子,参见列昂惕夫:"假设:凯恩斯的通论和古典主义",《新经济学》,哈里斯主编(纽约,1948),第 238—239 页。亦可参见列昂惕夫更早的"凯恩斯先生失业货币理论的基本假设",同前引。这也是对莫迪利亚尼:"流动性偏好",同前引,尤其是第 223 页的著名解释。

升,这种吸收甚至会在利率不变的情况下发生。这种忽略也没法解释,因为它自身证明《通论》的分析是按照绝对价格刚性的假设进行的。在这本著作中,凯恩斯在一些段落明确假定工资和物价水平上升,其中他解释了这种上升是如何影响交易和预防需求的,而他忽略了一个事实,即这也可能影响投机需求。而且,据我所知,这个重大遗漏同样存在于后来的凯恩斯主义和非凯恩斯主义文献中。[20]

另一方面,就凯恩斯主义货币理论对流动性偏好的变化和公开市场操作造成的货币量变化的关注而言,其结论与上述假设无关。同时,仅仅用这些术语来解释凯恩斯主义理论是困难的:因为它的结论也独立于凯恩斯的一个非常强调的命题,即货币需求是利率的函数。[21]

概括地说,《通论》的全部基调让人毫不怀疑凯恩斯试图使其流动性偏好理论形成对古典和新古典货币理论的根本挑战。但如果这个挑战抵抗后一理论是建立在充分就业和价格弹性的基础之上[22],除非将其归因于货币的投机性需求中的货币幻觉假设,否则不能证明凯恩斯的立场是正确的。特别是,他的扩展论证表明,对货币的需求取决于利率本身并不构成均衡利率取决于货币数量的证明。

但由于凯恩斯没有明确指出他的投机性需求独立于价格水平,更不用说从来没有试图理顺隐含在这个假设之中的货币幻觉,我们很难相信作为流动性偏好理论的一个关键假设起源于一个简单但重要的疏

[20]　投机动机对价格变化不敏感的重要性——以及这意味着存在货币幻觉的原因,可以从第11章第1节和第12章第1节的比较中得到最好的理解。尤其是参见第254—255、278—279页。

前一句从《通论》中引用的文字,在注释K第2节中得到完整引用和分析。

[21]　注意到通过假设货币市场的均衡曲线为与Y轴平行的直线,第10章第4节、第12章第4节和第13章第4节的分析不受影响(就利率的改变的方向而言),读者可以很容易地验证这一点。

[22]　关于凯恩斯确实提供了这样的一个挑战,参见《通论》,第208—209页。这在第11章第1节末得到了讨论。然而,在第191页有一个矛盾的证据,在这里凯恩斯承认"假设灵活的货币工资,这样的货币数量事实上在长期是无效的",这一矛盾及其解决建议在第641—642页的注释K第2节中得到了详细讨论。

忽。相应地，一旦这一疏忽被纠正，凯恩斯理论就必须放弃其证明古典和新古典货币理论中存在基本逻辑谬误的主张。相反，它所证明的是，在这个理论中存在着几个重要的漏洞。因此，凯恩斯的贡献在于，通过分析投机动机和利率的差异、强调货币需求对利率的依赖性以及强调货币和债券之间的流动性偏好改变影响利率，从而填补了这些空白。同时，凯恩斯也应该考虑到了流动性偏好的变化在原则上也会影响商品需求；事实上，这是隐含的新古典假设；在这种情况下，利率不必受到影响（参见第 10 章第 4 节和第 11 章第 1—2 节）。

最后应该强调的是，上述对凯恩斯流动性偏好理论的批评，丝毫没有影响到他的失业理论的基本有效性。在第 14 章第 1 节对后一理论的解释中，这应该是很清楚的。凯恩斯的声明更清楚地说到："《通论》最初的新颖之处在于我坚持认为，不是利率，而是收入水平保证了储蓄与投资相等。得出这一结论的这个论述独立于我随后关于利率的理论，事实上，在我得出后一理论之前，我已经得出了这一结论。"[23]

3. 利率的可贷资金与流动性偏好理论。实体利率和货币利率

到目前为止，本书刻意回避了一个被冠以"可贷资金理论与流动性偏好"标题的问题。这个问题已经引起了热烈和持久的争论。当然，前一个理论坚称利率由贷款市场确定；而后一个理论坚称利率由货币市场确定。尽管希克斯在多年以前就曾证明这些理论在逻辑上是等价的，这种无谓之争时不时还在文献中出现。[24]

处理这一争论的最佳方式就是扣住"在贷款（货币）市场中确定"的

[23] "非传统利率理论"，《经济学杂志》，第 47 期（1937），第 250 页。

[24] 关于这个争论的一个很好的重要文献综述，参见海利（Haley）："价值与分配"，《当代经济学调查》，埃利斯主编（费城，1948），第 39—44 页。亦可参见克莱因、费尔纳、萨默斯和布伦纳："经济学中的库存和流量分析"，《计量经济学杂志》，第 18 期（1950），第 236—252 页。这些文献最近在脚注 31 中的这些论文中得到论述。

含义。显然,这不是指利率只影响一个市场。也不是意味着这些市场中的供给和需求完全只依赖于利率,因此单凭这个市场中的试错过程也能确定其均衡值。因为,如第 9 章第 4—5 节所示,所有市场的函数同时取决于利率和价格,更不用说真实国民收入。简而言之,一般均衡的概念要求我们认识到,每一市场的均衡都受到系统中全部价格的影响,每一价格都影响全部市场。

一个更为复杂的方式是,让"在贷款(货币)市场中确定"具有利率的动态变动由贷款(货币)市场中的超额需求确定的意思。但是正如前面已经反复强调的那样,这也是部分均衡分析的一个痕迹。在一般均衡框架中,我们无法从逻辑上证明任何一个建立在某一价格变动产生的动态压力起源于一个市场且只起源于一个市场的假设之上的论点。[25]反过来,我们也不能证明任何将给定市场的超额需求的影响限定在一个且只有一个价格的任何论点。我们尤其不能证明对货币市场的这种限制是正当的。因为货币的本质是花在所有商品上而不只是一种商品之上。[26]

仍然存在将这一术语引用到理论家们的分析过程,而不是实际的市场过程的可能性。具体而言,如果"放弃"货币方程,就可得到"可贷资金"理论;如果"放弃"债券方程,就是一个"流动性偏好理论"。但是,如果这两个方程中的任何一个都不放弃,而是放弃商品方程,我们将如何划分?[27]更重要的是,根据瓦尔拉斯定律的本质,如果无论放弃什么方程都是没有差异的,这样的区别意义何在?[28]更根本的是,如果不放弃任何一个方程,而是让这些方程中的一个具有明确的依赖关系式,

377

---

[25] 参见第 10 章第 2 节的结尾。

[26] 参见第 260 页。

[27] 用阿巴·P.勒纳的顽皮话来说,如果他放弃了花生的方程式会发生什么?

[28] 参见希克斯:《价值与资本》,第 158—162 页,亦可参见前文第 37—38 页以及数学附录 3A。

在这种情况下对整个系统进行分析,我们该如何将其理论分类?[29]

这种分类方案的无关性,确实是本书论证中最明确的结论之一。如果从商品市场和债券市场的角度分析一个系统是稳定的,或者具有一定的比较静态特性,那么从商品市场和货币市场的角度分析,这个系统也一定是稳定的,或者具有这些特性。前一个框架中的每一组假设都在后一个框架中有完全相同的假设。如果对这些假设的规定是正确的,那么如我们反复看到的那样[30],专注于债券市场的分析必须与专注于货币市场的分析得到相同的结论。相应地,这两种分析框架之间的任何区别都没有逻辑意义。

同样,关于贷款方程是指流量和货币方程是指存量,因此,在这两个方程之间存在一个(据说的)实质性的"存量流量"差异的论点也是无效的。因为,首先,在给定的期间,对可贷资金的供给或需求的主要语义概念就是一个存量而不是流量。其次,从前面各章中可以清楚地看出,对贷款市场的分析也可以根据对发行在外尚未偿付的债券的总需求和供给进行。最后,前面同样显示,在单一时期模型中,大多数文献集中在货币流量的需求与供给相等当且仅当对货币存量的供给与需求相等的情况。[31]

对本节开头的方法也可应用于一些讨论比较多的问题,如利率是

---

[29] 这是第 3 章第 2 节主张的步骤并在第 44 页和第 236 页得到采用。

[30] 第 11 章第 2—3 节和第 12 章第 1 节。

[31] 比照前文第 20 页脚注 15 和第 26 页。看数学附录 11,特别是第 519—520 页。这不是否认利率理论可以根据其对现有存量资产的赋予的角色而存在明显的区别;也不否认在所谓的"存量—流量模型"(参见第 521 页脚注 11)的合理性。我的主要观点是,这些问题与进行这种分析所选择的市场无关;在许多情况下,这些问题也不是与存量和流量的区别实际上有关。

相关的文献综述参见约翰逊:"货币与价值理论",同前引,第 35 页;沙克尔:"关于利息性质和作用的新理论",《经济学杂志》,第 71 期(1961),第 222—235 页。亦可参见鲍莫尔:"存量、流量和货币理论",《经济学季刊》,第 76 期(1962 年),第 46—56 页;以及克莱因:"利率理论中的存量和流量",《利率理论》(哈恩和布莱克林编,伦敦,1965)。

一种"实体的"还是"货币的"现象。解决这一争论有一些相似的方式。因此,如果"货币的"是指与债券或货币市场相匹配的,正如鞋子的价格与鞋市场相匹配那样,那么利率或其倒数显然与债券市场相匹配,因此是一种货币现象。另一方面,如果"实体的"意味着有一个相对价格维度和一个"货币"维度,那么利率显然是一个"实体"现象:它是两个数量的商,每个数量都有一个货币价格。[32]

这是按定义分类,因此分类没有分析上的重要性。让我们转向在操作上重要的分类。因此,如果利率只影响商品市场,我们可以说它是一个"实体"现象;如果它只影响债券和货币市场,它则是一个"货币现象"。但是已经注意到的一般均衡考虑迫使多数现代理论家拒绝了这样的极端立场,承认利率在所有市场发挥着影响力,特别是,它同时对时间偏好(消费决策)、资本的边际生产率(投资决策)和流动性偏好(对债券和货币持有量的相对大小的决策)产生作用。[33]同样,我们也不应根据决定其动态变动的超额需求将利率划分为"实体利率"或"货币利率",因为从一般均衡的观点来看,这是由所有市场的超额需求决定的。[34]

这就留下了一个众所周知的标准,即利率如果是在商品市场中确定的,则它是一种"实体"现象;如果是在债券或货币市场中确定的,则是一种"货币"现象。[35]尽管继续被接受,这一分类方案不是很有用;它将利率的"实体性"限制在经济可以被有效地二分为实体部门和货币部门的这种特殊情况。[36]然而,一般而言,相对价格的均衡值、利率以及绝对价格水平乃由经济中全部市场同时确定;即,一般不可能脱离市

---

[32]　参见第 66 页。

[33]　参见第 94 页。

[34]　参见第 376 页。

[35]　这个观点最著名的表述是莫迪利亚尼:"流动性偏好",同前引。

[36]　参见前文第 180 页和第 297—298 页。

场通过自身的试错过程[37]来确定其变量子集。利率也不例外。

然而,区分实体利率和货币利率对我们是有用的。但是,再一次强调[38],这种区别不能沿着市场进行。相反,我们应该说,如果它表现得像一个相对价格,利率是一个实体现象,如果它表现得像绝对价格水平,利率是一个货币现象。更具体地说,如果它的长期均衡值不受不影响相对价格的外生变化的影响,但受影响相对价格变化的外生变化的影响,这就是一个"实体"现象。它的长期价值受只影响绝对价格水平的外生变化的影响,这就是一个货币现象。从这个角度来看,本书一个明显的结论是,利率是一个实体现象:使得相对价格不变的货币数量改变和流动性偏好的改变,也使得利率保持不变[39];偏好和生产的技术条件的变化的本质是导致相对价格发生变化,同样将导致利率变化。[40]

显然,这不是一个硬性的标准。前面已经充分强调,货币数量的变化和流动性偏好的改变能够影响利率[41];但有时也能影响相对价格。[42]因此我们的区别必须保持一个度的问题。然而,利用以下有意思的假设确实使我们能够形成对利率的"实体性"的古典主义观点:长期利率在时间和空间上的变化主要来自影响资本的边际生产率的技术变迁,以及影响储蓄决策的时间参照系的改变;而不是货币数量的变化和流动性偏好的改变。凯恩斯认为他在古典推理中发现了一个逻辑错误,这证明了立即拒绝这一假设是正确的;但是,正如前一节所强调的,凯恩斯的推理本身是错误的。相应地,这一假设的可接受性只能通过详细的历史研究来确定。因此,我们已经达到了在这本书的纯理论框

---

[37] 参见第 182—183 页。

[38] 参见第 181 页。

[39] 参见第 4 章第 4 节、第 8 章第 5 节、第 10 章第 3—4 节以及第 12 章第 5—6 节及其相关的数学附录。

值得注意的是,根据目前的定义,即使在一个非二分的系统中也是一个实际现象。

[40] 参见第 11 章第 5—6 节。特别注意储蓄和投资函数中对改变的分析。

[41] 参见第 10 章第 4 节和第 12 章第 1—6 节。

[42] 参见前文第 45 页和第 74 页。

架内所能做的极限。但我可以表达我的预判，即这类研究将更多地支持古典主义观点，而不是凯恩斯主义的观点。

我可能最后也表达猜想（基于进入"知识社会"的一个更加犹豫的冒险），凯恩斯的利息货币理论起源于一场使资本生产率成为模糊记忆的大萧条，并在战后"资本短缺"的繁荣时期失势，这并非偶然。凯恩斯主义的货币理论在资本的生产率大幅降低的大衰退中诞生并得到认可，以及在战后繁荣的"资本短缺"时期失去了基础，这不是一个偶然现象。我也不认为它在一些从事集约发展计划的年轻国家出现几个拥趸是偶然的，因为对它们而言，资本的生产率是政策制定的主要变量。

381

数学附录

引　言

如前言所强调,本附录并不是独立于正文供读者阅读。事实上,特别提醒读者,本附录很少引出它所呈现的数学论证的经济含义。因此,为了获得这些隐含的经济含义,读者必须研究附录及其所依附的章节。但是,附录1和2是例外。尽管它们也与正文直接相关,而且确实是基础材料,但它们可供独立阅读。它们处理的是更广泛意义的课题,但在经济学家的数学标准教科书中却没有得到充分的处理。这就是它们加入到这里的原因。

这个数学附录的主要目的有两个。首先,它为读者提供了可以信赖的结论。其次,更重要的是,它以严谨和精确的方式进行论述。读者有权提出这样的要求,但正文中的文字和图形做不到这一点。特别是,它为需求曲线和市场均衡曲线之间的关键区别给出了清晰和完整的含义,以及第8章第3节中各种二分法之间微小但基础性的区别。

需要注意的是,通过第2部分的具体问题说明比较静态和动态分析的数学技巧是附录8—10的扩展处理所要服务的另一目的。特别是,它们说明并阐述了萨缪尔森的"对应原理"在分析这些问题中的应用和局限性。瓦尔拉斯定律在确保任何问题的比较静态和动态分析都不受其分析所选择市场的影响,使用附录8—10说明它的详细作用也是可取的。当然,这是正文中一个基本和经常性的主题。

1. 经济分析中的导数[1]

A. 导数的含义

现在提出这个讨论的目的是要使正文论述和数学附录背后经常出现的基本概念框架是准确的。尽管这一框架在任何比较静态分析的标准论述中都是隐含的[2]，但在文献中它仍然是混乱的中心。下面的论述毫不掩饰其数学上的严谨性。然而，它确实澄清了这种混淆的性质，并显示了如何可以避免它。[3]

我们主要关注的是正文中个体实验和市场实验之间的基本区别。[4]从数学上讲，这是导数之间的区别。更一般地，它反映了一个事实，即从定义上来说，一个导数衡量一个与因变量具有函数关系的自变量的变化对其所产生的影响。因此，在没有明确自变量、因变量以及它们之间的函数关系之前，导数没有任何意义。本次讨论的其余部分实质上是对这两个句子的阐述。[5]

---

[1] 我要感谢我的同事施穆埃尔·阿格蒙博士（数学系）为我阅读了数学附录1。不用说，他无须为本附录的风格和缺乏严谨性负责。

[2] 尤其可参见萨缪尔森：《经济分析基础》，第 258—260、276—278 页。

[3] 因多年前特里夫·哈维默清晰的解释，我自己开始对这几点有所理解。我愿借此机会再次向他表示我的谢意。

[4] 参见第 1 章第 4 节和第 3 章第 6 节。

[5] 整个讨论参见奥斯古德（Osgood）：《高级微积分》（纽约，1925），第 5 章，尤其是第 140—141 页。

例如考察需求函数

$$q^D = \phi(p),\tag{1.1}$$

其中 q^D 表示对特定商品的需求量，p 是该商品的价格。在这里，p 是自变量，q^D 是因变量。也就是，这个函数描述的是个体实验中，一个个体（或一组个体）面对一个他所不能控制的价格，并被要求说出在这一价格上水平上他所愿意购买的商品量。相应地，导数

$$\frac{dq^D}{dp} = \phi'(p)\tag{1.2}$$

描述了个体所面对的价格发生强加的任意单位变化时需求量的改变。根据假设，这个导数是负的。

或者，我们可以将需求函数写成(1.3)的形式

$$p^D = \psi(q),\tag{1.3}$$

在这，$\psi(\ )$ 是 $\phi(\ )$ 的反函数。这个函数描述的是一个概念实验，在这个实验中，个体面对一定数量 q 的商品，被要求报出他买下这些商品所愿意支付的最高单位价格。也就是，p^D 是马歇尔的"需求价格"。[6]相应地，导数

$$\frac{dp^D}{dq} = \psi'(q)\tag{1.4}$$

描述了个体所面对的商品量任意变化一个单位时，需求价格的改变。这个导数也是被假定为负。

因此，导数 $\phi'(p)$ 和 $\psi'(q)$ 分别描述了两个概念上完全不同的个体实验的结果。事实上，因为其本质，这两个实验不可能同时进行。当然，这里存在

$$\psi'(q) = \frac{1}{\phi'(p)}\tag{1.5}$$

---

［6］《经济学原理》，第 95 页。

的关系。但是这种"反函数规则"[7]应当被理解为:任意的价格变动对需求量的影响同时也提供了另一个测量任意的需求数量变化对价格的影响的实验结果的信息。

对于个体实验,就谈这么多;我们现在回到市场实验。令 $q^S = g(p)$ 表示市场的需求曲线,以及等式(1.1)为对应的需求函数。那么这个市场的均衡位置由下面的方程组描述

$$q^D = \phi(p),$$
$$q^S = g(p),$$
$$q^D = q^S = q。 \tag{1.6}$$

将方程组视为一个整体,那么无论是 dq/dp 还是 dp/dq 都没有任何意义。因为,根据假设,这个方程组描述的是图 A-1 中的一个均衡点 (q_0, p_0),并且一个点的导数是没有定义的。换言之,方程组(1.6)为 p 确定了一个唯一的常数值,为 q 也确定了一个唯一的常数值。因此,探究其中一个值的变化对另一个值的影响是没有意义的。但是,这究竟是导数的含义。

我们现在假设需求同样依赖于总体,并假设总体不受我们市场力量的影响。用 t 来表示这个变量。那么前面的方程组被替换为

$$q^D = f(p, t),$$
$$q^S = g(p),$$
$$q^D = q^S = q。 \tag{1.7}$$

390 不同于(1.2),我们现在得到由

$$\frac{\partial q^D}{\partial p} = \frac{\partial f(p, t)}{\partial p} \equiv f_1(p, t) \tag{1.8}$$

和

---

[7] 参见艾伦:《经济学家数学分析》(伦敦,1938),第 171—172 页。

$$\frac{\partial q^D}{\partial t} = \frac{\partial(p,\ t)}{\partial t} \equiv f_2(p,\ t) \qquad (1.9)$$

表示的偏导数,其中 1 和 2 分别表示 $f(p,\ t)$ 的第一个和第二个变量。偏导数(1.8)与(1.2)测量的是相同的个体实验;因此,它也是负数。导数(1.9)衡量价格保持不变的情况下,经济中总体的数量突然出现增加对个体实验中的需求量的影响。这一偏导数被假设为正数。

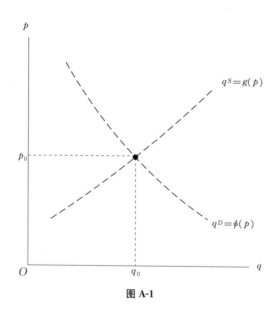

图 A-1

我们现在将方程组(1.7)作为一个整体考察。这由因变量为 q^D、q^S、q 和 p,单一自变量为 t 的四个方程组组成。假定可以相应地以自变量的函数形式求解因变量,并得到方程组

$$p = J(t),$$
$$q^D = q^S = q \equiv K(t)_{\circ} \qquad (1.10)$$

根据定义,对于给定的任何 t 值,方程组(1.7)和(1.8)必须分别为 q^D、q^S、q 和 p 得到相同的值。从这意义上来讲,这两个方程组是等价的。

从方程组(1.10)我们可以马上看出,只要 t 保持不变,p 和 q 也不

391

会发生改变。因此,方程组(1.7)作为一个整体,与方程组(1.6)一样,探究 p 的变化对 q 的影响是毫无意义的[8],反过来也是如此。因为 p 和 q 是方程组的因变量,除非变量 t 首先发生变化,否则它们不会有变化。我们所能做的全部有意义的事情就是探讨 t 的变化对 p 或 q 的影响。这些影响分别由下面的导数描述:

$$\frac{dp}{dt} = J'(t), \tag{1.11}$$

$$\frac{dq}{dt} = K'(t)。 \tag{1.12}$$

正如刚才所强调的,方程组(1.7)和(1.10)作为一个整体虽然等价,但它们各自的函数却是迥异的。尤其是,(1.7)中的函数在概念上乃由个体实验产生的需求和供给函数得出。个体实验的目的是在任意给定的价格和总体水平,确定需求量和供给量之间的关系。而(1.10)中的函数在概念上乃由市场实验产生;市场实验的目的是确定均衡价格水平和数量水平与任意给定的总体水平的关系。[9]相应地,(1.9)的导数区别于(1.12)的导数。前者描述的是前一页所拟定的个体实验的结果,后者描述的是市场实验的结果。市场实验乃从处于均衡位置的市场开始,任意改变总体水平使得这一位置受到干扰,然后衡量这一变化对市场均衡量的影响。很显然,这两个导数没有相等的必要性。

正是它未能强调这一基本区别,使得通常的微分学方法对经济分析非常不可取。因此,符号 dq/dt 并没有明确是指方程(1.9)中的 $f_2(p, t)$ 还是方程(1.12)中的 $K'(t)$,这种模糊是很危险的。事实上,它甚至没有引起人们注意到存在这样一个区别的事实。第 8 章第 2 节

---

[8] 也就是说,只要对自变量和因变量的定义同上面一样,这就是无意义的。从数学上讲,不存在 p 和 q 不能被定义成自变量、t 不能被定义成因变量的理由。但由于我们对人口增长的外生本质所做的经济假设排除了这种可能性。

[9] 参见第 3 章第 6 节。

和第 15 章第 2 节提供了这种不精确可能导致的混乱的例子。

相应地,正是这种模糊性导致本附录采用了烦琐的符号,我们在函数上加一撇表示一个单变量函数的导数[例如,见方程(1.2)和(1.11)];我们通过给多变量函数加注下标表示票偏导数是针对哪一个变量所取[例如,见方程组(1.8)和(1.9)]。这个符号还有一个额外的优点,就是强调导数本身也是一个函数,当然,它与依赖相同变量的原函数是不同的。

最后,我们注意到,需求函数和市场均衡函数之间的区别与计量经济学文献中的"结构关系"和"约化形式"的区别是相同的。[10]

B. 以 乘 数 为 例

在继续之前,让我们简要考虑另一个例子来说明刚才所做的区别的重要性。这个例子来自乘数分析的熟悉领域。

令 C、I、Y 分别代表消费,投资和国民收入。假设经济的均衡位置由下面简单的方程组所描述:

$$C = H(Y), \qquad (1.13)$$

$$C + I = Y。 \qquad (1.14)$$

在这里 $H(Y)$ 为消费函数,且 I 被假设为外生变量。也就是,

$$I = I_0, \qquad (1.15)$$

在这里,I_0 的水平是由经济系统外部的力量确定的。按通常的表示,

---

[10] 例如,参见雅各布·马尔沙克(Jacob Marschak):"政策和预测的经济度量",《计量经济学方法的研究》(胡德和库普曼斯编,纽约,1953),第 3—4 页;克莱因:《计量经济学》(埃文斯顿,伊利诺伊州,1953),第 113 页。当然,对这一区别的经典讨论参见特里夫·哈维默(Trygve Haavelmo):"计量经济学中的概率方法",《计量经济学杂志》,第 12 期增刊(1944),第 3 章和第 5 章。

计量经济学文献主要关注这种区别对实现结构参数无偏估计问题的影响。

著名的乘数公式就是

$$\frac{dY}{dI} = \frac{1}{1 - \dfrac{dC}{dY}}。 \tag{1.16}$$

乍一看,这似乎有点让人疑惑。因为由(1.15),dI/dY 显然为 0;然而根据(1.16),它的倒数 dY/dI 显然不是无穷的。我们不能无视这个明显的矛盾,轻描淡写地说导数不能当成分数。因为就这个利害攸关的问题而言,反函数规则[11]似乎暗示着不能用这种方式处理,而我们可以将其有效地写成

$$\frac{dI}{dY} = \frac{1}{\dfrac{dY}{dI}}。 \tag{1.17}$$

然而,我们可以通过诉诸上一节结尾所提倡的符号来解决这个难题。考察(1.13)—(1.14)。这是两个因变量为 C 和 Y,自变量为 I 的两个方程。将因变量作为自变量的函数求解,我们得到

$$Y = M(I), \tag{1.18}$$

$$C = N(I)。 \tag{1.19}$$

394　这些函数将给定水平的投资与相应均衡水平的收入和消费联系起来。用我们的术语,它们是市场均衡函数,与(1.13)所表示的总需求函数截然不同。

　　现在,根据定义,乘数是(1.18)关于 I 的导数:它描述了一个任意改变投资水平的市场试验结果,并指出了这种变化对国民收入均衡水平的影响。显然,这个导数无须与(1.15)关于 Y 的导数有关。这个导数描述了一个国民收入水平任意改变的个体实验的结果,并指出了到这种变化对计划的投资水平的影响。假定投资是外生的,这种影响当

---

[11]　参见上面(1.5)式。

然必须是零。

我们现在将(1.13)代入(1.14)得到

$$H(Y)+I=Y。 \tag{1.20}$$

将(1.18)代入,我们就可以根据解的定义得到

$$H[M(I)]+I\equiv M(I)。 \tag{1.21}$$

利用"函数的函数"规则[12],并在两边同时对 I 微分,我们得到

$$H'(Y)M'(I)+1=M'(I)。 \tag{1.22}$$

这就得到

$$M'(I)=\frac{1}{1-H'(Y)}, \tag{1.23}$$

在这里 $H'(Y)$ 是在均衡点取值。

这是乘数最明确的公式形式。它再明白不过地表明,(1.16)式左边的导数是与函数(1.18)有关,而不是与(1.15)的投资函数有关。因此,这也清楚地说明,我们最初的"困惑"是由未能区别这两个完全不同的函数的导数而产生的。

C. 隐函数微分的含义

我们现在回到 A 节的讨论。这一节假设从供需方程组(1.7)中解出市场均衡函数(1.11)—(1.12),并直接计算出它们的导数。实际上,我们可以计算出这些导数而无须首先求解这些方程。总之,我们可以利用隐函数的微分技术。[13]

---

[12] 艾伦,同前引,第 169 页。

[13] 以下是奥斯古德,同前引,第 5 章的相关部分的不成熟版本。亦可参见艾伦,同前引,第 8 章;柯朗(Courant):《微积分》(第 2 版;伦敦,1937),第 1 卷,第 457—485 页;第 2 卷,第 59—69,72—73 页。

实际上,前一节的结尾已经利用到了隐函数微分的技术。

这个技术在整个附录中广为使用，为了使用它，我们首先要定义"全微分"。例如，我们考察函数 $u=H(x, y)$。现在假设自变量产生一个任意的增加量。我们分别用 dx 和 dy 来表示这些变化。显然，这些变化会导致因变量 u 发生变化，我们将这一变化表示为 du 或 $dH(\ )$，在这 $H(\ )$ 表示函数 $H(x, y)$。于是这可以表示为

$$du=H_1(x, y)dx+H_2(x, y)dy, \qquad (1.24)$$

在这里，下标是指针对哪个变量取偏微分。(1.24)也是一个基本定理。

现在假设 x, y 自身分别是其他变量的函数

$$x=\phi(v, w)\text{和}y=\psi(v, w)。 \qquad (1.25)$$

那么根据基本定理

$$dx=\phi_1(v, w)dv+\phi_2(v, w)dw,$$
$$dy=\psi_1(v, w)dv+\psi_2(v, w)dw。 \qquad (1.26)$$

代入(1.24)，我们得到

$$du=H_1(\ )[\phi_1(\ )dv+\phi_2(\ )dw]+H_2(\ )[\psi_1(\ )dv+\psi_2(\ )dw]。 \qquad (1.27)$$

396 这是微分的"函数的函数"规则。应该强调的是，无论(1.25)的变换的性质是什么，这都是成立的。特别是，当我们使用 $x=x, y=f(x)$ 时，它同样成立。在这种情况下，(1.27)变成

$$du=H_1[x, f(x)]dx+H_2[x, f(x)]f'(x)dx。 \qquad (1.28)$$

在将这些等式应用在第一节的例子之前，我们假设只有一个外生变量影响需求，同样也只有一个影响供给，这样可使得我们的讨论更具一般性。特别地，令 m 为一个气候因子的指数，并令 m 的增加使得供给增加。方程组(1.7)因此被替换为

$$q^D=f(p, t),$$
$$q^S=h(p, m),$$
$$q^D=q^S=q。 \qquad (1.29)$$

根据假设,这些函数的偏导数的符号为 $f_1(p, t) < 0$,$f_2(p, t) > 0$,$h_1(p, m) > 0$ 和 $h_2(p, m) > 0$。

现在(1.29)是四个因变量 q^D、q^S、q 和 p 以及两个因变量 t 和 m 构成的四个等式中的一个。于是,假设可以解出用自变量表示的因变量而得到市场均衡函数(或简化形式)

$$p = F(t, m),$$
$$q^D = q^S = q = G(t, m)。 \tag{1.30}$$

在不求出函数 $F(\ )$ 和 $G(\ )$ 自身具体形式的情况下,确定这些函数关于 t 和 m 的偏导数的符号和大小是可取的。

第一步就是将未明确的解(1.30)代入(1.29),得到

$$G(t, m) \equiv f[F(t, m), t],$$
$$G(t, m) \equiv h[F(t, m), m]。 \tag{1.31}$$

接下来,我们应用基本定理(1.24)对这些等式的两边取全微分并得到

$$dG(t, m) \equiv f_1(p, t)dF(t, m) + f_2(p, t)dt,$$
$$dG(t, m) \equiv h_1(p, t)dF(t, m) + h_2(p, m)dm。 \tag{1.32}$$

在这里,我们在均衡点计算 $f(\ )$ 和 $h(\ )$ 的偏导数取值。展开后得到

$$G_1(t, m)dt + G_2(t, m)dm = f_1(p, t)[F_1(t, m)dt + F_2(t, m)dm] + f_2(p, t)dt,$$
$$G_1(t, m)dt + G_2(t, m)dm \equiv h_1(p, m)[F_1(t, m)dt + F_2(t, m)dm] + h_2(p, m)dm。 \tag{1.33}$$

在这个方程组中,$f_i(\ )$ 和 $h_i(\ )$($i = 1, 2$)为确定函数 $f(\ )$ 和 $h(\ )$ 已知的偏导数;而 $F_i(\ )$ 和 $G_i(\ )$ 分别为未确定的函数 $F(\ )$ 和 $G(\ )$ 未知的偏导数。

我们首先假设只有 t 变化,而 m 保持不变。也就是说,$dm = 0$。将这代入(1.33),并且除以 dt,我们得到

$$G_1(t, m) = f_1(p, t)F_1(t, m) + f_2(p, t),$$
$$G_1(t, m) = h_1(p, m)F_1(t, m)。 \tag{1.34}$$

将这重新记为

$$f_1(p, t)F_1(t, m) - G_1(t, m) = -f_2(p, t),$$
$$h_1(p, m)F_1(t, m) - G_1(t, m) = 0。 \tag{1.35}$$

这可以被视为一个由包含两个未知数 $F_1(t, m)$ 和 $G_1(t, m)$ 的两个方程所构成的方程组。利用行列式求解,我们得到

$$F_1(t, m) = \frac{\begin{vmatrix} -f_2(p, t) & -1 \\ 0 & -1 \end{vmatrix}}{\begin{vmatrix} f_1(p, t) & -1 \\ h_1(p, m) & -1 \end{vmatrix}} = \frac{f_2(p, t)}{-f_1(p, t) + h_1(p, m)}。$$
$$\tag{1.36}$$

398 根据上面对 $f_i(\ )$ 和 $h_i(\ )(i=1, 2)$ 的符号所做的假设,我们可以看出 $F_1(t, m)$ 总为正。相似地,我们得到

$$G_1(t, m) = \frac{h_1(p, m)f_2(p, t)}{-f_1(p, t) + h_1(p, m)}, \tag{1.37}$$

这也必须同样为正。也就是说,品味的正向变化会同时增加均衡价格和均衡数量:需求曲线向右平移,会在价格和数量较高时与不变的供给曲线相交。

相应地,假设只有 m 发生变化,并令 $dt=0$,我们得到

$$F_2(t, m) = \frac{-h_2(p, m)}{-f_1(p, t) + h_1(p, m)} < 0 \tag{1.38}$$

和

$$G_2(t, m) = \frac{-f_1(p, t)h_2(p, m)}{-f_1(p, t) + h_1(p, m)} > 0。 \tag{1.39}$$

也就是说,有利的气候变化增加了均衡数量,但是降低了均衡价格;向

右移动的供给曲线与固定的需求曲线相交于更高的数量和更低的价格。因此,这些未知的导数的性质可以用已知的导数来确定,而不需要解出 $F(\ )$ 和 $G(\ )$ 的具体形式。当然,这就是隐函数微分的含义。

最后我们注意到等式(1.37)清楚地表明了第 A 节结尾所强调的差异。用那里所讨论的方程组(1.7)和(1.10),这个等式形如

$$K'(t) = \frac{g'(p)f_2(p,t)}{-f_1(p,t)+g'(p)}。 \tag{1.40}$$

在这里,我们可以明确地看到 $K'(t)$ 和 $f_2(p,t)$ 是两个完全不同的导数。是的,前者确实依赖于后者,但是它也取决于 $g'(p)$ 和 $f_1(p,t)$。

D. 约束条件之下的最大化问题。拉格朗日乘数技术

本附录中经常用到全微分的另一个重要的应用与约束条件下的最大化问题有关。关于这个问题的严谨处理,读者可以参考别处。[14] 我们当前的目的是为所涉及的问题提供一个直观的理解。

例如,假设我们要最大化

$$w = f(x,y)。 \tag{1.41}$$

当然,通过选择满足方程组

$$f_1(x,y) = 0,$$
$$f_2(x,y) = 0, \tag{1.42}$$

的 x 和 y 的值就可以做到。在这里 $f_i(\ )(i=1,2)$ 是 $f(\ )$ 对第 i 个变量的偏导数。[15] 我们现在假设对 $f(\ )$ 的最大化受到额外的约束

$$y = g(x)。 \tag{1.43}$$

---

[14] 奥斯古德,同前引,第 180—182 页。更详细的处理可以在乔恩迪(Chaundy):《微分学》(牛津,1935)第 256 页及其后找到。

[15] 在这一节和数学附录中,我们一般假设最大化的二阶条件是满足的。

于是我们不再能够在(1.42)中自由的选择 x 和 y 的值,因为(1.43)告诉我们,一旦选定 x 的值,y 的值也就被确定。事实上,我们不再是面对一个两个变量(x 和 y)的函数的最大化问题,而是一个单变量的函数的最大化问题。特别的,将(1.43)代入(1.41),我们的问题就转化为

$$w = f[x, g(x)] \equiv h(x) \tag{1.44}$$

对变量 x 的一个普通的最大化问题。

如果我们把 $w = f(x, y)$ 想象为描述一座山的每一个点的高度有助于将这一问题形象化。[16]如果我们希望找到这座山的最高点,很显然我们选择那些对应其最高点的 x 和 y 值。但是我们的任务可能只是在寻找这座山与 $y = g(x)$ 所描述的平面相交所形成的路径上的最高点。这就是最大化 $w = h(x)$ 所涉及的内容。显然,没有理由让这条路径一定通过峰值;因此,也没有理由令使得 $w = h(x)$ 最大化的 x 必须与无限制的最大化 $w = f(x, y)$ 的 x 相同。

更一般地,假设我们希望最大化

$$u = \psi(x_1, \cdots, x_n), \tag{1.45}$$

受制于 m 的约束

$$\phi^j(x_1, \cdots, x_n) = 0 \quad (j = 1, \cdots, m < n)。 \tag{1.46}$$

假设我们能解出(1.46)关于 $x_1, \cdots, x_m$ 作为剩下的 x_i 的显式函数的 m 个方程

$$x_j = F^j(x_{m+1}, \cdots, x_n) \quad (j = 1, \cdots, m), \tag{1.47}$$

那么将(1.47)代入(1.45)得到

$$u = \psi[F^1(x_{m+1}, \cdots, x_n), \cdots, F^m(x_{m+1}, \cdots, x_n), x_{m+1}, \cdots, x_n]$$
$$\equiv G(x_{m+1}, \cdots, x_n), \tag{1.48}$$

---

[16] 以下说明取自艾伦,同前引,第 365 页。

并对它的 $n-m$ 个变量对 $G(\ )$ 最大化而实现最大化。[17]

然而,在隐式微分的情况下,我们希望找到一种在不需要进行上述替换的情况下就能找到这个最大位置方法。这是拉格朗日乘数法。让我们先看看它如何应用于上面(1.41)—(1.44)中讨论的简单情况。

我们首先构造一个和式

$$v = f(x, y) - \lambda[y - g(x)], \tag{1.49}$$

在这里 λ 是分析中引入的一个新的变量,我们把它称为拉格朗日乘数。我们现在寻找给定 λ 使得这个和式最大化的 x 和 y。针对 x 和 y 求偏导,我们得到最大化条件

$$f_1(x, y) + \lambda g'(x) = 0, \tag{1.50}$$

$$f_2(x, y) - \lambda = 0。 \tag{1.51}$$

我们再加上约束条件(1.43)

$$y = g(x), \tag{1.52}$$

于是(1.50)—(1.52)为包含 x,y 和 t 三个未知数的三个方程。接下来就是要证明这个方程组的确定的 x 值必定是使得(1.44)中的 $w = h(x)$ 最大化。

为了使得 $h(\ )$ 最大化,它的全微分必须为 0。也就是说,x 的取值发生任何的增量变动 dx 都不可能使得 $h(x)$ 增加。利用(1.44)的恒等式,我们将这个条件表示为

$$dh(x) \equiv df[x, g(x)] = 0。 \tag{1.53}$$

根据(1.28)展开,我们得到

---

[17] 注意,如果 $m=n$,函数 $G(\ )$ 变成一个常数,所以不存在最大化问题。更具体点,在这个假设之下,方程组(1.46)有 n 个方程,足以能够确定这 n 个变量,$x_i (i = 1, \cdots, n)$ 的具体取值。因此不再存在选择这些变量值的自由以使得 $G(\ )$ 满足一些最大化条件。

$$f_1[x, g(x)]dx + f_2[x, g(x)]g'(x)dx = 0, \qquad (1.54)$$

两边除以 dx 得到

$$f_1[x, g(x)] + f_2[x, g(x)]g'(x) = 0, \qquad (1.55)$$

将(1.51)和(1.52)代入(1.50),我们看到这正是利用拉格朗日乘数所得到的条件。因此,这两种方法确定了相同的 x 值,且由(1.43)确定了相同的 y 值。

我们现在考察(1.45)—(1.48)所描述的更一般的情况。我们在分析中引入了拉格朗日乘数 $\lambda_j (j = 1, \cdots, m)$,并构造求和式

$$V = \psi(x_1, \cdots, x_n) - \sum_{j=1}^{m} [\lambda_j - F_j(x_{m+1}, \cdots, x_n)]。 \quad (1.56)$$

我们现在对给定的 λ_i 值,寻找使得这个和式最大化的 $x_i (i = 1, \cdots, n)$。对 x_i 求偏导数,我们得到

$$\psi_j(x_1, \cdots, x_n) - \lambda_j = 0 \quad (j = 1, \cdots, m), \qquad (1.57)$$

$$\psi_r(x_1, \cdots, x_n) + \sum_{j=1}^{m} \lambda_j F_r^j(x_{m+1}, \cdots, x_n) = 0 \quad (r = m+1, \cdots, n)。$$

$$(1.58)$$

现在加入约束条件(1.47)

$$x_j = F^j(x_{m+1}, \cdots, x_n) \quad (j = 1, \cdots, m)。 \qquad (1.59)$$

全部放在一起,我们现在有 $n+m$ 个方程和 $n+m$ 个变量 $x_i (i = 1, \cdots, m, m+1, \cdots, n)$、$\lambda_j (j = 1, \cdots, m)$。现在需要证明这个方程组确定的 $x_r (r = m+1, \cdots, n)$ 必定是使得(1.48)中的 $u = G(x_{m+1}, \cdots, x_n)$ 最大化。

为了使得 $G(\ )$ 最大化,无论 dx 的本质是什么,它的全微分

$$du = \sum_{r=m+1}^{n} G_r(x_{m+1}, \cdots, x_n)dx_r, \qquad (1.60)$$

必须为 0。[18]特别地,依次令除 dx_r 之外的 dx 为 0,我们得到 $n-m$

---

[18]　参见柯朗,同前引,第 2 卷,第 185 页。

个最大化条件

$$G_r(x_{m+1}, \cdots, x_n)dx_r = 0 \quad (r = m+1, \cdots, n)。 \quad (1.61)$$

由(1.27)和恒等式(1.48),这些可以写成[19]

$$\sum_{j=1}^{m} \psi_j [\ ] F_r^j (\ )dx_r + \psi_r [\ ]dx_r = 0 \quad (r = m+1, \cdots, n)。$$

$$(1.62)$$

两边除以 dx_r,我们得到使得 $G(\ )$ 最大化的 $x_r(r = m+1, \cdots, n)$ 所需要满足的条件。但是,将(1.57)和(1.59)代入(1.58),我们看到这正是利用拉格朗日乘数所得到的条件。因此,两种方法确定了 $x_r(r = m+1, \cdots, n)$ 取相同的值,并根据(1.47),$x_j(j = 1, \cdots, m)$ 的取值也相同。

———————————

[19] 下面表达式中的括号强调了一个事实,我们正在考察经过替换之后的函数 ψ,也就是(1.48)所描述的形式。

2. 第 2 章附录

A. 商品的需求和超额需求函数[1]

考察一个有 n 种商品的经济,第 n 种商品为纸币。令 p_1,$\cdots$,p_n 为这些商品以一个抽象单位计价的价格。因此,相应的货币价格是 p_1/p_n,$\cdots$,p_{n-1}/p_n,1。最后,$n-1$ 种商品的相对价格为 p_1/p_k,$\cdots$,p_{n-1}/p_k。现在定义商品的绝对价格水平为

$$p = \sum_{j=1}^{n-1} w_j p_j,\qquad(2.1)$$

在这里 w_j 为已知的权重,其本质将在下一节解释。相对价格因此可以写成 p_1/p,$\cdots$,p_{n-1}/p。

考察一个特别的个体,第 a 个个体。令 $\bar{Z}_1^a$,$\cdots$,$\bar{Z}_{n-1}^a$ 表示他所持有的 $n-1$ 种商品的初始数量。相似地,令 $\bar{Z}_n^a$ 表示其初始的货币数量。于是,他的真实非货币财富由 $\sum_{j=1}^{n-1} p_j \bar{Z}_j^a / p$ 表示;他的真实货币余额由 $p_n \bar{Z}_n^a / p$ 表示;他的真实财富是这两项之和(参见第 19—20 页)。令 Z_1^a,$\cdots$,Z_{n-1}^a 表示其对各种商品的最优持有量。那么,可假定需求函数具有形式[2]

---

[1] 附于第 2 章第 3—4 节。
[2] 按照数学附录 1A 结尾的评论,可以指出 $F_j(\ )$ 不是偏导数。

$$Z_j^a = F_j^a \left[\frac{p_1}{p}, \ \cdots, \ \frac{p_{n-1}}{p}, \ \frac{\sum\limits_{r=1}^{n-1} p_r \bar{Z}_r^a}{p} + \frac{p_n \bar{Z}_n^a}{p} \right] \quad (j=1, \ \cdots, \ n-1)。 \qquad 404$$

$$(2.2)$$

现在定义对商品的超额需求。

$$X_j^a = Z_j^a - \bar{Z}_j^a \quad (j=1, \ \cdots, \ n-1), \qquad (2.3)$$

于是,第 a 个个体的超额需求函数可以写成

$$X_j^a = F_j^a \left[\frac{p_1}{p}, \ \cdots, \ \frac{p_{n-1}}{p}, \ \frac{\sum\limits_{r=1}^{n-1} p_r \bar{Z}_r^a}{p} + \frac{p_n \bar{Z}_n^a}{p} \right] - \bar{Z}_j^a \quad (j=1, \ \cdots, \ n-1)。$$

$$(2.4)$$

这些函数显然具有正文中所赋予的属性;它们依赖于相对价格和真实财富,包括初始货币余额的真实价值(参见第 17 页脚注 7)。用技术术语表述就是,它们在会计价格上,或者在货币价格或货币财富上,是零齐次的。[3]

需求函数(2.2)将 $p_i (i=1, \ \cdots, \ n)$ 视为自变量,Z_j^a 作为因变量。我们现在将这些变量的角色反过来,相应地构造它们的反函数(2.2)。我们首先将(2.1)重写为

$$\sum_{j=1}^{n-1} w_j \frac{p_j}{p} = 1。 \qquad (2.5)$$

现在将方程(2.2)和(2.5)当成 n 个方程,包含 $p_j/p (j=1, \ \cdots, \ n-1)$ 和 $p_n \bar{Z}_n^a/p$ 等 n 个变量。假设我们可以从这些方程中解出反函数

$$\frac{p_j}{p} = \phi_j^a (Z_1^a, \ \cdots, \ Z_{n-1}^a; \ \bar{Z}_1^a, \ \cdots, \ \bar{Z}_{n-1}^a) \quad (j=1, \ \cdots, \ n-1),$$

$$(2.6)$$

$$\frac{p_n \bar{Z}_n^a}{p} = \phi_n^a (Z_1^a, \ \cdots, \ Z_{n-1}^a; \ \bar{Z}_1^a, \ \cdots, \ \bar{Z}_{n-1}^a)。 \qquad (2.7)$$

---

[3] 关于齐次函数的性质,参见阿罗:"数理经济学中的同质系统:评论",《计量经济学杂志》,第 18 期(1950),第 60—62 页。

将(2.6)除以(2.7),于是我们得到

$$\frac{p_j}{p_n}=\frac{\bar{Z}_n^a \phi_j^a(Z_1^a, \cdots, Z_{n-1}^a; \bar{Z}_1^a, \cdots, \bar{Z}_{n-1}^a)}{\phi_n^a(Z_1^a, \cdots, Z_{n-1}^a; \bar{Z}_1^a, \cdots, \bar{Z}_{n-1}^a)} \quad (j=1, \cdots, n-1).$$

$$(2.8)$$

这些函数是马歇尔需求函数:它们将个体所愿意支付的货币价格 $p_j/$ p_n 表示为 Z_j^a、$\bar{Z}_j^a(j=1, \cdots, n-1)$ 的函数(参见第 388 页)。正如可以从(2.8)中看出的,$\bar{Z}_n^a$ 的增加造成这些需求价格按比例增加。

B. 财富效应和真实余额效应[4]

为了简单起见,我们去掉函数(2.2)中的标志 a,并设定 $p_n=1$。令 $T=\sum_{j=1}^{n-1} p_j \bar{Z}_j$ 和 $W=T+\bar{Z}_n$ 分别表示个体的用货币表示的非货币财富和总财富。考察一个选择在给定的价格水平 $p_1^0, \cdots, p_{n-1}^0$ 和财富水平 $W^0=\sum_{j=1}^{n-1} p_j^0 \bar{Z}_j+\bar{Z}_n=T^0+\bar{Z}_n$,根据需求函数(2.2)和(2.19),选择由商品篮子($Z_1^0, \cdots, Z_{n-1}^0$)构成的零号组合和真实货币持有量 $Z_n^0/$ p^0 的个体,其中 $p^0=\sum_{j=1}^{n-1} p_j^0 Z_j^0$ 是商品篮子的总成本。在任何价格集

---

[4] 附于第 2 章第 3 节各处。

莫萨克(同上)对斯拉茨基和希克斯两人关于替代效应的定义的比较广为人知,且具有启发性,这是本节的重要背景材料。尤其是关于这些定义(从而也包括相对应的关于财富效应的定义)在极限意义上等价的这一证明(归功于沃尔德)(同上,第 73 页,脚注 5)。

关于希克斯对本节这个问题的分析见波·梅里奇在其"货币幻觉和真实余额效应"[《国家经济杂志》(Statsøknomisk Tidsskrift),第 78 期(1964),第 9—16、221 页]中的令人兴奋的讨论。然而,请注意梅里奇关于真实余额效应的定义(同上,第 16 页)与本节结尾的定义不同。读者也可以参考梅里奇对克里夫·劳埃德最近的论文"真实余额效应:必要条件"(同前引)和"真实余额效应和斯拉茨基方程"(同前引)的理由充分地批评。

从某种观点上看,关于货币经济的斯拉茨基方程的第一个仍然是最一般意义上的研究进展,可见第 574 页介绍的莱塞 1943 年在《计量经济学杂志》上发表的文章。

我要感谢尼桑·利维坦对本节各点有益的讨论。

p_i 下,将这个篮子的成本表示为 $p = \sum_{j=1}^{n-1} p_j Z_j^0$,相应地零号组合的总成本为

$$P = p + p\left(\frac{Z_n^0}{p^0}\right) = p\left(1 + \frac{Z_n^0}{p^0}\right).$$

最后,令

$$P^0 = p^0\left(1 + \frac{Z_n^0}{p^0}\right)$$

为给定价格水平之下的零号组合的总货币成本。根据预算约束,$P^0 = W^0$。

变量 p 是我们所定义的绝对价格水平。注意,它不是一个平均价格。根据 P 的定义可以清楚知道,p 也可以被视为持有真实货币的价格(参见第 28 页)。

货币财富的单位增加对 Z_j 的需求量的影响现在可被描述为

$$\frac{\partial Z_j}{\partial W} = F_{jn}(\ )\frac{\partial(W/p)}{\partial W} = \frac{F_{jn}}{p}, \tag{2.9}$$

其中,$F_{jn}(\ )$ 是 $F_j(\ )$ 对其第 n 个变量的偏导数。很显然

$$\frac{\partial Z_j}{\partial W} = \frac{\partial Z_j}{\partial T} = \frac{\partial Z_j}{\partial \bar{Z}_n}. \tag{2.10}$$

也就是说,每 1 美元货币财富与其他 1 美元的财富相同,所以无论前面所提到的一个单位的增加是在非货币财富部分还是初始货币余额部分,两者不存在差异。

现在假设处于零号组合的个体面对货币价格从 p_j^0 到 $p_j^0 + dp_j$ 的等比例增加,其中 $dp_j/p_j^0 = m(j = 1, \cdots, n-1)$ 是共同的比例因子。相应地,p 增加至 $p^0 + dp = p^0 + mp^0 = p^0(1+m)$。相似地,零号组合的成本增加至 $(1+m)P^0$。与此同时,财富中的非货币部分增加至 $(1+m)T^0$。因此,使得个体能够在价格增长之后继续购买零号组合的货币财富的补偿性变化为 $dW = m\bar{Z}_n$;补偿个体的货币财富是 $(1+m)T^0 + (1+m)\bar{Z}_n = (1+m)W^0 = (1+m)P^0$。总之,为了使得个体的状况与

以前（在斯拉茨基的意义上）一样好，我们必须将个体最初选择的货币余额按照绝对价格水平增加的幅度等比例地增加。

继续遵循斯拉茨基的做法，我们将这一价格等比例变化带来的财富效应定义为在货币财富未能发生前述补偿性变化而对 Z_j 产生的影响（每单位 p 的变化）。也就是说，财富效应为

$$-\frac{\partial Z_j}{\partial W}\frac{dW}{dp}=-\frac{\bar{Z}_n}{p}\frac{\partial Z_j}{\partial W}。 \tag{2.11}$$

在这里，我们利用到了补偿性变化 $dW=m\bar{Z}_n=(dp/p)\bar{Z}_n$ 这一事实。进一步注意到，由于价格等比例变化使得 $(p_j/p)(j=1,\cdots,n-1)$ 在需求函数 (2.2) 中保持不变，这个函数关于价格变化的偏导数只来自表示真实财富的变量，W/p。[5] 也就是说，

$$\begin{aligned}\frac{\partial Z_j}{\partial p}&=\frac{\partial Z_j}{\partial (W/p)}\cdot\frac{\partial (W/p)}{\partial (\bar{Z}_n/p)}\cdot\frac{\partial (\bar{Z}_n/p)}{\partial p}\\&=F_{jn}\cdot 1\cdot\left(-\frac{\bar{Z}_n}{p^2}\right)\\&=-\frac{\bar{Z}_n}{p}\cdot\frac{F_{jn}}{p}=-\frac{\bar{Z}_n}{p}\frac{\partial Z_j}{\partial W}。\end{aligned} \tag{2.12}$$

在这里我们利用到了 (2.9)。比较 (2.12) 和 (2.11)，我们可以看到，货币

---

[5] 实际上，根据斯拉茨基的观点，W[因此，需求函数 (2.2) 中的 p_j]的合适的缩减系数是 P，而不是 p；因为 W/P 表示在给定的一组价格之下给定货币财富所能购买的零号组合的数量，因此这是"真实财富"更合适的定义。然而，由于 P 和 p 成比例，这不影响分析。

然而，我们可以利用 W/P 的这一解释注意到 (2.2) 的源自 $n-1$ 个代表相对价格的变量的偏微分部分可以被描述为

$$\left(\frac{\partial Z_j}{\partial p}\right)_{\frac{W}{P}=\frac{W^0}{P^0}=1},$$

其中导数在零号组合评估。因此，偏导数的这一部分表示在个体尚能购买零号组合的条件下，p 的改变造成的对 Z_j 的需求量的变化。

这以斯拉茨基替代效应而著名。当前相对价格保持不变的情况清楚地表明这一效应为 0——这也是现在的论点的另一种证明。

价格的等比例变化只有财富效应;用斯拉茨基的话来说,不存在表现为替代效应的"残存变化"。更进一步,从(2.12)可以清楚地看到,财富效应完全来自以初始货币余额形式存在的财富 $\bar{Z}_n$,与非货币财富 T 不同。也就是说,存在真实余额效应,但是不存在非货币的财富效应(参见前文第 20 页)。

现在考察一个单一的价格 p_k 变化为 $p_k^0 + dp_k$,其他商品价格保持不变的情形。为了使得个体能够继续购买零号组合,货币财富补偿变化必须为

$$dW = (Z_k^0 - \bar{Z}_k)dp_k + Z_n^0 \frac{dp}{p^0}, \tag{2.13}$$

这里的第一项是我们熟悉的,为了使得个体能够购买与原来相同净额的 Z_k 的斯拉茨基补偿,第二项又是为了保持他们对商品篮子(Z_1^0, …, Z_{n-1}^0)的真实购买力而必须按比例增加的名义货币持有量。然而,在当前的情况下,这个篮子的成本已经增加了 $dp = Z_k^0 dp_k$。于是斯拉茨基方程具有以下形式

$$\frac{\partial Z_j}{\partial p_k} = S_{jk} - \left[(Z_k^0 - \bar{Z}_k) + Z_k^0 \frac{Z_n^0}{p^0}\right] \frac{\partial Z_j}{\partial W}。 \tag{2.14}$$

在这里,第二项是财富效应,第一项 S_{jk} 为替代效应。[6]等式(2.14)清

---

[6] 关于用有界的效用行列式为 S_{jk} 给出明确定义可参见梅里奇(同前引,第 14 页)。正如梅里奇指出的(同前引,第 15 页脚注 10),与斯拉茨基-希克斯替代效应项形成对比,S_{kk} 并不必然是负数。对这一事实的解释将在下一段给出。

为了将梅里奇对财富效应的定义(同前引,第 16、20—21 页)简化为(2.14)所给出的形式,我们只需要将他用来定义价格水平 p 的一般权重 w_j[参见上面等式(2.1)]替换为明确的权重 Z_j^0。然而,根据下面的原因,梅里奇将斯拉茨基等式分解成"直接效应"(因为 p_k 的改变)和"间接效应"(因为 p 的改变)[莱塞(同前引,第 130—131 页)也做过相同的分解]的作用是存疑的。

读者很容易理解,(2.14)中的第二项表示表示(2.2)中实际财富 W/p 的偏导数,也就是 $F_{jn}[\partial(W/p)/p_j]$。因此,再次利用前一脚注第二段的方法,第一项 S_{jk} 表示相对的价格 p_j/p 的偏导数。

楚地包括了作为易货经济的特例的通常的斯拉茨基等式,由定义,其中 $Z_n^0 = 0$。

正如梅里奇已经指出的(参见脚注6),(2.14)中财富效应看似奇怪的形式只是反映了一个事实,与标准的斯拉茨基-希克斯情形形成对比,$\partial Z_j / \partial p_k$ 在这个等式中实际上衡量的是,价格为 p_k 的第 k 种商品和价格为 p 的真实货币持有量的,这两种商品中一种的价格发生变化时,对 Z_j 的需求的影响。这可以从(2.13)很清楚地看出。相应地,假设两种商品的价格 p_k 和 p_i 同步发生变化,即使在一个标准的易货经济中也可以得到与(2.14)式中相似的财富效应。从这里我们也可以理解这一事实,这也是梅里奇注意到的,即(2.14)中的替代项 S_{kk} 也未必一定是负的。因为,回到我们的类比,即使 p_k 和 p_i 以相同比例变化(因此第 k 种商品和第 i 种商品可以被视为一个单一的复合商品)也不能确保对第 k 种商品这一种商品的替代效应是负的(见下节结尾)。在当前这种 p_k 和 p_i 不以相同比例变化的情况下就更不用说了。

我们不得不将真实余额效应区别为(2.14)中总财富效应的一个组成部分。正如已经在正文(第20页)中指出的,任何这样的区别是随意的。自然趋势是遵循方程(2.13)—(2.14)所代表的推理逻辑,并将真实余额效应定义为

$$-\left(Z_k \frac{Z_n}{p}\right) \frac{\partial Z_j}{\partial W}。$$

然而,这一定义为所有的货币价格发生等比例的变化得出了一个

$$-\frac{Z_n}{p} \frac{\partial Z_j}{\partial W}$$

的真实余额效应,这与我们在前面用来讨论等式(2.12)的定义不一致。这一定义(贯穿全书)的出发点不是最初选择的货币数量,而是最初被赋予的货币数量。由此,可以得到单一价格 p_k 发生变化时相应的真实余额效应是

$$-\left(Z_k \frac{\bar{Z}_n}{p}\right)\frac{\partial Z_j}{\partial W}。$$

当然,这与(2.14)中源自需求函数(2.2)中的 $\bar{Z}_n/p$ 的那部分的偏导数相等;也就是说,它等于

$$\frac{\partial Z_j}{\partial(W/p)}\frac{\partial(W/p)}{\partial(\bar{Z}_n/p)}\frac{\partial(\bar{Z}_n/p)}{\partial p_k}。$$

这将与等式(2.12)中的第一行进行比较。

410

我们这个定义的随意性反映在当个体的初始禀赋的构成在货币和除第 k 种之外的商品之间转化时,p_k 的改变所产生的总财富效应是不变的。因此,根据这一观点,重大的差别不在初始禀赋的货币与非货币资产之间,而是存在于价格发生变化的资产与其他初始持有的资产之间。

个体要保持同以前一样富裕,产生补偿性的变化是必要的,如果我们试图(我们应该)从这个角度去解释财富效应的这两个术语,就会产生一个更为根本的问题。正如我们在(2.13)讨论中所指出的,这两个术语分别反映了 p_k 和 p 的变化。因此,由于前者的变化必然导致后者发生变化,因此从前面的观点来看,将它们作为单独的实体对待似乎没有什么意义。对于上面描述的商品价格 p_k 和 p_i 同步且独立变化的情况,显然不会出现这个问题。另一方面,如果所讨论的价格变化是离散的而不是无穷小的,那么就不可能(再次从补偿变化的角度)将总财富效应分解为上述两种情形中的任何有意义的组成部分。[7]

同样应该强调的是,在一个假设中已经被预测到本节的整个论证。这个假设是,从个体效用计算的角度看,名义货币余额合适的减缩指数是 $p = \sum p_j Z_j^0$;也就是说,个体用他所能购买商品篮子($Z_1^0, \cdots, Z_{n-1}^0$)

---

[7] 当一个体面对两个或更多的价格同时发生离散变化时,谈论只对一个价格的离散变动提供生活成本津贴是没有意义的,这里的原因是相同的。解释请参见利维坦和帕廷金:"论价格指数的经济理论",同前引,第 532、535—536 页。

的数量来衡量他所持有的货币的流动性。很显然,只有当个体的最佳位置处于这个篮子的邻域时,这个假设才是合理的。然而,我们可以通过假设每一个个体在整个商品空间存在一个减缩函数 $p=\pi(p_1,\cdots,p_{n-1})$,且是 $p_1,\cdots,p_{n-1}$ 的一次齐次函数。在这种情况下,(2.13)中的 dp 等于 $\pi_k dp_k$,其中 π_k 是函数 $\pi(\ )$ 对 p_k 的偏导数。相应地,将(2.14)中的 Z_k^0 替换为 π_k 作为 Z_n^0/p^0 的系数就可以得到斯拉茨基等式。注意,这种情况下的财富效应与通常的财富效应有着根本性的不同,仅以可观察的数量(也就是,零号组合和 $\partial Z_j/\partial W$)为基础是不能定义它的,还需要额外关于个体的主观函数 $\pi(p_1,\cdots,p_{n-1})$ 的信息。如果我们假设个体并不用任何总体缩减指数衡量他的名义货币余额"真实状况",而是关心单独的数量 $Z_n/p_1,\cdots,Z_n/p_{n-1}$,那么关于主观偏好信息的必要性将更加突出。正如下面将要看到的(第550—551和第574页),这确实是瓦尔拉斯在其对货币效用的开创性分析中采用的假设,后来莱塞和萨缪尔森也采用了这个假设。

最后两条评论逐一细说。首先,在单一价格变化赋予单独一个真实余额效应经济含义的困难并不影响货币经济中财富效应必须反映金融资产的存在,以及绝对价格水平的改变对此类资产的影响的命题。其次,在货币理论的主要关注情形中,前述困难没有一个发生,我们唯一要处理的是 $p_j(j=1,\cdots,n-1)$ 发生等比例变化的情况。特别注意,即使在一般瓦尔拉斯假设之下,个体关注单独的 $Z_n/p_1,\cdots,Z_n/p_{n-1}$,在这种情况下,这些"商品"之间的比例保持固定,因此,遵循里昂惕夫的做法,它们能够被视为一个单一的复合商品,Z_n/p,在这 p 如(2.1)定义,w_j 为任意权值。在任何情况下,我们很清楚,在所有的货币价格发生等比例变化的情况下,真实余额效应等同于财富效应,并且可以被明确地被定义为(2.12)。

C. 希克斯复合商品定理

把一组消费者的商品当作一个单一的复合商品进行处理通常是很

便利的。让我们再去描述一下在什么条件下可以这样处理。

因为技术原因，一种很显然的情形是对这些商品的消费的比例是固定的。一个不那么显而易见，但是对于我们更重要的情况是一组商品的相对价格保持不变而不是相对数量保持不变。[8]在没有有效限制论证的情况下，为了方便起见，我们假设只存在三种商品 X_1，X_2 和 Y，它们各自的价格分别为 p_1、p_2 和 p_y。考察 X_1 和 X_2 根据基础价格 p_1^0、p_2^0 和 p_y^0 而选定的一个组合 X_1^0 和 X_2^0。令在任何价格集下取得这一组合的成本为

$$p_x = p_1 X_1^0 + p_2 X_2^0 。 \tag{2.15}$$

最后，用

$$X = \frac{p_1 X_1 + p_2 X_2}{p_1 X_1^0 + p_2 X_2^0} \tag{2.16}$$

表述任何其他的商品组合。因此，X 是对 X_1 和 X_2 的真实支出。我们希望证明，X 可以在分析中被当成一个单一的商品，如果 p_1 对 p_2 的比率是固定的，且等于 p_y^0 / p_2^0。请注意，这正是(2.16)我们所观察到的从 (X_1^0, X_2^0) 转变为 (X_1, X_2) 的"真实"数量指标的条件：也就是说，在一个确定的价格集下，这个指标通过取得这两个组合的各自的最低成本的比率衡量了这一变化的大小。[9]

我们首先将(2.16)写成

$$X = \frac{p_1}{p_x} X_1 + \frac{p_2}{p_x} X_2 。 \tag{2.17}$$

图 A-2 中的实线表示了这个等式在不同水平的真实开支 X 之下的图

[8] 参见希克斯：《价值与资本》，第 33—34、312—313 页。下面的论证建立在赫尔曼·沃尔德(Herman Wold)：《需求分析》(斯德哥尔摩，1952)，第 108—110 页的基础之上。

沃尔德将以下指称为"列昂惕夫-希克斯定理"。然而，这是一个错误的命名，因为列昂惕夫的讨论只限于固定比例的情形。参见列昂惕夫："综合商品与指数数字的问题"，《计量经济学杂志》，第 4 期(1936)第 3 节，第 53—59 页。

[9] 关于此处和后文所述的数量指标，参见萨缪尔森：《经济分析基础》，第 160—163 页，以及利维坦和帕廷金："论价格指数的经济理论"，《经济发展与文化变革》，第 9 期(1961)，第 507—509 页。

形。为了方便起见，我们将其称为"半预算线"。它们之间的平行性质由 p_1/p_2 保持固定保证。很清楚，X 越高，半预算线越高；反之，则反是。这样，图 A-2 中的 t_1，t_2，t_3，…表示一个递减的数列。

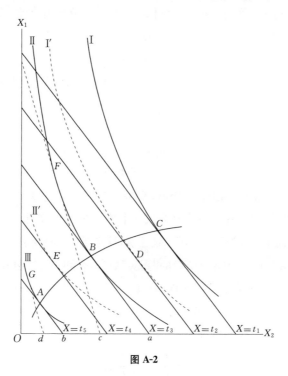

图 A-2

413　　图 A-2 中的实线是给定数量 $Y = K_1$ 的无差异曲线（暂时忽视虚线曲线）。我们将注意力限制在那些个体将最终处于他的最优位置的点。这意味着，我们感兴趣的点是切点 A，B，C，…经过这些点的实线
414　曲线就是所有这些点的轨迹。显然，这条曲线上的 X_1 和 X_2 的比例一般不是固定的。

　　因此，图 A-2 告诉我们，如果（1）Y 的数量保持不变，（2）只考虑相对价格固定的潜在均衡组合 X_1 和 X_2，那么在 X 的大小和效用之间存在一一对应关系。这由图 A-3a 中标记为 $Y = K_1$ 的曲线表示。

　　接下来假设 Y 的数量是 K_2，大于 K_1。令图 A-2 中的无差异曲线

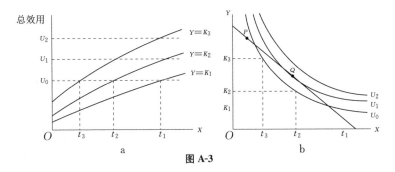

图 A-3

Ⅰ′表示所有能得到与无差异曲线Ⅰ相同效用水平的 X_1 和 X_2 的组合。对Ⅱ′的定义也相同。假定所有的商品都具有正的边际效用,Ⅰ′必处于Ⅰ的下方,Ⅱ′低于Ⅱ。由此,与Ⅰ′相切的半预算线必定处于与Ⅰ相切的半预算线的左边,所对应的 X 值低于 t_1。相应地,图 A-3a 中 $Y=K_2$ 所对应的曲线必须处于 $Y=K_1$ 所对应的曲线的左边。对于 $Y=K_3>K_2$ 所对应的曲线,相同的表述成立。

让我们现在将图 A-3a 的效用水平保持在 U_0 不变。这就在图 A-3b中得到由 U_0 表示的通常的负斜率无差异曲线。通过改变效用水平,我们得到一组这样的曲线。很显然,它们不能相交。最后,由于 X 的价格为 p_x,我们可以记下由图 A-3b 中的直线表示的预算等式

$$p_x X + p_y Y = 常数。 \qquad (2.18)$$

特别需要注意的是,这一条线上的点 P 可以表示 Y 和 X 的初始禀赋,后者的确切值可以根据(2.16)计算。图 A-3b 中的曲线的性质与图 1-1(第 5 页)中的曲线的性质相同,因此在概念上可用于推导对 X 的需求曲线和恩格尔曲线。[10]

———————————

[10] 无差异曲线在观察邻域内的凸性与通常情况下的确定方法相同,即由观察到的点的稳定性确定。参见希克斯:《价值与资本》,第 22 页;严谨的证明,同前引,第 312—313 页。

请注意,刚才介绍的技术也可以应用于其他问题。因此,例如,一个有竞争力的公司的所有投入(根据定义,将其要素价格视为给定的)可以被看作一种复合投入,它可以以单调递增的方式与企业的产出相关联。论证完全同上,图 A-2 中的曲线现在表示等产量曲线,图 A-3 中的"总效用"被替换为"总生产"。

从前面的介绍中,我们也可以看到假设相对价格 p_1/p_2 保持固定的必要性。总之,在不同的相对价格之下,相同的无差异曲线会对应不同的 X 值,因此假设图 A-2 中无差异曲线Ⅲ为我们的基础参考。如果以实线半预算线所表示的价格比率为准的话,那么通过曲线Ⅱ所代表的效用水平将对应的 X 值为 Oa/Ob,如果以虚线为准的话,则对应值为 Oc/Od。("真实"的数量指标取决于作为权重的价格,这是一个简单事实的对应。)因此,X 和 Y 之间的无差异曲线图在 X_1 和 X_2 的相对价格发生变化的情况下一般也不会保持不变。相应地,根据一组价格所推导出的对 X 的需求曲线和恩格尔曲线,不能用于分析涉及另一组价格的任何问题。

在某种程度上更为直观,只有在图 A-2 中的扩张路径 ABC 上,上面推导出的 X 的需求曲线才提供了关于个体的行为信息,尤其是他在 X_1 和 X_2 上的总资金支出的信息。如果 X_1 和 X_2 的相对价格发生变化,这个个体将不再在这条路径上。于是,前面这条需求曲线将不再具有相关性。

416　　然而,在某些特殊情况下,关于扩展路径的知识也提供了关于其他路径的信息。一个明显的例子就是,图 A-2 中所有扩展路径都是通过原点的直线:也就是说,无论价格比率是多少,X_1 和 X_2 的收入弹性保持不变。相应地,在这种情况下,无论用什么价格比率来定义复合商品,X 的恩格尔曲线都将(在双重对数尺度上)具有相同的斜率。这是与此相反的事实,即在这个假设下(用技术术语讲,假定一个齐次效用函数),不管用作权重的价格是多少,一个无差异曲线与另一个无差异曲线之间的"真正"的数量指标改变是相同的。另一方面,X 的恩格尔曲线的高度会根据 X_1 和 X_2 的相对价格有所不同。因此,即使在这种情况下,在不同的相对价格之下,我们也不能从一条恩格尔曲线确定个体将在 X_1 和 X_2 上所花的钱。

简而言之,虽然消除了"真实"数量指标的模糊性,但齐次性假设并不能帮助衡量"真实"价格指数。因此,在相对价格发生变化的情况下,它不能帮助我们预测在 X_1 和 X_2 上的总支出。[11]

作为最后一个放在一边的问题，我们可能会注意到，上述图表也可以有效地用于展示希克斯互补性质。因此，假设个体最初处于图 A-3b 的点 Q。假定 Y 的价格提高，由此产生的替代效应使得个人处于 Q 点右边的曲线 U_1 上的另一点。这表示 X 的数量增加，因此，图 A-2 中的半预算线较高。但较高的半预算线不一定对应一个具有更大数量的 X_1 和 X_2 的切点（尽管在图 A-2 中被绘制成这样）。因此，这些商品中的一种（虽然不是两种）都是 Y 的补充。

从这条线推理，我们也可以看出互补性不会存在，如果（1）X_1 和 X_2 之间的无差异映射不受 Y 的变化的影响（即效用函数在这个意义上是可分离的），（2）X_1 和 X_2 都不是劣等品。

D. 货币的需求和超额需求函数 [12]

我们现在回到主题。令 Z_n^a 表示个体的最优货币量。将货币的需求函数记为

$$Z_n^a = F_n^a(p_1, \cdots, p_{n-1}, p, \sum_{j=1}^{n-1} p_j \bar{Z}_j^a + p_n \bar{Z}_n^a)。 \quad (2.19)$$

令 $X_n^a = Z_n^a - \bar{Z}_n^a$ 表示货币的超额需求。那么超额需求函数是

$$X_n^a = F_n^a(p_1, \cdots, p_{n-1}, p, \sum_{j=1}^{n-1} p_j \bar{Z}_j^a + p_n \bar{Z}_n^a) - \bar{Z}_n^a。$$

$$(2.20)$$

这里给出的只是函数的一般形式。然而，正如正文中所强调的，预算约

---

[11] 对于这一观察，我很感激戴尔·乔根森。他使我注意到罗纳德·W.谢泼德(Ronald W. Shephard)：《成本与生产函数》(普林斯顿，1953 年)，第 61 页及以下诸页的内容对这一问题更一般的讨论(关于生产)。

亦可参见利维坦和帕廷金："论价格指数的经济理论"，同前引，第 504—509 页。

[12] 附于第 2 章第 5 节。

束使得我们能够以更具体的方式写出这一函数。该函数清楚地显示了它与相应商品函数的关系。

特别是,这个约束条件表明,个体最优组合的货币价值必须等于他的初始组合的货币价值。也就是

$$\sum_{j=1}^{n-1} \frac{p_j}{p_n} Z_j^a + Z_n^a = \sum_{j=1}^{n-1} \frac{p_j}{p_n} \bar{Z}_j^a + \bar{Z}_n^a。 \tag{2.21}$$

这可以被重新记为

$$X_n^a = Z_n^a - \bar{Z}_n^a = -\sum_{j=1}^{n-1} \frac{p_j}{p_n}(Z_j^a - \bar{Z}_j^a) = -\sum_{j=1}^{n-1} \frac{p_j}{p_n} X_j^a。 \tag{2.22}$$

将(2.4)代入(2.22),我们可以看到对货币的超额需求函数(2.20)的明确形式为

$$F_n^a\left(p_1, \cdots, p_{n-1}, p, \sum_{j=1}^{n-1} p_j \bar{Z}_j^a + p_n \bar{Z}_n^a\right) - \bar{Z}_n^a$$

$$\equiv \sum_{j=1}^{n-1} \frac{p_j}{p_n}\left[F_j^a\left(\frac{p_1}{p}, \cdots, \frac{p_{n-1}}{p}, \frac{\sum_{r=1}^{n-1} p_r \bar{Z}_r^a}{p} + \frac{p_n \bar{Z}_n^a}{p}\right) - \bar{Z}_j^a\right] \tag{2.23}$$

$$\equiv \sum_{j=1}^{n-1} \frac{p_j}{p_n}\left[\bar{Z}_j^a - F_j^a\left(\frac{p_1}{p}, \cdots, \frac{p_{n-1}}{p}, \frac{\sum_{r=1}^{n-1} p_r \bar{Z}_r^a}{p} + \frac{p_n \bar{Z}_n^a}{p}\right)\right]。 \tag{2.24}$$

418

可以很容易地看出,在正文中,这个函数具有与此相关的属性。商品的货币价格和最初的货币量等比例增加,使得上面的求和式中的括号里面的各项都保持不变。但是括号中的这些项目现在在其前面分别都乘以了一个更高的货币价格 p_j/p_n。因此,(2.23)或(2.24)的右边必须同比例增加。因此,对货币的超额需求量 X_n^a 也应同比例增加。换言之,对真实货币持有量的需求保持不变。这个结果也可以通过在(2.20)和(2.24)两边乘以 p_n 然后除以 p 得到。这就得到了对真实货

币持有量的超额需求函数,

$$\frac{p_n X_n^a}{p} = \sum_{j=1}^{n-1} \frac{p_j}{p} \left[\bar{Z}_j^a - F_j^a \left(\frac{p_1}{p}, \ldots, \frac{p_{n-1}}{p}, \frac{\sum_{r=1}^{n-1} p_r \bar{Z}_r^a}{p} + \frac{p_n \bar{Z}_n^a}{p} \right) \right]。$$

$$(2.25)$$

显然,这个函数只依赖于相对价格和真实财富。

我们现在从超额需求函数转到需求函数。由(2.25)我们得到真实货币持有量的需求函数,

$$\frac{p_n Z_n^a}{p} = \sum_{j=1}^{n-1} \frac{p_j}{p} [\bar{Z}_j^a - F_j^a (\ )] + \frac{p_n \bar{Z}_n^a}{p}, \qquad (2.26)$$

为了方便起见,将其重新记为

$$\frac{p_n Z_n^a}{p} = \psi^a \left(\frac{p_1}{p}, \ldots, \frac{p_{n-1}}{p}, \frac{\sum_{r=1}^{n-1} p_r \bar{Z}_r^a}{p} + \frac{p_n \bar{Z}_n^a}{p} \right)。 \qquad (2.27)$$

相应地,对名义货币持有量的需求函数可以通过将(2.23)中的 $\bar{Z}_n^a$ 移到右边或(更有提示意义)将前一个等式两边同时乘以 p/p_n 得到。[13] 419

我们现在来研究这些函数的一些性质。由于在下面的讨论中,我们将处理对货币价格等比例增加的反应,(2.27)中右边所有的比率除 $p_n \bar{Z}_n^a/p$ 之外都保持不变。故而函数可以重新记为只依赖于这个变量的函数。更进一步,相对价格保持不变使得我们能够将各种商品视为一个价格为 p 的复合商品(参见前一节)G。为了简单起见,去掉标志 a 并令 $p_n = 1$,我们可以将真实余额和商品的需求函数分别记为

$$\frac{Z_n}{p} = H\left(\frac{\bar{Z}_n}{p} \right) \qquad (2.28)$$

和

---

[13] 在本节和下节,我将对名义货币持有量的超额需求分别表示为 X_n 和 X_n^a。读者也可能更喜欢将其分别表示为 $p_n X_n$ 和 $p_n X_n^a$。这并不影响论证的本质。对 Z_n^a 和 $p_n Z_n^a$ 声明同样成立。

$$G=G\left(\frac{\bar{Z}_n}{p}\right)。 \tag{2.29}$$

两者的关系由预算约束确定为

$$G+\frac{Z_n}{p}=\bar{G}+\frac{\bar{Z}_n}{p}, \tag{2.30}$$

在这里，$\bar{G}$ 表述商品的初始禀赋。由此得到

$$G'(\ )+H'(\ )=1; \tag{2.31}$$

也就是，真实余额效应的和为 1。由此以及根据我们的假设，不管是商品还是真实余额都不是劣等品，由此可得到

$$0<G'(\ )<1, \tag{2.32}$$

$$0<H'(\ )<1。 \tag{2.33}$$

420　现在注意到，不像任何其他商品，真实货币持有量具有需求函数和超额需求函数的斜率不同的属性。特别是，尽管对真实余额的需求对 p 的斜率为负，但是超额需求的斜率却为正。因为

$$\frac{X_n}{p}=H\left(\frac{\bar{Z}_n}{p}\right)-\frac{\bar{Z}_n}{p}。 \tag{2.34}$$

因此

$$\frac{d\left(\frac{X_n}{p}\right)}{dp}=-H'(\ )\frac{\bar{Z}_n}{p^2}+\frac{\bar{Z}_n}{p^2}=\frac{\bar{Z}_n}{p^2}[1-H'(\ )]>0。 \tag{2.35}$$

具有这一独特性质的原因是，商品价格的变动必然造成它们初始持有量变化的事实将真实货币持有量与其他商品区别开来。此外，由于 $H'(\ )<1$，增加的需求将总是少于初始数量的增加。这是 (2.35) 中斜率为正的原因。

我们现在转向弹性。[14]真实余额对 p 的弹性为

---

　　[14]　由于菲利普·W.贝尔的批评，本讨论的原始版本已做修改。参见前文，第 30 页脚注 27。

$$\eta_R = -\frac{dH(\bar{Z}_n)}{dp} \cdot \frac{p}{\dfrac{Z_n}{p}} = H'\left(\frac{\bar{Z}_n}{p}\right) \cdot \frac{\bar{Z}_n}{Z_n}. \qquad (2.36)$$

为了确定名义余额的需求弹性,我们首先将需求函数记为

$$Z_n = pH\left(\frac{\bar{Z}_n}{p}\right) = \frac{1}{\dfrac{1}{p}} H\left(\frac{\bar{Z}_n}{p}\right). \qquad (2.37)$$

Z_n 对 $1/p$ 的弹性是

$$
\begin{aligned}
\eta_N &= -\frac{d\left[pH\left(\dfrac{\bar{Z}_n}{p}\right)\right]}{d\left(\dfrac{1}{p}\right)} \cdot \frac{\dfrac{1}{p}}{Z_n} = -\left[p\,\bar{Z}_n H'\left(\frac{\bar{Z}_n}{p}\right) - p^2 \cdot H\left(\frac{\bar{Z}_n}{p}\right)\right]\frac{1}{pZ_n} \\
&= -H'\left(\frac{\bar{Z}_n}{p}\right)\frac{\bar{Z}_n}{Z_n} + 1 \\
&= 1 - \eta_R. \qquad (2.38)
\end{aligned}
$$

注意到价格弹性 η_R 等于财富弹性 [15]

$$\frac{dH\left(\dfrac{\bar{Z}_n}{p}\right)\dfrac{\bar{Z}_n}{p}}{d\left(\dfrac{\bar{Z}_n}{p}\right)\dfrac{Z_n}{p}} = H'\left(\frac{\bar{Z}_n}{p}\right)\frac{\bar{Z}_n}{Z_n}, \qquad (2.39)$$

这就提出了正文中图 2-2a 和图 2-3(第 29、32 页)的等价性。

由(2.36)和(2.33),我们看到只要个体维持或增加其初始货币持

---

[15] 由于在我们当前的假设之下能改变的财富的唯一形式就是真实货币余额,这里的导数就是针对这个变量所取。将需求函数(2.28)和(2.29)写成更明确的形式

$$\frac{Z_n}{p} = H\left(\bar{G} + \frac{Z_n}{p}\right)$$

和

$$G = G\left(\bar{G} + \frac{Z_n}{p}\right),$$

可以更清楚地说明这个过程,注意式中 $\bar{G}$ 为常数。

有量(也就是 $Z_n \geqslant \bar{Z}_n$),η_R 就为正数且小于 1。因此,由(2.38),η_N 必须同样为正数且小于 1,这意味着对名义余额的需求曲线在这一区域的斜率必须为负。反过来,如果个体显著降低他的货币持有量($Z_n <$ $\bar{Z}_n$),η_R 就能大于 1,如此,η_N 就变成负数,名义需求曲线的斜率相应地变成了正数。

这两种可能性表示在图 A-4 中。注意,即便在需求曲线 $\bar{Z}_n$ 的左边的某些点的斜率为正,也不能足以使得它向后弯曲到与垂直线相交于 Z_n。这对我们后来对市场均衡的讨论有点意义:因为它显示,即便需求曲线的斜率为正,在均衡点 T 的邻域内,它的斜率也不可能是这样的。因此,在我们当前的假设之下,名义需求曲线可能出现的正斜率不可能是造成系统短期不稳定的源头。

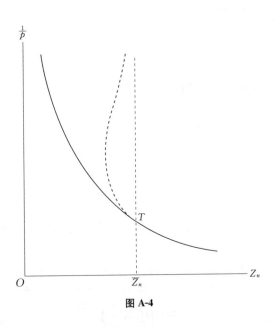

图 A-4

为了完整起见,我们还可以简要地讨论商品或真实余额是劣等品(显然,两者不能同时是劣等品)的假设的含义。在后一种情况下,$\eta_R <$ 0,所以由(2.38)可知,名义余额的需求弹性大于 1。从(2.37)中也可以

清楚地看出,在这种情况下,价格的上涨会导致两种因素$[p$ 和 $H(\ )]$ 增加,它们的乘积构成了名义余额的需求。另一方面,如果商品是劣等品,那么由(2.31)可知,$H'(\ )>1$,所以,由(2.36),真实余额的弹性 η_R 即使在 $Z_n>\bar{Z}_n$ 的情况下都可以大于 1。因此,即使是在 $\bar{Z}_n$ 的邻域及其右边,对名义货币持有量的需求的斜率为正。换言之,这种情况下因价格上升而导致的真实余额需求下降是如此的陡急,以至于相应地造成了名义余额的下降。由于这些假设的经济稍微有点难以置信,这里很难进一步做出探讨。[16]

---

[16]　然而,可参见数学附录 3E。

尽管货币持有量是劣等品这一情况没有任何经济意义,但值得注意的是,它没有约翰逊(他以"芝加哥大学货币和银行研讨会的口头传统"为基础)在以下描述中所宣称的逻辑障碍:"通过缩短每周和按比例减少个体每周的商品禀赋,这是一个使个体收入流比率保持不变的过程,使个体无法充分削减商品消费以增加计划的余额。因此,真实余额的缺点是在分析的时间单位上不是不变的。"("货币理论与政策",同前引,第339 页脚注 2)。

尽管它的最后一句话,上一段真正关注的问题不是"分析的时间单位"发生改变的后果(如第 19 页脚注 15 和第 26 页脚注 23 所示,使得货币需求函数保持不变),而是在给定收入流比率的情况下缩短时间长度的后果。相应地,显然从财富的定义可知前述关于这样的改变将使得个体的行为不变的含义是没有意义的。因为将个体的经济期限从 1 周减少到 1 天并相应减少其商品禀赋至其原有水平的 1/7,同样也使得个体的财富(大致)降低至其先前水平的 1/7;因为,现在其他的 6 天与他们的预期收入,在经济意义上已经被消灭掉了。相应地,上述段落所暗示的是一个合理的陈述。总的来说,通过充分减少个人财富,最终会迫使他减少对货币余额的需求。

另一方面,如果我们考察的情况中个体的经济期限保持不变为 1 周(现在被标记为"7 天"),而他的收入期间被减少至 1 天,那么在任何给定的一日他所增加的货币余额被限制在当天的收入水平。我们将拥有一个多时期模型(参见第 5—7 章)。在这个模型中,当前收入期间的减少只是将"收入"从当前转移到了"未来",因此使得个体的总财富保持完整。相应地,个体可以基于他的未来收入借入货币而增加其当期真实余额。毕竟,这是"恒常收入假说"的简单含义:也就是说,个体在任何给定的期间的需求不是取决于该期间真实获得的收入,而是在他的经济期限里所有期间的收入流的贴现值(也就是说,取决于他的财富)。[尽管与当前讨论无关,应当注意到,当刚刚描述的变化没有影响个体对货币余额的最大增加,它一般将会影响他的实际需求:因为这显然依赖于收入(或支出)期间的性质。]

这里产生的一些问题的更严谨的处理,参见数学附录 11,尤其是第 522 页脚注 12。

424　　最后，我们考察一下对真实余额和商品的财富弹性之间的关系。在我们当前的假设之下，后者可以记为

$$\eta_G = \frac{dG\left(\frac{\bar{Z}_n}{p}\right)}{d\left(\frac{\bar{Z}_n}{p}\right)} \cdot \frac{\frac{\bar{Z}_n}{p}}{G} \text{。} \tag{2.40}$$

由(2.31)和(2.36)我们可得到

$$\eta_R = (1 - G')\frac{\bar{Z}_n}{Z_n} = \frac{\bar{Z}_n}{Z_n} - \frac{pG}{Z_n}\eta_G \text{。} \tag{2.41}$$

这可以记为某种更具提示性的形式

$$\frac{Z_n\eta_R + pG\eta_G}{\bar{Z}_n + p\,\bar{G}} = \frac{\bar{Z}_n}{\bar{Z}_n + p\,\bar{G}}; \tag{2.42}$$

也就是说，以他们相对支出为权重的弹性平均值等于构成货币持有量的初始禀赋的比例。这类似于我们所熟悉的命题：收入弹性的加权总和等于 1。[17]然而，在当前的情况下，价格变化只使得初始余额的真实
425　价值，而不是总财富 $\bar{G} + \bar{Z}_n/p$ 按比例发生变化。因此，针对这一价格变化的弹性之和等于最初的真实余额的相对权重。

E. 市场函数[18]

　　假设经济中存在 A 个个体。令市场对任何商品的需求由 $Z_i = \sum_{a=1}^{A} Z_i^a$ 表示。相似地，令商品的总初始禀赋为 $\bar{Z}_i = \sum_{a=1}^{A} \bar{Z}_i^a$。因此，回到第 A 节的符号，市场对第 j 种商品的需求可以被总括为

$$X_j = Z_j - \bar{Z}_j$$

---

[17]　参见赫尔曼·沃尔德：《需求分析》（斯德哥尔摩，1952），第 112 页。
[18]　附于第 2 章第 6 节。

$$= \sum_{a=1}^{A} \left[F_j^a \left(\frac{p_1}{p}, \cdots, \frac{p_{n-1}}{p}, \frac{\sum_{r=1}^{n-1} p_r \bar{Z}_r^a}{p} + \frac{p_n \bar{Z}_n^a}{p} \right) - \bar{Z}_j^a \right] 。 \quad (2.43)$$

为了方便起见,这将被重新记为

$$X_j = F_j \left(\frac{p_1}{p}, \cdots, \frac{p_{n-1}}{p}, \frac{\sum_{r=1}^{n-1} p_r \bar{Z}_r^1}{p} + \frac{p_n \bar{Z}_n^1}{p}, \cdots, \frac{\sum_{r=1}^{n-1} p_r \bar{Z}_r^A}{p} + \frac{p_n \bar{Z}_n^A}{p} \right),$$
$$- \bar{Z}_j, \ (j = 1, \cdots, n-1), \quad (2.44)$$

于是,对货币的超额需求函数形如

$$X_n = - \sum_{j=1}^{n-1} \frac{p_j}{p_n} \left[F_j \left(\frac{p_1}{p}, \cdots, \frac{p_{n-1}}{p}, \frac{\sum_{r=1}^{n-1} p_r \bar{Z}_r^1}{p} + \frac{p_n \bar{Z}_n^1}{p}, \cdots, \right. \right.$$
$$\left. \left. \frac{\sum_{r=1}^{n-1} p_r \bar{Z}_r^A}{p} + \frac{p_n \bar{Z}_n^A}{p} \right) - \bar{Z}_j \right] 。 \quad (2.45)$$

如果任何两个人对财富的边际消费倾向相等,那么(2.44)和
(2.45)可以分别记为

$$X_j = F_j \left(\frac{p_1}{p}, \cdots, \frac{p_{n-1}}{p}, \frac{\sum_{r=1}^{n-1} p_r \bar{Z}_r}{p} + \frac{p_n \bar{Z}_n}{p} \right) - \bar{Z}_j \quad (j = 1, \cdots, n-1)$$
$$(2.46)$$

和

$$X_n = - \sum_{j=1}^{n-1} \frac{p_j}{p_n} \left[F_j \left(\frac{p_1}{p}, \cdots, \frac{p_{n-1}}{p}, \frac{\sum_{r=1}^{n-1} p_r \bar{Z}_r}{p} + \frac{p_n \bar{Z}_n}{p} \right) - \bar{Z}_j \right] 。$$
$$(2.47)$$

因此,只有在这些假设之下,市场的超额需求函数才与个体的超额需求
函数相似。

3. 第 3 章附录

A. 超额需求方程组[1]

从 (2.44) 和 (2.45) 我们得到 n 个超额市场需求方程

$$F_j\left(\frac{p_1}{p}, \cdots, \frac{p_{n-1}}{p}, \frac{\sum\limits_{r=1}^{n-1} p_r \bar{Z}_r^1}{p} + \frac{p_n \bar{Z}_n^1}{p}, \cdots, \frac{\sum\limits_{r=1}^{n-1} p_r \bar{Z}_r^A}{p} + \frac{p_n \bar{Z}_n^A}{p}\right) - \bar{Z}_j = 0$$

$$\tag{3.1}$$

$$(j = 1, \cdots, n-1),$$

$$\sum_{j=1}^{n-1} \frac{p_j}{p_n} \left[F_j\left(\frac{p_1}{p}, \cdots, \frac{p_{n-1}}{p}, \frac{\sum\limits_{r=1}^{n-1} p_r \bar{Z}_r^1}{p} + \frac{p_n \bar{Z}_n^1}{p}, \cdots, \right. \right.$$

$$\left. \left. \frac{\sum\limits_{r=1}^{n-1} p_r \bar{Z}_r^A}{p} + \frac{p_n \bar{Z}_n^A}{p}\right) - \bar{Z}_j \right] = 0_\circ \tag{3.2}$$

对于这些方程,必须增加绝对价格水平的定义,根据 (2.1),重新记为

$$\sum_{j=1}^{n-1} w_j \frac{p_j}{p} = 1_\circ \tag{3.3}$$

428　由记录货币的超额需求方程 (3.2) 的方式可以看出市场方程之间的依

---

[1]　附于第 3 章第 2 节。

赖性是清晰的。因此,在(3.1)—(3.3)的 $n+1$ 个方程中有 n 个独立的方程。

这个方程组中的自变量是 nA 个初始禀赋 $\bar{Z}_i^a$ ($i=1,\cdots,n$; $a=1,\cdots,A$)和 $n-1$ 个权重 w_j($j=1,\cdots,n-1$)。我们注意到 $n+1$ 个因变量 $p_1,\cdots,p_n,p$ 只是以 n 个比率 $p_1/p,\cdots,p_{n-1}/p,p_n/p$ 的形式出现。因此,与其单个成分 p_i($i=1,\cdots,n$)和 p 形成对比,方程组(3.1)—(3.3)最多只能解出这些比率。现在假设已经确定这些比率的解。用最后一项 p_n/p 去除前面的 $n-1$ 项,这将得到具体的货币价格 $p_1/p_n,\cdots,p_{n-1}/p_n$。由此得到,方程组(3.1)—(3.3)最多只能确定货币价格。除非任意确定它们中间的一个值,否则会计价格 p_i 是不确定的。然后这使得我们能够确定所有的 p_i。[2]

对被消去的因变量等式的选择显然不会影响预测系统的解。例如,考察以下两种可能性。首先,均衡货币价格从构成(3.1)和(3.2)的子集的 n 个方程中解出;其次,这些价格乃由构成(3.2)和(3.3)的全部方程以及(3.1)中除第一个方程之外的子集的 n 个方程解出。我们将余下的 $n-2$ 个商品方程乘以各自的货币价格,并从(3.2)中减去这 $n-2$ 个乘积的和。方程(3.2)因此被简化为

$$\frac{p_1}{p_n}[F_1(\ )-\bar{Z}_1]=0。 \tag{3.4}$$

如果 p_1/p_n 不为 0 且是有限的,这就简化为第一种商品的超额需求方程——这是最初被消除的方程。

因此,不管哪个商品方程被消除,我们都可以通过联立方程组的标准运算将所得到的方程子集转化为通过消除货币价格所得到的方程子集。因此,无论哪个超额需求方程被消除,所得的子集都会产生相同的货币价格均衡解。

429

---

[2] 请注意,没有使用 $n+1$ 个会计价格和只有 n 个独立的方程这一事实,就建立起会计价格的不确定性。

对会计和货币价格进行区别已经达到目的，我们现在可以放弃了。从此以后，我们假定，会计价格为任意固定价格的商品就是货币，我们将其价格固定在 1。也就是说，我们设 $p_n = 1$。因此，任何商品的货币价格和会计价格都必须是相等的。

B. 动态方程组的假设 [3]

在他证明市场将怎样解方程集(3.1)和(3.5)之前，经济学家的任务尚未完成。出于这一目的，瓦尔拉斯形成了他的试错理论。这一理论可由下面的微分方程组表示 [4]：

$$\frac{dp_j}{dt} = K_j \left[F_j(\ ) - \bar{Z}_j \right] \quad (j = 1, \cdots, n-1), \tag{3.5}$$

$$\sum_{j=1}^{n-1} \frac{p_j}{K_j} \frac{dp_j}{dt} = -X_n, \tag{3.6}$$

$$\frac{dp}{dt} = \sum_{j=1}^{n-1} w_j \frac{dp_j}{dt}, \tag{3.7}$$

在这 t 表示时间，K_j 为正常数。

方程(3.5)指出，第 j 个市场的正的超额需求导致第 j 个商品的价格 p_j 随时间的推移而上升。价格上升的幅度与常数 K_j 成正比，这也代表了价格对超额需求的响应速度。方程(3.7)指出，价格水平的变化率等于个别价格的变化率的加权平均值。将(3.5)代入(2.45)可得到方程(3.6)。这表明，"在平均意义上"，货币的超额供给造成价格 p_j 上升。这很显然没有为(3.5)提供新的信息，因此可以被忽略不计。[5]

---

[3] 附于第 3 章第 3 节。

[4] 以下建立在萨缪尔森著名的动态分析之上，参见其《经济分析基础》，第 9 章，尤其是第 260—261 页。关于瓦尔拉斯，参见后文注释 B。

[5] 利用方程(3.6)的例子，参见第 11 章第 3 节等式(6)。

从任何初始价格集开始,方程(3.5)和(3.7)描述了因超额需求导致的价格运动。因此,它们描述了每一个价格变量随时间变化的情况。假设我们能够通过从方程(3.5)和(3.7)中求解得到作为时间 t 的函数的货币价格,而得到这些时间路径的清晰描述

$$p_j = q_j(t) \quad (j = 1, \cdots, n-1), \tag{3.8}$$

$$p = q(t)。 \tag{3.9}$$

很明显,函数 $q_j(\ )$ 和 $q(\ )$ 的导数分别是 dp_j/dt 和 dp/dt。

假设 $p_j^0 (j = 1, \cdots, n-1)$ 和 p^0 为方程组(3.1)到(3.3)的均衡值。那么如果

$$\lim_{t \to \infty} q_j(t) = p_j^0 \text{ 和} \tag{3.10}$$

$$\lim_{t \to \infty} q(t) = p^0 \tag{3.11}$$

被定义为稳定的,则意味着由方程(3.5)和(3.7)描述的逐次逼近法最终成功求出了联立方程组(3.1)—(3.3)的解。

有一点需要强调,瓦尔拉斯的试错是指全局的稳定性:也就是,它试图描述经济从任何点达到均衡的过程。然而,萨缪尔森的原创性工作只提供了局部(也就是均衡点的邻域)稳定性的详细分析。在只有唯一的均衡点的情况下,这种稳定性是瓦尔拉斯试错稳定性的必要而非充分条件。[6]

然而,最近也得到了全局稳定性的条件。尤其是,我们已经证明,如果全部商品为显而易见的替代品,那么在(3.5)—(3.7)描述的动态调整方程中可以实现这种稳定性。[7]

431

---

[6] 我要感谢米勒向我指出了瓦尔拉斯的试错处理的是全局稳定性。关于(3.8)—(3.9)的函数的显式表达式以及它们收敛与局部的条件,参见萨缪尔森:《经济分析基础》,第 270—272 页。也可参见后面的数学附录 9B。

[7] 关于这个以及其他结果,参见阿罗和维茨:"关于竞争均衡的稳定性Ⅰ",《计量经济学杂志》,第 26 期(1958),第 522—552 页;阿罗、布洛克和维茨:"关于竞争均衡的稳定性Ⅱ",《计量经济学杂志》,第 27 期(1959),第 82—109 页。(转下页)

C. 货币数量变化的影响[8]

考察方程组(3.1)—(3.3),现在 p_n 自出现就被替换为 1。假设对于 $\bar{Z}_i^a = \bar{Z}_i^{a0}(i=1, \cdots, n; a=1, \cdots, A)$,方程组有解 $p_j = p_j^0(j=1, \cdots, n-1)$ 和 $p=p^0$。现在考察 $\bar{Z}_i^a = \bar{Z}_i^{a0}(i=1, \cdots, n; a=1, \cdots, A)$ 和 $\bar{Z}_n^a = t\,\bar{Z}_n^{a0}(a=1, \cdots, A)$ 的解,其中 t 是一个正常数。也就是,考察每一个体的初始货币持有量等比例增加的情况。通过检查(3.1)—(3.3),可以很容易看到必然存在一个新的解 $p_j = tp_j^0(j=1, \cdots, n-1)$ 和 $p=tp_0$。

D. 需求曲线和市场均衡曲线[9]

由于分析被限制在那些不会影响 $\bar{Z}_n^a(a=1, \cdots, A)$ 的大小的变化,我们可以将这些初始数量的每一个表示为经济中的总货币数量的固定比例

$$\bar{Z}_n^a = k_a \bar{Z}_n \quad (a=1, \cdots, A) \tag{3.12}$$

在这里,k_a 为给定的常数。利用这些方程和当前的讨论中 $\bar{Z}_j^a (j=1, \cdots, n-1; a=1, \cdots, A)$ 为常数的事实,以及 $p_n=1$,我们将(3.1)和(3.3)重新记为

432

(接上页)关于对最近文献的批判性讨论,参见藤井隆史(Takashi Negishi):"竞争经济的稳定性:一篇调查文章",《计量经济学杂志》,第 30 期(1962),第 635—669 页。亦可参见阿罗和维茨:"弱总可替代性下的竞争稳定性:非线性价格调整与适应性预期",《国际经济评论》,第 3 期(1962),第 233—255 页。亦可参见哈恩、森岛和乌萨瓦在同一问题上的相关文章。

[8] 附于第 3 章第 4 节。

[9] 附于第 3 章第 6 节。

$$G_j\left(\frac{p_1}{p}, \cdots, \frac{p_{n-1}}{p}, \frac{\bar{Z}_n}{p}\right) - \bar{Z}_j = 0 \qquad (3.13)$$

$$(j = 1, \cdots, n-1)$$

$$\sum_{j=1}^{n-1} w_j \frac{p_j}{p} = 1。 \qquad (3.14)$$

现在将(3.13)—(3.14)视为一组包含 p_j/p 和 $\bar{Z}_n/p$ 等 n 个变量的方程。对这些变量求解,我们得到

$$\frac{p_j}{p} = \alpha_j \qquad (3.15)$$

$$(j = 1, \cdots, n-1)$$

$$\frac{\bar{Z}_n}{p} = \alpha_n, \qquad (3.16)$$

其中 α_j 和 α_n 对于任何固定的 w_j,$\bar{Z}_j^a$ 和 k_a 都是常数。将(3.16)重新记为

$$p = \frac{1}{\alpha_n} \bar{Z}_n, \qquad (3.17)$$

我们可以直接看出因变量 p 与自变量 $\bar{Z}_n$ 的正比关系。将(3.17)代入(3.15),我们得到

$$p_j = \frac{\alpha_j}{\alpha_n} \bar{Z}_n \qquad (j = 1, \cdots, n-1)。 \qquad (3.18)$$

也就是说,这种直接依赖关系概括了每个货币价格的特征。这样我们重申了前一节的结论。[10]

　　个体实验和需求曲线与市场实验和市场均衡曲线之间的区别现在最清楚了。正文中图 3-2 中的需求曲线表示的是前面的方程(2.37)。这些曲线的斜率是(2.37)右边对 $1/p$ 的导数。相比之下,图 3-3 中的

433

————————————

[10] 现在的发展显然与上面(2.6)—(2.8)的需求函数的反函数(马歇尔)的推导有关。

市场均衡曲线是(3.17)重新记为

$$\frac{1}{p} = \frac{\alpha_n}{\bar{Z}_n} \tag{3.19}$$

的图形表示。

显然,方程(3.19)与方程(2.37)不同。更具体地说,无论方程(2.37)所描述的需求函数的形式怎样,市场均衡函数都将具有由方程(3.19)描述的矩形双曲线的形式。

这也清楚地表明,方程(3.19)或方程(3.17)不是货币余额方程的一个变种。因为后者的目的是超额需求方程,而不是一个市场均衡方程——虽然正文指出,正是在这一点上,在货币余额方法的支持者之间存在一些困惑[11]。

最后,我们再次指出(第392页),上面的区别与结构方程[前文的(2.37)]和简化方程[(3.17)]之间在计量经济学中的区别相当。

E. 长期需求函数[12]

图3-5(第54页)对个体调整过程的几何分析实际上代表了一阶微分方程

$$\frac{Z_{nt}}{p} = F\left(\bar{G} + \frac{Z_{n,\,t-1}}{p}\right) \tag{3.20}$$

的解,其中Z_{nt}表示第t时期的货币余额,p为给定的价格水平,在这里我们利用到了第421页脚注15所描述的需求函数。从这一个方程的一般属性[13],我们知道如果恩格尔曲线具有正的斜率并从上部与45°线相交(如图3-5),收敛就会发生。但是,如果它与这一条线是从下面

---

[11] 参见第8章第2节。

[12] 附于第3章第7节。

由于尼桑·利维坦宝贵的批评与建议,本节的论证大大改善。

[13] 参见鲍莫尔:《经济动态学》(第2版,纽约,1959),第257—262页。

相交(商品为劣等品时就是这种情形[14]),系统会发散。最后,如果恩
格尔曲线与45°线的交点处的斜率为负(这就是真实余额是劣等品时的
情形),那么根据交点处的斜率的绝对值分别小于或大于1,系统将会
震荡收敛至均衡位置或者非均衡位置。因此,在前一种情况下,个体接
近他的均衡位置可以认为是"低调"和"超调"。也就是说,不像图 3-5
中个体连续地增加或支取他的货币余额,在这些情况下,个体将在一周
采用一种"蛛网"模式增加他的余额(财富),在下一周支取余额,直到他
到达均衡点为止。[15]

因为从其他经济考虑中可以清楚地看出,无论是一般商品还是货
币余额都不是劣等品,我们可以很安全地忽略这两个具有特殊含义的
情况。将我们自己限制在稳定性的情形,我们注意到正文中图形分析
的假设[16]隐含着(3.20)的长期均衡解具有单值函数的形式

$$\frac{Z_n^*}{p} = f(\bar{G}) 。 \tag{3.21}$$

因此,在给定的假设之下,对每一个 G 的取值,无论初始值 Z_m/p 的大
小,对真实余额的需求存在一个唯一的长期(或稳定)水平。[17]

或者,调整过程可以用一阶差分方程进行分析。

$$G_t = G\left(\bar{G} + \frac{Z_{n,\,t-1}}{p}\right) \tag{3.22}$$

----

[14] 参见数学附录 2D。

[15] 应该指出的是,如果我们用一阶微分方程而不是差分方程分析个体的行为
这个"超调"——以及使得它所产生的"蛛网"模式合理化的困难(参见约翰逊,"货币理
论与政策",同前引,第 339 页脚注 2)将消失。直观地说,如果一个人的长期均衡完全
取决于他持有的货币存量,而不是取决于存量的变化率,那么当他达到均衡存量时,他
的瞬时调整过程就结束了。对于这一观察,我感谢米尔顿·弗里德曼。

[16] 参见第 31 页脚注 28,以及第 54—55 页。

[17] 这是阿奇博尔德和利普西("货币与价值理论",同前引,第 5—6、9 页)的
主要结论之一。更严谨的表述,参见克劳尔和伯斯坦(同前引,第 32—34 页),他们把
这个结果优先归功于莱塞(同前引,第 133—134 页)。亦可参见鲍尔和博德金(同前
引,第 45—46 页)。

描述了商品的需求函数。这通过预算约束(2.30)与(3.20)发生关系,重记为

$$G_t + \frac{Z_{nt}}{p} = \bar{G} + \frac{Z_{n,\,t-1}}{p}。 \tag{3.23}$$

根据长期均衡 $Z_{nt} = Z_{n,\,t-1}$ 的定义,方程(3.23)意味着相应的商品的需求函数是

$$G^* = \bar{G}。 \tag{3.24}$$

这就引出了本质上是一个语义点的问题。长期需求函数(3.21)和(3.24)有时被描述为与真实余额无关。[18]这个声明在我看来有点误导。因为,正如前面第 53 页已经强调的,在个体需求的长期分析中,真实余额水平是一个内生而不是外生的变量;因此,它在相应的需求函数中没有位置。[19]换言之,关于真实余额效应在对需求的长期分析中不是它的作用为零,而是它不能被指定为需求函数的自变量。

还有第二个更重要的语义点。以上是指(3.21)和(3.24)两个"需求函数"。从其中一个角度来看,这是一项合理的使用:这些方程将需求量表示为一个特定过程的外生变量的函数。然而,对于这个术语的更深一层含义而言,这种用法是具有误导性的:因为即使在个体达到长期均衡之后,他仍然会根据自己的财富约束(3.23)来决定自己的行为;相应地,在通常意义上他的需求函数仍然取决于这一约束式右边所定义的财富。[20]换言之,处于长期均衡位置的个体的需求 Z_n^*/p 和 G^* 并没有让其依照(3.21)和(3.24)采取行动,而是根据财富水平 $\bar{G} + Z_n^*/p$ 购

436

---

[18] 再次参见前一脚注中的阿奇博尔德和利普西的文献。亦可参见格里利谢斯等人关于"如果收入得到正确的测量,在长期均衡下,(消费函数中)流动资产的相关系数应当为零"的阐述。["季度总消费函数估计附注",《计量经济学杂志》,第 30 期(1962),第 496 页脚注 8,原文为斜体。]

[19] 参见前文第 1 章第 4 节。

[20] 这一点在数学附录 6A 中有更详细的说明。

买(3.20)和(3.22)所指示的最优数量。[21]

现在,只要个体处于长期均衡状态,显然无法区分这两种选择。然而,一旦他离开这个位置(比如说,由于真实货币持有量的一种外生变化),这不仅变得可能区分,而且立即表明只有方程(3.20)和(3.22)提供了对个体行为的正确描述。因此,这些方程与(3.21)和(3.24)不同,无论个体是否处于长期均衡,都是有效的。

一些作者声称真实余额效应应当体现在消费函数中,但不是以现有的余额水平,而是以这一水平与长期均衡水平之差体现在函数中,这样,当均衡实现时,这个效应就会自动从"方程中移除"。方程(3.21)和(3.24)的这一缺点也许是造成他们形成这种认知的原因,也是我们稍微离开长期均衡位置并用完全不同的方程取代它们的必要性。[22]在当前的简单假设之下,这意味着,消费函数(3.22)应当记为

$$G_t = \bar{G} + g\left(\frac{Z_{n,\,t-1}}{p} - \frac{Z_n^*}{p}\right),\qquad (3.25)$$

在这里 $g(0)=0$,因此,长期均衡(3.25)简化为(3.24)。

这一过程受到两种刚才提到的语义上的批评:不能恰当地出现在需

---

[21] 这样我们也可推断函数(3.20)和(3.21)的关系。具体而言,从

$$\frac{Z_n^*}{p} = F\left(\bar{G} + \frac{Z_n^*}{p}\right)$$

我们得到

$$d\left(\frac{Z_n^*}{p}\right) = F'(\ )d\bar{G} + F'(\ )d\left(\frac{Z_n^*}{p}\right),$$

进一步可得到

$$\frac{d(Z_n^*/p)}{d\bar{G}} = f'(\ ) = \frac{F'(\ )}{1 - F'(\ )}.$$

[22] 参见米尚(E. J. Mishan):"货币余额效应解释的谬误",《经济学刊》,第 25 期(1958),第 107、110 页。米尚的"货币余额效应"实际上表示为货币需求和供给之间的差异。

然而下面的评论也与此论点相关。为了估计正文中所描述类型的方程,参见吉恩·克罗克特(Jean Crockett):"收入和资产对消费的影响:总量与横截面",《收入与财富研究会议,收入决定模型,收入与财富研究》,第 28 卷(普林斯顿,1964),第 127—128 页。

求函数中,(3.25)的形式不反映对总财富的依赖,这种依赖概括了从通常的效用最大化推导出的需求函数的特征。这些批评的性质可以因注意到这一点而得到证明,即如果 Z_{nt} 大于 Z_n^*,那么 $Z_{n,\,t-1}$ 小于 Z_{nt};因此,由(3.23)知 G_t 大于 G^*。但是这一论点很容易被推翻。换句话说,Z_{nt} 对 Z_n^* 的正偏差不是造成 G_t 对 G^* 的相应偏差的一个原因,但两个偏差是具有明确的外生变量的同一动态过程所同步产生的后果。[23][24]

438　　这些语义点的基础是实质性的,即我们目前模型中的实际行为不

---

[23]　参见前文第 25 页。

或者,我们可以认为(3.25)的逻辑将导致我们将(3.20)重新记为

$$\frac{Z_{nt}}{p}=f(\bar{G})+h(G_t-G^*)。$$

从中可以清楚地看出,从其长期值 $f(\bar{G})=Z_n^*/p$ 推导 Z_{nt}/p 不能被视为对 G_t 产生独立的影响。

还要注意的是,一个包括债券的、更加复杂的模型的动态调整过程的因果链并不是直接来自相对于消费品需求过剩的货币供给,而是相对于这一消费水平的利率的超额供给:参见前文,特别是第 294 页脚注 23。

[24]　我们可能也会注意到,在特定的假设之下,消费函数(3.22)可以被转换成能够反映从 Z_n^* 推导 Z_{nt} 的“影响”的形式。特别是,假设这个函数具有以下形式

$$G_t=\alpha\left(\bar{G}+\frac{Z_n^*}{p}\right),\tag{a}$$

其中,α 为常数。因此该函数可以转换成

$$G_t=\alpha\left(\bar{G}+\frac{Z_n^*}{p}\right)+\alpha\left(\frac{Z_{n,\,t-1}}{p}-\frac{Z_n^*}{p}\right)$$
$$=\bar{G}+\alpha\left(\frac{Z_{n,\,t-1}}{p}-\frac{Z_n^*}{p}\right)。\tag{b}$$

从这个例子可以很清楚地看出,我们既可以用我所采用的,米尚(同前引,第 107—108 页)将其称为“资产—支出效应”[等式(a)中的 $\alpha\dfrac{Z_{n,\,t-1}}{p}$],或者采用他所称为“货币余额效应”[等式(b)中的 $\alpha\left(\dfrac{Z_{n,\,t-1}}{p}-\dfrac{Z_n^*}{p}\right)$],但不能同时采用两者(参见后文第 460 页脚注 7),去描述真实余额效应对消费的影响。因为刚才已经解释的原因,我认为只有“资产—支出效应”才是合适的。

对米尚立场的一个相似解释可以由第 227 页的等式(23)给出。

受变量长期均衡值的影响。从以下反例最容易看出：假设存在一个偏好的变化导致图 3-5（第 54 页）中的恩格尔曲线部分下移至 C 点的左边，使得新的曲线与 45°线相交于 T′。这一点就代表了 Z_n/p 新的长期均衡值。但是，当他的初始余额为 O_b 或大于 O_c 的其他数量时，Z_n^*/p 的变化显然并不影响个体对真实余额（因此也包括商品）的需求。这反映了一个已经被注意到的基本事实（第 435—436 页），个体在任何一点的需求完全由其在这一点的偏好和总财富确定。[25]

关于需求函数就讲这么多。现在转向长期均衡市场价格的确定，我们注意到，图 3-4 的分析也可以用一个差分方程表示。由于这个方程的复杂性，在这里不会尝试为其求解。显然，这个方程（决定的长期均衡价格水平的稳定性）包括短期需求函数（3.20）或（3.22），而不是长期函数（3.21）或（3.24）。[26]因此，举例来说，读者可以很容易从图 3-4 验证，如果与方程（3.20）[27]相对应的恩格尔曲线是线性的且斜率小于 1，那么就会发生收敛的情况。这是已经提到的在调整过程中价格水平保持不变的琐碎情形。[28]

439

在结束这一节时，我们再强调一次[29]即静态函数（3.21）和（3.24）与实际经济中不断增长的消费和货币需求函数没有关联。[30]相应地，我们将看到在注释 M 中所描述的实证研究确定了与短期函数（3.20）和（3.22）有关的函数。[31]

---

[25] 虽然为了简单起见，图 3-5 中的恩格尔曲线被表示为初始真实余额的函数，但是很显然它实际上是总财富的函数；参见前文，第 31 页脚注 28，以及第 421 页脚注 15。

[26] 参见第 57 页，特别是脚注 26。

[27] 参见脚注 25。

[28] 参见第 52 页脚注 20。

[29] 参见前文第 58—59 页，尤其是脚注 32 对利维坦（"论消费与实际平衡的长期理论"，同前引）的引用。

[30] 前文第 435 页脚注 18 清楚地表明这一点从未实现过。

[31] 参见第 653—657 页、659—663 页所描述的函数。

4. 第 4 章附录

A. 商品、债券和货币的需求函数 [1]

考察第 a 个处于第一周的交易期间的个体。在这一期间,他决定当前星期一以及下一个星期一 $H-1$ 的超额需求。数字 H 表示他的经济期限。

令 $\bar{Z}_{1s}^a$ $(s=1,\cdots,n-2;a=1,\cdots,A)$ 表示第 a 个个体的第 s 种商品在第一周的初始禀赋。相似地,令 $\bar{Z}_{ks}^a$ $(k=2,\cdots,H)$ 表示个体知道自己在第 k 周所能拥有的第 s 种商品的禀赋。这样,Z_{1s}^a 表示个体在当前这一周对第 s 种商品的需求量,而 Z_{ks}^a $(k=2,\cdots,H)$ 表示其现在计划在第 k 周对第 s 种商品的需求量。那么本周和未来某周的计划超额需求为 X_{hs}^a,其中

$$X_{hs}^a=Z_{hs}^a-\bar{Z}_{hs}^a \tag{4.1}$$

$(a=1,\cdots,A;h=1,\cdots,H;s=1,\cdots,n-2)$。

第 s 种商品的价格预期在每周都是相同的;同以前一样,用 p_s 表示这一价格。

假设第 $n-1$ 种商品代表债券。我们可以回顾一下,这些债券有在发行日后的一个星期支付 1 美元的义务。令 $\bar{Z}_{n-1}^q$ 表示个体星期一早晨

---

[1] 附于第 4 章第 2—3 节。

所持有的给定数量的到期债券,每一个债券现在都可以兑换 1 美元。它们与 $Z_{1,n-1}^a$ 形成对比,后者是在这个星期一下午的交易时段个体所需要的新发行债券。根据定义,这些债券构成了他第二周的初始持有量。相似地,$Z_{k,n-1}^a(k=2,\cdots,H)$ 表示为他现在计划在第 k 周的债券需求量;这些债券,根据定义,构成了他在第 $k+1$ 周的初始持有量。同样,$\bar{Z}_n^a$ 表示他在第一周的初始货币持有量;Z_{1n}^a 为第一周所需要的货币量;$Z_{kn}^a(k=2,\cdots,H)$ 为他在第 k 周的计划需求量。再一次,根据定义,Z_{kn}^a 构成了他在第 $k+1$ 周的初始货币持有量。

根据定义,对债券的超额需求 $X_{h,n-1}^a(h=1,\cdots,H)$ 与需求 $Z_{h,n-1}^a$ 相同。现在为第一周计划的超额货币需求为

$$X_{1n}^a=Z_{1n}^a-\bar{Z}_{hs}^a, \tag{4.2}$$

对随后一周的超额需求为

$$X_{kn}^a=Z_{kn}^a-Z_{k-1,n}^a \qquad (k=2,\cdots,H)。 \tag{4.3}$$

正如正文所示,债券价格 p_{n-1} 和利率 r 之间存在以下关系:

$$\frac{1-p_{n-1}}{p_{n-1}}=r \tag{4.4}$$

$$p_{n-1}=\frac{1}{1+r}。 \tag{4.5}$$

这个价格,与任何其他价格一样,可以确定在未来各周的价格与当前这周的价格相同。[2]由此可知,一个对债券的需求为 $Z_{h,n-1}^a(h=1,\cdots,H)$ 的个体计划在第 h 周支出 $Z_{h,n-1}^a/(1+r)$ 美元购买新的(贴现债券),并在这些债券于第 $h+1$ 周到期的时候兑换 $Z_{h,n-1}^a$ 美元。

根据假设,第 a 个个体在第 h 周对第 s 种商品的超额需求函数为

---

[2] 参见第 63 页。

$$X_{hs}^a = F_{hs}^a \left(\frac{p_1}{p}, \cdots, \frac{p_{n-2}}{p}, r, \frac{\bar{Z}_{n-1}^a}{p} + \frac{\bar{Z}_n^a}{p} + \frac{\sum\limits_{s=1}^{n-2} p_s \bar{Z}_{1s}^a}{p}, \right.$$

$$\left. \frac{\sum\limits_{s=1}^{n-2} p_s \bar{Z}_{2s}^a}{p}, \cdots, \frac{\sum\limits_{s=1}^{n-2} p_s \bar{Z}_{Hs}^a}{p} \right) - \bar{Z}_{hs}^a \qquad (4.6)$$

$$(a=1, \cdots, A; h=1, \cdots, H; s=1, \cdots, n-2),$$

函数 $F_{hs}^a(\ )$ 中最后 $H-1$ 个变量表示未来各周的预期真实收入。这些预期同样也是确定的。正如正文(第 66 页)所注意到的,在我们当前的假设之下,(4.6)中 r 之后的全部变量可以用一个包括全部初始金融资产的单一变量即财富所取代。但是,出于一般性考虑,我们尚未这么做。

第 h 周对真实债券的需求或差额需求函数为

$$\frac{Z_{h,n-1}^a}{(1+r)p} = F_{h,n-1}^a(\ ) \qquad\qquad (h=1, \cdots, H), \qquad (4.7)$$

这个函数中的变量与(4.6)中的变量相同。由预算约束,第一周对真实货币的超额需求函数因此是

$$\frac{X_{1n}^a}{p} = -\sum_{s=1}^{n-2} \frac{p_s}{p} [F_{1s}^a(\ ) - \bar{Z}_{1s}^a] - \left[F_{1,n-1}^a(\ ) - \frac{\bar{Z}_{n-1}^a}{p} \right]。 \quad (4.8)$$

相似地,当前这周计划对随后各周的超额需求函数为

$$\frac{X_{kn}^a}{p} = -\sum_{s=1}^{n-2} \frac{p_s}{p} [F_{ks}^a(\ ) - \bar{Z}_{ks}^a] - [F_{k,n-1}^a(\ ) - (1+r) F_{k-1,n-1}^a(\ )]$$

$$(k=2, \cdots, H)。 (4.9)$$

443　(4.8)和(4.9)两个等式右边的最后一个括号项为个体在第 h($h=1, \cdots, H$)周星期一的下午对新的(贴现)债券计划支出的真实价值与其计划在当天上午从兑换到期债券所获得的真实价值之差。

很容易看到,p_s($s=1, \cdots, n-2$)、p 和 $\bar{Z}_n^a$ 的等比例增加使得(4.6)和(4.7)中除 $\bar{Z}_{n-1}^a/p$ 之外的全部变量未受影响。如果所考察的个

体是一个债权人,他的 $\bar{Z}_{n-1}^a/p$ 为正,并随着 p 的增加而下降;这将使得他的需求量下降。如果他是一个债务人,他的 $\bar{Z}_{n-1}^a/p$ 为负,p 的增加会使其在(代数意义上)增加;从而使得他的需求量上升。总之,在这里存在正文中的真实债务效应。

将(4.6)—(4.9)对 a 加总,就可以得到市场超额需求函数。为了简化符号,我们将利用一个事实,即当前的分析主要关注使得真实收入在所有期间都保持不变的那些变化。因此,出于我们分析的目的,这些收入的影响被包摄在函数的形式中,可以将这记为

$$X_{hs}=F_{hs}\left(\frac{p_1}{p},\ \cdots,\ \frac{p_{n-2}}{p},\ r,\ \frac{\bar{Z}_{n-1}^1}{p}+\frac{\bar{Z}_n^1}{p},\ \cdots,\ \frac{\bar{Z}_{n-1}^A}{p}+\frac{\bar{Z}_n^A}{p}\right)-\bar{Z}_{hs}$$

$$(h=1,\ \cdots,\ H;\ s=1,\ \cdots,\ n-2), \tag{4.10}$$

$$\frac{Z_{h,\,n-1}}{(1+r)p}=F_{h,\,n-1}(\ ), \tag{4.11}$$

$$\frac{X_{1n}}{p}=-\sum_{s=1}^{n-2}\frac{p_s}{p}[F_{1s}(\ )-\bar{Z}_{1s}]-F_{1,\,n-1}(\ ), \tag{4.12}$$

$$\frac{X_{kn}}{p}=-\sum_{s=1}^{n-2}\frac{p_s}{p}[F_{ks}(\ )-\bar{Z}_{ks}]-[F_{k,\,n-1}(\ )-(1+r)F_{k-1,\,n-1}(\ )]$$

$$(k=2,\ \cdots,\ H)。 \tag{4.13}$$

这些等式分别对应(4.6)—(4.9)。

在由(4.8)加总得到(4.12)时,我们利用到了封闭经济这一事实,_{于是有} 444

$$\sum_{a=1}^A \bar{Z}_{n-1}^a=0, \tag{4.14}$$

也就是说,第一周开始时实际持有的到期债券总量为 0。另一方面,没有理由使得

$$F_{h,\,n-1}(\ )\equiv\sum_{a=1}^A F_{h,\,n-1}^a(\ )\quad(h=1,\ \cdots,\ H) \tag{4.15}$$

必须为 0。也就是说,在给定一组价格的条件下,个体在给定的一个星期里计划持有的债券总量不存在必须为 0 的理由。是的,除非这个总量为 0,否则个体彼此之间的计划是不一致的;也就是说,除非他们在总量上计划好总的出借量与他们计划的借入量相等。但是正在制订各人计划的彼此孤立的个体不知道也不可能知道这一点。

B. 超额需求方程组。货币数量改变的影响。"中性货币"的定义[3]

由前面的市场超额需求函数,我们可以相应地构造每周的市场超额需求函数。然而,根据正文中的假设,只有当前周,即只有 $h=1$ 的市场超额需求函数,才与当前的均衡价格与利率的确定是有关的。去掉这个现在不必要的时间标志 h,我们将这些超额需求函数写成

$$F_s\left(\frac{p_1}{p},\ \cdots,\ \frac{p_{n-2}}{p},\ r,\ \frac{\bar{Z}_{n-1}^1}{p}+\frac{\bar{Z}_n^1}{p},\ \cdots,\ \frac{\bar{Z}_{n-1}^A}{p}+\frac{\bar{Z}_n^A}{p}\right)-\bar{Z}_s=0$$

$$(s=1,\ \cdots,\ n-2),\tag{4.16}$$

$$F_{n-1}\left(\frac{p_1}{p},\ \cdots,\ \frac{p_{n-2}}{p},\ r,\ \frac{\bar{Z}_{n-1}^1}{p}+\frac{\bar{Z}_n^1}{p},\ \cdots,\ \frac{\bar{Z}_{n-1}^A}{p}+\frac{\bar{Z}_n^A}{p}\right)=0$$

$$\tag{4.17}$$

445
$$\sum_{s=1}^{n-2}\frac{p_s}{p}\left[F_s(\ )-\bar{Z}_s\right]+F_{n-1}(\ )=0,\tag{4.18}$$

$$\sum_{s=1}^{n-2}w_s\frac{p_s}{p}=1。\tag{4.19}$$

等式(4.19)定义了 $n-2$ 个货币价格的平均价格水平 p;这与(2.1)类似。当然,等式(4.16)、等式(4.17)和等式(4.18)分别与商品、债券和货

---

[3] 附于第 4 章第 4 节。

币相关。于是,对于 n 个因变量 $p_s(s=1, \cdots, n-1)$,p 和 r,我们有 $n+1$ 个方程。很显然,任何满足(4.16)、(4.17)和(4.19)的变量必须同样满足(4.18)。因此,这些方程中,至多只有 n 个是独立的。

假设对于 $\bar{Z}_{n-1}^a = \bar{Z}_{n-1}^{a0}$ 和 $\bar{Z}_n^a = \bar{Z}_n^{a0}(a=1, \cdots, A)$,前面的方程组有解 $p_s = p_s^0(s=1, \cdots, n-2)$,$p = p^0$ 和 $r = r^0$。现在考察 $\bar{Z}_{n-1}^{a0}$ 的值相同,但是 $\bar{Z}_n^a = t\,\bar{Z}_n^{a0}$ 时方程组的解,在这里 t 为正的常数。也就是说,考察所有个体的初始持有量保持不变,初始货币持有量等比例增加的影响。通过检查(4.16)—(4.19),我们可以很容易看到,在价格 $p_s = tp_s^0$、$p = tp^0$ 和 $r = r^0$ 的情况下,这些方程的所有变量都与其最初的均衡位置相同,但 $\bar{Z}_{n-1}^a/p$ 除外。这些变量现在变成 $\bar{Z}_{n-1}^{a0}/tp^0$ 而不是 $\bar{Z}_{n-1}^{a0}/p^0$。因此,方程(4.16)—(4.18)左边的函数不一定具有与其在初始均衡位置时相同的取值;因此,方程(4.16)—(4.18)不再需要满足。也就是说,所建议的这组取值一般不是新的均衡值。

相反,我们考察 $\bar{Z}_{n-1}^a = t\,\bar{Z}_{n-1}^{a0}$ 和 $\bar{Z}_n^a = t\,\bar{Z}_n^{a0}$ 的情况。在这里,$p_s = tp_s^0$、$p = tp^0$ 和 $r = r^0$ 这组值很显然构成了一个新的均衡解。因为在这些新的取值之下,方程(4.16)—(4.18)中的变量具有与原均衡位置相同的取值。因此,我们推断,债券和货币的初始持有量发生等比例的变化将使得货币价格发生等比例的变化,从而使得利率保持不受影响。

C. 超额需求方程组。货币数量变化的影响。 "中性货币"的定义(续)[4]

或者,我们可以按照与数学附录 3D 相同的方式进行。具体而言,前一段涉及不影响 $\bar{Z}_{n-1}^a$ 和 $\bar{Z}_n^a(a=1, \cdots, A)$ 的相对大小的变化。因

[4] 附于第 4 章第 4 节的最后两段。

此，我们可以将每个初始数量表示为经济中的货币总量 $\bar{Z}_n$ 的固定比例。也就是，

$$\bar{Z}_{n-1}^a = \lambda_a \bar{Z}_n \qquad (a=1, \cdots, A), \qquad (4.20)$$

$$\bar{Z}_n^a = \mu_a \bar{Z}_n, \qquad (4.21)$$

在这里 λ_a 和 μ_a 为给定的常数。将(4.20)—(4.21)代入(4.16)—(4.17)，复制(4.19)，并去掉多余的(4.18)，我们得到新的函数并记之为

$$G_s\left(\frac{p_1}{p}, \cdots, \frac{p_{n-2}}{p}, r, \frac{\bar{Z}_n}{p}\right) - \bar{Z}_s = 0 \qquad (s=1, \cdots, n-2),$$

$$(4.22)$$

$$G_{n-1}\left(\frac{p_1}{p}, \cdots, \frac{p_{n-2}}{p}, r, \frac{\bar{Z}_n}{p}\right) = 0, \qquad (4.23)$$

$$\sum_{s=1}^{n-2} w_s \frac{p_s}{p} = 1。 \qquad (4.24)$$

现在将(4.22)—(4.24)当作 n 个变量 p_s/p、r 和 $\bar{Z}_n/p$ 的 n 个方程。从这些方程中解出这些变量，我们得到

$$\frac{p_s}{p} = \beta_s \qquad (s=1, \cdots, n-2), \qquad (4.25)$$

$$r = \beta_{n-1}, \qquad (4.26)$$

$$\frac{\bar{Z}_n}{p} = \beta_n, \qquad (4.27)$$

在这里，对于任何一组固定的 w_s、$\bar{Z}_s^a$、λ_a，和 μ_a，$\beta_i (i=1, \cdots, n)$ 为常数。现在恢复到因变量最初的名称。

447 　　将(4.27)代入(4.25)并重写，我们得到

$$p_s = \frac{\beta_s \bar{Z}_n}{\beta_n} \qquad (4.28)$$

$$r = \beta_{n-1} \qquad (4.29)$$

$$p = \frac{1}{\beta_n} \bar{Z}_n \qquad (4.30)$$

就像方程(3.17)—(3.18)在更简单的情况下那样,方程(4.28)和(4.30)显示出了均衡货币价格依赖于经济中的货币数量的直接比例关系。同样,方程(4.29)显示了利率对于这一数量的依赖。很显然,这些结论的有效性仅限于货币以指定的方式增加的情况:也就是,在其他独立变量(即偏好和 $\bar{Z}_{hs}^a$)保持不变的情况下,每一个体的初始债券和货币持有量都等比例变化。

关于正文中对中性货币的讨论,让我们看看当 $\bar{Z}_n$ 趋近于 0 时,方程(4.22)—(4.24)的解会出现什么情况。方程(4.28)表明,当发生这种情况时,每个单独的 p_s 也趋近 0。但方程(4.25)表明,它们以维持其比率的方式趋近于 0。特别是从(4.25)—(4.26)可以看出,p_s/p 和 r 的极限值分别保持为 β_s 和 β_{n-1}。从这个意义上说,在上述条件下,货币是中性的。我们最后从方程(4.27)中注意到,当 $\bar{Z}_n$ 趋近于 0 时,真实货币余额 $\bar{Z}_n/p$ 的数量也保持不变。

D. 再论需求曲线和市场均衡曲线[5]

从方程(4.12)我们可以得到当前名义货币持有量的需求函数,我们将其记为

$$Z_n = G(p_1, \cdots, p_{n-2}, p, r, \bar{Z}_{n-1}^1, \cdots, \bar{Z}_{n-1}^a, \bar{Z}_n^1, \cdots, \bar{Z}^A)。$$
$$(4.31)$$

在其总体形式中,这被假定具有第 9 章第 5 节方程(20)的形式

$$M^d = pL\left(Y, r, \frac{M_0}{p}\right)。 \qquad (4.32)$$

——————

[5] 附于第 11 章第 4 节。

通过变化 r 并保持所有其他变量不变,我们可以从这两个函数中的任意一个得到图 9-6(第 222 页)的需求曲线。相应地,这个曲线的斜率等于 $G(\ )$ 和 $pL(\ )$ 对 r 的偏导数。图 9-6 反映了这种斜率为负的通常假设。

另一方面,方程(4.29)提出了一个市场均衡函数:它将均衡利率与经济中给定的货币数量联系起来,并表明它与这个数量无关。显然,可以通过求解第 10 章第 1 节关于利率的方程组(1)—(4)获得类似的函数。图 11-4 中的直线是该函数的图形表示,因此是一条市场均衡曲线。它的水平形状反映了(4.29)关于 $\bar{Z}_n$ 的导数为 0 的事实。无论(4.31)或(4.32)对 r 导数为负,这显然都是正确的。这样,我们再次看到个体和市场实验之间的根本区别以及指定所取导数的函数的必要性。[6]

现在假设分析中的一个独立变量不需要保持不变。我们通过在(4.22)—(4.23)左边的函数中引入一个参数 α 来表示。于是,当我们从(4.22)—(4.24)中求解 p_s/p、r 和 $\bar{Z}_n/p$ 时,我们不再[像在(4.25)—(4.27)中一样]得到常数,而是一个关于 α 的函数,

$$\frac{p_s}{p} = W_s(\alpha) \quad (s=1,\cdots,n-2) \tag{4.33}$$

$$r = W_{n-1}(\alpha) \tag{4.34}$$

$$\frac{\bar{Z}_n}{p} = W_n(\alpha) \tag{4.35}$$

也就是说,我们这些变量的均衡值现在依赖于 α 的取值。显然,在导数 $W'_n(\alpha)$ 和 $W'_{n-1}(\alpha)$ 之间并不存在必然关系。特别是,没有理由表明如果 α 的变化不影响 $\bar{Z}_n/p$ 的均衡值应该同样不会影响 r 值。

---

[6] 参见数学附录 1A。

5. 第5章特别附录

随机支付过程生成的概率分布[1]

由阿耶·德沃茨基提供

问题：在一个瓮中有 N 个白球和 N 个黑球。它们被随机地一个接一个的取出且不放回。令 $w(n)$ 和 $b(n)$ 分别表示第一次取出的 n 个球中白球和黑球的数目。找出 $\max\limits_{0\leqslant n\leqslant 2N}[w(n)-b(n)]$ 的分布。也就是说，找出

$$p_k=\Pr\{\max\limits_{0\leqslant n\leqslant 2N}[w(n)-b(n)]=k\} \qquad (k=0,1,\cdots,N)。$$

* *

这个问题可以用以下方式重新表达：令 $\omega=(x_1,x_2,\cdots,x_{2N})=[x_1(\omega),x_2(\omega),\cdots,x_{2N}(\omega)]$ 表示一个具有 $2N$ 个表达式的序列，每一个表达式要么为 1，要么为 -1。考察由全部 2^{2N} 个这样的序列构造的样本空间以及赋予每一序列概率 2^{-2N} 而形成的概率空间。

令 $S_n(\omega)=\sum_{i=1}^{n}x_i(\omega)$ 和 $M(\omega)=\max\limits_{0\leqslant n\leqslant 2N}S_n(\omega)$。于是，用条件概率的形式表示为

$$p_k=\Pr\{M(\omega)=k\mid S_{2N}(\omega)=0\}。 \tag{5.1}$$

---

[1] 附于第5章第2节。

令 $P_k = p_k + p_{k+1} + \cdots + p_N = \sum_{v=k}^{N} p_v$ ，我们有

$$p_k = \Pr\{M(\omega) \geqslant k \mid S_{2N}(\omega) = 0\} = \frac{Pr\{A_k\}}{Pr\{S_{2N}(\omega) = 0\}}, \qquad (5.2)$$

其中 $A_k (k=0, 1, \cdots, N)$ 表示使得 $M(\omega) \geqslant k$ 和 $S_{2N}(\omega) = 0$ 的序列 ω 的集合。

对于 A_k 中的每一序列 ω，存在一个唯一的整数 $m = m(\omega)$，$0 \leqslant m < 2N$，对于 $v < m$，$S_v(\omega) < k$，$S_m(\omega) = k$，$S_{2N}(\omega) = 0$（也就是说，m 是使得 $S_m(\omega) = k$ 的最小值）。现在令 $1 \leqslant v \leqslant m$ 时，$y_v = x_v(\omega)$，$v < m \leqslant 2N$ 时，$y_v = -x_v(\omega)$。因此，$(y_1, y_2, \cdots, y_{2N})$ 同样使我们样本空间中的一个序列，并且满足

$$
\begin{aligned}
& y_1 + y_2 + \cdots + y_{2N} \\
&= \sum_{v=1}^{m} y_v + \sum_{v=m+1}^{2N} y_v \\
&= \sum_{v=1}^{m} x_v(\omega) - \sum_{v=m+1}^{2N} x_v(\omega) \\
&= \sum_{v=1}^{m} x_v(\omega) - \sum_{v=m+1}^{2N} x_v(\omega) + \left(\sum_{v=1}^{m} x_v(\omega) + \sum_{v=m+1}^{2N} x_v(\omega) \right) \\
&= 2 \sum_{v=1}^{m} x_v(\omega) = 2k_{\circ}
\end{aligned}
$$

我们于是将 A_k 中的每一个序列 ω 与使得 $S_{2N}(\omega') = 2k$ 的一个序列 ω' 关联起来。此外，如果 B_k 表示的是一个使得 $S_{2N} = 2k$ 的序列的集合，我们就已经在 A_k 中的序列和 B_k 中的序列之间建立起了一一对应的关系。因此，两个集合中的序列总数相同，因此有 $\Pr\{A_k\} = \Pr\{B_k\}$。因此，由 (5.2) 有

$$P_k = \frac{\Pr\{S_{2N}(\omega) = 2k\}}{\Pr\{S_{2N}(\omega) = 0\}}_{\circ} \qquad (5.3)$$

452　由于 $S_{2N}(\omega) = 2k$ 意味着序列中有 $N+k$ 个表达式等于 $+1$，$N-k$ 个

表达式等于 -1，我们有 $\Pr\{S_{2N}(\omega)=2k\}=\begin{pmatrix} 2N \\ N+k \end{pmatrix} 2^{-2N}$。因此，由

(5.3)可知

$$P_k = \frac{\begin{pmatrix} 2N \\ N+k \end{pmatrix}}{\begin{pmatrix} 2N \\ N \end{pmatrix}} = \frac{N!^2}{(N-k)!\ (N+k)!} \quad (k=0, 1, \cdots, N) \quad (5.4)$$

和

$$p_k = P_k - P_{k+1} = \frac{N!^2}{(N-k)!\ (N+k)!} \left[1 - \frac{N-k}{N+k+1} \right]$$
$$= \frac{(2k+1)N!^2}{(N-k)!\ (N+k+1)!}。$$
(5.5)

上面的数量 p_k 和 P_k 为 N 和 k 的函数。因此，任何时候希望研究它们对 N 的依赖时，我们将它们分别表示为 $p_k^{(2N)}$ 和 $P_k^{(2N)}$。

由(5.5)我们有

$$\frac{p_{k+1}^{(2N)}}{p_k^{(2N)}} = \frac{2k+3}{2k+1} \cdot \frac{N-k}{N+k+2} = \frac{2kN+3N-2k^2-3k}{2kN+N+2k^2+5k+2}。$$

因此，$p_{k+1}>p_k$ 等价于 $2N>4k^2+8k+2$ 或者 $N>2(k+1)^2-1$，也就是说，$k+1<\sqrt{(N+1)/2}$。因此 $p_k^{(2N)}$ 随着 k 增加至不超过 $\sqrt{(N+1)/2}$ 的最大整数而稳步增加，随着 k 进一步增加，$p_k^{(2N)}$ 变成了的单调递减函数。（如果 $k_0=\sqrt{(N+1)/2}$ 是一个整数，那么在 $k=k_0$ 和 $k=k_0-1$ 处存在两个最大值）。

将(5.4)式应用斯特林(Stirling)公式，对 $0 \leqslant k < N$ 我们可以得到

$$\log P_k^{(2N)} = (2N+1)\log N - \left(N-k+\frac{1}{2} \right) \log (N-k)$$
$$- \left(N+k+\frac{1}{2} \right) \log (N+k) + R$$

$$= \left(N - k + \frac{1}{2} \right) \log \left(1 - \frac{k}{N} \right)$$

$$- \left(N + k + \frac{1}{2} \right) \log \left(1 + \frac{k}{N} \right) + R,$$

其中 R 满足 $|R| < \dfrac{\text{常数}}{N-k}$。当 $N \to \infty$ 且 $k/N \to 0$ 时,这就得出

$$\log P_k^{(2N)} \sim - \frac{k^2}{N}。 \tag{5.6}$$

(符号～表示双方的比例倾向于 1;k 可能同样趋向于无穷,但是速度比 N 慢)如果我们令

$$F_{2N}(\lambda) = \Pr\{ k \leqslant \lambda \sqrt{2N} \} = \Pr\left\{ \frac{k}{\sqrt{2N}} \leqslant \lambda \right\}, \tag{5.7}$$

也就是说,如果 F_{2N} 是 $\dfrac{k}{\sqrt{2N}}$ 的(累积)分布函数,由(5.6)我们可得到,对于每一个 $\lambda \geqslant 0$,

$$\lim_{N \to \infty} F_{2N}(\lambda) = 1 - e^{-2\lambda^2}。 \tag{5.8}$$

由(5.6)和(5.5)我们有

$$P_k^{(2N)} \sim \frac{2k+1}{N+k+1} e^{-k^2/N}。 \tag{5.9}$$

因此,如果 k 和 N 倾向于无穷,使得 $\dfrac{k}{\sqrt{2N}} \to \lambda$,我们有

$$\lim_{N \to \infty} \sqrt{2N} \cdot p_k^{(2N)} = 4\lambda e^{-2\lambda^2}, \tag{5.10}$$

并且这个方程的右边等于(5.8)右边的导数,这可以被认为是 $k/\sqrt{2N}$ 的渐近密度。使用斯特林公式中余数的估计,很容易获得(5.6)和(5.9)中双方差异的界限,因此也估计了(5.8)和(5.10)接近极限的比率。

如果对于任何 q,$0 < q < 1$,我们用 $Q_q^{(2N)}$ 表示 k 的 q 百分位点;也

就是,如果 $Q_q^{(2N)}$ 是满足 $p_0^{(2N)}+p_1^{(2N)}+\cdots+p_m^{(2N)}\geqslant q$ 的最小整数 m,那么根据(5.7)和(5.8)

$$\lim_{N\to\infty}\frac{Q_q^{(2N)}}{\sqrt{2N}}=Q_q,\qquad(5.11)$$

其中,Q_q 是 $1-e^{-2\lambda^2}=q$ 的正根。因此 $Q_q^{(2N)}\sim Q_q\sqrt{2N}$;也就是说,尽管它随 N 增加,但是增加的速度远小于 N 增加的速度。因此,N 增加,$Q_q^{(2N)}/N$ 一般是减少的。然而,由于整数的离散特征,这一规则可能存在局部例外。尽管如此,对于每一个正整数 $v>1$ 和 $q>p_0^{(2N)}=1/(N+1)$ 有

$$\frac{Q_q^{(2vN)}}{vN}<\frac{Q_q^{(2N)}}{N},$$

这时对于每一个正整数 k,我们有

$$P_k^{(2N)}>P_{vk}^{(2vN)}\qquad(5.12)$$

这一事实可以马上得出的结果。

为了验证(5.12),我们将(5.4)重新记为

$$P_k^{(2N)}=\frac{N(N-1)\cdots(N-k+1)}{(N+k)(N+k-1)\cdots(N+1)}$$
$$=\prod_{m=1}^{k}\left(1-\frac{k}{N+m}\right).$$

因此,同样有

$$P_{vk}^{(2vN)}=\prod_{m=1}^{vk}\left(1-\frac{vk}{vN+m}\right).$$

所有这些乘积中的因子都是正的且小于 1,而与最后一个乘积中 $m=v,2v,\cdots,kv$ 相应的因子恰好对应着出现在表达式 $P_k^{(2N)}$ 中的 $m=1,2,\cdots,k$(也就是对全部因子)。这就证明了(5.12)。

最后可以注意到,(5.8)所表示的渐近结果在非常一般的假设下仍然有效。因此,可以证明以下几点:

455　　令 X_n($n=1$, 2, …) 是一个无限的独立随机变量序列,它满足 $|X_n| \leqslant H < \infty$($n=1$, 2, …),均值为 0 且方差为 σ_n^2。那么如果 $\sum_{n=1}^{\infty} \sigma_n^2 = \infty$,令 $Y_n = X_1 + X_2 + \cdots + X_n$ 和 $s_n^2 = \sigma_1^2 + \sigma_2^2 + \cdots + \sigma_n^2$,对于每一个 $\lambda \geqslant 0$,我们有

$$\lim_{n \to \infty} \Pr\{\max_{0 \leqslant m \leqslant n} Y_m \leqslant \lambda s_n \,|\, Y_n < H\} = 1 - e^{-2\lambda^2}。$$

这确实是一个更一般的结果,这里涉及的随机过程接近于布朗运动 $x(t)$,我们所寻求的概率接近于 $\Pr\{\max_{0 \leqslant t \leqslant 1} x(t) \leqslant \lambda \,|\, x(1)=0\}$,可以很容易计算出它等于 $1 - e^{-2\lambda^2}$。[2]

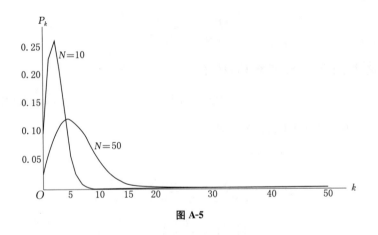

图 A-5

数值说明[3]:图 A-5 显示了 $N=10$ 和 $N=50$ 时由(5.5)给出的 k 的
456　精确分布。这些分布的范围当然分别为 0—10 和 0—50。读者可以验证渐近式(5.10)给出了前者的一个合理的近似值,为后者给出了一个很好的近似值。

[2] 对布朗运动的研究,参见列维(Levy):《随机过程与布朗运动》(巴黎,1948),或杜布(Doob):《随机过程》(纽约,1953)。

[3] 图 A-5 和百分位数值表由茨维·奥菲尔(Tsvi Ophir)准备。

分位值表

N	90%		99%	
	k	k/N	k	k/N
10*	4.8	0.48	6.8	0.68
50	10.7	0.21	15.2	0.3
100	15.2	0.15	21.5	0.21
500	33.9	0.07	48	0.1
1 000	48.0	0.05	67.9	0.07

* 如(5.4)给出的那样，$k=4$ 和 $k=6$ 是使得 $1-P_k$ 的累积概率分别至少为 0.90 和 0.99 的最小整数值。

我们通过计算不同 N 值之下，k 的 90 和 99 百分位数说明了渐近公式(5.11)的应用。合适的公式分别为 $k=1.07\sqrt{2N}$ 和 $k=1.52\sqrt{2N}$。这就得到了上表所显示的结果。这个表格忽视了 k 实际上只能取整数的事实。

6. 第5、6、7章附录

A. 根据效用最大化推导需求函数[1]

为了简单起见，假设价格等比例地变化，并考虑一个经济期跨越三个时期的个体。同时假定将流动性和直接效用赋予债券和货币在经济上是有意义的[2]，因此我们的个体最大化效用函数[3]

$$U = w\left(Z_1, \frac{B_1}{p}, \frac{M_1}{p}, Z_2, \frac{B_2}{p}, \frac{M_2}{p}, Z_3; \frac{M_0}{p}\right), \tag{6.1}$$

在这三个时期分别受制于约束条件：

$$pZ_1 + \frac{B_1}{1+r} + M_1 - B_0 - M_0 - p\bar{Z}_1 = 0, \tag{6.2}$$

$$pZ_2 + \frac{B_2}{1+r} + M_2 - B_1 - M_1 - p\bar{Z}_2 = 0, \tag{6.3}$$

$$pZ_3 \qquad\qquad - B_2 - M_2 - p\bar{Z}_3 = 0, \tag{6.4}$$

其中，符号将按照前文第96—97页的讨论进行解释。从这个讨论中可以明显看出，个体并不计划在第三周结束时持有金融资产，因此这些资

---

[1] 附于第5章第3节。

[2] 参见第93页脚注21。这种假设带来的问题将在后面的第464—465页进一步讨论。

[3] 关于其形式，参见第107页脚注36和前文第410—411页。

产就不会在(6.1)或(6.4)中表示出来。[4]

现在形成表达式

$$w(\ )-\lambda_1[(6.2)]-\lambda_2[(6.3)]-\lambda_3[(6.4)] \qquad (6.5)$$

其中,$\lambda_h(h=1,2,3)$是拉格朗日乘子。对 Z_h、B_k 和 $M_k(k=1,2)$微分,就会产生以下最大化条件:

$$\frac{1}{p}\frac{\partial w(\ )}{\partial Z_h}-\lambda_h \qquad =0 \quad (h=1,2,3), \qquad (6.6)$$

$$\frac{1}{p}\frac{\partial w(\ )}{\partial\left(\dfrac{B_k}{p}\right)}-\frac{\lambda_k}{1+r}+\lambda_{k+1}=0 \quad (k=1,2), \qquad (6.7)$$

$$\frac{1}{p}\frac{\partial w(\ )}{\partial\left(\dfrac{M_k}{p}\right)}-\lambda_k+\lambda_{k+1} \quad =0 \quad (k=1,2)。 \qquad (6.8)$$

显然,λ_h 代表了第 h 周 1 美元商品支出的边际效用。根据第 93 页脚注 21 中的方程(b)修改,方程(6.8)对应第 89 页的方程(1),方程(6.7)对应于第 90 页的方程(2)。

从这些等式中消除 λ_h 然后得到

$$\frac{\dfrac{\partial w(\ )}{\partial Z_k}}{\partial\left(\dfrac{B_k}{p}\right)+\dfrac{\partial w(\ )}{\partial Z_{k+1}}}=1 \quad (k=1,2), \qquad (6.9)$$

$$\frac{\dfrac{\partial w(\ )}{\partial Z_k}}{\partial\left(\dfrac{M_1}{p}\right)+\dfrac{\partial w(\ )}{\partial Z_{k+1}}}=1 \quad (k=1,2)。 \qquad (6.10)$$

459

---

[4] 为了更加严谨地证明这一程序(如果需要的话),参见我的"相对价格,萨伊定律,和货币需求"[《计量经济学杂志》,第 16 期(1948),第 140—142 页]。

为了看到不仅可以从一周到期的债券,而且同样可以从永续债券得到以下结果,可以比较我的"货币一般均衡理论的进一步思考"(同前引,第 188 页)的分析。

为了解释(6.10)的左边部分,我们在给定效用水平下对(6.1)进行微分,假设只有 Z_k 和 M_k/p 发生变化,并且后一种变化导致 Z_{k+1} 产生相应变化。也就是说,根据 $dZ_{k+1}=d(M_k/p)$ 的限制,考察 Z_k、M_k/p 和 Z_{k+1} 沿给定无差异超曲面的微分运动。[5] 这会产生

$$\frac{\partial w(\ )}{\partial Z_k}dZ_k+\left[\frac{\partial w(\ )}{\partial\left(\dfrac{M_k}{p}\right)}+\frac{\partial w(\ )}{\partial Z_{k+1}}\right]dZ_{k+1}=0。 \qquad (6.11)$$

$-dZ_{k+1}/dZ_k$(由这个概念实验测量的边际替代率)由(6.10)的左边表示。因此,该方程对应第 93 页的方程(7)。类似地,方程(6.9)对应方程(8)。同样清楚的是,放弃债券提供直接效用的假设对上述分析中的唯一影响是(6.9)分母中的第一项消失了。[6]

我们现在将(6.2)—(6.4)(两边除以 p)和(6.9)—(6.10)视为自变量为 $Z_h(h=1,2,3)$、B_k/p 和 $M_k/p(k=1,2)$ 7 个变量,因变量为 r、$+M_0/p+\bar{Z}_1$、$\bar{Z}_2$、$\bar{Z}_3$ 的 7 个方程构成的方程组。因此,假设可解性,因变量可以表示为后者的函数。考虑到目前讨论中假定相对价格不变的事实(第 89 页),我们可以看到,我们已经以这种方式推导出上述(4.6)—(4.8)中所假定类型的需求函数。[7]

---

[5] 在分析上,这涉及从(6.3)或(6.4)的预算约束中替换 Z_{k+1} 后对(6.1)进行微分。参见前文第 92 页脚注 20。

[6] 边际条件(6.9)—(6.10)在形式上与标准的 n 种商品情况下不同的技术原因是,后者的最优边际替代率描述的是一个 n 维无差异表面与一个 n 维预算超平面的切点。然而,在目前的情况下,这是一个与小于 n 维的预算超平面相切的点。在下面的 D 部分,尤其是第 463 页的脚注 23 中,这将变得很清楚。

[7] 除了 M_0/P 在这些需求函数中不作为一个单独的变量出现这一事实。参见方程(6.1)和前文第 107 页脚注 36。

可以指出的一点是,如果我们现在要审查在周一的市场交易时间里计划三周的超额货币需求,我们必然会发现一种非均衡状态。虽然货币供应仍然是 $\bar{Z}_n$,但需求将为零。根据假设,个体现在不打算在第三周结束时持有任何货币。但正如文中所强调的那样(第 67、73—74 页),这种潜在的非均衡不被允许通过当前商品的超额需求方程(4.16)—(4.19)体现在试错过程中,这就解决了这个非均衡问题。另一方面,(转下页)

将上述论证推广至 n 时期也是唾手可得的。

B. 由显示偏好推导需求函数[8]

或者,我们可以根据萨缪尔森的显示偏好方法推导需求函数(4.6)—(4.8)。[9]假定在给定价格水平 p^0 和利率 r^0 以及给定的初始禀赋 $\bar{Z}_h$ $(h=1, 2, 3)$、B_0 和 M_0 的情况下,个体选择的组合为 Z_h^0、B_k^0 和 M_k^0 $(k=1, 2)$。由于在真实债券和货币持有量方面进行分析比较方便,我们应该说这个集合由 Z_h^0、$B_k^0/(1+r^0)p^0$、M_k^0/p^0 组成,并且应该用"零号组合"表示。

现在假定我们面对的是一个具有相同利率和商品禀赋的个体,但他按比例 t 改变其他禀赋和价格。也就是说,我们以价格水平 $p^* = tp^0$、$r^* = r^0$、禀赋 $\bar{Z}_h^* = \bar{Z}_h^0$、$B_0^* = tB_0$ 和 $M_0^* = tM_0$ 来面对他。假设在这些条件下,他选择了由 Z_h^*、$B_k^*/(1+r^*)p^*$ 和 M_k^*/p^* 构成的"星号组合"。我们希望证明"零号组合"与"星号组合"相同。 461

我们将预算约束(6.2)—(6.4)重新记为

$$Z_1 + \frac{B_1}{(1+r)p} + \frac{M_1}{p} = \frac{B_0}{p} + \frac{M_0}{p} + \bar{Z}_1 \tag{6.12}$$

$$Z_2 + \frac{B_2}{(1+r)p} + \frac{M_2}{p} - \frac{B_1}{p} - \frac{M_1}{p} = \bar{Z}_2 \tag{6.13}$$

(接上页)当我们达到"第三"周时,它将成为"第一"周。因此,个体明显会对货币余额有正的需求,从而实现均衡状态。

最后要注意的是,这里得出的商品需求函数并不具有米尚为它们给出的形式,这些形式构成了他所认为的,与货币持有相关的两种影响的基础;参见米尚:"解释货币余额效应的谬误",《经济学刊》,第 25 期(1958),第 106—118 页。亦可参见前文第 437—438 页脚注 24。

[8] 附于第 5 章第 3 节,第 95—96 页。

[9] 以下论证改编自萨缪尔森:《经济分析基础》,第 111—112 页。它的原始形式已根据麦克马纳斯的注释["关于帕廷金对显性偏好的使用",《南方经济杂志》,第 24 期(1957),第 209—212 页]进行了修正。

$$Z_3 - \frac{B_2}{p} - \frac{M_2}{p} = \bar{Z}_3 \qquad (6.14)$$

如果上述约束条件中的每个变量都附有上标"0"("∗"),那么我们将描述所选择的零号(星号)组合的具体情况。让我们还假设,在任何特定情况下,一个且仅有一个组合被选择,即该组合优于可能已经购买的任何其他组合。现在前段所述的变更不影响(6.12)—(6.14)中的实物价格或禀赋的真实价值。这意味着在选择选择零号组合时的价格和禀赋条件下,星号组合也可以被选择;因此,零号组合比星号组合更受欢迎。但是基于同样的推理,星号组合比零号组合更受欢迎。这是一个矛盾,因此这两个组合必须是相同的。因此可知,货币价格和初始债券和货币持有量的等比例变化(利率保持不变)对商品需求量、真实债券持有量和真实货币持有量没有影响。[10]

462

C. 与费雪分析的关系[11]

现在让我们回到第 A 部分的效用分析,并考虑它与费雪分析的关系。在费雪分析中,其效用最大化受限于单一的财富限制。一般来说,假设有第二个债券(用 B'_k 表示)价格是 $1/(1+r')$。假设 $r'<r$。在(6.2)和(6.3)的左侧添加 $B'_k/(1+r')$;将(6.3)乘以 $1/(1+r)$ 和(6.4)乘以 $1/(1+r)^2$;并将结果添加到(6.2),然后得到

$$pZ_1 + \frac{1}{1+r}\left\{pZ_2 + \left[(r-r')\frac{B'_1}{1+r'}+rM_1\right]\right\}$$
$$+ \frac{1}{(1+r)^2}\left\{pZ_3 + \left[(r-r')\frac{B'_2}{1+r'}+rM_2\right]\right\}$$

---

[10] 正如麦克马纳斯强调的(同上),除了同时考虑所有三周的预算约束之外,我们不能进行这个论证:因为在任何一个星期内,在不知道他在整个经济期的禀赋状况的情况下,个体都不能理性地选择他的最佳组合。这也是弗里德曼的"永久收入假说"的一个直接含义[《消费函数理论》,同前引,第2—3章]。

[11] 附于第 5 章第 7 节。

$$=(B_0+M_0+p\,\bar{Z}_1)+\frac{p\,\bar{Z}_2}{1+r}+\frac{p\,\bar{Z}_3}{(1+r)^2}=pW_0 。 \qquad (6.15)$$

通过对第 112 页论证的自然扩展,这些约束条件中方括号内的表达式表示由加撇号的债券和货币提供的流动性的价值(按照已知的利率计算)。

首先假设"未加撇号"的债券不具流动性以便个体的效用函数再次由(6.1)表示,B' 由 B_k 替换。在修改后的约束条件(6.2)—(6.4)[12]之下,最大化(6.1),然后得到(6.6)—(6.8)[13]和两个新的方程

$$-\frac{\lambda_k}{1+r}+\lambda_{k+1}=0 \qquad (k=1,\,2) 。 \qquad (6.16)$$

方程组(6.2)—(6.4),(6.6)—(6.8)和(6.16)由包含 Z_h、B_k/p、B'_k/p、M_k/p 和 λ_h 等 12 个变量的 12 个方程构成。

另一方面,如果根据费雪方法,我们在总财富约束(6.15)的限制下最大化(6.1),我们得到

$$\frac{1}{p}\frac{\partial w(\ )}{\partial Z_h}-\frac{\lambda}{(1+r)^{h-1}}=0 \qquad (h=1,\,2,\,3), \qquad (6.17)$$

$$\frac{1}{p}\frac{\partial w(\ )}{\partial\left(\frac{B'_k}{p}\right)}-\lambda\,\frac{r-r'}{(1+r)^k}\frac{1}{1+r'}=0 \qquad (k=1,\,2), \qquad (6.18)$$

463

$$\frac{1}{p}\frac{\partial w(\ )}{\partial(\frac{M_k}{p})}-\lambda\,\frac{r}{(1+r)^k}=0 \qquad (k=1,\,2), \qquad (6.19)$$

其中,λ 是拉格朗日乘子。这些与(6.15)一起构成了包含 8 个因变量 Z_h、B'_k/p、M_k/p 和 λ,2 个自变量 r 和 W_0 的 8 个方程。因此,假设方程组可解,前者可以表示为后者的函数。注意,B_k/p 的最优值因此

---

[12] 考虑到对"撇号"债券的支出而进行修改。

[13] B_k 被替换为 B'_k,r 被替换为 r'。

被确定为来自预算约束(6.2)—(6.3)的余差。[14]

作为练习,将(6.16)代入,读者可以证明上述两段的方程组可以简化为前一段的方程组。因此,这两个结果的等价性是确定的。

然而,如果假设"没有撇号"的债券也提供效用,这种等价性就不再成立。因此,根据费雪方法的最大化将产生两个额外的方程,

$$\frac{\partial w(\ )}{\partial\left(\dfrac{B_k}{p}\right)}=0 \quad (k=1,\ 2)。 \tag{6.20}$$

它们在经济上不可信的。这通常是在同一时间假设,即(a)有一个提供效用的商品;(b)这种商品的支出没有反映在预算约束中所能预想到的"免费商品"的结果。在债券具有流动性的假设下,只有考虑到"没有撇号"的债券交易的预算影响,即只能通过方程组(6.2)—(6.4),(6.6)—(6.8)和(6.16),才能有效地进行分析。

相应地,在该方程组考察的一般情况下,不再得出费雪分析的两个主要结论,即最佳位置由利率和总财富决定,以及在这个位置上,当前与未来消费的边际替代率等于$1+r$。特别是,方程(6.9)意味着这个替代率超过$1+r$的数量随着个体的不同而不同。说得有些松散,债券的流动性就像提高利率一样,与未来消费相比,会进一步降低当前消费的吸引力。[15]

同样,明确考虑每周预算约束(6.2)—(6.4)的必要性意味着即使通过$B_0+M_0+p\bar{Z}_1$,$p\bar{Z}_2$和$p\bar{Z}_3$的变化,最佳位置通常也会受到影响,从而贴现值之和不变。这个结论的直观基础也很清楚。考察一个

---

[14] 费雪分析的这种基本特征在很大程度上取决于使用$1/(1+r)$而不是$1/(1+r)'$作为(6.15)中的贴现因子。如果使用后者,由此产生的财富约束将取决于B_k而不是B_k'。相应地,由于B_k'出现在效用函数中,并因此出现在(6.17)—(6.19)中,所以无论是"加撇号"或"未加撇号"的债券的最优持有量都不能被确定为残值。

从前文第113—114页的讨论中可以清楚看出关于使用$1/(1+r)$作为贴现因子的必要性的经济解释。另请参阅本附录下一部分的几何表示,尤其是第465页脚注18。

[15] 同样,利率现在低估了货币余额的绝对流动性服务;因为它衡量的是与债券相比的流动性——在我们现在的假设下债券也是具有流动性的。

具有固定现值的收入流的个体。这股收入流越集中于现在,执行任何特定消费计划时所能维持的债券持有量就越多,因此他可以享受的流动性就越大。因此,个体福利的增加必然影响他的经济行为。

依次做出两个最后评论。首先,费雪分析的无效性并不是来自假设本身,即"未加撇号"的债券提供了效用,而是从我们模型中的含义来看,不存在不提供效用的资产,因此在推导费雪的财富约束时没有资产回报率可以适合用来贴现未来的收入和消费。其次,上述讨论的前提是,所有资产具有直接效用这一假设具有经济意义。但是,这一假设除了在我们模型中带来具体问题之外[16],还有一个更基本的方法论问题,即从现在关注我们的交易动机的角度来看,"流动性"是否不应被视为相对属性,因此,根据定义,流动性最差的资产不具有任何直接效用。如果是这种情况,上述对于费雪分析的批评是无关紧要的。

D. 与费雪分析的关系(续)[17]

我们可以用前面第 5 章第 7 节中所分析的比较简单的模型予以指导性地说明:我们首先注意到债券直接效用的存在显然不能影响第 110 页财富约束(19)的有效性,其中复合商品 E_1 和 E_2 如第 112 页定义;因为它无法改变个体经济期内所有债券交易的现值必然为 0 的事实。这是根据新发行债券在市场上贴现的利率和计算到期日现值的利率相同而得出的。因此,个体必须满足图 5-5 中由 FH 代表的预算约束,这里为方便起见,我们复制了图 A-6。

然而,由于这条线的走势与债券持有量的变化一致(第 111 页),这里出现了困难。因此,债券的直接效用造成的这种运动使得整个无差异

---

[16] 参见第 93 页脚注 21。

[17] 附于第 5 章第 7 节,特别是第 113—114 页。

这一部分的论证从 1960 年秋在希伯来大学的货币理论研讨会上学生们提出的批评和建议中受益匪浅。

曲线图发生了转变。因此,不能通过费雪的方式沿着这条预算线移动直到达到不变无差异图上的最高点来确定 E_1 和 E_2 的最佳组合。[18]

　　然而,我们可以通过假设 E_1 对 E_2 的边际替代率与债券持有量无关来更全面地理解这些问题,因此图 A-6 中的无差异图确实保持不变。现在让我们从 FH 点的 F 点开始向东南方向移动。这意味着债券持有量同时增加。因此,即使无差异曲线图保持不变,每个无差异曲线对应的效用水平也相应地增加。现在考察切点 V。说得松散一点,进一步向东南方向的无穷小运动现在不会影响个体从 E_1 和 E_2 获得的总效用;但它会增加持有债券的效用。因此,他的最优位置必须在 V 的右边,例如 L。[19]根据我们先前的结论,在这一点无差异曲线的斜率(E_1 对 E_2 的边际替代率)大于预算线的斜率($1+r$)——其中,在两种情况下,斜率均对 Y 轴而言。

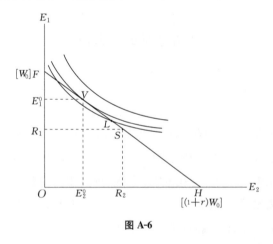

图 A-6

---

　　[18] 债的数量必然随着 E_2 的水平而变化这一事实,使得在我们当前假设债券具有效用的假设之下,无法定义这种复合商品;参见第 113 页脚注 45。但是,请注意,如果我们假设货币是租借的,这种特殊的困难就消失了。这是紧随其后的论证所基于的假设。

　　请注意,本段也指出了上述章节中费雪分析必须使用的贴现因子为 $1/(1+r)$ 而不是 $1/(1+r')$(第 463 页脚注 14)的几何解释。通过贴现率 $1/(1+r')$ 得出的沿着财富线的移动,对应于"加撇号"的债券数量的变化,因此使得无差异曲线图发生变化。

　　[19] 请注意,这个论证不适用于费雪分析的情况。也请注意前面脚注的最后一段。

在我们的分析有效进行的空间里,注意到点 L(而点 V 不)对应一个切点,则这种看似非相切最佳位置的悖论立即迎刃而解。[20]这就是包含与 E_1、E_2 和 B_1/p 相关的无差异曲面 3 维空间。我们正在处理两个时期的情况,所以在这个空间中的预算约束不是由单一平面表示(如在普通的一个时期三种商品的情况下),而是与第 96 页周预算约束(10)和(11)相对应的两个平面的交线,现在改写为[21]

$$E_1 + \frac{1}{1+r}\frac{B_1}{p} = R_1 \qquad (6.21)$$

和

$$E_2 - \frac{B_1}{p} = R_2 。 \qquad (6.22)$$

另外,对我们当前的目的来说更有启发意义——这些约束中的任何一个都可以被财富约束所取代

$$E_1 + \frac{1}{1+r}E_2 = W_0 \qquad (6.23)$$

正如我们已经(在第 113 页)看到的,这是它们的一个线性组合。[22]

那么,如果图 A-6 中的 L 是个体的最佳位置,那么它就是这个空间预算线与一个三维无差异表面之间的切点[23]。事实上,由于现在已经清楚,图 A-6 实际上代表了我们的三维无差异曲线图在给定的债券持有水平(即最优水平)下的横截面图,同样清楚的是,L 是该预算线

468

————————————

[20] 对于这一观察,我感谢亚瑟·谢林。

[21] 读者将会记得,现在假定货币余额是租借的。这使我们能够将实质上四维问题(E_1、E_2、M_1/p 和 B_1/p)减少到三维。参见前文的脚注 18。

[22] 在这个三维空间中可达到的点的集合是由(6.21)—(6.22)重新记为不等式,以及 E_1、E_2 都非负的额外限制所定义的金字塔。空间中的预算线是这个金字塔的不在坐标平面之唯一边缘。它穿过 E_1—E_2 坐标平面上的点 (R_1, R_2);即对应于 $B_1/p=0$ 的平面。

[23] 参见前文第 459 页脚注 6。在本例中,(6.9)—(6.10)的左边描述了空间中相关方向上这条线的斜率。

上唯一处于这一平面上的一点。FH 上的所有其他点仅仅代表了这个空间预算线在这个平面上的投影。特别是，LH 段是这条线位于该平面之上的那部分的投影，FL 段是位于该平面下面的那部分的投影。无论如何，从(6.21)—(6.22)中可以清楚地看出，预算线在空间中的位置取决 R_1 和 R_2 的具体数值，其结果已经描述过。[24]

最后我们注意到，在费雪的假设中，债券不提供直接效用，E_1、E_2 和 B_1/p 空间中的无差异表面是垂直于 E_1-E_2 坐标平面的圆柱体。现在，空间中预算线与相关无差异表面之间的相切点必须位于由(6.23)定义的平面内，该平面也垂直于该坐标平面。因此，这个财富平面和无差异表面之间的相切是一条直线，它也垂直于这个方向。因此，空间中相切点的 E_1-E_2 坐标在 R_1 和 R_2 的任何变化下保持不变，这使得预算线处于同一个财富平面上，使得 R_1 和 R_2 的贴现值保持不变。只有相切点的 B_1/p 坐标才会受到这种变化的影响。这是前述假设下，费雪分析的有效性的图形表示。

E. 货币余额的边际效用以及马歇尔的 "货币的边际效用"[25]

虽然从正文以及上面的公式(6.6)—(6.8)中可以清楚地看到，但是认真推敲一下货币余额的边际效用与马歇尔的货币边际效用(或我们所称的财富的边际效用)之间的区别是值得的。

为了简单起见，再次考察第 5 章第 7 节费雪分析中个体效用最大

469

---

[24] 参见前文第 464 页。亦可参见脚注 22。

[25] 附于第 5 章第 8 节。

以下内容来自威尔逊(Wilson)："效用理论和需求方程注释"，《经济学季刊》，第 60 期(1945—1946)，第 453—454 页。

为了简单起见，下面将忽略效用函数和需求函数的变量 M_0/p。参见方程(6.1)和前文第 107 页脚注 36。

化的情况：

$$U = u\left(Z_1, \frac{M_1}{p}, Z_2\right), \tag{6.24}$$

约束条件为

$$pZ_1 + \frac{p}{1+r}\left[r\left(\frac{M_1}{p}\right) + Z_2\right] = pW, \tag{6.25}$$

得到形如(6.17)和(6.19)的边际条件，因此需求函数形如

$$Z_1 = F(r, W), \tag{6.26}$$

$$\frac{M_1}{p} = G(r, W), \tag{6.27}$$

$$Z_2 = H(r, W)。 \tag{6.28}$$

代入(6.24)然后得到

$$U = u[F(r, W), G(r, W), H(r, W)] \equiv \varphi(r, W)。 \tag{6.29}$$

函数 $\phi(\ )$ 将个体从最优商品组合中所获得的效用与确定该组合构成的自变量联系起来。现在让我们来研究一下 W 的增加对效用水平的影响。也就是说，让我们来确定 $\phi(\ )$ 关于 W 的偏导数。

我们首先注意到，将预算约束(6.25)两边同时除以 p，然后用(6.26)—(6.28)代入预算约束得到恒等式

$$F(r, W) + \frac{1}{1+r}[rG(r, W) + H(r, W)] \equiv W。 \tag{6.30}$$

将这一恒等式两边对 W 微分后得到

$$\frac{\partial F(\ )}{\partial W} + \frac{r}{1+r}\frac{\partial G(\ )}{\partial W} + \frac{1}{1+r}\frac{\partial H(\ )}{\partial W} = 1。 \tag{6.31}$$

这反映了一个简单的事实，即由于预算的限制，任何财富增加都将用于相应增加个体对所有三种商品的消费支出。

利用(1.27)，我们现在对恒等式(6.29)两边进行微分后得到

470

$$\frac{\partial \phi(\ )}{\partial W} \equiv \frac{\partial u(\ )}{\partial Z_1}\frac{\partial F(\ )}{\partial W} + \frac{\partial u(\ )}{\partial \left(\frac{M_1}{p}\right)}\frac{\partial G(\ )}{\partial W} + \frac{\partial u(\ )}{\partial Z_2}\frac{\partial H(\ )}{\partial W} \text{。} \quad (6.32)$$

将(6.17)和(6.19)代入,我们得到

$$
\begin{aligned}
\frac{\partial \phi(\ )}{\partial W} &= \lambda p\,\frac{\partial F(\ )}{\partial W} + \lambda p\,\frac{r}{1+r}\frac{\partial G(\ )}{\partial W} + \lambda p\,\frac{1}{1+r}\frac{\partial H(\ )}{\partial W}\\
&= \lambda p\left[\frac{\partial F(\ )}{\partial W} + \frac{r}{1+r}\frac{\partial G(\ )}{\partial W} + \frac{1}{1+r}\right]\\
&= \lambda p,
\end{aligned}
\quad (6.33)
$$

在这里,我们利用到了(6.31)。

很显然,$\lambda = \dfrac{1}{p}\dfrac{\partial \phi(r,\ W)}{\partial W}$ 对应着马歇尔提出的货币边际效用。[26] 因此,与1美元的货币余额的边际效用在概念上就截然不同,

$$\frac{1}{p}\frac{\partial\left(Z_1,\ \dfrac{M_1}{p},\ Z_2\right)}{\partial\left(\dfrac{M_1}{p}\right)}\text{。}$$

因此,我们再次看到指定函数对谁取导数的重要性了,正如数学附录 1A 中阐述的一样。

F. 预防性需求[27]

如前所述(第 120 页脚注 6,第 123 页及下一页的脚注 10),在我们讨论背后的(预期)效用函数是 $U = F(E[Z_1],\ E[Z_2],\ \sigma(Z_2);\ \sigma(Z_1))$,该效用函数可以重新记为

$$U = F\left(E(Z_1),\ E[Z_2],\ \left|\frac{B_1}{p}\right|\sigma;\ \left|\frac{B_0}{p}\right|\sigma\right). \quad (6.34)$$

由假设,关于前两个参数的偏导数为正,关于后两个参数的偏导数为

---

[26] 《经济学原理》,第 838—839 页。
[27] 附于第 6 章第 1 节。

负。(由于第四个参数在本讨论中被假定为常数,所以我们实际上并不涉及关于它的偏导数。)

为了在第 120 页的预算约束(3)和(4)的条件之下最大化 $F(\ )$ [28],我们构造拉格朗日和

$$F(\ )-\lambda_1\left(E[Z_1]+\frac{1}{1+r}\frac{B_1}{p}+\frac{M_1}{p}-R_1\right)-\lambda_2\left(E[Z_2]-R_2-\frac{B_1}{p}-\frac{M_1}{p}\right).$$
$$(6.35)$$

它是针对 $E[Z_1]$、$E[Z_2]$、B_1/p 和 M_1/p 最大化。这就得到最优条件

$$\frac{\dfrac{\partial F(\ )}{\partial(E[Z_1])}}{\dfrac{\partial F(\ )}{\partial(E[Z_2])}\pm\sigma\dfrac{\partial F(\ )}{\partial\left(\left|\dfrac{B_1}{p}\right|\sigma\right)}}=1+r,\qquad(6.36)$$

$$\frac{\dfrac{\partial F(\ )}{\partial(E[Z_1])}}{\dfrac{\partial F(\ )}{\partial(E(Z_2))}}=1,\qquad(6.37)$$

在这,(6.36)的分母中的正(负)符号适用于 B_1/p 的正(负)值。(6.37)的左边是在假定(6.34)中的第三个参数保持不变的情况下,即购买力仅能通过货币从当前向未来转移的假设之下,测量当前和未来消费之间的边际替代率。另一方面,(6.36)的左边是在完全通过债券转移购买力的假设之下测量这一比率。[29]因此,方程(6.36)—(6.37)分别对

472

---

[28] 显然,第 120 页的约束(5)和(6)已经以 $F(\ )$ 中第三和第四个参数出现的形式反映出来。参见数学附录 1D。

[29] 更严格地(参见前文第 459 页),(6.34)沿着给定的无差异超曲面的微分是

$$dU=\frac{\partial F(\ )}{\partial(E[Z_1])}d(E[Z_1])+\frac{\partial F(\ )}{\partial(E[Z_2])}d(E[Z_2])+\frac{\partial F(\ )}{\partial\left(\left|\dfrac{B_1}{p}\right|\sigma\right)}\frac{\partial\left(\left|\dfrac{B_1}{p}\right|\sigma\right)}{\partial\left(\left|\dfrac{B_1}{p}\right|\right)}d\left|\frac{B_1}{p}\right|$$

$$=\frac{\partial F(\ )}{\partial(E[Z_1])}d(E[Z_1])+\frac{\partial F(\ )}{\partial(E[Z_2])}d(E[Z_2])\pm\sigma\frac{\partial F(\ )}{\partial\left(\left|\dfrac{B_1}{p}\right|\sigma\right)}d\left(\frac{B_1}{p}\right)=0(\text{转下页})$$

应上述方程(6.9)—(6.10)。

G. 商品作为资产[30]

现在将我们 A 部分的分析推广到价格可以变化并且可以持有商品存货的情形。令 Z_h 的价格水平为 $(1+s)^{h-1}p$，并令 $Y_k(k=1,2)$ 表示从第 k 周转到第 $k+1$ 的商品的价格。第三周结束时没有计划的结转。于是，个体最大化他的效用

$$U=U\left[Z_1, \frac{B_1}{(1+s)p}, \frac{M_1}{(1+s)p}, Z_2, \frac{B_2}{(1+s)^2p}, \frac{M_2}{(1+s)^2p}, Z_3; \frac{M_0}{p}\right],$$

$$(6.38)$$

预算约束为

$$p(Z_1+Y_1)+\frac{B_1}{1+r}+M_1-B_0-M_0-p\bar{Z}_1=0。 \quad (6.39)$$

效用函数(6.38)表明，个体用这周的价格来衡量他所持有的债券和货币，在这一周这些债券和货币将构成他的储备。前述最大化得到：

473
$$(1+s)p(Z_2+Y_2)+\frac{B_2}{1+r}+M_2-B_1-M_1-(1+s)p(Y_1+\bar{Z}_2)=0,$$

$$(6.40)$$

$$(1+s)^2pZ_3-B_2-M_2-(1+s)^2p(Y_2+\bar{Z}_3)=0, \quad (6.41)$$

$$\frac{\partial U(\quad)}{\partial Z_1}-\lambda_1 p=0, \quad (6.42)$$

(接上页)如果转移完全经由货币完成，那么 $d(B_1/p)=0$；如果完全经由债券转移，$d(B_1/p)=d(E[Z_2])$。将这些关系式代入前述微分方程，那么可以为刚描述的 $-\dfrac{d(E[Z_1])}{d(E[Z_2])}$ 得到各自的表达式。

[30] 附于第 6 章第 3 节。

$$-\lambda_1 p + \lambda_2(1+s)p = 0, \tag{6.43}$$

$$\frac{1}{(1+s)p}\frac{\partial U(\ )}{\partial\left[\dfrac{B_1}{(1+s)p}\right]} - \frac{\lambda_1}{1+r} + \lambda_2 = 0, \tag{6.44}$$

$$\frac{1}{(1+s)p}\frac{\partial U(\ )}{\partial\left[\dfrac{M_1}{(1+s)p}\right]} - \lambda_1 + \lambda_2 = 0, \tag{6.45}$$

$$\frac{\partial U(\ )}{\partial Z_2} - \lambda_2(1+s)p = 0, \tag{6.46}$$

等等。针对 Y_1 最大化可以得到方程(6.43)。从上述方程推导出第137页的方程(17)—(19)留给读者作为练习。

同样很明显的是,如果有预期的价格变化,但是商品不能继续使用,那么 Y_k 就会从预算约束(6.38)—(6.40)中消失,同时方程(6.43)也会消失。然而,这并不影响其余的方程。

7. 第 8 章附录

A. 定价过程的二分法[1]

本文区分了四种类型的二分法,对其描述如下:

(ⅰ)第一种二分法隐含在数学附录 4C 的讨论中。在这种二分法的第一阶段,我们认为货币数量 Z_n 为固定值,但却未知,正如在(4.25)—(4.27)中一样,我们对(4.22)—(4.24)求解相对价格、利率和货币余额的真实价值。在第二阶段,我们添加规定货币数量的方程,

$$\bar{Z}_n = \bar{Z}_n^0, \tag{7.1}$$

从而确定货币价格,如(4.28)—(4.30)所示。

(ⅱ)第二种二分法也隐含在前面的讨论中。特别是,让我们再次考察模型(4.22)—(4.24)并将数学附录 3A 的推理应用于它。然而,与前一段相反,Z_n 现在被认为是已知的常数。另一方面,我们现在放弃 $p_n = 1$ 的假设,并相应地在这些方程中用 $p_n Z_n / p$ 代替参数 Z_n / p。由此可见,因变量 $p_i(1, \cdots, n)$ 和 p 出现在系统(4.22)—(4.24)中,所以只能以 n 个比率 p_i / p 的形式进行修改。因此,这个系统的 n 个方程至多可以解出

$$\frac{p_s}{p} = k_s \qquad (s = 1, \cdots, n-2),$$

$$r = k_{n-1}, \text{且} \frac{p_n}{p} = k_n, \tag{7.2}$$

---

[1] 附于第 8 章第 3 节。

在这里 k_i 为常数。于是，这些解可以被重新记为

$$\frac{p_s}{p_n}=\frac{k_s}{k_n},\quad r=k_{n-1},\quad \text{和}\frac{p}{p_n}=\frac{1}{k_n}。\tag{7.3}$$

因此，在这个二分法的第一阶段，我们已经确定了货币价格 p_s/p_n；但我们还没有确定会计价格 p_s。那么第二阶段就是任意指定任何一种商品或货币的会计价格。因此，例如，我们可以添加方程

$$p_n=t,\tag{7.4}$$

其中，t 是一个常数。将其代入(7.3)，我们就可以得到所有其他商品的会计价格。(7.4)和(7.1)之间区别的含义已经在正文中给出(第173—174页)。

（ⅲ）第三种无效的二分法首先假设商品和债券的超额需求函数与绝对价格水平无关，因此，对应的超额需求方程可记为

$$D_s\left(\frac{p_1}{p},\cdots,\frac{p_{n-2}}{p},r\right)-\bar{Z}_s=0\quad(s=1,\cdots,n-2),\tag{7.5}$$

$$D_{n-1}\left(\frac{p_1}{p},\cdots,\frac{p_{n-2}}{p},r\right)=0,\tag{7.6}$$

在这

$$\sum_{s=1}^{n-2}w_s\frac{p_s}{p}=1。\tag{7.7}$$

剑桥形式的货币超额需求方程

$$KpT-\bar{Z}_n=0\tag{7.8}$$

被添加到这些方程中，其中 Z_n 和 K 为常数，T 是 $\bar{Z}_s$ 或 $D_s(\ )$，或者两者的函数。[2]

选择(7.6)作为通过瓦尔拉斯定律"消除"的等式，然后我们按以下

---

[2] 一般而言，这里陈述的二分法仅针对具有债券的模型的情况。如果读者更喜欢用更熟悉的只有商品和货币模型的情况，他只需要考虑第 $n-1$ 种商品是另一种商品，用 P_{n-1}/P 代替 r，然后将(7.6)重写为

$$D_{n-1}(\ )-\bar{Z}_{n-1}=0。$$

这不会以任何重要的方式影响后面的论证。

方式对定价过程运用二分法：在第一阶段，我们考察(7.5)和(7.7)的 $n-1$ 个方程的子集。这些仅取决于(因此可以确定) $n-1$ 个变量 p_s/p 和 r 的均衡值。在第二阶段，我们使用这些值来修正(7.8)中的 T 值。 K 和 Z_n 为常数，因此该方程可以确定剩余变量 p 的均衡值。

不难看出，这种二分法在内部是不一致的。由预算约束，我们知道货币超额需求函数必须具有这种形式

$$-p\sum_{s=1}^{n-2}\frac{p_s}{p}[D_s(\ )-\bar{Z}_s]-pD_{n-1}(\ )\,。\qquad(7.9)$$

这意味着货币价格翻倍会导致货币超额需求量增加一倍。但是超额需求函数 $KpT-Z_n$ 没有这个属性，因此，(7.5)—(7.7)左边隐含的货币函数形式与(7.8)左边明确给出的形式不一致。

抛弃剑桥方程也不能拯救这种二分法。将货币的超额需求函数做些改变，以消除前面的不一致。也就是说，让它明确假设具有形式(7.9)。等式(7.8)相应地被替换为

$$\sum_{s=1}^{n-2}\frac{p_s}{p}[D_s(\ )-\bar{Z}_s]+D_{n-1}(\ )=0\,。\qquad(7.10)$$

477　我们立刻可以看出，这个方程的因变量恰好是(7.5)和(7.7)的因变量；特别是，变量 p 只是作为价格比率 p_s/p 的分母，而不是以自身独立出现。因此，这个方程不可能确定任何尚未由(7.5)和(7.7)确定的变量值；而这些方程最多只能确定出现在 p_s/p 和 r 中的变量值。因此，需求只取决于相对价格的假设意味着 p 的价值是不确定的。

因此，我们对上述二分法的批评可以归纳为以下几个方面：有数量理论，它的超额需求函数是不一致的；没有数量理论，它的超额需求方程组是不确定的。

我们最后注意到，超额需求函数的不一致性可以用对应于静态方程(7.5)—(7.8)的动态市场调整方程组的不一致性来表示，并且其性质因此由那些超额需求函数确定。[3]

---

[3] 参见方程(3.5)—(3.7)。亦可参见前文第 178 页及下一页的图形说明。

（iv）第四种二分法（"凯恩斯主义的情形"）用

$$D_{n-1}^*\left(\frac{p_1}{p},\ \cdots,\ \frac{p_{n-2}}{p},\ r,\ \frac{\bar{Z}_n}{p}\right)=0。 \tag{7.11}$$

取代(7.6)。货币的超额需求函数因此变为

$$-p\sum_{s=1}^{n-2}\frac{p_s}{p}\left[D_s\left(\frac{p_1}{p},\ \cdots,\ \frac{p_{n-2}}{p},\ r\right)-\bar{Z}_s\right]-pD_{n-1}^*\left(\frac{p_1}{p},\ \cdots,\ \frac{p_{n-2}}{p},\ r,\ \frac{\bar{Z}_n}{p}\right)。$$
$$\tag{7.12}$$

这不再意味着价格翻倍会使货币的超额需求量增加一倍。另一方面，这确实意味着价格翻番并且 Z_n 确实翻倍。但是这个性质正是剑桥函数 $KpT-Z_n$ 所共有的。

类似地，等式(7.10)被替换为

$$\sum_{s=1}^{n-2}\frac{p_s}{p}[D_s(\ )-\bar{Z}_s]+D_{n-1}^*\left(\frac{p_1}{p},\ \cdots,\ \frac{p_{n-2}}{p},\ r,\ \frac{\bar{Z}_n}{p}\right)=0。 \tag{7.13}$$

这里变量 p 本身出现。因此，我们可以说对商品方程(7.5)和(7.7)的规定确定了相对价格和利率，而对(7.13)—或(7.11)的规定则决定了绝对价格水平。

（v）然而，只要我们离开这一情况的特别假设，我们通常不能以这种方式分解定价过程。更具体地说，考虑系统(4.16)—(4.19)。再次使用瓦尔拉斯定律来"消除"债券方程—(4.17)。让我们现在给绝对价格水平赋予一个任意值 p_0。然后，子集(4.16)和(4.19)由包含 $n-1$ 个变量 $p_1/p_0,\ \cdots,\ p_{n-2}/p_0$ 和 r 的 $n-1$ 个方程构成。因此，我们假设它可以为这些变量确定一个解，比方说 $(p_1/p^0)_0,\ \cdots,\ (p_{n-2}/p^0)_0$ 和 r_0。我们现在将这些值代入货币方程(4.18)。这样，在方程中只剩下一个未知变量 p。因此(4.18)确定了这个变量的一个取值，比方说 p^1。很显然，没有理由认为 p^0 和 p^1 必须相等。因此，也没有理由认为(4.16)和(4.19)必须由 p^1 和 $(p_1/p^0)_0,\ \cdots,\ (p_{n-2}/p^0)_0,\ r_0$ 满足。也就是说 $(p_1/p^0)_0,\ \cdots,\ (p_{n-2}/p^0)_0,\ r_0$ 没有理由必然是系统(4.16)

478

和(4.19)作为一个整体的均衡相对价格和利率。或者换句话说，只有在相对价格保持不变时，方程(4.16)不受绝对价格水平从 p^0 到 p^1 的变化影响时，或者这么说，如果方程(4.16)不受 p_s 和 p 的等比例变化的影响，它们才必然是均衡值。但只有当这些方程不依赖于 $\bar{Z}_{n-1}/p$ 和 $\bar{Z}_n/p$ 时，这才是正确的。当然，这就是前一段的"凯恩斯主义情形"。

B. 流动性偏好变化的影响(K 的改变)[4]

为了分析流动性偏好的变化，我们首先定义了"流动性参数" α^a。这是一个个体从持有 1 美元的真实货币余额中获得的流动性便利量的指标：这种便利性越高，指标便越高。这个指数可以用来"缩小"实际余额 $\bar{Z}_n^a/p$ 的客观数量，以获得它的"主观量" $\alpha^a \bar{Z}_n^a/p$。因此，即使其客观数量没有变化，α^a 增加也会导致真实余额的主观数量增加。

现在让我们通过以下方式修改(4.16)—(4.19)来将此参数引入到我们的方程组中：

$$F_s\left(\frac{p_1}{p},\ \cdots,\ \frac{p_{n-2}}{p},\ r,\ \frac{\bar{Z}_{n-1}^1}{p}+\frac{\alpha^1\,\bar{Z}_n^1}{p},\ \cdots,\ \frac{\bar{Z}_{n-1}^A}{p}+\frac{\alpha^A\,\bar{Z}_n^A}{p}\right)-\bar{Z}_s=0$$
$$(s=1,\ \cdots,\ n-2),\qquad\qquad(7.14)$$

$$F_{n-1}\left(\frac{p_1}{p},\ \cdots,\ \frac{p_{n-2}}{p},\ r,\ \frac{\bar{Z}_{n-1}^1}{p}+\frac{\alpha^1\,\bar{Z}_n^1}{p},\ \cdots,\ \frac{\bar{Z}_{n-1}^A}{p}+\frac{\alpha^A\,\bar{Z}_n^A}{p}\right)=0,$$
$$(7.15)$$

$$-\sum_{s=1}^{n-2}\frac{p_s}{p}[F_s(\ )-\bar{Z}_s]-F_{n-1}(\ )=0,\qquad(7.16)$$

$$\sum_{s=1}^{n-2}w_s\frac{p_s}{p}=1\ 。\qquad(7.17)$$

α^a 的减少使得涉及真实余额的变量值降低，从而减少了对商品和债券

---

[4] 附于第 8 章第 5 节。

的需求量。从(7.16)的左边[当然,这是真实货币持有量的超额需求函数(4.12)],我们看到这会导致所需货币量的增加。因此,随着 α^a 的下降,可以确定流动性偏好增加。

现在必须强调的是,将 α^a 引入上述函数的方式非常特殊,尤其要考虑第一种商品的市场。个体对这个市场的流动性偏好的"强度"被定义为通过价格的等比例下降来衡量,以使他的主观货币量在其对该市场的影响方面恢复到原来的水平。前面的模型假设这个强度对于每个市场都是一样的。正是这种对称性规定了流动性偏好的"中性"转变。

这种情况与假定第 a 个个体在每个市场的流动性参数 α_j^a ($j = 1, \cdots, n-1$)不同的情况相反。那么,他与这些市场相关的货币的主观数量 $\alpha_j^a \bar{Z}_n^a / p$ 也是不同的。换句话说,流动性偏好的增加通常不会在每个市场中以相同的强度发生。或者换句话说,抵消流动性偏好增加对个体在一个市场上的需求的影响所需的价格下降幅度,通常不会与另一个市场所需的幅度相同。数学附录 8C 将分析这种情况。

我们的中立假设显然使流动性偏好转变的问题在分析上等同于已经熟悉的货币数量变化问题。尤其是,在个体实验层面上,(7.14)—(7.16)左边的函数表明,在所有其他变量保持不变的情况下,商品、真实债券持有量和真实货币持有量的超额需求假定为不受 p_s、$p_s \bar{Z}_{n-1}^a$ 和 α^a 等比例变化的影响。相应地,在市场实验的层面上,方程(7.14)—(7.17)表明,如果存在中性的真实负债效应,α^a 的等比例变化会引起 p_s 和 p 的均衡值等比例变化而 r 的均衡值不变。这个命题的严格证明显然与数学附录 4B 中 $\bar{Z}_n^a$ 的等比例变化相似。

C. 初始商品禀赋变化的影响(T 的改变）[5]

根据(4.6)—(4.8),将本周的市场超额需求方程记为

---

[5] 附于第 8 章第 6 节。

$$Q_s \left[\frac{p_1}{p}, \, \cdots, \, \frac{p_{n-2}}{p}, \, r, \, \left| \frac{\bar{Z}_{n-1}^a}{p} + \frac{\bar{Z}_n^a}{p} \right|, \, \left| \frac{\sum\limits_{s=1}^{n-2} p_s \, \bar{Z}_{hs}^a}{p} \right| \right] - \bar{Z}_s = 0$$

$$(s=1, \, \cdots, \, n-2), \tag{7.18}$$

$$Q_{n-1}(\ )=0, \tag{7.19}$$

$$Q_n(\ )-\bar{Z}_n=0, \tag{7.20}$$

$$\sum_{s=1}^{n-2} w_s \, \frac{p_s}{p} = 1, \tag{7.21}$$

481　其中，$\left| \dfrac{\bar{Z}_{n-1}^a}{p} + \dfrac{\bar{Z}_n^a}{p} \right|$ 和 $\left| \dfrac{\sum\limits_{s=1}^{n-2} p_s \, \bar{Z}_{hs}^a}{p} \right|$ 分别表示相关变量对于 a 和 h 的全

部取值。很显然，如果其他方程被满足，(7.20)也将被满足。

假设对于 $\bar{Z}_{hs}^a = \bar{Z}_{hs}^{a0}(s=1, \, \cdots, \, n-2; \, a=1, \, \cdots A; \, h=1, \, \cdots, \, H)$ 和 $\bar{Z}_u^a = \bar{Z}_u^{a0}(u=n-1, \, n)$ 这些方程有解 $p_s = p_s^0$、$p=p^0$、$r=r^0$。现在 考察 $\bar{Z}_{hs}^a = t^0 \, \bar{Z}_{hs}^{a0}$ 和 $\bar{Z}_u^a = \bar{Z}_u^{a0}(u=n-1, \, n)$，其中 t^0 为给定的正的常数。 采用一个形如 $p_s = kp_s^0$、$p=kp^0$、$r=r^0$ 的试验解，其中 k 是一个正的 未知常数。将其代入方程(7.18)，当 $s=1$ 时得到

$$Q_1 \left[\frac{p_1^0}{p^0}, \, \cdots, \, \frac{p_{n-2}^0}{p^0}, \, r^0, \, \left| \frac{\bar{Z}_{n-1}^{a0}}{kp^0} + \frac{\bar{Z}_n^{a0}}{kp^0} \right|, \, \left| \frac{\sum\limits_{s=1}^{n-2} p_s^0 t^0 \, \bar{Z}_{hs}^{a0}}{p^0} \right| \right] - t^0 \, \bar{Z}_1^0 = 0。$$

$$\tag{7.22}$$

这是一个只有一个未知量的单一方程。假设它有一个解 $k=k^0$。

显然，正如 $s=1$ 时我们从(7.18)中得到一个关于 k 的方程一样， 我们也可以为 $s=2, \, \cdots, \, n-2$ 得到相似的方程，更不用说可以从(7. 19)得到了。没有理由要求 $k=k^0$ 满足这些附加的方程。简而言之，将 这个试验解插入(7.18)—(7.19)给出了一个只有一个变量 k 而有 $n-1$ 个方程的超定系统。即使没有分配效应，情况也是如此。[6]

---

[6] 读者应该自己确定，这一推理不会导致前一节和数学附录3C和4B中出现 超定。参见第192页脚注62。

我们最后注意到,即使所有的 $n-1$ 个方程应该对 k 有相同的解,也没有理由说这应该是 $k=1/t^0$。

D. 萨伊恒等式和易货经济[7]

我们用

$$X_i(p_1, \cdots, p_{n-2}, p, r)=0 \qquad (i=1, \cdots, n) \quad (7.23)$$

表示对第 i 种商品的市场超额需求方程,在这第 $n-1$ 种商品是债券,第 n 种商品是货币。根据兰格[8],萨伊恒等式表明

$$\sum_{j=1}^{n-1} p_j X_j(p_1, \cdots, p_{n-2}, p, r) \equiv 0, \qquad (7.24)$$

或,对于我们的目的更合适的是

$$X_{n-1}(p_1, \cdots, p_{n-2}, p, r) \equiv -(1+r)\sum_{s=1}^{n-2} p_s X_s(p_1, \cdots, p_{n-2}, p, r)。$$
$$(7.25)$$

或者,比较(7.24)和(4.12),我们可以遵循兰格的方法,将萨伊恒等式表示为

$$X_n(p_1, \cdots, p_{n-2}, p, r) \equiv 0 \qquad (7.26)$$

现在考虑(7.23)的前 $n-2$ 个方程式以及由(7.7)给出的 p 的定义。取特定值 $p=p^0$,并假设对于这个值,包含 $n-1$ 个变量 $p_s(s=1, \cdots, n-2)$ 和 r 的 $n-1$ 个方程的方程组组有一个唯一的解。根据(7.25),对于 $i=n-1$ 这个解与 $p=p^0$ 一起也必须满足(7.23)。并且从(7.26)可以看出,对于 $i=n$ 它也必须满足(7.23)。因此,这组数值必

482

---

[7] 附于第 8 章第 7 节。

[8] "萨伊定律……",同前引,第 49—53 页。一般来说,我已经将兰格的分析扩展到了有债券的经济。

须是一组均衡值。

现在取任何其他值 $p=p^1$。通常,(7.23)和(7.7)对应于这个新取值的解将与前一个不同。但根据(7.25),这个解也必须是一个均衡解。因此,萨伊恒等式意味着货币价格是不确定的。[9]因此,这种恒等式只能在物物交换经济中有存在的意义。这种经济中缺乏金融资产意味着需求函数仅取决于相对价格。

最后应该指出的是,我们这里推理的路线是,萨伊恒等式隐含着一种易货经济,因此是同质性假设。这与兰格公认的直接从萨伊恒等式
483 推理出这一假设的步骤形成对比。根据兰格的观点,萨伊恒等式"不包括使用货币余额为购买商品提供资金"[10],或者,它排除了"货币对商品的替代"[11]。因此,萨伊恒等式意味着"每种商品的需求量将仅取决于相对商品价格"[12]。

然而,这是一个不合理的问题。货币在商品上的支出不变并不意味着缺乏真实余额效应。因此,通过真实余额效应,所有价格加倍可能导致所需数量减半,使商品的总支出保持不变。我们从萨伊恒等式本身知道的是,无论真实余额效应何表现出来,(7.24)所描述的函数依赖关系使得任何价格变化都不可能导致超额货币需求量偏离(7.26)中的零值。

---

[9] 用技术术语来说,萨伊恒等式加入瓦尔拉斯定律意味着(7.23)中只有 $n-2$ 个独立的方程。因此,可以假定这些与剩余方程(7.7)一起不足以确定 n 个变量 $p_s(s=1,\cdots,n-2)$、p 和 r。

[10] 兰格:"萨伊定律……",同前引,第 53 页;另见第 63—64 页。

[11][12] 贝克尔和鲍莫尔(Becker and Baumol):"经典货币理论",《经济学刊》,第 19 期(1952),第 358 页。

8. 第 10、11 章附录

A. 商品和债券市场分析中的系统的稳定性问题[1]

根据正文中的假设，我们的动态分析可以限于债券和商品市场。这些市场的均衡条件分别是，

$$B\left(Y_0, \frac{1}{r}, \frac{M}{p}\right) = 0, \tag{8.1}$$

$$F\left(Y_0, r, \frac{M}{p}\right) - Y_0 = 0, \tag{8.2}$$

其中 M 是常数，且

$$B\left(Y_0, \frac{1}{r}, \frac{M}{p}\right) \equiv H\left(Y_0, \frac{1}{r}, \frac{M^H}{p}\right) - J\left(Y_0, \frac{1}{r}, \frac{M^F}{p}\right). \tag{8.3}$$

这个恒等式使用的假设是货币余额在经济中的分配不会影响均衡利率。根据第 9 章的讨论，这些函数的偏导数为 $B_1 \gtreqless 0$、$B_2 < 0$、$B_3 > 0$、$F_1 > 0$、$F_2 < 0$ 和 $F_3 > 0$，在这里，下标表示对哪一个参数进行微分。Y 被假设为常数 Y_0，因此，B_1 和 F_1 在以下分析中不起作用。

现在考察一下通过以下动态方程式描述经济发展的试错过程的一般情况[2]：

---

　　[1]　附于第 10 章第 2 节。

　　[2]　关于下面，参见数学附录 3B。这清楚地表明，以下所示的局部稳定性不是全局意义的瓦尔拉斯试错过程的稳定性。

$$\frac{dr}{dt} = -K_1 B\left(Y_0, \frac{1}{r}, \frac{M}{p}\right) - K_2\left[F\left(Y_0, r, \frac{M}{p}\right) - Y_0\right], \quad (8.4)$$

$$\frac{dp}{dt} = K_3 B\left(Y_0, \frac{1}{r}, \frac{M}{p}\right) + K_4\left[F\left(Y_0, r, \frac{M}{p}\right) - Y_0\right], \quad (8.5)$$

在这里,$K_j(j=1, \cdots, 4)$为正的常数。对 $B(\ )$ 和 $F(\ )$ 进行微分,我们可以在均衡点的邻域得到线性近似

$$\frac{dr}{dt} = \left[\frac{K_1 B_2}{r_0^2} - K_2 F_2\right](r - r_0) + \left[\frac{K_1 B_3 M}{p_0^2} + \frac{K_2 F_3 M}{p_0^2}\right](p - p_0),$$

$$(8.6)$$

$$\frac{dp}{dt} = \left[-\frac{K_3 B_2}{r_0^2} + K_4 F_2\right](r - r_0) + \left[-\frac{K_3 B_3 M}{p_0^2} - \frac{K_4 F_3 M}{p_0^2}\right](p - p_0).$$

$$(8.7)$$

令

$$a = -\frac{B_2}{r_0^2} > 0, \ b = F_2 < 0,$$

$$c = -\frac{B_3 M}{p_0^2} < 0, \ d = -\frac{F_3 M}{p_0^2} < 0.$$

$$(8.8)$$

那么可以证明,如果下面关于 x 的特征方程

$$\begin{vmatrix} -K_1 a - K_2 b - x & -K_1 c - K_2 d \\ K_3 a + K_4 b & K_3 c + K_4 d - x \end{vmatrix} = 0 \qquad (8.9)$$

的解的实部为负的话,那么按照规则(8.4)—(8.5)进行的逐次逼近的方法将会收敛到方程组(8.1)—(8.2)的解。[3]

486　　　展开(8.9),我们得到

---

[3]　如前所述,这一过程基于萨缪尔森《经济分析基础》第 269 页及以下诸页的内容。参见梅茨勒:"财富、储蓄与利率",同前引,第 115—116 页。

注意这个系统逐次逼近的一个性质:如果它收敛,它必须收敛到一个解。这是假设 K 为常数的结果。

$$x^2 + gx + h = 0, \tag{8.10}$$

其中

$$g = K_1 a + K_2 b - K_3 c - K_4 d, \tag{8.11}$$
$$h = -K_1 K_4 ad - K_2 K_3 bc + K_1 K_4 bc + K_2 K_3 ad \, 。$$

因此，g 和 h 的符号都取决于 K_1 和偏导数的相对大小。因此，我们不能指定 x 解的实部符号。因此，系统的收敛性一般不能确立。

显然，K_2 和 K_3 越小，g 和 h 的符号就越可能是正数。在 $K_2 = K_3 = 0$ 的极端情况下，这肯定是如此。由二次方程式（8.10）的解，

$$x = \frac{-g \pm \sqrt{g^2 - 4h}}{2}, \tag{8.12}$$

可知 x 的根的实部分必须为负。因此，在这种情况下（对应于文中图 10-2 所描述的情况），动态系统肯定会收敛于均衡解。请注意，即使在极端凯恩斯假设 $F_3 \equiv 0$ 的情况下，这个结论也成立。

B. 商品和货币市场分析中的系统的稳定性问题[4]

现在假设在商品和货币市场中分析。于是（8.1）被替换为

$$L\left(Y_0, \, r, \, \frac{M}{p}\right) - \frac{M}{p} = 0 \tag{8.13}$$

其中，$L_1 > 0$、$L_2 < 0$ 和 $1 > L_3 > 0$。在凯恩斯假设中，货币市场的超额需求只影响利率，动态系统（8.4）—（8.5）因此被替换为 487

$$\frac{dr}{dt} = Q_1 \left[L\left(Y_0, \, r, \, \frac{M}{p}\right) - \frac{M}{p} \right] \tag{8.14}$$

$$\frac{dp}{dt} = Q_2 \left[F\left(Y_0, \, r, \, \frac{M}{p}\right) - Y_0 \right] \tag{8.15}$$

---

[4] 附于第 11 章第 3 节和第 377 页。

其中，Q_1 和 Q_2 为正的常数。使用与前一节中相同的步骤，我们可以证明，如果关于 x 的特征方程

$$\begin{vmatrix} Q_1 L_2 - x & \dfrac{Q_1 M(1-L_3)}{p^2} \\[3mm] Q_2 F_2 & \dfrac{Q_2 M F_3}{p^2} - x \end{vmatrix} = 0 \tag{8.16}$$

的根的实部为负，那么系统(8.14)—(8.15)是稳定的。将其展开，我们得到

$$x^2 + \left[\frac{Q_2 M F_3}{p^2} - Q_1 L_2 \right] x + \left[\frac{-Q_1 Q_2 M L_2 F_3}{p^2} - \frac{-Q_1 Q_2 M F_2 (1-L_3)}{p^2} \right] = 0 \text{。} \tag{8.17}$$

根据对偏导数的符号的假设，前面方程中的 x 系数和常数项都为正。因此，它的解的实部为负。因此，系统(8.14)—(8.15)是稳定的。即使在 $F_3 \equiv 0$ 的极端凯恩斯主义情况下，这个结论再次成立。

现在让我们把货币的超额需求函数表示为[5]

$$X\left(Y, r, \frac{M}{p}\right) \equiv L\left(Y, r, \frac{M}{p}\right) - \frac{M}{p} \text{。} \tag{8.18}$$

488　正文中所强调的差异[6]是

$$X\left(Y, r, \frac{M}{p}\right) \equiv B\left(Y, r, \frac{M}{p}\right) \tag{8.19}$$

和

$$X_3\left(Y, r, \frac{M}{p}\right) \equiv B_3\left(Y, r, \frac{M}{p}\right) \text{。} \tag{8.20}$$

两个恒等式(在全部变量上)的差异。方程(8.19)意味着所有的偏导数

---

[5]　注意，即使 $L(\ )$ 不依赖于 M/p，$X(\ )$ 也是依赖于它的。

[6]　第 264 页。

是相同的，所以这是一个比(8.20)要强得多的约束。还要注意，在 $F_3 \equiv 0$ 的凯恩斯假设下，方程(8.20)直接由预算约束得出。[7]

C. 商品和债券市场分析中流动性偏好
发生变化的影响[8]

对流动性偏好转变的分析遵循数学附录7B的方法。如果像那里分析的情况，这种流动性偏好转变在商品和债券之间是中性的，则 (8.1)—(8.2)中的参数 M/p 被 $\mu M/p$ 代替，其中 μ 是流动性参数。通过检验可以明显看出，μ 的变化导致(8.1)—(8.2)中的均衡价格水平以相同的比例变化，并使均衡利率不受影响。

现在让我们放弃中性假设并将(8.1)—(8.2)重新记为

$$F\left(Y_0, r, \frac{\alpha M}{p}\right) - Y_0 = 0,$$
$$B\left(Y_0, \frac{1}{r}, \frac{\beta M}{p}\right) = 0, \tag{8.21}$$

其中，α，β 为流动性参数。显然，流动性偏好增加不再需要以相同的强度影响商品和债券市场。也就是说，如果我们进行一项增加流动性偏好的个体实验，那么抵消这种商品市场增长所必需的价格下降就不必与债券市场所需的价格下降相同。事实上，我们可以想到一个极端的例子，流动性偏好的增加只是以商品为代价，因此不需要任何价格下降来恢复债券市场的需求。这种情况在(8.21)的左边用 α 的下降表示，而 β 保持不变。在另一个极端情况下，我们只是以出售债券为代价来增加流动性偏好。这表现为 β 的减少，而 α 保持不变。

从这些个体实验出发，我们可以进行相应的市场实验。特别是，当

489

---

[7] 参见第 227 页脚注 22。
[8] 附于第 10 章第 4 节。

这种增加完全以商品为代价时,考察流动性偏好的增加对均衡价格水平和利率的影响。保持 β 不变并且将(8.21)对 α 微分,我们得到[9]

$$F_2 \frac{\partial r}{\partial \alpha} - \frac{\alpha F_3 M}{p^2} \frac{\partial p}{\partial \alpha} = -\frac{F_3 M}{p}, \tag{8.22}$$

$$-\frac{B_2}{r^2} \frac{\partial r}{\partial \alpha} - \frac{\beta B_3 M}{p^2} \frac{\partial p}{\partial \alpha} = 0 \text{。} \tag{8.23}$$

令

$$|D| = \begin{vmatrix} F_2 & -\dfrac{\alpha F_3 M}{p^2} \\ -\dfrac{B_2}{r^2} & -\dfrac{\beta B_3 M}{p^2} \end{vmatrix} = -\frac{\beta F_2 B_3 M}{p^2} - \frac{\alpha F_3 B_2 M}{p^2 r^2}, \tag{8.24}$$

490　根据对偏导数符号的假设,这必定是正的。我们现在将(8.22)—(8.23)视为由包含两个变量 $\partial r/\partial \alpha$ 和 $\partial p/\partial \alpha$ 的两个方程构成的系统,并通过使用行列式求解后得到

$$\frac{\partial r}{\partial \alpha} = \begin{vmatrix} -\dfrac{F_3 M}{p} F_2 & -\dfrac{\alpha F_3 M}{p^2} \\ 0 & -\dfrac{\beta B_3 M}{p^2} \end{vmatrix} = -\frac{\beta F_3 B_3 M^2}{p^3 |D|} > 0 \tag{8.25}$$

---

[9] 我必须承认,我在这里没有使用数学附录 1A 中这样长的提法。就这一讨论而言,我们在这里假设系统(8.21)可以解出因变量 r 和 p 作为独立变量 α,β(市场均衡)的函数,并得到

$$r = \phi(\alpha, \beta),$$
$$p = \psi(\alpha, \beta)\text{。}$$

因此,$\partial r/\partial \alpha$ 和 $\partial p/\partial \alpha$ 这些符号分别表示这些函数相对 α 的偏导数。用我们采用的符号,它们分别是 $\phi_1(\alpha, \beta)$ 和 $\psi_1(\alpha, \beta)$。类似地,在下面的(8.27)—(8.28)中,符号 $\partial r/\partial \beta$ 和 $\partial p/\partial \beta$ 被分别表示为 $\phi_2(\alpha, \beta)$ 和 $\psi_2(\alpha, \beta)$。关于在(8.22)—(8.28)中使用到的整个程序的更多细节和解释,参见数学附录 1C 中关于隐函数微分的讨论。

上述意见也应该比照适用于所有后来的情况,在这些情况下,我们为其因变量就其独立变量的导数求解方程组。

和

$$\frac{\partial p}{\partial \alpha} = \begin{vmatrix} F_2 & -\dfrac{F_3 M}{p} \\ -\dfrac{B_2}{r^2} & 0 \end{vmatrix} = -\frac{F_3 B_2 M}{r^2 p |D|} > 0_\circ \qquad (8.26)$$

同样,如果 α 保持不变,而只有 β 发生变化,我们将得到

$$\frac{\partial r}{\partial \beta} = \frac{-\alpha F_3 B_3 M^2}{p^3 |D|} < 0, \qquad (8.27)$$

$$\frac{\partial p}{\partial \beta} = -\frac{F_2 B_3 M}{p |D|} > 0_\circ \qquad (8.28)$$

D. 商品和货币市场分析中流动性偏好
发生变化的影响[10]

这些流动性偏好的变化同样可以在商品和货币市场里进行分析。我们的方程就是这样

$$F\left(Y_0, r, \frac{M}{p}, \lambda\right) - Y_0 = 0, \qquad (8.29)$$

$$L\left(Y_0, r, \frac{M}{p}, \lambda\right) - \frac{M}{p} = 0, \qquad (8.30)$$

491

其中,λ 是流动性参数。由假设,$F_4 > 0$ 和 $L_4 < 0$。也就是说,在已经发现流动性偏好增加的情况下,λ 的减少会导致货币需求量增加以及对商品的需求量减少。

将上述方程组对 λ 微分,我们得到

---

[10] 附于第 11 章第 2 节。

对于这里所使用的步骤的解释,尤其是(8.31)—(8.34)中导数 $dr/d\lambda$ 和 $dp/d\lambda$ 的含义,请参见前面的脚注。

$$F_2 \frac{dr}{d\lambda} - \frac{MF_3}{p^2} \frac{dp}{d\lambda} = -F_4, \qquad (8.31)$$

$$L_2 \frac{dr}{d\lambda} + \frac{M(1-L_3)}{p^2} \frac{dp}{d\lambda} = -L_4 。 \qquad (8.32)$$

求解，我们得到

$$\frac{dr}{d\lambda} = \frac{\begin{vmatrix} -F_4 & \dfrac{-MF_3}{p^2} \\[2mm] -L_4 & \dfrac{M(1-L_3)}{p^2} \end{vmatrix}}{\Delta} = \frac{-MF_4(1-L_3) - MF_3L_4}{p^2\Delta} \qquad (8.33)$$

和

$$\frac{dp}{d\lambda} = \frac{\begin{vmatrix} F_2 & -F_4 \\ L_2 & -L_4 \end{vmatrix}}{\Delta} = \frac{-F_2L_4 + F_4L_2}{\Delta}, \qquad (8.34)$$

其中

$$\Delta = \begin{vmatrix} F_2 & \dfrac{-MF_3}{p^2} \\[2mm] L_2 & \dfrac{M(1-L_3)}{p^2} \end{vmatrix} = \frac{MF_2(1-L_3) + ML_2F_3}{p^2} 。 \qquad (8.35)$$

根据我们对偏导数符号的假设，Δ 为负，$dp/d\lambda$ 为正，$dr/d\lambda$ 的符号不确定。

现在让我们假设流动性偏好的转变完全是以债券为代价。那么 $F_4 = 0$。因此，$dr/d\lambda$ 为负，这与 (8.27) 一致。

接下来假设这种转变完全是以商品为代价的。我们首先利用这个假设和 (8.29)—(8.30) 将 (8.18) 改写为

$$L\left(Y_0, r, \frac{M}{p}, \lambda\right) - \frac{M}{p} \equiv -\left[F\left(Y_0, r, \frac{M}{p}, \lambda\right) - Y_0\right] - B\left(Y_0, \frac{1}{r}, \frac{M}{p}\right), \qquad (8.36)$$

将恒等式两边对 λ 取微分，我们得到

$$L_4 = -F_4 。 \tag{8.37}$$

也就是说,通过预算控制,对真实货币持有量的需求增加必须与对商品需求的减少完全匹配。代入(8.33),我们就可以得到

$$\frac{dr}{d\lambda} = \frac{-MF_4(1-L_3-F_3)}{p^2\Delta} 。 \tag{8.38}$$

由假设,真实余额开支在商品,债券和货币持有量的边际倾向分别都为正,它们的总和等于 1。随之有

$$0 < F_3 + L_3 < 1 。 \tag{8.39}$$

代入(8.38),我们看到 $dr/d\lambda$ 为是正数,这与(8.25)一致。

最后,考察流动性偏好变化在商品和债券之间保持中性的情况。然后,由数学附录 7B,商品和真实货币持有量的超额需求函数不受 λ 和 p 等比例变化的影响。也就是说,(8.29)和(8.30)的左边对于这些变量都是零度齐次的。然后将欧拉定理分别应用到这些齐次函数的左边,我们得到

$$\frac{-MF_3}{p} + \lambda F_4 = 0, \tag{8.40}$$

$$\frac{M(1-L_3)}{p} + \lambda L_4 = 0, \tag{8.41}$$

493

代入(8.33),我们看到在这些条件下 $dr/d\lambda = 0$。

E. 储蓄和投资倾向改变的影响[11]

考察方程组

$$F\left(Y_0, r, \frac{M}{p}, \alpha\right) - Y_0 = 0, \tag{8.42}$$

---

[11] 附于第 11 章第 5、6 节。

$$B\left(Y_0, \frac{1}{r}, \frac{M}{p}, \alpha\right)=0, \tag{8.43}$$

其中，α 是一个尚未规定的参数。将这个方程组对 α 取微分，并利用行列式求解，我们得到

$$\frac{dr}{d\alpha}=\frac{M(F_4 B_3-F_3 B_4)}{p^2 \Delta} \tag{8.44}$$

和

$$\frac{dp}{d\alpha}=\frac{B_4 F_2+\dfrac{B_2 F_4}{r^2}}{\Delta}, \tag{8.45}$$

其中

$$\Delta=-\frac{M}{p^2}\left(F_2 B_3+\frac{F_3 B_2}{r^2}\right)>0。 \tag{8.46}$$

由预算约束，我们同样有

$$F_2-\frac{B_2}{r^2}+L_2=0。 \tag{8.47}$$

令让 α 代表资本的边际生产率。然后生产率的提高会刺激投资活动；因此 $F_4>0$。现在，如果公司计划完全通过增加债券供应来为这种增加的活动提供资金，那么 $B_4=-F_4<0$。相反，如果融资完全来自他们的货币余额，那么 $B_4=0$。在这两种情况下（尽管前者更多）$dr/d\alpha$ 为正。同样，在这两种情况下 $dp/d\alpha$ 都为正。在前一种情况下，这是通过将(8.47)代入(8.45)而得到的。这个结果也可以从(8.34)中得到。

从这个等式中我们也很容易看出，当 $L_4=0$（即 $B_4=-F_4$）时，p 的增加小于 $B_4=0$ 时的增加（因此 $L_4<0$）。

或者，令 α 为一个衡量储蓄的"偏好"指标。具体而言，α 代表了增加储蓄的欲望。因此 $F_4<0$。如果所有这些储蓄都针对债券市场，则 $B_4=-F_4>0$；如果是货币余额，那么 $B_4=0$。在这两种情况下，读者可以很容易地知道 $dr/d\alpha$ 和 $dp/d\alpha$ 都为负。

9. 第 12 章附录

A. 劳动力供给函数中的货币幻觉[1]

当供给方存在货币幻觉时,劳动力市场中的均衡状况表示为

$$Q\left(\frac{w}{p}, K_0\right) - T(w) = 0。 \tag{9.1}$$

与我们之前的模型相反,现在货币数量的变化改变了真实工资率。因此,我们不能在假定就业水平和真实收入分别固定为 N_0 和 Y_0 的情况下分析这种变化。特别是,我们现在必须以第 9 章第 2—3 节所隐含的完整形式给出商品市场的均衡条件,

$$F\left\{\phi\left[Q\left(\frac{w}{p}, K_0\right)\right], r, \frac{M}{p}\right\} - \phi\left[Q\left(\frac{w}{p}, K_0\right)\right] = 0, \tag{9.2}$$

其中,$\phi[\ ]$ 为生产函数。同样,债券方程为

$$B\left\{\phi\left[Q\left(\frac{w}{p}, K_0\right)\right], \frac{1}{r}, \frac{M}{p}\right\} = 0。 \tag{9.3}$$

根据假设,$Q_1 < 0$、$T' > 0$、$1 > F_1 > 0$、$F_2 < 0$、$F_3 > 0$、$\phi' > 0$、$B_1 = 0$、$B_2 < 0$ 和 $B_3 > 0$。将 (9.1)—(9.3) 对 M 微分,我们得到

---

[1] 附于第 12 章第 2 节。

再一次,读者可以参考第 489 页脚注 9,用于解释这里使用的微分技术。

$$\frac{dr}{dM}=-B_3 \cdot \frac{w}{p^3} T' \phi' Q_1 (F_1-1) \cdot \frac{1}{|A|} \qquad (9.4)$$

和

$$\frac{dp}{dM}=\left(\frac{Q_1}{p}-T'\right)\left(\frac{F_3}{p}\frac{B_2}{r^2}+\frac{F_2 B_3}{p}\right) \cdot \frac{1}{|A|}-B_3 \cdot \frac{w}{p^3} T' \phi' Q_1 (F_1-1) \cdot \frac{1}{|A|},$$

$$(9.5)$$

在这里

$$|A|=\left(\frac{Q_1}{p}-T'\right)\left(\frac{F_3}{p^2}\frac{MB_2}{r^2}+\frac{F_2 MB_3}{p^2}\right)-\frac{\phi' Q_1 (F_1-1)}{p}\frac{w}{p}T'\frac{B_2}{r^2}。$$

$$(9.6)$$

根据我们对偏导数符号的假设，$|A|>0$。因此，$dr/dM<0$ 且 $dp/dM>0$。我们也可以容易证明导数 dw/dM 必须与 dp/dM 具有相同的符号。将(9.6)代入(9.5)，我们也可以看到 $\frac{M}{p}\frac{dp}{dM}<1$。所有这些结果清楚地取决于实际国民产值变化对债券市场的影响为中性的假设，即 $B_1=0$。

B. 关于萨缪尔森"对应原理"的一个定理

接下来的部分重复使用了萨缪尔森的"对应原理"[2]。这一原则的应用将通过首先提出以下命题来简化[3]：

假设模型的动态运动由微分方程组描述

$$\frac{dp_i}{dt}=\sum_{j=1}^{n} K_{ij} X_i (p_1, \cdots, p_n) \qquad (i=1, \cdots, n), \qquad (9.7)$$

---

[2]《经济分析基础》，第 9 章。

[3] 由于阿米苏尔。请参阅本人"萨缪尔森对应原理的局限性"，《都市经济》，第 4 卷(1952)，第 39 页脚注 3 中的参考文献。

在这 $X_i(\ )$ 为超额需求函数，K_{ij} 为常数。定义矩阵

$$K = \begin{pmatrix} K_{11} & K_{12} & \cdots & K_{1n} \\ K_{21} & K_{22} & \cdots & K_{2n} \\ \cdots & \cdots & \cdots & \cdots \\ K_{n1} & K_{n2} & \cdots & K_{nn} \end{pmatrix} \tag{9.8}$$

和

$$A = \begin{pmatrix} a_{11} & a_{12} & \cdots & a_{1n} \\ a_{21} & a_{22} & \cdots & a_{2n} \\ \cdots & \cdots & \cdots & \cdots \\ a_{n1} & a_{n2} & \cdots & a_{nn} \end{pmatrix}, \tag{9.9}$$

其中，a_{ij} 是 $X_i(\ )$ 对 p_j 的偏导数在均衡点的取值。如果特征方程

$$|KA - zI| = 0 \tag{9.10}$$

（其中 I 为单位矩阵）的根 z 的实部全部为负，那么方程组（9.7）是稳定的。[4]

我们用 z_i 表示这些根。那么由特征方程的性质有

$$\prod_{i=1}^{n} z_i = |KA|。 \tag{9.11}$$

假设这些根中有 m 个为复数。这些根必须以 $x + iy$ 和 $x - iy$ 的形式成对出现。因此，m 必须是偶数。此外，这 m 个根的乘积必须是正数。因此，$|KA|$ 的符号必须与 $n-m$ 个实根的乘积的符号相同。如果系统是稳定的，那么这个乘积即 $|KA| = |K||A|$，对于偶数 n 必须为正，而对于奇数 n 则为负。

上面的方程组（8.4）—（8.5）为这个命题提供了一个例子。已经证明，如果 $K_2 = K_3 = 0$，则该系统必须是稳定的。在这个假设下，$|K|$ 是

498

---

[4] 参见萨缪尔森：《经济分析基础》，第 274—275 页。前面数学附录 3B 中的讨论主要处理 K 为对角矩阵的特殊情况。

一个等于负数 $-K_1K_4$ 的对角线行列式。从前面的段落可以看出，$|A| = ad - bc$ 必须为负。由(8.8)我们看到这确实如此。

C. 分 配 效 应 [5]

现在让我们利用前面提出的命题来确定这个系统的性质，它提供分配效应的影响。令

$$h = h(p) \tag{9.12}$$

为衡量价格变化导致的分配效应的指标。根据正文中的假设，我们有

$$B\left[Y_0, \frac{1}{r}, \frac{M}{p}, h(p)\right] = 0, \tag{9.13}$$

$$F\left[Y_0, r, \frac{M}{p}, h(p)\right] - Y_0 = 0F[\ ], \tag{9.14}$$

在这里，$h'(\ ) > 0$，$B_4 > 0$ 且 $F_4 < 0$。对 M 取微分，我们得到

$$-\frac{B_2}{r^2}\frac{dr}{dM} + \left(-\frac{MB_3}{p^2} + B_4 h'\right)\frac{dp}{dM} = -\frac{B_3}{p}, \tag{9.15}$$

$$F_2\frac{dr}{dM} + \left(-\frac{MF_3}{p^2} + F_4 h'\right)\frac{dp}{dM} = -\frac{F_3}{p}. \tag{9.16}$$

令

$$|T| = \begin{vmatrix} -\dfrac{B_2}{r^2} & -\dfrac{MB_3}{p^2} + B_4 h' \\[2ex] F_2 & -\dfrac{MF_3}{p^2} + F_4 h' \end{vmatrix}, \tag{9.17}$$

499　解(9.15)—(9.16)，我们得到

$$\frac{dr}{dM} = \frac{-B_3 F_4 h' + F_3 B_4 h'}{p|T|} \tag{9.18}$$

---

[5] 附于第 12 章第 3 节。

和

$$\frac{dp}{dM}=\frac{\dfrac{B_2 F_3}{r^2}+B_3 F_2}{p|T|}。$$ (9.19)

仅仅知道 $B[\ ]$ 和 $F[\ ]$ 的偏导数的符号不足以确定 $|T|$ 的符号。因此,在没有附加信息的情况下,我们的比较静态导数 dr/dM 和 dp/dM 也是不确定的。

我们另外构造一个动态方程组

$$\frac{dr}{dt}=-K_5 B[\ ]-K_6\{F[\ ]-Y_0\},$$ (9.20)

$$\frac{dr}{dt}=K_7 B[\ ]-K_8\{F[\ ]-Y_0\},$$ (9.21)

K_j 全为正数。假设这个系统是稳定的。前一部分的行列式 $|K|$ 等于 $-K_5 K_8+K_6 K_7$。这可以是正数、负数或 0。因此,即使在我们添加系统必须稳定的条件之后,对应于前一节 $|A|$ 的 $|T|$ 的符号仍然不确定。也就是说,动态分析并没有提供关于比较静态分析的必要附加信息:"对应原理"不起作用,但是,如果我们简化动态分析,并假设给定市场的超额需求只影响给定市场的价格,则 $K_6=K_7=0$,$|K|=-K_5 K_8$ 为负数,因此(因为有偶数个方程)$|T|$ 也必须是负的。因此,在这些假设下,系统的稳定性意味着 dr/dM 为负和 dp/dM 为正。

在正文图 12-6 的分析中 BB 呈正斜率。但是,根据我们当前的假设,这不一定是正确的。特别是,价格上涨现在产生了两种相反的力量:一方面通过真实余额效应减少对债券的需求;另一方面,它通过分配效应增加了需求。那么,如果后者的力量足够强,则 BB 的斜率可能变为负值。 500

现在有两种可能:BB 可能会从上面或从下面与 CC 相切。首先考察后一种可能性。如图 A-7 所示,曲线最初在点 (p_0, r_0) 处相交。现在让货币数量增加一倍。然后,正如文中所解释的,CC 移到右边。但是,与正文相反,BB 现在转向左边:货币数量的增加导致了债券市场

501   出现超额需求,并且在任何给定的利率下,根据我们目前的假设,只能通过降价去消除这个超额部分。于是 $C'C'$ 和 $B'B'$ 的交点确定了新的均衡位置 (p_1, r_1)。由构造可知,r_1 必须小于 r_0。

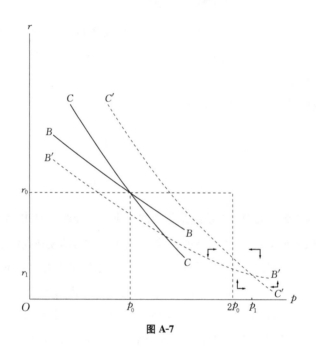

图 A-7

很容易看出,在这种情况下,$B'B'$ 的负斜率不会影响系统的稳定性。在 $C'C'$ 右边的任何一点上,都存在着推动价格下跌的商品供应过剩的状况,但在 $B'B'$ 以上的任何一点都存在对推动利率下调的债券超额需求。图 A-7 中围绕 (p_1, r_1) 的四个代表点上的箭头显示了这些市场力量的运作。在每个点上,至少有一个变量正往均衡方向移动。

现在考虑 BB 从上面切割 CC 的情况。图 A-8 显示了这种情况。货币数量的增加再次导致 CC 向右移动,BB 向左移动。然而,这一次,$C'C'$ 和 $B'B'$ 的交叉点必然处于较高的利率 r_2。

这是由我们的稳定条件所排除的可能性。因为,从图 A-8 可以看出,无论何时经济处于由点 a 和 b 所表示位置,市场力量都会使这两个变量偏离它们的均衡值。因此，系统是不稳定的。

看看稳定条件 $|T|<0$ 怎样反映这些几何限制是有益的。曲线 BB 是方程(9.13)的图形表示；(9.14)是 CC 的图形表示。由隐函数的微分理论，我们有

$$BB \text{ 斜率} = -\frac{\dfrac{\partial B[\ ]}{\partial p}}{\dfrac{\partial B[\ ]}{\partial r}} = -\frac{\dfrac{-MB_3}{p^2}+B_4 h'}{\dfrac{-B_2}{r^2}}, \qquad (9.22)$$

且由于 Y_0 在(9.14)中为常数

$$CC \text{ 斜率} = -\frac{\dfrac{\partial F[\ ]}{\partial p}}{\dfrac{\partial F[\ ]}{\partial r}} = -\frac{\dfrac{-MF_3}{p^2}+F_4 h'}{F_2}。 \qquad (9.23)$$

我们知道(9.23)的偏导数始终为负；而(9.22)当且仅当 $\partial B[\ ]/\partial p$ 为负 502时才为正，而这，反过来，当且仅当 B_4 相对于 B_3 足够小时才为负。

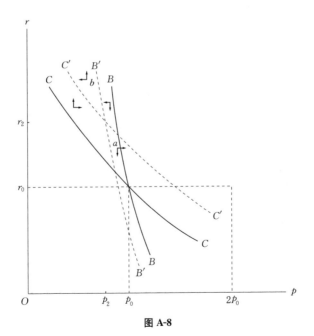

图 A-8

我们现在将稳定条件记为

$$|T| = \begin{vmatrix} \dfrac{\partial B[\ ]}{\partial r} & \dfrac{\partial B[\ ]}{\partial p} \\ \dfrac{\partial F[\ ]}{\partial r} & \dfrac{\partial F[\ ]}{\partial p} \end{vmatrix} = \dfrac{\partial B[\ ]}{\partial r}\dfrac{\partial F[\ ]}{\partial p} - \dfrac{\partial B[\ ]}{\partial p}\dfrac{\partial F[\ ]}{\partial r} < 0,$$

(9.24)

503　其中，偏导数在均衡点取值。变形后得到

$$-\dfrac{\dfrac{\partial F[\ ]}{\partial p}}{\dfrac{\partial F[\ ]}{\partial r}} < -\dfrac{\dfrac{\partial B[\ ]}{\partial p}}{\dfrac{\partial B[\ ]}{\partial r}}\text{。}$$

(9.25)

也就是说，在我们简单的动态假设下，稳定性意味着在均衡点上 CC 的斜率小于 BB 的斜率。当后一斜率为正时，这一条件总是满足；当其为负时，当且仅当下切 CC 时，它才是满足的。

应当再次强调，这些结果来自过度简化的动态假设，即一个市场的超额需求只影响该市场的价格。在没有这种假设的情况下，系统的稳定性并不一定意味着货币数量的增加会降低利率。

D. 分 配 效 应（续）[6]

这些结果可以从商品和货币市场中获得。特别是，用

$$pL\left[Y_0,\ r,\ \dfrac{M}{p},\ h(p)\right] - M = 0$$

(9.26)

替换(9.13)，在这 $L_2 < 0$，$1 > L_3 > 0$，且由假设，$L_4 > 0$。于是我们可以得到

---

［6］ 附于第 12 章第 3 节。

$$L_2\frac{dr}{dM}+\left[\frac{M}{p^2}(1-L_3)+L_4h'\right]\frac{dp}{dM}=-\frac{L_3}{p}+\frac{1}{p},\qquad(9.27)$$

而不是(9.15)。令

$$|R|=\begin{vmatrix}L_2 & \dfrac{M}{p^2}(1-L_3)+L_4h' \\[2mm] F_2 & -\dfrac{M}{p^2}F_3+F_4h'\end{vmatrix}>0,\qquad(9.28)$$

解(9.16)和(9.27),我们得到

504

$$\frac{dr}{dM}=\frac{h'}{p|R|}[(1-L_3)F_4+F_3L_4],\qquad(9.29)$$

$$\frac{dp}{dM}=\frac{h'}{p|R|}[L_2F_3+(1-L_3)F_2]。\qquad(9.30)$$

因此,dp/dM 必须为正。现在考察 dr/dM 的符号。由假设,因收入效应所造成的商品需求下降,部分用于补偿货币余额,部分用于增加对债券的需求。也就是

$$F_4+B_4+L_4=0。\qquad(9.31)$$

此外,我们知道

$$F_3+B_3+L_3=1。\qquad(9.32)$$

将这些方程代入(9.29)的分子,然后得到

$$h'[(1-L_3)F_4+F_3L_4]=h'[(F_3+B_3)F_4+F_3(-F_4-B_4)]$$
$$=h'(B_3F_4-F_3B_4)<0。\qquad(9.33)$$

因此,dr/dM 为负。[7]

---

[7] 这一部分的分析实际上比前一部分更有限。特别是,我们在这里假设 $0<L_3<1$ 意味着$\partial[L(\ )-M/p]/\partial p$ 总是正值——正如(9.28)中$|R|$的第一行第二列中的元素所示。而前一节$\partial B[\ ]/\partial p$ 可能为正,这意味着对预算约束(8.18)的函数做适当修改 L_3 可能变得大于1,以致$\partial[L(\ )-M/p]/\partial p$ 可能会变为负值。这就是我们能够在不借助"对应原则"的情况下确定$|R|$的符号的原因。参见第 419—420 页关于真实货币持有量的超额需求曲线的讨论。

E. 政府债务和公开市场操作[8]

现在让我们看看政府债务和公开市场操作的影响。将正文（第289页）的等式（5）和（4）重新记为

505

$$B\left(Y_0, \frac{1}{r}, \frac{kV}{rp}+\frac{M}{p}\right)-\frac{kV}{rp}=0, \tag{9.34}$$

$$F\left(Y_0, \frac{1}{r}, \frac{kV}{rp}+\frac{M}{p}\right)-Y_0=0。 \tag{9.35}$$

为方便起见，函数符号上的短划已被删除；但是，必须记住的是，上述函数不同于前一节的函数。由假设，$0 \leqslant k \leqslant 1$，$0 < F_3 < 1$ 和 $0 < B_3 < 1$。

首先考察为增加预算支出而增加货币数量的情况。将（9.34）—（9.35）对 M 微分，保持 V 不变，我们得到

$$\left[-\frac{B_2}{r^2}+\frac{(1-B_3)kV}{r^2 p}\right]\frac{dr}{dM}+\left[\frac{kV}{rp^2}(1-B_3)-\frac{B_3 M}{p^2}\right]\frac{dp}{dM}=-\frac{B_3}{p},$$
$$\tag{9.36}$$

$$\left(F_2-\frac{F_3 kV}{r^2 p}\right)\frac{dr}{dM}+\left(-\frac{F_3 kV}{rp^2}-\frac{F_3 M}{p^2}\right)\frac{dp}{dM}=-\frac{F_3}{p}。 \tag{9.37}$$

令

$$|W|=\begin{vmatrix} \dfrac{-B_2}{r^2}+\dfrac{(1-B_3)kV}{r^2 p} & \dfrac{kV}{rp^2}(1-B_3)-\dfrac{B_3 M}{p^2} \\[4mm] F_2-\dfrac{F_3 kV}{r^2 p} & -\dfrac{F_3 kV}{rp^2}-\dfrac{F_3 M}{p^2} \end{vmatrix}, \tag{9.38}$$

我们可以将（9.36）—（9.37）的解写成

$$\frac{dr}{dM}=\frac{kF_3 V}{rp^3 |W|} \tag{9.39}$$

---

[8] 附于第12章第4节。

和

$$\frac{dp}{dM} = \frac{F_3\left[\dfrac{B_2}{r^2} - \dfrac{kV}{r^2 p}\right] + F_2 B_3}{p\,|W|}。 \tag{9.40}$$

使用与前面第 B 节相同的方法,我们可以证明,在简单的动态假设下,给定市场的超额需求只影响该市场的价格,系统的稳定性意味着 $|W|$ 为负。因此,对于 $0 < k \leqslant 1$,dr/dM 为负,dp/dM 为正。请注意,r 下降的程度与 k 直接成比例,并且在后者变为 0 时确实变为 0。

再次,这些结果可以用图形解释。在商品市场中,真实余额和真实负债效应总是相互强化;因此 CC 保持负斜率。债券市场没有这种和谐的力量。通过真实负债和真实余额效应,价格的上涨降低了对真实债券持有量的需求,但同时也减少了真实债券持有量的供给。只有当第一种效应比第二种效应强时,债券的超额需求才会相对于价格水平呈负斜率。这个不确定性对应于(9.36)中 dp/dM 系数的符号的不确定性,当然,这等于 $\partial[B(\ )-kV/rp]/\partial p$。另一方面,$\partial[B(\ )-kV/rp]/\partial r$ 等于(9.36)中的系数——必须总是正值。

因此,在上面关于等式(9.22)—(9.23)讨论的完全相同的情况下,可以得出 BB 的负斜率。相应地,以上图 A-7 和 A-8 的图形分析也可以直接应用于本情形。

为了完整性,我们还注意到我们当前假设所排除的情况——其中 $\partial[B(\ )-kV/rp]/\partial r$ 或可能为负。那么 BB 的斜率可能是负的,要么是因为(9.22)的分子和分母都是正数(这是迄今为止唯一的可能性),要么是因为两者都是负数。在后一种情况下,仅当 BB 上切 CC 时才能获得稳定性。此外。货币数量的增加使 BB 向右移动;因为它产生的超额需求现在因利率增加而被消除。也可能存在(9.22)的分子为正,而分母为负的情况,以使 BB 再次具有正斜率。这里货币数量的增 加使 BB 向左移动,CC 向右移动,从而使得利率上升。但这种情况被我们的稳定条件排除在外。读者可以通过图形分析来确定这一点。另

外,可以很容易地看到,如果在(9.38)中,$|W|$第一行中的元素分别是负值和正值,那么$|W|$必须是正值,这违反了我们的稳定条件。

现在让我们回到(9.34)—(9.35),并考察M的变化是公开市场操作的结果的情形。在这里,通过假设,V不再是常数。具体来说,让dM代表货币数量的变化,dV代表未偿债券数量的相应变化,我们必须有

$$dM = -\frac{1}{r}dV。\qquad (9.41)$$

也就是说,流通货币数量的增加等于购买债券所花费的金额。

再次让(9.34)—(9.35)对M微分,但这次让V根据(9.41)变化,我们得到一个与(9.36)—(9.37)相同的方程组,只不过这些方程的右边分别由$-\dfrac{B_3}{p} - \dfrac{k(1-B_3)}{p}$和$-\dfrac{F_3}{p} - \dfrac{kF_3}{p}$替换。对其求解,我们得到

$$\frac{dr}{dM} = \frac{kF_3(V+rM)}{rp^3|W|} < 0,\qquad (9.42)$$

$$\frac{dp}{dM} = \frac{F_3(1-k)\left[\dfrac{B_2}{r^2} - (1-B_3)\dfrac{kV}{r^2p}\right]}{p|W|} +$$

$$\qquad (9.43)$$

$$\frac{\left(F_2 - \dfrac{F_3kV}{r^2p}\right)\left[B_3 + k(1-B_3)\right]}{p|W|} > 0。$$

再次,$|W|$的负号由稳定性假设所蕴含。注意(9.42)的绝对值大于(9.39)。

508

F. 政府债务和公开市场操作(续)[9]

最后考察购买力固定的债券的情况。方程(9.34)和(9.35)被替换为

---

[9] 附于第12章第4节。

$$B\left(Y_0, \frac{1}{r}, \frac{kV}{r}+\frac{M}{p}\right)-\frac{kV}{r}=0, \tag{9.44}$$

$$F\left(Y_0, r, \frac{kV}{r}+\frac{M}{p}\right)-Y_0=0。 \tag{9.45}$$

通过政府预算支出的增加,注入系统的货币数量的增加明显导致价格按比例增长,并使利率保持不变。现在考察通过公开市场操作增加注入。这里我们必须将(9.41)替换为

$$dM=-\frac{p}{r}dV。 \tag{9.46}$$

也就是说,通过购买给定数量的债券而注入系统的资金数量取决于总体价格水平以及债券价格。利用(9.46),并将(9.44)—(9.45)对 M 微分,我们得到

$$\left[-\frac{B_2}{r^2}+\frac{kV(1-B_3)}{r^2}\right]\frac{dr}{dM}-\frac{B_3M}{p^2}\frac{dp}{dM}=-\frac{B_3}{p}-\frac{k(1-B_3)}{p}, \tag{9.47}$$

$$\left(F_2-\frac{kVF_3}{r^2}\right)\frac{dr}{dM}-\frac{F_3M}{p^2}\frac{dp}{dM}=-\frac{F_3}{p}+\frac{kF_3}{p}。 \tag{9.48}$$

令

$$|X|=\begin{vmatrix} -\dfrac{B_2}{r^2}+\dfrac{kV(1-B_3)}{r^2} & -\dfrac{B_3M}{p^2} \\[2mm] F_2-\dfrac{kVF_3}{r^2} & -\dfrac{F_3M}{p^2} \end{vmatrix}<0。 \tag{9.49}$$

对其求解,我们得到(9.50)

509

$$\frac{dr}{dM}=\frac{kF_3M}{p^3|X|}<0, \tag{9.50}$$

$$\frac{dp}{dM}=\frac{F_3(1-k)\left[\dfrac{B_2}{r^2}-(1-B_3)\dfrac{kV}{r^2}\right]}{p|X|}+ \tag{9.51}$$

$$\frac{\left(F_2-\dfrac{F_3kV}{r^2}\right)\left[B_3+k(1-B_3)\right]}{p|X|}>0。$$

　　最后应该强调的是,除非使用在高度过度简化的动态条件下系统保持稳定的隐含信息,否则我们无法确定上面第 C 节和第 E 节中的比较静态导数的符号。相应地,只要我们考虑更加复杂的情况(可能是更现实的情况),上述部分的比较静态结论就不再成立。因此,我们反复使用"对应原理",不应该让读者忽视这样一个事实,即与它的名字让我们相信的适用性范围相比,它真是一个更狭隘的分析工具。[10]

---

　　[10]　参见前面第 B 节引用的文章。

10. 第 13、14 章附录

A. 失业假设之下货币数量变化的影响[1]

令我们的系统为

$$F\left(Y, r, \frac{kV}{rp} + \frac{M}{p}\right) - Y = 0, \tag{10.1}$$

$$B\left(Y, \frac{1}{r}, \frac{kV}{rp} + \frac{M}{p}\right) - \frac{kV}{rp} = 0, \tag{10.2}$$

在这里,p 现在是常数,Y 为变量,k 的含义与前面数学附录 9E 相同。根据假设,$0 < F_1 < 1$,且 $B_1 = 0$。令这个系统根据以下动态原则运作

$$\frac{dY}{dt} = K_1[F(\ ) - Y], \tag{10.3}$$

$$\frac{dr}{dt} = -K_2\left[B(\ ) - \frac{kV}{rp}\right], \tag{10.4}$$

其中,K_1,K_2 为正数。令

$$|A| = \begin{vmatrix} F_1 - 1 & F_2 - \dfrac{F_{3kV}}{r^2 p} \\ 0 & -\dfrac{B_2}{r^2} - \dfrac{(B_3-1)kV}{r^2 p} \end{vmatrix} < 0。 \tag{10.5}$$

---

[1] 附于第 8 章第 4 节。

对于这里所用到的微分技术的解释,读者可以再次参考第 489 页脚注 9。

如果特征方程 $|KA-xI|=0$，这个系统是稳定的，或者更明确讲，

$$\left[K_1(F_1-1)-x\right]\left[K_2\left(\frac{B_2}{r^2}+\frac{(B_3-1)kV}{r^2p}\right)-x\right]=0 \quad (10.6)$$

具有实部为负的根。对这个方程的检查表明这个条件是满足的。

现在考察增加货币数量用于弥补预算支出所产生的影响。V 保持固定，(10.1)和(10.2)对 M 微分，我们得到

$$\frac{dY}{dM}=\frac{F_3\left(\dfrac{B_2}{r^2}-\dfrac{kV}{r^2p}\right)+F_2B_3}{p|A|}>0 \quad (10.7)$$

和

$$\frac{dr}{dM}=\frac{(1-F_1)B_3}{p|A|}<0, \quad (10.8)$$

在这里我们再次用到了 $B_1=0$ 的假设。

在所增加的货币用于公开市场购买的情况下，令 V 根据(9.41)变化，(10.1)和(10.2)对 M 微分，我们得到

$$
\begin{aligned}
\frac{dY}{dM}=&\frac{F_3(1-k)\left[\dfrac{B_2}{r^2}-\dfrac{(1-B_3)kV}{r^2p}\right]}{p|A|}+ \\
&\frac{\left[B_3+k(1-B_3)\right]\left(F_2-\dfrac{F_3kV}{r^2p}\right)}{p|A|}>0
\end{aligned} \quad (10.9)
$$

512　和

$$\frac{dr}{dM}=\frac{(1-F_1)\left[B_3+k(1-B_3)\right]}{p|A|}<0。 \quad (10.10)$$

一方面，(10.7)和(9.40)的分子相等，另一方面(10.9)和(9.43)的分子也相等，这是"萧条经济学"的一个熟悉的数学表示，即货币数量的增加可以通过增加真实产出或提高价格的方式支出。

或者，我们可以从商品和货币市场的分析中获得这些结果。将(10.2)替换为

$$L\left(Y,\ r,\ \frac{kV}{rp}+\frac{M}{p}\right)-\frac{M}{p}=0, \qquad (10.11)$$

其中，$L_3>0$；将(10.4)替换为

$$\frac{dr}{dt}=K_3\left[L(\quad)-\frac{M}{p}\right], \qquad (10.12)$$

其中 K_3 为正。令

$$|B|=\begin{vmatrix} F_1 & F_2-\dfrac{F_3kV}{r^2p} \\[3mm] L_1 & L_2-\dfrac{L_3kV}{r^2p} \end{vmatrix}>0, \qquad (10.13)$$

读者可以验证特征方程

$$|KB-yI|=0 \qquad (10.14)$$

对 y 具有实部为负的根。

现在考察货币数量预算增加的情况。在这里我们保持 V 为常数，将(10.1)和(10.11)对 M 求微分，我们得到

$$\frac{dY}{dM}=\frac{\begin{vmatrix} \dfrac{-F_3}{p} & F_2-\dfrac{F_3kV}{r^2p} \\[3mm] \dfrac{1-L_3}{p} & L_2-\dfrac{L_3kV}{r^2p} \end{vmatrix}}{|B|}>0 \qquad (10.15)$$

以及

$$\frac{dr}{dM}=\frac{\begin{vmatrix} F_1-1 & \dfrac{-F_3}{p} \\[3mm] L_1 & \dfrac{1-L_3}{p} \end{vmatrix}}{|B|}=\frac{-(1-F_1)(1-L_3)+F_3L_1}{p|B|}。 \qquad (10.16)$$

由第 227 页的预算约束(23)以及 $B_1=0$ 的假设，我们有 $F_1+L_1=1$ 和

$F_3 + B_3 + L_3 = 1$,这里所有的导数都为正。在(10.16)中代入这些关系,我们得到

$$\frac{dr}{dM} = \frac{-L_1 B_3}{p \, |B|} < 0。 \tag{10.17}$$

我们现在考察公开市场操作的情况。我们现在令 V 根据(9.41)变化,再次令(10.1)和(10.11)对 M 微分。这样可得到

$$\frac{dY}{dM} = \frac{\begin{vmatrix} \dfrac{-F_3}{p}(k-1) & F_2 - \dfrac{F_3 k V}{r^2 p} \\[2mm] \dfrac{1-(1-k)L_3}{p} & L_2 - \dfrac{L_3 k V}{r^2 p} \end{vmatrix}}{|B|} > 0 \tag{10.18}$$

以及

$$\frac{dr}{dM} = \frac{\begin{vmatrix} F_1 - 1 & -F_3 + kF_3 \\ L_1 & 1 - L_3 + kL_3 \end{vmatrix}}{p \, |B|} =$$

$$\frac{\begin{vmatrix} F_1 - 1 & -F_3 \\ L_1 & 1 - L_3 \end{vmatrix}}{p \, |B|} + \frac{\begin{vmatrix} F_1 - 1 & kF_3 \\ L_1 & kL_3 \end{vmatrix}}{p \, |B|} < 0 \tag{10.19}$$

将(10.19)与(10,16)比较,我们发现在前一种情况下,利率必须下降的幅度更大。

514　　最后我们注意到,假设 V 和 M 为常数,将方程组(10.1)—(10.2)分别对 p 微分,我们得到导数 dY/dp 和 dr/dp。这些代表了第334页最后一段所描述的真实余额效应的作用。这个推导留给读者作为练习。

B."流动性陷阱"的变化[2]

现在考察一种特殊情况,即货币量的增加仅仅是货币余额的增加。

---

[2] 附于第 338 页和第 352 页脚注 27。

这就是说，$L_3 = 1$，这意味着 $B_3 = F_3 = 0$。将这些值代入（10.5）或（10.13），我们看到系统的稳定性不受影响。

如果现在增加货币数量来为转移支付提供资金，$dr/dM = dY/dM = 0$。这可以从方程（10.7）—（10.8）或（10.15）—（10.16）中看出。另一方面，就公开市场操作而言，从（10.9）—（10.10）或（10.18）—（10.19）可以看出，导数的符号不受影响。

读者还可以确定，如果没有政府债券，则 $p - M$ 常数的减少不会影响 r 或 Y，即 $dr/dp = dY/dp = 0$。根据图 13-3（第 332 页），商品和债券市场中缺乏真实余额效应会使相关的 GG 和 PP 曲线在 p 的变化下保持不变。MM 曲线也不会改变：因为 p 的下降导致货币需求（通过真实余额效应）增加，这与供给增加完全相等；因此，货币市场在 r 和 Y 相同的组合下处于与之前相同的均衡状态。[3]

简言之，在上述假设下，在增加货币余额需求上，真实余额效应完全消散。正如文中所指出的那样（第 338 页），这一结论依赖于不合理的假设，即除了在货币市场之外，真余额效应形式的财富效应在所有市场中都没有表现出类似的特征。[4]

---

［3］ 第 352 页脚注 27 实际上承载在从 r_1 和以下延伸的三条曲线的那些部分上。然而，这是确定"陷阱"存在的必要条件。

［4］ 这种假设的不合理性并没有通过假设（如贝利，同前引，第 186—187 页）货币是消费物品而得到缓解。

11. 关于存量和流量[1]

财富与收入的关系就是一种存量和流量的关系,后两者的区别在于存量是没有时间量纲的,而收入的时间量纲为 1/时间。财富与收入之间的关系比我们通常所认为的关系更复杂。事实上,正如正文所指出的[2],它们是文献中的一些误解产生的根源。

这些误解与财富与收入关系中的一些量纲因素有关。为了便于处理这个问题,我们将任何表达式 $g(x)$ 的量纲表示为 $D[g(x)]$。相似地,我们用 $ 表示货币的量纲,用 T 表示时间的量纲(反过来,平时通常表示为 t)。我们也利用到了乘积的量纲就是量纲的乘积这个事实。[3]

如果收入流随时间的变化率由连续函数 $f(t)$ 表示,在这,根据定义,$D[f(t)]=\$/T$。另外,如果假设复利是连续的,那么财富 W_0 被
定义为

$$W_0 = \int_0^\infty \frac{f(t)dt}{e^{rt}}, \tag{11.1}$$

其中,e^{rt} 为连续贴现因子。[4]由于 $D[r]=1/T$ 以及 $D[t]=T$,这个因

---

[1] 我想对茨维·奥菲尔和米尔顿·弗里德曼在某些关键问题上提供的无私帮助表示感谢,同时也不希望让他们对本附录的重点和解释承担责任。

[2] 参见第 19 页脚注 15;第 377—378 页;第 423 页及下一页脚注 16。对于我自己在这个问题上的罪过,请参见第 520 页脚注 10。

[3] 参见埃文斯(Evans):《经济学数学导论》(纽约,1930),第 2 章。

[4] 参见艾伦:《经济学家数学分析》,同前引,第 232—234、401—405 页。

子是一个纯数字,因此它没有量纲。相似地,因为 $D[f(t)dt]=$ $D[f(t)]D[dt]=(\$/T)T=\$$,表示在 dt 时间间隔里所取得收入;被除数 $f(t)dt$ 同样没有时间量纲[5]。因此,(11.1)的右边具有货币量纲。很显然,左边也是如此:因为根据财富的通常定义,$D[W_0]=\$$。

从(11.1)我们也可以计算出一个固定的收入流率 K,其贴现值等于 W_0。这是

$$K=rW_0, \tag{11.2}$$

很显然,它的量纲是货币/单位时间。

现在让我们谈谈在周期分析中财富的定义。为了简单起见,首先考察第 5 章第 7 节中费雪的两周情形。这里的财富被定义为

$$W_0=R_1+\frac{R_2}{1+r}, \tag{11.3}$$

其中,R_1 和 R_2 分别为第一周和第二周的收入。r 为周利率。很显然可以从这一公式看出,R_1 具有与 W_0 相同的量纲,后者是一个存量;类比可知,R_2 也必须具有与 W_0 相同的量纲。这反过来意味着 $1+r$ 是一个纯粹的数字。这样,(11.3)中对量纲一致性的要求似乎得出了一个收入和利息两者都没有时间量纲的矛盾结论!

解决这个悖论的方法在于意识到(11.3)中的 R_1(例如)不代表收入比率(例如,工资率),而是本周收到的收入数额(例如,本周的工资支付);也就是说,R_1 不是等式(11.1)中的 $f(t)$ 而是 $f(t)dt$。相应地,R_1 无时间量纲与 $f(t)dt$ 无时间量纲相同,反映了这个数量不受改变测量间隔的时间单位的影响这一事实。换句话说,(无论我们称一周为一周,还是七天,还是一年的 1/52 等式(11.3)中的个体在第一周收到 R_1 美元,第二周收到 R_2 美元。同样,$1+r$ 无时间量纲表示我们必须贴现

517

---

[5] 从某些数学观点来看,dt 可以被认为只是一个算子的符号;相应地,我们仅可以合理地从整体上说出(11.1)右边的这些量纲——而这些量纲是那些和趋近于极限时的量纲。然而,这样一个公式并不影响下面的结论,所以我们采用了启发式的便利处理,把 dt 作为一个与 t 的量纲相同的单独变量。

的 R_2 数额并不会因为这个收入是"七天后"还是"一周后"收到而受到影响。还有一点需要强调的是，R_1 和 R_2 无时间量纲也反映在这样一个事实上，即这些支付必须被视为集中在一个瞬间，即分别第一周和第二周的开始；也就是说，1 和 $1+r$ 分别是的那些时刻正确的贴现因子。

更严格地说，我们必须考虑到方程(11.3)中适当的时间量纲被某些时间周期为单位长度的默认假设所掩盖。为了实现这一点，让我们把(11.3)放在一个更宽泛的范围内，假定 R_1 和 R_2 分别是在第一个和第二个"支付间隔"开始时获得的收入，每个间隔为 h 单位时间。同样，让我们定义"复利间隔"为 m 个时间单位——这段时间之后，利息开始计算复利。最后，让我们用 F_1 和 F_2 分别表示收入流速，两者在概念上最终累积为 R_1 和 R_2。也就是

$$R_j = F_j h \quad (j=1,\ 2).\tag{11.4}$$

为了简单起见，首先考虑支付和复利间隔长度相等的情况，即每个支付间隔发生一次复利。那么与上述假设相对应的贴现公式是

$$W_0 = \frac{F_1 h}{1} + \frac{F_2 h}{1+mr},\tag{11.5}$$

在这里，根据假设 $h=m$。此外如果支付（和复利）间隔被假定为一个时间单位长度，则(11.5)的形式简化为(11.3)。现在假设当支付（和复利）间隔保持为（例如）一周时，时间单位减少成一天。这当然要求我们把"一周"称为"七天"；另一方面，它显然不会影响(11.5)中的分子或分母的值：因为与 F_j 相关的数量降低到其原来的 1/7，将被与 h 相关的数字将扩大 7 倍这一事实所抵消；对于 r 和 m，相同的说法成立。[6] 当然，没有时间量纲是 $D[F_j h] = D[F_j]D[h] = (\$/T)T = \$$ 以及

518

----

[6] 请注意，如果$(1+0.1)$是时间单位为一周的贴现因子，则将此时间单位更改为一天不会将贴现因子更改为$(1+0.1/7)^7$。对于时间单位的变化并没有影响复利间隔的长度，并且根据定义，利息在这个间隔内以一种简单的方式积累。因此相关贴现因子保持为$[1+7(0.1/7)]=(1+0.1)$。

$D[mr]=D[m]D[r]=T(1/T)=1$这一事实的直接含义。

上述讨论可以一般化为具有 n 个相等支付间隔的情况。在一般情况下,支付间隔在时间长度上与复利间隔的长度不同。如果 h/m 是一个大于等于 1 的整数,那么财富可以被定义为

$$W_0 = \sum_{i=1}^{n} \frac{F_i h}{(1+mr)^{(h/m)i}} , \tag{11.6}$$

在这里,F_i 为第 i 个间隔的收入流速,每一笔实际收入 $F_i h$ 被假设发生在每一间隔的最后瞬间。[7]我们已经看到,右边表达式中的分子是没有时间量纲的,现在只需注意分子中的 F_i 和 h 显然分别对应 (11.1)式中的 $f(t)$ 和 dt。我们已经看到 $1+mr$ 没有时间量纲,这对于 h/m 也显然成立。因此,这对(11.6)中的分母同样成立。简而言之,每个复利间隔的贴现率和任何给定收入的复利间隔的相关数量都不受时间单位变化的影响,因此任何这种支付必须使用的贴现因子也是如此。

现在考察一个确定现值为 W_0 的固定、永久收入流 F 的问题。这可以通过设定 $F_i (i=1, \cdots, n)$ 和 $n=\infty$,利用(11.6)式得到。这就得到(概念上的)收入流

$$F = \frac{[(1+mr)^{h/m} - 1]W_0}{h} , \tag{11.7}$$

这显然有量纲 $\$/T$。如果 $h=m$,可以简化为

$$F = rW_0 。 \tag{11.8}$$

这与(11.2)相对应。很显然,相应的常数支付是

$$R = Fh = (rW_0)h = (rh)W_0 , \tag{11.9}$$

这没有时间量纲。

---

[7] 请注意,公式(11.3)和(11.5)假定在各个时间间隔开始时进行支付。

公式(11.6)也可以修改从而考虑到它不是整数的情况。然而,这涉及一些并不需要我们关心的复杂问题。

前面的讨论对前面几章中我们关注的一些具体问题,以及解释财富和收入之间关系的更普遍问题具有直接影响。从第一组问题开始,让我们回到第 2 章和数学附录 2D 中我们关注的一周期限的个体。很显然,在将个体的财富或总资源定义为初始货币持有量与商品形式的一周收入之和时,这并不存在量纲上的困难。[8]也就是说,在前面(2.30)所示的个体的预算约束

$$G+\frac{Z_n}{p}=\bar{G}+\frac{\bar{Z}_n}{p} \tag{11.10}$$

中,表达式的所有项目都没有时间量纲(其中,G 和 Z_n 分别指商品和货币,而上面的短划线表示初始数量)。(同样的原因,在多周的情况下,定义 R_1 为 $\bar{Z}_1+B_0/p+M_0/p$ 也不存在量纲的困难。)由此也可以看出,用 $\bar{G}+\bar{Z}_n/p$ 函数表示的真实余额需求的性质不受时间单位变化的影响。对于图 2-3 中这个函数与 Y 轴的交点来说尤其正确。[9]

然而,请注意,类似于上面的方程(11.4),我们可以认为方程(11.10)中的 G 和 $\bar{G}$ 分别与消费和收入流 G' 和 $\bar{G}'$ 具有以下简单关系:

$$G=G'h , \bar{G}=\bar{G}'h 。 \tag{11.11}$$

将这些关系式代入(11.10)并重新组织,我们得到

$$\frac{Z_n}{p}-\frac{\bar{Z}_n}{p}=h\bar{G}'-hG' 。 \tag{11.12}$$

这就是被视为存量的超额货币需求。另一方面,两边同时除以 h 得到

$$\frac{1}{h}\left(\frac{Z_n}{p}-\frac{\bar{Z}_n}{p}\right)=\bar{G}'-G' 。 \tag{11.13}$$

这是被视为流量的超额货币需求。如果 $h=1$,那么(11.12)左边出现的数字将与(11.13)左边出现的数字相同;但这些数字的量纲不会。与右边相对应的数字也会存在类似的关系。然而,显然在任何情况下,

---

[8] 参见第 19 页。
[9] 参见前文第 31 页脚注 28。

(11.12)当且仅当(11.13)为 0 时为 0。[10]

可以很容易地将这个论证扩展到第 96 页的多周案例。如果流量是由加撇号的变量表示，那么在这种情况下，当前对货币的超额需求既可以表示为存量

$$\frac{M_1}{p} - \frac{M_0}{p} = h\bar{Z}_1' - hZ_1' + \frac{B_0}{p} - \frac{1}{1+r}\frac{B_1}{p} \qquad (11.14)$$

也可以表示为流量

$$\frac{1}{h}\left(\frac{M_1}{p} - \frac{M_0}{p}\right) = (\bar{Z}_1' - Z_1') + \frac{1}{h}\left(\frac{B_0}{p} - \frac{1}{1+r}\frac{B_1}{p}\right). \qquad (11.15)$$

现在让我们来看看上述关于财富和收入的关系的论证的更一般的含义。通常对这种关系的讨论似乎将利率的作用解释为将收入流（量纲为 $\$/T$）通过除以利率（量纲为 $1/T$）转换为存量（量纲为 $\$$）。如果收入流是固定的、永久的，那么无论收入流是连续的［方程(11.2)］还是离散的［方程(11.8)］，这确实都是一个合理的解释。但是，如果收入流不是一个常数，那么这个解释是不正确的——再次，连续［方程(11.1)］和离散［方程(11.6)］的情况之间没有区别。这绝不影响资本资产与其提供的服务流之间的根本区别，也不影响收入流来源与流量本身之间的区别。唯一的一点是，在计算这个来源的价值时，我们实际上是将无时间量纲的贴现因子应用于无时间量纲收入支付流（或者，如果我们更喜欢将其称为时间序列）。在这里，这些支付的时间间隔是无限小或有限的时间间隔。[11]

另一方面，应该强调的是，我们认为"时间段"影响收入支付而不影

521

---

[10] 参见前文第 26 页。

本段考虑了克劳尔的批评，参见"存量和流量：一个常见的谬误"，《经济学刊》，第 26 期(1959)，第 251—252 页。它还纠正了最初出现在我的论文"古典经济理论中绝对价格的不确定性"，《计量经济学杂志》，第 17 期(1949)，第 8 节；"流动性偏好和可贷资金：存量和流量分析"，《经济学刊》，第 25 期(1958)，第 302—306 页和第 26 期(1959)，第 253—254 页；以及本书第一版第 25 页脚注 17 和第 147 页脚注 16 的一些错误。

[11] 一个相关的语义点是，我们不应用存量-流量模型来描述上面第 3 章第 7 节提出的模型；因为这个模型中没有一个变量的量纲是 $1/T$。

响财富的直觉具有有效的基础。然而,相关变化并不是时间单位,而是付款间隔的长短。在等式(11.8)和等式(11.9)所描述的固定的、永久收入流的情况下,这可以很容易地看出:时间单位的变化使 R 和 W_0 都不受影响;但 h 的变化(时间单位保持不变)导致 R 同比例变化,同时使 W_0 保持不变。相应地,R 和 W_0 之间区别的与"存量"和"流量"之间的区别相似,这一公认描述应该被理解为隐含地将"流量"定义为一个大小与 h 成正比,而不是一个量纲为 $1/T$ 的数量;同样,"存量"的隐含定义是其量值与 h 无关。显然,这些"存量"和"流量"可以加在一起。

522　　在方程(11.6)所描述的有限收入流的情况下,尽管只是一个近似,收入支付与财富之间的这种对比也是成立的。这里的要点是,与前段讨论的 h 变化对应的是,获得收入的频率和数量的等比例变化,使得它们的(概念性)流速和未贴现的总额保持不变。[12]

图 A-9 说明了论证的性质。令方程(11.6)中的收入流由图中的阶梯函数下的相关矩形区域表示:

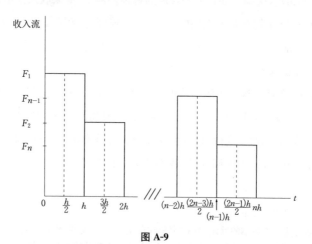

图 A-9

---

[12] 然而,如果频率(比如说)增加,而支付数量保持不变——这相当于在保持 n 不变的情况下方程(11.6)中的 h 减小——那么未贴现的支付总额和 W_0 的价值显然也将降低。特别是,当 h 接近 0 时,W_0 也必须如此。

没有注意到这一事实是前文第 423 页脚注 16 所讨论的误解的主要根源。

也就是 n 个与 X 轴上的分段 $(0, h)$，$(h, 2h)$，$\cdots$，$[(n-1)h, nh]$ 相对应的矩形。现在假设阶梯函数的流速和收入流的持续时间保持不变，而支付的频率和数量（以及复利）翻倍。于是收入流现在分别由 $2n$ 个与 $\left(0, \dfrac{h}{2}\right)$，$\left(\dfrac{h}{2}, h\right)$，$\left(h, \dfrac{3h}{2}\right)$，$\cdots$，$\left(\dfrac{2n-1}{2}h, nh\right)$ 相对应的矩形区域表示。显然，这些支付中的每一笔都是原来的一半。另一方面，对财富的衡量只受到相对较小程度的影响，因为现在正在对"相同"（即与图 A-9 中的阶梯函数的相同分段对应的支付）的收入应用略有不同的贴现因子。

这个论证也可以用一种更一般的形式来分析。为了简单起见，我们假设复利为连续复利，(11.6)被改写为

$$W_0 = \sum_{i=1}^{n} \frac{F_i h}{e^{\rho hi}}, \tag{11.16}$$

在这里，需要选择 ρ 的取值使得等式满足

$$e^{\rho} = (1+mr)^{1/m}. \tag{11.17}$$

如果（概念上）收入流速 F_i 和持续时间保持不变，而支付频率增加了 k 倍，那么(11.16)求和式中的第 i 项由

$$\sum_{j=1}^{k} \frac{F_i \dfrac{h}{k}}{e^{\rho h[(i-1)+j/k]}} \sim F_i \frac{h}{k} \sum_{j=1}^{k} \frac{1}{e^{\rho hi}} = \frac{F_i h}{e^{\rho hi}} \quad (i=1, \cdots, n) \tag{11.18}$$

替换。那么，这就是可以说，(11.16)中的财富计量不受支付区间长度变化的影响。

参 考 书 目

Ackley, G., "The Wealth-Saving Relationship," *Journal of Political Economy*, LIX (1951), 154-161.

——, *Macroeconomic Theory*, New York, 1961.

Allen, R. G. D., *Mathematical Analysis for Economists*, London, 1938.

Anderson, B. M., *The Value of Money*, New York, 1917.

Ando, A., and Brown, E. Cary, "Lags in Fiscal Policy," in Commission on Money and Credit, *Stabilization Policies*, Englewood Cliff's, N. J., 1963, pp.97-164.

——, and Modigliani, F., "The 'Life Cycle' Hypothesis of Saving: Aggregate Implications and Tests," *American Economic Review*, LIll (1963), 55-84; LIV (1964), 111-113.

Angell, J. W., *The Theory of International Prices*, Cambridge, Mass., 1926.

Antonelli, E., *Principes d'economie pure*, Paris, 1914.

Archibald, G. C., and Lipsey, R. G., "Monetary and Value Theory: A Critique of Lange and Patinkin," *Review of Economic Studies*, XXVI (1958), 1-22.

——and ——, "Monetary and Value Theory: Further Comment," *Review of Economic Studies*, XXVIII (1960), 50-56.

Arena, J. J., "The Wealth Effect and Consumption: A Statistical Inquiry," *Yale Economic Essays*. III (1963). 251-303.

——, "Capital Gains and the 'Life Cycle' Hypothesis of Saving," *American Economic Review*, LIV (1964), 107-110.

Arrow, K. J., "Homogeneous Systems in Mathematical Economics: A Comment," *Econometrica*, XVIII (1950), 60-62.

——and Hurwicz, L., "On the Stability of the Competitive Equilibrium I,"

Econometrica, XXVI (1958), 522-552.

——, Block, H. D., and Hurwicz, L., "On the Stability of the Competitive Equilibrium II," *Econometrica*, XXVII (1959), 82-109.

——, and Hurwicz, L., "Competitive Stability under Weak Gross Substitutability: Nonlinear Price Adjustment and Adaptive Expectations," *International Economic Review*, III (1962), 233-255.

——, Karlin, S., and Scarf, H., *Studies in the Mathematical Theory of Inventory and Production*, Stanford, 1958.

——, and Nerlove, M., "A Note on Expectations and Stability," *Econometrica*, XXVI (1958), 297-305.

Aupetit, A., *Essai sur la theorie generale de la monnaie*, Paris, 1901.

Auspitz, R., and Lieben, R., *Recherches sur la theorie du prix*, trans. L. Suret, Paris, 1914.

Bagehot, W., *Lombard Street* (1873), new ed., London, 1915.

Bailey, Martin J., *National Income and the Price Level*, New York, 1962.

Ball, R. J., and Bodkin, R., "The Real Balance Effect and Orthodox Demand Theory: A Critique of Archibald and Lipsey," *Review of Economic Studies*, XXVIII (1960), 44-49.

——, and Drake, P. S., "The Relationship Between Aggregate Consumption and Wealth," *International Economic Review*, V (1964), 63-81.

Barbour, D., *The Standard of Value*, London, 1912.

Barone, E., "The Ministry of Production in the Collectivist State," in *Collectivist Economic Planning*, ed. F. A. Hayek, London, 1935, pp. 245-290. Baumol, W. J., "The Transactions Demand for Cash: An Inventory Theoretic Approach," *Quarterly Journal of Economics*, LXVI (1952), 545-556.

——, *Economic Dynamics*, 2nd ed., New York, 1959.

——, "Monetary and Value Theory: Comments," *Review of Economic Studies*, XXVIII (1960), 29-31.

——, "Stocks, Flows, and Monetary Theory," *Quarterly Journal of Economics*, LXXVI (1962), 46-56.

Bear, D. V. T., "The Relationship of Saving to the Rate of Interest, Real Income, and Expected Future Prices," *Review of Economics and Statistics*, XLIII (1961), 27-35.

Becker, G. S., and Baumol, W. J., "The Classical Monetary Theory: The Outcome of the Discussion," *Economica*, XIX (1952), 355-376.

——and——, Postscript to "The Classical Monetary Theory: The Outcome of the Discussion," in *Essays in Economic Thought: Aristotle to Marshall*, ed. J. J. Spengler and W. R. Allen, Chicago, 1960, pp.766-767.

Bernstein, E. M., "Latent Inflation: Problems and Policies," *International Monetary Fund: Staff Papers*, I (1950), 1-16.

Bieri, H. G., "Der Streit um die 'klassische Dichotomie,'" *Schweizerische Zeitschrift fiir Volkswirtschaft und Statistik*, II (1963), 172-181.

Boulding, K. E., *Economic Analysis*, rev. ed., New York, 1948.

——, "Welfare Economics," in *Survey of Contemporary Economics*: Vol.II, ed. B. F. Haley, Homewood, Ill., 1952, pp.1-38.

Bowley, A. L., *The Mathematical Groundwork of Economics*, Oxford, 1924.

Bronfenbrenner, M., and Mayer, T., "Liquidity Functions in the American Economy," *Econometrica*, XX.VIII (1960), 810-834.

——and——, "Rejoinder to Professor Eisner," *Econometrica*, XXXI (1963), 539-544.

Brown, A. J., "Interest, Prices and the Demand Schedule for Idle Money," *Oxford Economic Papers*, II (1939), 46-69.

——, *The Great Inflation: 1939-1951*, London, 1955.

Brown, E. H. P., *The Framework of the Pricing System*, London, 1936.

Brunner, K., "Inconsistency and Indeterminacy in Classical Economics," *Econometrica*, XIX (1951), 152-173.

——, "A Schema for the Supply Theory of Money," *International Economic Review*, II (1961), 79-109.

Bushaw, D. W., and Clower, R. W., *Introduction to Mathematical Economics*, Homewood, Ill., 1957.

Cagan, P., "The Monetary Dynamics of Hyperinflation," in *Studies in the Quantity Theory of Money*, ed. M. Friedman, Chicago, 1956, pp.25-117.

——, "The Demand for Currency Relative to the Total Money Supply," *Journal of Political Economy*, LXVI (1958), 303-328.

Cannan, E., "The Application of the Theoretical Apparatus of Supply and Demand to Units of Currency," *Economic Journal*, XX.XI (1921), as reprinted in Readings in Monetary Theory, ed. F. A. Lutz and L. W. Mints, Philadelphia, 1951, pp.3-12.

——, *Money: Its Connexion with Rising and Falling Prices*, 4th ed., revised, London, 1923.

Cantillon, R., *Essay on the Nature of Trade*, (1755), trans. and ed. H. Higgs, London, 1931.

Cassel, G., *The Nature and Necessity of Interest*, London, 1903.

——, *Fundamental Thoughts in Economics*, London, 1925.

——, "The Rate of Interest, the Bank Rate, and the Stabilization of Prices," *Quarterly Journal of Economics*, XLII (1927-1928), as reprinted in Readings in Monetary Theory, ed. F. A. Lutz and L. W. Mints, Philadelphia, 1951, pp.319-333.

——, *The Theory of Social Economy*, new rev. ed., trans. S. L. Barron, New York, 1932. (Trans. J. McCabe. New York. 1924.)

——, *On Quantitative Thinking in Economics*, Oxford, 1935.

——, "'Keynes' 'General Theory'" *International Labour Review*, XXXVI (1937), 437-445.

Chandler, L. V., *Economics of Money and Banking*, rev. ed., New York, 1953.

Chapman, S., *Outlines of Political Economy*, 2nd ed., London, 1917.

Christ, C., "A Test of an Econometric Model for the United States, 1921-1947," in Universities-National Bureau Committee for Economic Research, *Conference on Business Cycles*, New York, 1951, pp.35-107.

——, "Patinkin on Money, Interest, and Prices," *Journal of Political Economy*, LXV (1957), 347-354.

Cipolla, C. M., Money, *Prices, and Civilization in the Mediterranean World : Fifth to Seventeenth Century*, Princeton, 1956.

Clower, R. W., "Stock and Flow Quantities: A Common Fallacy," *Economica*, XXVI (1959), 251-252.

——, and Burstein, M. L., "On the Invariance of Demand for Cash and Other Assets," *Review of Economic Studies*, XXVIII (1960), 32-36.

Cohen, M., "Liquid Assets and the Consumption Function," *Review of Economics and Statistics*. XXXVI (1954). 202-211.

Cohen, M. R., and Nagel, E., *An Introduction to Logic and the Scientific Method*, New York, 1934.

Collery, A., "Note on the Saving-Wealth Relation and the Rate of Interest," *Journal of Political Economy*, LXVIII (1960), 509-510.

Cournot, A., *The Mathematical Principles of the Theory of Wealth* (1838), trans. N. T. Bacon. New York. 1929.

Crockett, J., "Income and Asset Effects on Consumption: Aggregate and Cross Section," in Conference on Research in Income and Wealth, *Models of Income Determination*, *Studies in Income and Wealth*, Vol.28, Princeton, 1964, pp.97-132.

Cross, J. G., and Williamson, J., "Patinkin on Unemployment Disequilibrium," *Journal of Political Economy*, LXX (1962), 76-81.

Davenport, H. J., *The Economics of Enterprise*, New York, 1913.

Demaria, G., "Pareto," as reprinted in *The Development of Economic Thought*, ed. H. W. Spiegel, New York, 1952, pp.629-651.

Dickson, H., "Remarks on B. Hansen's Essay on Cassel and Patinkin" (in Swedish), *Ekonomisk Tidskrift*, LIV (1952), 152-159.

Divisia, F., *Economique rationnelle*, Paris, 1927.

Edgeworth, F. Y., *Mathematical Psychics* (1881), reprinted New York, 1953.

——, review of L. Walras' *Elements d'economie politique pure*, 2nd ed., in *Nature*, XL (1889), 434-436.

——, *Papers Relating to Political Economy*, 3 vols., London, 1925.

Eisner, R., "Another Look at Liquidity Preference," *Econometrica*, XXXI (1963), 531-538, 550.

——, and Strotz, R. H., "Determinants of Business Investment," in Commission on Money and Credit, *Impacts of Monetary Policy*, Englewood Cliffs, N. J., 1963, pp.60-338.

Ellis, H. S., *German Monetary Theory: 1905-1933*, Cambridge, Mass., 1934.

Encarnacion, J., "Consistency Between Say's Identity and the Cambridge Equation," *Economic Journal*, LXVIII (1958), 827-830.

Enthoven, A. C., "Monetary Disequilibrium and the Dynamics of Inflation," *Economic Journal*, LXVI (1956), 256-270.

Evans, G. C., *Mathematical Introduction to Economics*, New York, 1930.

Fellner, W., *Trends and Cycles in Economic Activity*, New York, 1956.

Ferber, R., "Research on Household Behavior," *American Economic Review*, Lil (1962), 19-63.

Finch, D., "Purchasing Power Guarantees for Deferred Payment," *International Monetary Fund: Staff Papers*, V (1956), 1-22.

Fisher, I., *Mathematical Investigations in the Theory of Value and Prices* (1892), reprinted Yale University Press, 1925.

——, *The Rate of Interest*, New York, 1907.

——, *The Purchasing Power of Money*, New York, 1911; new and rev. ed., 1913.

——, *Elementary Principles of Economics*, New York, 1912.

——, *The Money Illusion*, New York, 1928.

———, *The Theory of Interest*, New York, 1930.

Fisher, M. R., "Exploration in Savings Behavior," *Bulletin of the Oxford University Institute of Statistics*, XVIII (1956), 201-278.

Fossati, Eraldo, "A Note About the Utility of Money," *Metroeconomica*, II (1950), 112-120.

———, *The Theory of General Static Equilibrium*, Oxford, 1957. Fox, K. A., "Econometric Models of the United States," *Journal of Political Economy*, LXIV (1956), 128-142.

Friedman, M., "Discussion of the Inflationary Gap," *American Economic Review*, XXXII (1942), 314-320; reprinted in a revised form in *Essays in Positive Economics*, Chicago, 1953, pp.251-262.

———, "The Marshallian Demand Curve," *Journal of Political Economy*, LVII (1949), as reprinted in *Essays in Positive Economics*, Chicago, 1953, pp.47-99.

———, "The Quantity Theory of Money-A Restatement," in *Studies in the Quantity Theory of Money*, ed. M. Friedman, Chicago, 1956, pp.3-21.

———, *A Theory of the Consumption Function*, Princeton, 1957.

———. "Savings and the Balance Sheet," *Bulletin of the Oxford University Institute of Statistics*, XIX (1957), 125-136.

———, and Meiselman, D., "The Relative Stability of Monetary Velocity and the Investment Multiplier in the United States, 1847-1958," in Commission on Money and Credit, *Stabilization Policies*, Englewood Cliffs, N. J., 1963, pp.165-268.

———, and Savage, L. J., "The Utility Analysis of Choices Involving Risk," *Journal of Political Economy*, LVI (1948), as reprinted in Readings in Price Theory, ed. G. J. Stigler and K. E. Boulding, Chicago, 1952, pp.57-96.

Gallaway, L. E., and Smith, P. E., "Real Balances and the Permanent Income Hypothesis," *Quarterly Journal of Economics*, LXXV (1961), 302-313.

Giffen, R., *Essays in Finance*, second series, New York, 1886.

Gilbert, J. C., "The Demand for Money: The Development of an Economic Concept," *Journal of Political Economy*, LXI (1953), 144-159.

Gogerty, D. C., and Winston, G. C., "Patinkin, Perfect Competition, and Unemployment Disequilibria," *Review of Economic Studies*, XXXI (1964), 121-126.

Goldberger, A. S., *Impact Multipliers and Dynamic Properties of the Klein-*

Goldberger Model, Amsterdam, 1959.

Goldsmith, R. W., et al., *A Study of Saving in the United States*, 3 vols., Princeton, 1955, 1956.

——, Lipsey, R. E., and Mendelson, M., Studies in the National Balance *Sheet of the United States*, 2 vols., Princeton, 1963.

Goodwin, R. M., "Iteration, Automatic Computers, and Economic Dynamics," *Metroeconomica*, III (1951), 1-7.

——, "Static and Dynamic Linear General Equilibrium Models," *Input-Output Relations*, ed. The Netherlands Economic Institute, Leiden, 1953, pp.54-87.

Graham, F. D., *Exchange, Prices, and Production in Hyper-Inflation: Germany 1920-1923*, Princeton, 1930.

Griliches, Z., Maddala, G. S., Lucas, R., and Wallace, N., "Notes on Estimated Aggregate Quarterly Consumption Functions," *Econometrica*, XXX (1962), 491-500.

Gurley, J. G., "Excess Liquidity and European Monetary Reforms, 1944-1952," *American Economic Review*, XLIII (1953), 76-100.

——, and Shaw, E. S., *Molley in a Theory of Finance*, Washington, D. C., 1960.

Haavelmo, Trygve, "The Probability Approach in Econometrics," *Econometrica*, XII, Supplement (1944).

Haberler, G., *Prosperity and Depression*, 3rd ed., Geneva, 1941.

——, "The Pigou Effect Once More," *Journal of Political Economy*, LX (1952), 240-246.

Hahn, F. H., "The General Equilibrium Theory of Money—A Comment," *Review of Economic Studies*, XIX (1951-1952), 179-185.

——, "The Patinkin Controversy," *Review of Economic Studies*, XXVIII (1960), 37-43.

Haley, B. F., "Value and Distribution," in *Survey of Contemporary Economics*, ed. H. S. Ellis, Philadelphia, 1948, pp.1-48.

Hamburger, W., "The Relation of Consumption to Wealth and the Wage Rate," *Econometrica*, XXIII (1955), 1-17.

Hansen, A. H., "The Pigouvian Effect," *Journal of Political Economy*, LIX (1951), 535-536.

——, *A Guide to Keynes*, New York, 1953.

Hansen, B., *A Study in the Theory of Inflation*, London, 1951.

——, "The Role of Money in the Classical Economic Interdependence System-

Patinkin vs. Cassel" (in Danish), *Ekonomisk Tidskrift*, LIV (1952), 100-120.

Harberger, A. C., "The Dynamics of Inflation in Chile," in C. Christ, et al., *Measurement in Economics: Studies in Mathematical Economics and Econometrics in Memory of Yehuda Grunfeld*, Stanford, 1963, pp.219-250.

Hart, A. G., *Money, Debt, and Economic Activity*, 2nd ed., New York, 1953.

Hawtrey, R. G., "The Trade Cycle," De Economist (1926), as reprinted in *Readings in Business Cycle Theory*, ed. G. Haberler, Philadelphia, 1944, pp.330-349.

———, *Currency and Credit*, 3rd ed., London, 1927.

Hayek, F. A., "A Note on the Development of the Doctrine of 'Forced Saving,'" *Quarterly Journal of Economics*, XLVII (1932-1933), 123-133.

———, *Prices and Production*, 2nd ed., London, 1935.

Hegeland, H., *The Quantity Theory of Money*, Göteberg, 1951.

Helfferich, K., *Money*, trans. L. Infield, London, 1927.

Henderson, H. D., *Supply and Demand*, rev. ed., London, 1932.

Hickman, W. B., "The Determinacy of Absolute Prices in Classical Economic Theory," *Econometrica*, XVIII (I 950), 9-20.

Hicks, J. R., "Gleichgewicht und Konjunctur," *Zeitschrift fiir Nationalökonomie*, IV (1933), 441-455.

———, "Leon Walras," *Econometrica*, II (1934), 338-348.

———, "A Suggestion for Simplifying the Theory of Money," *Economica*, II (1935), as reprinted in *Readings in Monetary Theory*, ed. F. A. Lutz and L. W. Mints, Philadelphia, 1951, pp.13-32.

———, "Mr. Keynes and the Classics,'" *Econometrica*, V (1937), as reprinted in *Readings in the Theory of Income Distribution*, ed. W. Fellner and B. F. Haley, Philadelphia, 1946, pp.461-476.

———, *Value and Capital*, Oxford, 1939; 2nd ed., 1946.

———, *A Contribution to the Theory of the Trade Cycle*, Oxford, 1950.

———, "A Rehabilitation of 'Classical' Economics?", *Economic Journal*, LXVII (1957), 278-289.

Hirshleifer, J., "On the Theory of Optimal Investment Decision," *Journal of Political Economy*, LXVI (1958), 329-352.

Hume, D., *Philosophical Works*, 4 vols., Boston, 1854.

Jaffe, W., "Léon Walras' Theory of Capital Accumulation," *Studies in*

Mathematical Economics and Econometrics, ed. O. Lange, et al., Chicago, 1942, pp.37-48.

———, "Walrasiana: The *Elements* and its Critics," *Econometrica*, XIX (1951), 327-328.

James, E., *Problèmes monétaires d'aujourd'hui*, Paris, 1963.

Jevons, W. S., *Investigations in Currency and Finance*, London, 1884.

Johansen, L., "The Role of the Banking System in a Macro-Economic Model," *Statsökonomisk Tidskrift* (1956), as translated in International *Economic Papers*, No.8 (1958), 91-110.

Johnson, H. G., "The General Theory after Twenty-Five Years," *American Economic Review: Papers and Proceedings*, LI (1961), 1-17.

———, "Monetary Theory and Policy," *American Economic Review*, LII (1962), 335-384.

Kahn, R. F., "Some Notes on Liquidity Preference," *The Manchester School of Economics and Social Studies*, XXII (1954), 229-257.

Kaldor, N., "A Classificatory Note on the Determinateness of Equilibrium," *Review of Economic Studies*, I (1933-1934), 122-136.

Kalecki, M., "Professor Pigou on the 'Qassical Stationary State'—A Comment," *Economic Journal*, LIV (1944), 131-132.

Kennedy, C. M., "Monetary Policy," *The British Economy: 1945-1950*, ed. G.D.N. Worswick and P.H. Ady, Oxford, 1952, pp.188-207.

Keynes, J. M., Review of I. Fisher's, *The Purchasing Power of Money* in *Economic Journal*, XXI (1911), 393-398.

———, *A Tract on Monetary Reform*, London, 1923.

———, "Alfred Marshall, 1842-1924," *Memorials of Alfred Marshall*, ed. A. C. Pigou, London, 1925, pp.1-65.

———, *A Treatise on Money*, 2 vols., London, 1930.

———, *The General Theory of Employment, Interest and Money*, New York, 1936.

———, "The General Theory of Employment," *Quarterly Journal of Economics*, LI (1936-1937), 209-223.

———, "The Theory of the Rate of Interest," in *Lessons of Monetary Experience: Essays in Honor of Irving Fisher* (1937), as reprinted in *Readings in the Theory of Income Distribution*, ed. W. Fellner and B. F. Haley, Philadelphia, 1946, pp.418-424.

———, "Alternative Theories of the Rate of Interest," *Economic Journal*, XLVII (1937), 241-252.

Kinley, D., *Money*, New York, 1904.

Klein, L. R., *The Keynesian Revolution*, New York, 1947.

——, *Economic Fluctuations in the United States*, *1921-1941*, New York, 1950.

——, "Assets, Debts, and Economic Behavior," in Conference on Research in Income and Wealth, *Studies in Income and Wealth*, Vol. 14, New York, 1951, pp. 195-227.

——, *Econometrics*, Evanston, Ill., 1953.

——, "Statistical Estimation of Economic Relations from Survey Data," in *Contributions of Survey Methods to Economics*, ed. L. R. Klein, New York, 1954, pp. 189-240.

——, "Stocks and Flows in the Theory of Interest," in *The Theory of Interest Rates*, ed. F. H. Hahn and F. Brechling, London, 1965.

——, et al., "Stock and Flow Analysis in Economics," *Econometrica*, XVIII (1950), 236-252.

——, and Goldberger, A. S., *An Econometric Model of the United States*, *1929-1952*, Amsterdam, 1955.

Knight, F. H., *The Ethics of Competition*, New York, 1935.

Kuenne, R. E., "Walras, Leontief, and the Interdependence of Economic Activities," *Quarterly Journal of Economics*, LXVIII (1954), 323-354.

——, *The Theory of General Economic Equilibrium*, Princeton, 1963.

Kuh, E., and Meyer, J. R., "Investment, Liquidity, and Monetary Policy," in Commission on Money and Credit, *Impacts of Monetary Policy*, Englewood Cliffs, N. J., 1963, pp. 339-474.

Kurimura, Y., "On the Dichotomy in the Theory of Price", *Metroeconomica*, III (1951), 117-134.

Kuznets, S., *National Income and Its Composition*, *1919-1938*, New York, 1941.

——, "Long-Term Changes in the National Income of the United States of America since 1870," *Income and Wealth of the United States: Trends and Structure*, ed. S. Kuznets, International Association for Research in Income and Wealth, Income and Wealth Series II, Cambridge, 1952, pp. 29-241.

——, *Economic Change*, New York, 1953.

Lange, O., *On the Economic Theory of Socialism*, Minneapolis, 1938.

——, "Rate of Interest and the Optimum Propensity to Consume," *Economica*, V (1938), as reprinted in *Readings in Business Cycle Theory*, ed. G. Haberler, Philadelphia, 1944, pp.169-192.

——, "Say's Law: A Restatement and Criticism," in *Studies in Mathematical Economics and Econometrics*, ed. O. Lange, et al., Chicago, 1942, pp.49-68.

——, *Price Flexibility and Employment*, Bloomington, Ind., 1945.

Lavington, F., *The English Capital Market*, London, 1921.

Leontief, W. W., "Composite Commodities and the Problem of Index Numbers," *Econometrica*, IV (1936), 39-59.

——, "The Fundamental Assumption of Mr. Keynes' Monetary Theory of Unemployment," *Quarterly Journal of Economics*, LI (1936-1937), 192-197.

——, "Interrelation of Prices, Output, Savings, and Investment," *Review of Economic Statistics*, XIX (1937), 109-132.

——, "Postulates: Keynes' General Theory and the Classicists," *The New Economics*, ed. S. E. Harris, New York, 1948, pp.232-242.

——, "The Consistency of the Classical Theory of Money and Prices," *Econometrica*, XVIII (1950), 21-24.

——, *Structure of American Economy, 1919-1939*, 2nd ed., enlarged, New York, 1951.

——, "Theoretical Note on Time-Preference, Productivity of Capital, Stagnation and Economic Growth," *American Economic Review*, XLVIII (1958), 105-111.

Lerner, A. P., "On Generalizing the General Theory," *American Economic Review*, L (1960), 121-143.

Leser, C. E. V., "The Consumer's Demand for Money," *Econometrica*, XI (1943), 123-140.

Lindahl, E., *Studies in the Theory of Money and Capital*, London, 1939.

Lindbeck, A., "Den Klassiska nichotomien,'" *Ekonomisk Tidskrift*, LXIII (1961), 24-46.

——, A Study in Monetary Analysis, Stockholm, 1963. Liu, Ta-Chung, "An Exploratory Quarterly Econometric Model of Effective Demand in the Postwar U. S. Economy," *Econometrica*, XXXI (1963), 301-348.

Livia tan, N., "On the Long-Run Theory of Consumption and Real Balances," *Oxford Economic Papers*, XVII (1965), 205-218.

——, "Multiperiod Future Consumption as an Aggregate," *American Economic Review*, LVI (1966).

——, and Patinkin, D., "On the Economic Theory of Price Indexes," *Eco-*

nomic Development and Cultural Change, IX (1961), 502-536. Lloyd, C., "The Real-Balance Effect: Sine Qua What?," *Oxford Economic Papers*, XIV (1962), 267-274.

——, "The Real-Balance Effect and the Slutzky Equation," *Journal of Political Economy*, LXXII (1964), 295-299.

Lundberg, E., *Studies in the Theory of Economic Expansion*, Stockholm, 1937.

——, *Business Cycles and Economic Policy*, London, 1957.

Lydall, H. F., "Income, Assets, and the Demand for Money," *Review of Economics and Statistics*, XL (1958), 1-14.

Makower, H., and Marschak, J., "Assets, Prices and Monetary Theory," Economica, V (1938), as reprinted in *Readings in Price Theory*, ed. K. Boulding and G. J. Stigler, Philadelphia, 1952, pp.283-310.

Malthus, T. R., *Principles of Political Economy*, 1st ed., as abridged in Ricardo, Works, ed. Sraffa, Vol.II; 2nd ed., reprinted Tokyo, 1936.

Manne, A. S., *Economic Analysis for Business Decisions*, New York, 1961.

Marchal, J., "La restauration de la theorie quantitative de la monnaie par Don Patinkin et ses limites," *Revue d'économie politique*, LXIX (1959), 877-920.

Marget, A. W., "Léon Walras and the 'Cash Balance Approach' to the Problem of the Value of Money," *Journal of Political Economy*, XXXIX (1931), 569-600.

——, "Monetary Aspects of the Walrasian System," *Journal of Political Economy*, XLIII (1935), 145-186.

——, *The Theory of Prices*, New York: Vol.I, 1938; Vol.II, 1942.

Markowitz, H., "Portfolio Selection," *Journal of Finance*, VII (1952), 77-91.

——, *Portfolio Selection*, New York, 1959.

Marschak, J., "Money and the Theory of Assets," *Econometrica*, VI (1938), 311-325.

——, "Money Illusion and Demand Analysis," *Review of Economic Statistics*, XXV (1943), 40-48.

——, "The Rationale of Money Demand and of 'Money Illusion,'" *Metroeconomica*, II (1950), 71-100.

——, "Economic Measurements for Policy and Prediction," *Studies in Econometric Method*, ed. W. C. Hood and T. C. Koopmans, New York, 1953, pp.1-26.

Marshall, A., *Pure Theory of Foreign Trade*, reprinted London, 1930.

——, *Pure Theory of Domestic Values*, reprinted London, 1930.

——, *Principles of Economics*, 8th ed., London, 1920.

——, *Money, Credit and Commerce*, London, 1923.

——, *Official Papers*, London, 1926.

Marshall, A., and M. P., Economics of Industry (1881), excerpt as reprinted in *Readings in Business Cycles and National Income*, ed. A. H. Hansen and R. V. Clemence, New York, 1953, pp.96-103.

Marty, A. L., "Gurley and Shaw on Money in a Theory of Finance," *Journal of Political Economy*, LXIX (1961), 56-62.

Marx, K., *Capital*, trans. S. Moore and E. Aveling, 3 vols., Chicago, 1906-1909.

Mayer, T., "The Empirical Significance of the Real Balance Effect," *Quarterly Journal of Economics*, LXXIII (1959), 275-291.

McCulloch, J. R., *The Principles of Political Economy*, 4th ed., Edinburgh, 1849.

McKean, R. N., "Liquidity and a National Balance Sheet," *Journal of Political Economy*, LVII (1949), as reprinted in *Readings in Monetary Theory*, ed. F. A. Lutz and L. W. Mints, Philadelphia, 1951, pp.63-88.

McManus, M., "On Patinkin's Use of Revealed Preference," *Southern Economic Journal*, XXIV (1957), 209-212.

Meinich, P., "Money Illusion and the Real Balance Effect," *Statsøkonomisk Tidsskrift*, LXXVIII (1964), 8-33.

Meltzer, A. H., "The Demand for Money: The Evidence from the Time Series," *Journal of Political Economy*, LXXI (1963), 219-246.

——, "Yet Another Look at the Low Level Liquidity Trap," *Econometrica*, XXXI (1963), 545-549.

Metzler, L. A., "Business Cycles and the Modem Theory of Employment," *American Economic Review*, XXXVI (1946), 278-291.

——, "Wealth, Saving, and the Rate of Interest," *Journal of Political Economy*, LIX (1951), 93-116.

Michaely, M., "Relative-Prices and Income-Absorption Approaches to Devaluation: A Partial Reconciliation," *American Economic Review*, L (1960), 144-147.

Mill, J., *Elements of Political Economy*, London, 1821.

Mill, J. S., *Essays on Some Unsettled Questions of Political Economy* (1844), reprinted London, 1948.

——, *Principles of Political Economy*, ed. W. J. Ashley, London, 1909.

Mincer, J., "Market Prices, Opportunity Costs, and Income Effects," in Carl Christ et al., *Measurement in Economics: Studies in Mathematical Economics and Econometrics in Memory of Yehuda Grunfeld*, Stanford, 1963, pp.67-82.

Mints, L. W., *A History of Banking Theory*, Chicago, 1945.

——, *Monetary Policy for a Competitive Society*, New York, 1950.

Mises, L. von, *The Theory of Money and Credit*, trans. H. E. Batson, New York, 1935.

Mishan, E. J., "A Fallacy in the Interpretation of the Cash Balance Effect," *Economica*, XXV (1958), 106-118.

Modigliani, F., "Liquidity Preference and the Theory of Interest and Money," *Econometrica*, XII (1944), as reprinted in *Readings in Monetary Theory*, ed. F. A. Lutz and L. W. Mints, Philadelphia, 1951, pp.186-239.

——, Postscript to "Liquidity Preference and the Theory of Interest and Money," in *The Critics of Keynesian Economics*, ed. H. Hazlitt, Princeton, 1960, pp.183-184.

——, "The Monetary Mechanism and Its Interaction with Real Phenomena," *Review of Economics and Statistics*, XLV (1963), Supplement, pp.79-107.

——, "Some Empirical Tests of Monetary Management and of Rules versus Discretion," *Journal of Political Economy*, LXXII (1964), 211-245.

Montesquieu, C. de, *The Spirit of the Laws*, trans. T. Nugent, 2 vols. in 1, New York, 1949.

Moore, H. L., *Synthetic Economics*, New York, 1929.

Morag, A., "Deflationary Effects of Outlay and Income Taxes," *Journal of Political Economy*, LXVII (1959), 266-274.

Morishima, Michio, "Existence of Solution to the Walrasian System of Capital Formation and Credit," *Zeitschrift für Nationalökonomie*, XX (1960), 238-243.

——, and Saito, Mitsuo, "A Dynamic Analysis of the American Economy, 1902-1952," *International Economic Review*, V (1964), 125-164.

Mosak, J. L., "On the Interpretation of the Fundamental Equation of Value Theory," in *Studies in Mathematical Economics and Econometrics*, ed. O. Lange, et al., Chicago, 1942, pp.69-74.

Mundell, R. A., "The Public Debt, Corporate Income Taxes, and the Rate of Interest," *Journal of Political Economy*, LXVIII (1960), 622-626.

Musgrave, R., *Theory of Public Finance*, New York, 1959.

Myrdal, G., *Monetary Equilibrium*, London, 1939.

Negishi, T., "The Stability of Competitive Economy: A Survey Article", *Econometrica*, XXX (1962), 635-669.

Nerlove, Marc, "Distributed Lags and Estimation of Long-Run Supply and Demand Elasticities: Theoretical Considerations," *Journal of Farm Economics*, XL (1958), 301-311.

Neumann, J. von, "A Model of General Economic Equilibrium," Review of *Economic Studies*, XIII (1945-1946), 1-9.

Nevin, E., *The Mechanism of Cheap Money*, Cardiff, 1955.

Newcomb, S., *Principles of Political Economy*, New York, 1885.

Nicholson, J. S., *A Treatise on Money*, London, 1888.

——, *Principles of Political Economy*, London: Vol. I, 1893; Vol. II, 1897; Vol. III, 1901.

Ohlin, B., *Interregional and International Trade*, Cambridge, Mass., 1933.

——, "Alternative Theories of the Rate of Interest," *Economic Journal*, XLVII (1937), 423-427.

Osorio, A., *Théorie mathématique de l'échange*, trans. J. D'Almada, Paris, 1913.

Paish, F. W., "Cheap Money Policy," *Economica*, XIV (1947), 167-179.

Palgrave, R. H., *Bank Rate in England, France, and Germany, 1844-1878*, London, 1880.

Pa/grave's Dictionary of Political Economy, new ed., London, 1923, article "Interest, Theory of."

Pantaleoni, M., *Pure Economics*, trans. T. B. Bruce, London, 1898.

Pareto, V., *Cours d'économie politique*, 2 vols., Lausanne, 1896-1897.

——, *Manuel d'economie politique*, 2nd ed., Paris, 1927.

Patinkin, D., "Relative Prices, Say's Law, and the Demand for Money," *Econometrica*, XVI (1948), 135-154.

——, "Price Flexibility and Full Employment," *American Economic Review*, XXXVIII (1948), 543-564; ibid., XXXIX (1949), 726-728; reprinted with revisions in *Readings in Monetary Theory*, ed. F. A. Lutz and L. W. Mints, Philadelphia, 1951, pp. 252-283.

——, "The Indeterminacy of Absolute Prices in Classical Economic Theory," *Econometrica*, XVII (1949), 1-27.

——, "Involuntary Unemployment and the Keynesian Supply Function,"

Economic Journal, LIX (1949), 360-383.

——, "A Reconsideration of the General Equilibrium Theory of Money," *Review of Economic Studies*, XVIII (1950-1951), 42-61.

——, "The Invalidity of Classical Monetary Theory," *Econometrica*, XIX (1951), 134-151.

——, "Further Considerations of the General Equilibrium Theory of Money," *Review of Economic Studies*, XIX (1951-1952), 186-195.

——, "The Limitations of Samuelson's 'Correspondence Principle,'" *Metroeconomica*, IV (1952), 37-43.

——, "Wicksell's Cumulative Process," *Economic Journal*, LXII (1952), 835-847.

——, "Dichotomies of the Pricing Process in Economic Theory," *Economica*, XXI (1954), 113-128.

——, "Keynesian Economics and the Quantity Theory," in *Post-Keynesian Economics*, ed. K. K. Kurihara, New Brunswick, N. J., 1954, pp.123-152.

——, "Monetary and Price Developments in Israel: 1949-1953," *Scripta Hierosolymitana*, III (1955), 20-52.

——, "Secular Price Movements and Economic Development: Some Theoretical Aspects," in *The Challenge of Development*, ed. A. Bonne, Jerusalem, 1958, pp.27-40.

——, "Liquidity Preference and Loanable Funds: Stock and Flow Analysis," *Economica*, XXV (1958), 300-318; XXVI (1959), 253-255.

——, *The Israel Economy: The First Decade*, Jerusalem, 1959.

——, "Keynesian Economics Rehabilitated: A Rejoinder to Professor Hicks," *Economic Journal*, LXIX (1959), 582-587.

——, "Financial Intermediaries and the Logical Structure of Monetary Theory," *American Economic Review*, LI (1961), 95-116.

——, "Demand Curves and Consumer's Surplus," in Carl Christ, et al., *Measurement in Economics: Studies in Mathematical Economics and Econometrics in Memory of Yehuda Grunfeld*, Stanford, 1963, pp.83-112.

——, "An Indirect-Utility Approach to the Theory of Money, Assets, and Savings," in *The Theory of Interest Rates*, ed. F. H. Hahn and F. Brechling, London, 1965, pp.52-79.

Phillips, A. W., "A Simple Model of Employment, Money and Prices in a Growing Economy," *Economica*, XXVIII (1961), 360-370.

Phipps, C. G., "A Note on Patinkin's 'Relative Prices,'" *Econometrica*,

XVIII (1950), 25-26.

Pigou, A. C., "The Value of Money," *Quarterly Journal of Economics*, XXXII (1917-1918), as reprinted in *Readings in Monetary Theory*, ed. F. A. Lutz and L. W. Mints, Philadelphia, 1951, pp.162-183.

——, "The Exchange Value of Legal Tender Money," *Essays in Applied Economics*, London, 1923, pp.174-198.

——, *Industrial Fluctuations*, 2nd ed., London, 1929.

——, *Economics of Welfare*, 4th ed., London, 1932.

——, *Economics of Stationary States*, London, 1935.

——, *Employment and Equilibrium*, London, 1941.

——, "The Classical Stationary State," *Economic Journal*, LIII (1943), 343-351.

——, "Economic Progress in a Stable Environment," *Economica*, XIV (1947), as reprinted in *Readings in Monetary Theory*, ed. F. A. Lutz and L. W. Mints, Philadelphia. 1951. pp.241-251.

Power, J. H., "Price Expectations, Money Illusion, and the Real-Balance Effect," *Journal of Political Economy*, LXVII (1959), 131-143.

Ricardo, D., *Works and Correspondence*, ed. P. Sraffa, 9 vols., Cambridge, 1951-1952.

Robertson, D. H., *Banking Policy and the Price Level*, London, 1926.

——, *Essays in Monetary Theory*, London, 1940.

——, *Money*, rev. ed., London, 1948.

——, "More Notes on the Rate of Interest," *Review of Economic Studies*, XXI (1953-1954), 136-141.

Robinson, Joan, "The Rate of Interest," *Econometrica*, XIX (1951), 92-111.

——, *The Rate of Interest*, London, 1952.

Robson, P., "Index-Linked Bonds," *Review of Economic Studies*, XXVIII (1960), 57-68.

Rosenstein-Rodan, P. N., "The Coordination of the General Theories of Money and Price," *Economica*, III (1936), 257-280.

Samuelson, P. A., "A Note on the Pure Theory of Consumer's Behavior," *Economica*, V (1938), 61-71.

——, *Foundations of Economic Analysis*, Cambridge, Mass., 1947.

——, "The Simple Mathematics of Income Determination" in *Income, Employment and Public Policy: Essays in Honor of Alvin H. Hansen*, New York, 1948, pp.133-155.

——, *Economics: An Introductory Analysis*, 2nd ed., New York, 1951; 5th ed., New York. 1961.

——, "Consumption Theorems in Terms of Overcompensation rather than Indifference Comparisons," *Economica*, XX (1953), 1-9.

Say, J. B., *Traité d'économie Poliiique*, 3rd ed., Paris, 1817.

——, *Letters to Malthus* (1821), reprinted London, 1936.

——, *A Treatise on Political Economy*, trans. C. R. Prinsep from the 4th French ed., Philadelphia, 1834.

Sayers, R. S., "British and American Experience in the Early Post-War Years," *Quarterly Journal of Economics*, LXIII (1949), as reprinted in *Central Banking After Bagehot*, Oxford, 1957, pp.20-34.

Schlesinger, K., *Theorie der Geld-und Kreditwirtschaft*, Munich, 1914.

——, "Basic Principles of the Money Economy," *International Economic Papers*, No.9 (1959), 20-38 [a translation of Chapter 3 of the preceding].

——, "Uber die Produktionsgleichungen der ökonomischen Wertlehre," *Ergebnisse eines mathematischen Kolloquiums*, VI (1933-1934), 10-11.

Schneider, E., *Pricing and Equilibrium*, trans. T. W. Hutchison, London, 1952.

——, "Patinkin über Geld und Güterpreise," in *Festskrift ti/ Frederik Zeuthen*, Copenhagen, 1958, pp.315-331.

Schotta, C., Jr., "The Real Balance Effect in the U. S., 1947-1963," *Journal of Finance*, XIX (1964), 619-630.

Schultze, C. L., *Recent Inflation in the United States*, Washington, D. C., 1959. (Study Paper No.1 of the Joint Economic Committee, Congress of the U. S.)

Schumpeter, J. A., "Money and the Social Product," *Archiv für Sozialwissenschaft und Sozialpolitik*, XLIV (1917/18), as translated in *International Economic Papers*, No.6 (1956), 148-211.

——, *Theory of Economic Development*, Cambridge, 1934.

——, *History of Economic Analysis*, New York, 1954.

Scitovsky, T., "Capital Accumulation, Employment and Price Rigidity," *Review of Economic Studies*, VIII (1940-1941), 69-88.

Shackle, G. L. S., "Interest Rates and the Pace of Investment," *Economic Journal*, LVI (1946), 1-17.

——, "The Nature of Interest Rates," Oxford Economic Papers, New Series, I (1949) as reprinted in *Uncertainty in Economics*, Cambridge, 1955, pp.105-127.

——, "Recent Theories Concerning the Nature and Role of Interest," *Eco-*

nomic Journal, LXXI (1961), 209-254.

Shaw, E. S., *Money, Income, and Monetary Policy*, Chicago, 1950.

Shephard, R. W., *Cost and Production Functions*, Princeton, 1953.

Sidgwick, H., *The Principles of Political Economy*, London, 1883.

Simons, H. C., *Economic Policy for a Free Society*, Chicago, 1948.

Spiro, A., "Wealth and the Consumption Function," *Journal of Political Economy*, LXX (1962), 339-354.

Spraos, J., "An Engel-Type Curve for Cash," *Manchester School of Economics and Social Studies*, XXV (1957), 183-189.

Stein, Herbert, "Price Flexibility and Full Employment: Comment," *American Economic Review*, XXXIX (1949), 725-726.

Stigler, G. J., *Production and Distribution Theories*, New York, 1941.

——, *Theory of Price*, rev. ed., New York, 1952.

——, "Sraffa's Ricardo," *American Economic Review*, XLIII (1953), 586-599.

Suits, D. B., "The Determinants of Consumer Expenditure: A Review of Present Knowledge," in Commission on Money and Credit, *Impacts of Monetary Policy*, Englewood Oiffs, N. J., 1963, pp.1-59.

Suppes, P., *Introduction to Logic*, Princeton, 1957.

Taussig, F. W., *Principles of Economics*, 2 vols., 4th ed., revised, New York, 1939.

Thore, S., *Household Saving and the Price Level*, Stockholm, 1961.

Thornton, H., *An Enquiry into the Nature and Effects of the Paper Credit of Great Britain*, London, 1802.

Tinbergen, J., *Econometrics*, Philadelphia, 1951.

Tobin, J., "Liquidity Preference and Monetary Policy," *Review of Economic Statistics*, XXIX (1947), 124-131.

——, "A Dynamic Aggregative Model," *Journal of Political Economy*, LXIII (1955), 103-115.

——, "The Interest Elasticity of Transactions Demand for Cash," *Review of Economics and Statistics*, XXXVIII (1956), 241-247.

——."Liquidity Preference as Behavior Toward Risk," *Review of Economic Studies*, XXV (1958), 65-86.

United Nations Department of Economic Affairs, *Inflationary and Deflationary Tendencies*, 1946-1948, New York, 1949.

Valavanis, S., "A Denial of Patinkin's Contradiction," *Kyklos*, VII (1955), 351-366.

Viner, J., *Studies in the Theory of International Trade*, New York, 1937.

Wald, A., "Uber dieeindeutige positive Losbarkeit der neuen Produktionsglei-chungen," *Ergebnisse eines mathematischen Kolloquiums*, VI (1933-1934), 12-20.

——, "On Some Systems of Equations of Mathematical Economics, " *Econo-metrica*, XIX (1951), 368-403.

Walras, L., *Eléments d'économie politique pure*, Lausanne: 1st ed., 1874-1877 (issued in two consecutively paginated volumes); 2nd ed., 1889; 3rd ed., 1896; 4th ed., 1900; definitive ed., 1926.

——, *Théorie de la monnaie*, Paris, 1886.

——, *Etudes d'économie politique appliquée*, Paris, 1898.

——, "Equations de la circulation," *Bulletin de la Société Vaudoise des Sciences Naturelles*, XXXV (1899), 85-103.

——, *Elements of Pure Economics*, trans. and ed. W. Jaffé, London, 1954.

Weinberger, O., *Mathematische Volkswirtschaftslehre*, Leipzig, 1930.

Whitin, T. M., *The Theory of Inventory Management*, 2nd ed., Princeton, 1957.

Wicksell, K., *Value Capital and Rent*, trans. S. H. Frowein, London, 1954.

——, *Interest and Prices*, trans. R. F. Kahn, London, 1936.

——, *Lectures on Political Economy*, (Vol. I, General Theory; Vol. II, Money), trans. E. Classen, London, 1934-1935.

——, "The Influence of the Rate of Interest on Prices," *Economic Journal*, XVII (1907), 213-219.

Wilson, E. B., "Notes on Utility Theory and Demand Equations," *Quarterly Journal of Economics*, LX (1945-1946), 453-460.

Wold, H., *Demand Analysis*, Stockholm, 1952.

Wonnacott, P., "Neutral Money in Patinkin's Money, Interest and Prices," *Review of Economic Studies*, XXVI (1958), 70-71.

Zellner, A., "A Short-Run Consumption Function," *Econometrica*, XXV (1957), 552-567.

人 名 索 引

主 题 索 引

[不包括在本精简版引言中的材料。数学附录正文中已经给出了交叉引用的大部分讨论没有再次在这个索引中列出。]

M

图书在版编目(CIP)数据

货币、利息与价格：货币理论与价值理论的融合：精编版/
（以）唐·帕廷金著；陈代云译.—2版.—北京：商务印书馆，2022
（现代货币理论译丛）
ISBN 978-7-100-20260-2

Ⅰ.①货… Ⅱ.①唐…②陈… Ⅲ.①货币主义
Ⅳ.①F091.353

中国版本图书馆 CIP 数据核字(2021)第 179194 号

现代货币理论译丛（韦森 主编）

货币、利息与价格（第二版·精编版）
货币理论与价值理论的融合
[以]唐·帕廷金 著　陈代云 译

商 务 印 书 馆 出 版
（北京王府井大街36号　邮政编码100710）
商 务 印 书 馆 发 行
山 东 临 沂 新 华 印 刷 物 流
集 团 有 限 责 任 公 司 印 刷
ISBN 978-7-100-20260-2

2022年6月第1版　　开本 640×960　1/16
2022年6月第1次印刷　印张 37.75
定价：168.00 元